広 島 県

〈収録内容〉

■ 平成30年度は、弊社ホームページで公開しております。
本ページの下方に掲載しておりますQRコードよりアクセスし、データをダウンロードしてご利用ください。

2023 年度 ……………………………… 数・英・理・社・国

2022 年度 ……………………………… 数・英・理・社・国

2021 年度 ……………………………… 数・英・理・社・国

2020 年度 ……………………………… 数・英・理・社・国
※国語の大問二は、問題に使用された作品の著作権者が二次使用の許可を出していないため、問題を掲載しておりません。

2019 年度 ……………………………… 数・英・理・社・国

平成 30 年度 ……………………………… 数・英

解答用紙・音声データ配信ページへスマホでアクセス! ⇒

※データのダウンロードは 2024 年 3 月末日まで。
※データへのアクセスには、右記のパスワードの入力が必要となります。 ⇒ 239567
※リスニング問題については最終ページをご覧ください。

〈各教科の平均点〉

	数学	英語	理科	社会	国語	平均
2023年度	22.6	24.0	25.3	25.8	26.2	24.8
2022年度	20.2	20.4	18.8	23.3	24.6	21.5
2021年度	21.1	21.1	24.4	26.5	21.5	22.9
2020年度	28.2	23.9	28.6	22.0	26.5	25.8
2019年度	21.0	21.3	23.3	21.6	23.6	22.2
2018年度	22.4	24.4	19.1	18.0	23.5	21.5

※各50点満点。

本書の特長

POINT 1　解答は全問を掲載、解説は全問に対応！

POINT 2　英語の長文は全訳を掲載！

POINT 3　リスニング音声の台本、英文の和訳を完全掲載！

POINT 4　出題傾向が一目でわかる「年度別出題分類表」は、約 10 年分を掲載！

実戦力がつく入試過去問題集

▶ 問題 ……………　実際の入試問題を見やすく再編集。

▶ 解答用紙 ……　実戦対応仕様で収録。

▶ 解答解説 ……　重要事項が太字で示された、詳しくわかりやすい解説。
※採点に便利な配点も掲載。

合格への対策、実力錬成のための内容が充実

▶ 各科目の出題傾向の分析、最新年度の出題状況の確認で、入試対策を強化！

▶ その他、志願状況、公立高校難易度一覧など、学習意欲を高める要素が満載！

解答用紙ダウンロード　解答用紙はプリントアウトしてご利用いただけます。弊社ＨＰの商品詳細ページよりダウンロードしてください。トビラのＱＲコードからアクセス可。

リスニング音声ダウンロード　英語のリスニング問題については、弊社オリジナル作成により音声を再現。弊社ＨＰの商品詳細ページで全収録年度分を配信対応しております。トビラのＱＲコードからアクセス可。

famima PRINT　原本とほぼ同じサイズの解答用紙は、全国のファミリーマートに設置しているマルチコピー機のファミマプリントで購入いただけます。※一部の店舗で取り扱いがない場合がございます。詳細はファミマプリント（http://fp.famima.com/）をご確認ください。

UD FONT　見やすく読みまちがえにくいユニバーサルデザインフォントを採用しています。

～2024年度広島県公立高校入試の日程（予定）～

☆一次選抜

学力検査・自己表現等	2／27～2／29
↓	
追検査	3／5
↓	
合格者発表	3／8

※全日制の課程においては，帰国生徒及び外国人生徒等の特別入学に関する選抜も同一日程

☆二次選抜

自己表現等	3／18　※広島市立広島みらい創生高等学校は3/22
↓	
合格者発表	3／19　※広島市立広島みらい創生高等学校は3/25

☆連携型中高一貫教育に関する選抜（県立加計高等学校，県立加計高等学校芸北分校，県立御調高等学校，県立油木高等学校，県立賀茂北高等学校）

自己表現等	2／28～2／29
↓	
合格者発表	3／8

※募集および選抜に関する最新の情報は広島県教育委員会のホームページなどで必ずご確認ください。

2023年度/広島県公立高校一次選抜受検状況

〈全日制本校〉

学校名・学科(コース)		一次選抜定員	受検者数	受検倍率
広島国泰寺	普通	240	359	1.50
	(理数)	80	95	1.19
広島市立基町	普通	320	397	1.24
	(創造表現)	40	54	1.35
広島市立舟入	普通	280	423	1.51
	(国際コミュニケーション)	40	55	1.38
広島商業	情報ビジネス	320	298	0.93
広島市立広島商業	みらい商業	240	221	0.92
広島皆実	普通	240	372	1.55
	衛生看護	40	50	1.25
	体育	40	41	1.03
広島工業	機械	80	80	1.00
	電気	80	87	1.09
	建築	80	74	0.93
	土木	40	39	0.98
	化学工学	40	18	0.45
広島市立広島工業	機械	40	31	0.78
	自動車	40	43	1.08
	電気	40	32	0.80
	情報電子	40	61	1.53
	建築	40	28	0.70
	環境設備	40	34	0.85
広島井口	普通	320	429	1.34
広島観音	総合	280	404	1.44
安古市	普通	320	330	1.03
安西	普通	120	51	0.43
祇園北	普通	280	276	0.99
	(理数)	40	23	0.58
広島市立沼田	普通	240	338	1.41
	(体育)	80	71	0.89
可部	普通	240	257	1.07
高陽	普通	240	240	1.00
高陽東	総合	240	275	1.15
安芸南	普通	200	251	1.26
五日市	普通	240	298	1.24
湯来南	普通	40	19	0.48
広島市立美鈴が丘	普通	240	245	1.02
広	普通	200	194	0.97
呉宮原	普通	200	224	1.12
呉三津田	普通	240	206	0.86

学校名・学科(コース)		選抜(Ⅱ)定員	3月7日受検者数	受検倍率
音戸	普通	40	26	0.65
呉工業	機械 材料工学	80	37	0.46
	電気 電子機械	40	32	0.80
呉商業	情報ビジネス	160	168	1.05
呉市立呉	総合	160	138	0.86
竹原	普通	40	33	0.83
	商業	40	29	0.73
忠海	普通	80	42	0.53
三原	普通	160	156	0.98
三原東	普通	80	54	0.68
総合技術	電子機械	40	32	0.80
	情報技術	40	41	1.03
	環境設備	40	35	0.88
	現代ビジネス	40	36	0.90
	人間福祉	40	33	0.83
	食デザイン	40	32	0.80
尾道東	普通	120	149	1.24
	(国際教養)	40	24	0.60
御調	普通	71	29	0.41
瀬戸田	普通	40	38	0.95
尾道商業	情報ビジネス	200	199	0.99
尾道北	総合	200	186	0.93
因島	総合	80	67	0.84
福山葦陽	普通	320	357	1.12
沼南	家政	40	19	0.48
	園芸デザイン	40	20	0.50
大門	普通	200	238	1.19
	(理数)	40	34	0.85
福山明王台	普通	280	261	0.93
神辺旭	普通	200	177	0.89
	体育	40	40	1.00
福山市立福山	普通	86	100	1.16
福山工業	機械	80	60	0.75
	電気	40	38	0.95
	建築	40	24	0.60
	工業化学 染織システム	40	20	0.50
	電子機械	80	82	1.03

学校名・学科(コース)		選抜(Ⅱ)定員	3月7日受検者数	受検倍率
福山商業	情報ビジネス	160	145	0.91
福山誠之館	総合	320	357	1.12
松永	総合	160	132	0.83
神辺	総合	200	212	1.06
戸手	総合	200	185	0.93
府中	普通	200	199	0.99
上下	普通	40	20	0.50
府中東	普通	80	48	0.60
	インテリア	40	31	0.78
	都市システム	40	20	0.50
三次	普通	126	109	0.87
日彰館	普通	80	81	1.01
三次青陵	総合	80	74	0.93
庄原格致	普通	80	91	1.14
	(医療・教職)	40	13	0.33
東城	普通	40	30	0.75
西城紫水	普通	40	15	0.38
庄原実業	生物生産学	40	22	0.55
	環境工学	40	20	0.50
	食品工学	40	31	0.78
	生活科学	40	21	0.53
大竹	総合	160	125	0.78
賀茂	普通	280	277	0.99
賀茂北	普通	32	23	0.72
黒瀬	普通	80	52	0.65
	福祉	40	22	0.55
河内	普通	80	61	0.76
豊田	普通	40	38	0.95
広島	普通	84	58	0.69
西条農業	園芸	40	39	0.98
	畜産	40	36	0.90
	生活	40	38	0.95
	農業機械	40	38	0.95
	緑地土木	40	40	1.00
	生物工学	40	30	0.75
	食品科学	40	49	1.23
廿日市	普通	280	322	1.15
佐伯	普通	40	26	0.65
廿日市西	普通	200	170	0.85

学校名・学科(コース)		選抜(Ⅱ)定員	3月7日受検者数	受検倍率
宮島工業	機械	80	63	0.79
	電気 情報技術	80	55	0.69
	建築 インテリア	80	80	1.00
	素材システム	40	17	0.43
吉田	探究	120	80	0.67
	アグリビジネス	40	14	0.35
向原	普通	40	15	0.38
大柿	普通	40	35	0.88
安芸府中	普通	200	208	1.04
	国際	40	34	0.85
海田	普通	240	275	1.15
	家政	80	72	0.90
熊野	普通	160	153	0.96
加計	普通	25	53	2.12
千代田	普通	80	46	0.58
大崎海星	普通	40	37	0.93
世羅	普通	80	50	0.63
	生活福祉	40	17	0.43
	農業経営	40	22	0.55
油木	普通	19	9	0.47
	産業ビジネス	27	22	0.81

〈全日制分校〉

学校名・学科(コース)		選抜(Ⅱ)定員	3月7日受検者数	倍率
加計・芸北	普通	28	36	1.29

数学　出題傾向の分析と合格への対策

出題傾向とその内容

〈最新年度の出題状況〉

本年度の出題数は，大問が6題，小問数にして19問で，昨年と同様であった。

出題内容は，大問1が数・式の計算，平方根，式の展開，二次方程式，比例関数，体積，資料の散らばり・代表値から基本レベルの小問が出題された。大問2は小問群であり，関数$y=ax^2$，資料の散らばり・代表値，式による証明が出題された。大問3は角度，面積を計量する平面図形の問題，大問4は図形と関数・グラフの融合問題，大問5は学校紹介動画の作成を題材とした確率，方程式の応用，大問6は相似や円の性質を利用した図形の証明と性質を問う問題であった。

〈出題傾向〉

ここ数年，大問数で6題前後，小問数で20問前後という問題構成が定着している。

大問1は例年，計算問題であり，数・式の計算，式の展開，因数分解，平方根，方程式から出題されている。大問2と3は基本的な数学能力を問う小問群であり，関数を題材とした文字式を使っての説明，角度・長さ・面積・体積の計量，場合の数，資料の散らばり·代表値，標本調査，図形と関数・グラフ等から出題されている。多少応用力を必要とするが，教科書を中心とした学校の教材をしっかり学習すれば十分解ける問題である。大問4以降では，確率の問題，図形と関数・グラフの融合問題，平面図形を題材とした証明と線分の長さの求値問題，標本調査等，複数の単元の知識を使って解く応用力を見る問題が出題されている。

基本問題中心の構成になっているが，その年度ごとに工夫されたユニークな問題が1，2問出題されている。また，図形と関数・グラフをはじめとして，複数分野の融合問題もよく出題されている。

来年度の予想と対策

来年度も問題の量・質ともに大きな変化はないものと思われる。出題傾向がほぼ定着しているので，きちんと対策を立てておくと高得点も可能である。しかし，多少出題内容に変動があっても対応できるだけの準備はしておきたい。

前半の問題は教科書レベルの基本問題であるから，とくに計算練習には力を注ぐこと。後半の問題も，基本をきちんとおさえていれば無理なく解答できる応用問題なので，教科書の例題・章末問題を中心に練習を積み重ねておこう。その上で，標準レベルの問題集で実践形式に慣れておくとよい。文字式の利用のしかたがポイントとなる問題もあるので，図形・関数・確率の問題の中で，文字式を役立てる訓練をしておきたい。文字式を使って説明するにはどのような論理展開が必要なのかを過去の問題で研究しておこう。

⇨学習のポイント

- 授業や学校の教材を中心に全分野の基礎力をまんべんなく身につけよう。
- 過去問や問題集を使って図形と関数・グラフの融合問題や図形の計量問題への対策を立てよう。

年度別出題内容の分析表　数学

出題内容			26年	27年	28年	29年	30年	2019年	2020年	2021年	2022年	2023年
数と式		数の性質			○							
		数・式の計算	○	○	○	○	○	○	○	○	○	○
		因数分解	○	○		○			○		○	
		平方根	○	○	○	○	○	○	○	○	○	○
方程式・不等式		一次方程式	○	○	○	○	○	○	○	○	○	○
		二次方程式	○	○	○			○	○	○	○	○
		不等式								○		
		方程式の応用	○		○	○	○	○	○	○	○	○
関数		一次関数	○	○	○	○	○	○	○	○	○	○
		関数 $y = ax^2$	○	○	○	○	○	○	○	○	○	○
		比例関数		○	○	○	○	○	○	○	○	○
		関数とグラフ	○	○	○	○	○	○	○	○	○	○
		グラフの作成			○	○	○				○	
図形	平面図形	角度	○	○		○		○		○	○	○
		合同・相似	○	○		○	○	○	○	○	○	○
		三平方の定理	○	○	○	○	○	○	○	○	○	
		円の性質		○	○	○	○	○	○	○	○	○
	空間図形	合同・相似										
		三平方の定理										
		切断										
	計量	長さ		○		○	○	○	○	○	○	○
		面積	○		○	○	○	○	○	○	○	○
		体積		○	○	○	○			○		○
		証明		○	○	○	○	○	○	○	○	○
		作図					○			○		
		動点										
データの活用		場合の数	○						○			
		確率	○	○	○	○	○	○	○	○	○	○
		資料の散らばり・代表値(箱ひげ図を含む)			○	○	○	○	○	○	○	○
		標本調査	○	○		○			○			
融合問題		図形と関数・グラフ	○		○	○	○	○	○	○	○	○
		図形と確率				○						
		関数・グラフと確率										
		その他										
その他												

英語　出題傾向の分析と合格への対策

出題傾向とその内容

〈最新年度の出題状況〉

小問には若干の変化があったが，大問構成は本年度も昨年度と同様，大問にして聞き取り問題1題，会話文読解問題1題，長文読解問題1題，条件・自由英作文1題の計4題の出題であった。

聞き取り問題は対話文を聞いたあと，英語の質問の答えとして適するものを選ぶものが3問と，自由英作文が2問出された。配点は50点中の13点(26％)であった。

会話文問題，長文読解問題ではさまざまな形式の小問が出題されたが，ほとんどの問題が文法知識を直接問うものではなく，英文を読んで，内容についての理解や，自分の考えを英語，日本語で解答することが求められた。また，条件・自由英作文では，会話の内容を理解し，対話を完成させる問題と，条件に合わせて英文を作る問題が出題された。

大問4題という形式で，独立した文法問題が出題されないことが特徴である。大問及び小問の形で条件・自由英作文が複数あるので長文読解で時間を取られすぎないよう注意する必要がある。

〈出題傾向〉

出題傾向に大きな変化はない。英文の難易度は標準的であるが，確実な読解力が求められ，英語での記述問題が多く出題された。読解力，表現力が高得点のカギとなると考えられる。

聞き取り問題の対話を聞いてあとに続く質問に答えるという出題形式は昨年度と大きな変化はなかったが，本年度も英作文が2問出題された。メモをとるなどして内容を整理する必要があろう。問題Cでは自分の考えを英語で表現することが求められた。

会話文・長文読解問題では，記述問題に注意が必要である。また，グラフやメモ等の資料を用いた問題は毎年出題されている。資料の読み取りとともに，筆者の意見，文脈の流れに注意しながら読み進めて答えを導き出そう。読解力と表現力を求める問題が多く出題されている。

来年度の予想と対策

聞き取りの問題Aは，本文と質問文が2回ずつ読まれるので，質問文は1回目でしっかり把握しておくこと。聞きながらメモをとる練習もした方がよい。

全体として問題が少なめである一方，英文を書かせる問題が多いのが一つの特徴である。中学校で学習する英単語，熟語，文法，重要構文などをしっかり習得しておく必要がある。そして自分の意見を表現する英作文の練習をしておくとよいだろう。

英文の内容を理解し，その要旨や内容についての自分の意見を英語で表現する練習をしておくとよい。過去問での対策が必要である。

⇨学習のポイント

- 教科書を中心に，基本的な単語・熟語・構文をしっかり理解しておこう。
- 英語・日本語ともに，伝えたい内容を正しく表現する練習をしよう。
- 長文読解，会話文問題に数多く取り組み，読解力をつけよう。

年度別出題内容の分析表　英語

		出題内容	26年	27年	28年	29年	30年	2019年	2020年	2021年	2022年	2023年
設問形式	リスニング	絵・図・表・グラフなどを用いた問題	○	○	○	○	○	○	○	○	○	○
		適文の挿入	○	○	○	○					○	○
		英語の質問に答える問題	○	○	○	○	○	○	○	○	○	○
		英語によるメモ・要約文の完成										
		日本語で答える問題										
		書き取り										
	語い	単語の発音										
		文の区切り・強勢										
		語句の問題										
	読解	語句補充・選択（読解）	○	○	○	○	○	○	○	○	○	○
		文の挿入・文の並べ換え	○	○	○	○	○	○	○	○	○	○
		語句の解釈・指示語	○		○	○	○	○	○			
		英問英答（選択・記述）			○	○	○	○	○	○	○	○
		日本語で答える問題	○	○	○	○	○					
		内容真偽				○	○	○	○	○	○	○
		絵・図・表・グラフなどを用いた問題	○	○	○	○	○	○	○	○	○	○
		広告・メール・メモ・手紙・要約文などを用いた問題	○	○	○	○	○	○	○	○	○	○
	文法	語句補充・選択（文法）	○							○	○	○
		語形変化										
		語句の並べ換え	○	○			○	○	○	○	○	○
		言い換え・書き換え										
		英文和訳	○									
		和文英訳										
		自由・条件英作文	○	○		○	○	○	○	○	○	○
文法事項		現在・過去・未来と進行形	○	○	○	○	○	○	○	○	○	○
		助動詞	○		○			○			○	○
		名詞・冠詞・代名詞				○	○	○	○	○		
		形容詞・副詞	○	○			○			○	○	○
		不定詞	○	○	○	○	○	○	○	○	○	○
		動名詞	○	○	○	○	○	○		○	○	
		文の構造（目的語と補語）	○			○			○		○	
		比較	○									
		受け身			○					○		
		現在完了			○	○		○				○
		付加疑問文										
		間接疑問文	○					○			○	○
		前置詞	○	○		○	○				○	○
		接続詞	○		○	○	○			○	○	○
		分詞の形容詞的用法	○		○				○		○	
		関係代名詞	○	○	○	○	○	○	○	○		○
		感嘆文										
		仮定法										○

理科　●●●●● 出題傾向の分析と合格への対策 ●●●●●

出題傾向とその内容

〈最新年度の出題状況〉

昨年と同様に大問4題，小問数にして25問程度の出題である。大問1は化学，大問2は生物，大問3は地学，大問4は物理という構成になっている。どの大問も実験・観察の分析に基づいた問題が多く，記述問題中心で考察力が問われた。

〈出題傾向〉

出題形式は，図や表，グラフから読み取ることを要求するもの，考察や実験手順について記述させるものなどがあり，選択式よりも記述式の方が多い。また，記述式は長文の解答も見られる。これは，単なる知識だけを問うのではなく，理論の道筋や実験に対する考察力を重視しているといえる。自分の考えを正確に表現することに慣れておく必要がある。

出題分野は年度によって若干のかたよりがあるが，数年間単位で見ると，ほぼ全単元からの出題となっている。数年間，出題されなかった分野からも今回出題されているので，ふだんの学習においてもかたよりのない学習，不得意分野をなくす学習が重要となってくる。

物理的領域　水圧を中心に，実験を用いて思考する問題構成であった。この単元が苦手な生徒は，得点差が明確に出るので，確実に内容を理解しておきたい。基本的原理をしっかりと理解するように努めなければならない。

化学的領域　化学変化を幅広く扱った出題で，深い思考力が問われた。基礎的な問題もあるので，あせらず解けばよい。

生物的領域　遺伝子と生物のつり合いについて出題された。標準的な問題であったが，一部の問いで思考力を必要とした。実験結果の分析力も試されるので，確かな知識を身につけておけばよい。

地学的領域　火山と地層からの出題であったが，資料をもとに実践的な知識が問われた。難易度的には決して高くない。普段の授業をしっかりと受け，復習をして知識を定着させていくことで，十分得点できる内容であった。

来年度の予想と対策

記述式が多く見られるため，単なる丸暗記や中途半端な理解では対応できない。教科書での学習を中心に，重要なポイントを書き出して覚えるとよい。実験や観察に対する考察だけではなく，手順や注意事項についてまとめておくこと。グラフ・図表の表し方・読み取り方も演習しておくこと。

問題集の演習だけでなく，新聞やニュースで取り上げられる環境問題，天気，地震などの科学的事象についても，筋道を立てて説明できるようにしておくことが重要である。

⇨学習のポイント

- 記述式の問題は，簡潔かつ的確に解答することができるよう多く練習しよう。
- ふだんから科学的内容のニュースなどには耳を傾け，入試の前には説明できるようにしておこう。

年度別出題内容の分析表　理科

※★印は大問の中心となった単元

分野	学年	出題内容	26年	27年	28年	29年	30年	2019年	2020年	2021年	2022年	2023年
第一分野	第1学年	身のまわりの物質とその性質	○					○		○		○
		気体の発生とその性質					○			○		
		水溶液		○	○					○		
		状態変化						★				
		力のはたらき(2力のつり合いを含む)		○	○							○
		光と音	○			★					★	
	第2学年	物質の成り立ち	○							○		○
		化学変化，酸化と還元，発熱・吸熱反応	○		★		★	○				○
		化学変化と物質の質量							★			○
		電流(電力，熱量，静電気，放電，放射線を含む)		○		○		○		★		
		電流と磁界		○				★				
	第3学年	水溶液とイオン，原子の成り立ちとイオン		○							○	
		酸・アルカリとイオン，中和と塩				○			○	○		
		化学変化と電池，金属イオン				○					★	
		力のつり合いと合成・分解(水圧，浮力を含む)		○	○		○		○			★
		力と物体の運動(慣性の法則を含む)					★					
		力学的エネルギー，仕事とエネルギー		○			○		★			
		エネルギーとその変換，エネルギー資源	○	○							○	○
第二分野	第1学年	生物の観察と分類のしかた						○				
		植物の特徴と分類	○		○	○		○		○		
		動物の特徴と分類	○						○			
		身近な地形や地層，岩石の観察		○					○			○
		火山活動と火成岩		○					○			○
		地震と地球内部のはたらき					★					
		地層の重なりと過去の様子		○					★			○
	第2学年	生物と細胞(顕微鏡観察のしかたを含む)			○					○		
		植物の体のつくりとはたらき	○		○			○		○		
		動物の体のつくりとはたらき		○			★				★	
		気象要素の観測，大気圧と圧力				★		○		○		
		天気の変化								○		
		日本の気象								○		
	第3学年	生物の成長と生殖			★	○				○		
		遺伝の規則性と遺伝子				○						○
		生物の種類の多様性と進化	○						○			
		天体の動きと地球の自転・公転			★			○			★	
		太陽系と恒星，月や金星の運動と見え方	○					★				
		自然界のつり合い	★				○					○
自然の環境調査と環境保全，自然災害			○									
科学技術の発展，様々な物質とその利用												
探究の過程を重視した出題			○	○	○	○	○	○	○	○	○	○

社会　出題傾向の分析と合格への対策

出題傾向とその内容

〈最新年度の出題状況〉

本年度の出題数は大問4題と例年通りである。また，小問数は21題であった。解答形式は，記号選択が12問，語句記入は3問で，短文記述は6題出題されている。大問は，地理1題，歴史1題，公民1題，総合問題1題となっており，各分野のバランスが取れた構成となっている。

地理では，地図やグラフ，表などの資料が用いられ，それらの読み取りや諸地域の特色などを中心とした出題となっている。

歴史では，政治史だけでなく，経済史・社会史・外交史の問題が出題されている。

公民では，基礎的な知識を問うものがほとんどだが，資料やまとめ文から考える問題も出題されている。

総合問題では，調べ学習のレジュメを元に各分野の基本的な知識が問われている。

〈出題傾向〉

全体として，基礎的事項の理解を試す問題が多いが，表やグラフを重要な手がかりとして活用したり，文章で表現させたりする設問もあり，社会の総合力が試されていると言えるだろう。

地理的分野では，与えられた資料を正確に読み取ったうえで，基礎的事項と組み合わせて答える設問が中心となっている。

歴史的分野では，資料を用いて，政治・社会・経済などの基礎的事項の把握の度合いを確認する出題が中心である。

公民的分野では，基礎的事項をベースに，身近な具体例と結び付けることで，テーマに対する理解の程度を問うている。

来年度の予想と対策

3分野とも，記述式の問題が多数出題されるので，基礎的な事項を漢字で書けるようにしておくことはもちろんのこと，それらの事項について自分の言葉で簡潔に説明できるようにしておく必要がある。

地理的分野では，普段から地図・グラフなどをよく見て，諸地域の産業や気候の特色を確認するだけでなく，自分の言葉でまとめる練習をする必要があるだろう。

歴史的分野では，政治・外交・経済・文化などについて，教科書を中心に時代の流れを押さえて，基本用語などを簡潔に説明する練習も大切になるだろう。

公民的分野では，教科書の理解とともに時事問題への理解が必須である。日頃から新聞やニュースを見ておくことを心掛けよう。その際には，知識として身に付けたものと実際の出来事を結び付けるようにすることが，より深い理解につながると言えるだろう。

⇨学習のポイント

・地理では，複数の統計資料を見比べて，わかることを短文にまとめる力をつけよう！
・歴史では，教科書で基本的事項を確認し，大きな歴史の流れとして整理しておこう！
・公民では，現代社会の抱える様々な問題と，その対策を考える習慣をつけておこう！

年度別出題内容の分析表　社会

分野	区分	出題内容	26年	27年	28年	29年	30年	2019年	2020年	2021年	2022年	2023年
地理的分野	日本	地形図の見方	○			○			○	○	○	
		日本の国土・地形・気候	○			○	○	○	○	○	○	
		人口・都市	○	○			○		○			
		農林水産業			○	○	○	○	○			
		工業		○								○
		交通・通信	○				○				○	
		資源・エネルギー		○								○
		貿易			○			○				
	世界	人々のくらし・宗教	○					○		○		
		地形・気候		○	○	○			○	○	○	
		人口・都市										
		産業		○			○		○			○
		交通・貿易	○	○			○		○			○
		資源・エネルギー		○								○
	地理総合											
歴史的分野	日本史―時代別	旧石器時代から弥生時代									○	
		古墳時代から平安時代	○	○	○	○	○	○	○	○	○	○
		鎌倉・室町時代	○	○	○			○	○	○	○	○
		安土桃山・江戸時代	○	○	○	○	○	○	○	○	○	○
		明治時代から現代	○	○	○	○	○	○	○	○	○	○
	日本史―テーマ別	政治・法律	○	○	○	○	○	○	○	○	○	○
		経済・社会・技術	○	○	○	○	○	○	○	○	○	○
		文化・宗教・教育	○	○	○		○	○			○	
		外交	○	○	○	○		○		○		○
	世界史	政治・社会・経済史	○				○				○	
		文化史										
		世界史総合										
	歴史総合											
公民的分野		憲法・基本的人権	○			○				○		○
		国の政治の仕組み・裁判	○			○			○			
		民主主義										
		地方自治		○	○	○				○		
		国民生活・社会保障	○	○			○					○
		経済一般	○	○	○	○	○				○	○
		財政・消費生活	○	○	○	○	○				○	○
		公害・環境問題		○								
		国際社会との関わり	○					○				
時事問題											○	
その他					○	○	○					

―広島県公立高校―

国語

出題傾向の分析と合格への対策

出題傾向とその内容

〈最新年度の出題状況〉

本年度は，文学的文章，説明的文章，古文1題の，大問3題の構成であった。

大問1の文学的文章は小説。登場人物の心情の把握を中心に出題された。

大問2の説明的文章は，説明文からの出題であった。内容理解に焦点があてられ，接続語や文章のまとめなども問われた。

現代文には，この他，漢字の読み書きについての知識問題が出題されている。

大問3の古文は仮名遣いや空欄補充が出題され，要旨をふまえた上での200字の作文も出題された。

〈出題傾向〉

現代文2題は，読解問題と漢字・語句などの知識問題で構成されている。

文学的文章は小説が扱われる。時代物も出題されるが主人公は同年代である文章のことも多く，読みやすい内容だろう。心情の読み取りに関する問いが，いろいろな角度から出題されている。

説明的文章は論説文。さまざまなジャンルの内容が扱われるが，こちらも比較的読みやすいものである。接続語，指示語など，説明的文章を読み取る際の基本的なことから，段落要旨を書きまとめるものまで，さまざまな問われ方をする。

古文は，歴史的仮名遣い，主語，内容吟味などが見られる。また，漢文が扱われることもあるので，書き下し文のルールなどもしっかりおさえておきたい。

解答形式は，記述式と記号選択式の併用である。記述式の問題は，文章中の語句の抜き出しではなく，内容を把握した上で，文章中の言葉を使いながら自分の言葉でまとめて答えさせるものが主であった。

また，近年は，作文も出題されている。

来年度の予想と対策

近年の傾向から，現代文と古文の読解問題を中心とする出題が続くものと思われる。

文学的文章では，作品の背景となる情景や状況の読み取り，登場人物の心情や性格の読み取りが大切である。

説明的文章では，指示語や接続語，キーワードに注意して文脈を追い，筆者の主張を把握することに努めたい。問題集を活用して，さまざまな文章や設問に触れておくとよいであろう。

漢字や語句など，基本的な事項については，日ごろの学習を着実にする中で，確かな知識を身につける必要がある。

古文については，古語や独特の言い回し，仮名遣いなどの基本を身につけ，問題集などを活用していくつかの文章にあたって読み慣れておこう。漢文の対策も，古文と同様に行っておこう。

作文は自分の意見を書くだけでなく，他の人の意見をふまえた文章を書く練習をしておくとよい。

⇨学習のポイント

- 多くの文章に触れて，基本的な読解ができるようにしよう。
- 登場人物の心情や段落の要旨などをまとめる練習や，作文の練習をしよう。
- 教科書を使って，漢字や語句の練習をしっかりとしておこう。

年度別出題内容の分析表　国語

出題内容			26年	27年	28年	29年	30年	2019年	2020年	2021年	2022年	2023年
内容の分類	読解	主題・表題										
		大意・要旨	○	○		○	○	○	○	○	○	○
		情景・心情	○	○	○	○	○	○	○	○	○	○
		内容吟味	○	○	○	○	○	○	○	○	○	○
		文脈把握	○	○	○	○	○	○	○	○	○	○
		段落・文章構成		○		○	○					
		指示語の問題					○	○				
		接続語の問題		○	○	○		○	○	○	○	○
		脱文・脱語補充	○	○	○	○	○	○	○	○	○	○
	漢字・語句	漢字の読み書き	○	○	○	○	○	○	○	○	○	○
		筆順・画数・部首										
		語句の意味										
		同義語・対義語										
		熟語	○	○			○	○	○	○	○	
		ことわざ・慣用句								○		
		仮名遣い	○	○	○	○	○		○	○		○
	表現	短文作成										
		作文(自由・課題)	○	○	○	○	○	○		○	○	○
		その他										
	文法	文と文節										
		品詞・用法										
		敬語・その他										
	古文の口語訳											
	表現技法・形式			○				○			○	
	文学史											
	書写											
問題文の種類	散文	論説文・説明文	○	○	○	○	○	○	○	○	○	○
		記録文・報告文										
		小説・物語・伝記	○	○	○	○	○	○	○	○	○	○
		随筆・紀行・日記										
	韻文	詩										
		和歌(短歌)										
		俳句・川柳										
	古文		○	○	○	○	○		○	○		○
	漢文・漢詩							○			○	
	会話・議論・発表			○	○	○			○	○	○	
	聞き取り											

— 広島県公立高校 —

広島県公立高校難易度一覧

目安となる偏差値	公立高校名
75 ～ 73	
72 ～ 70	
69 ～ 67	[市]基町
66 ～ 64	広島 尾道北（総合）
63 ～ 61	呉三津田，福山誠之館（総合），[市]舟入 安古市 広島国泰寺（普／理数）
60 ～ 58	広，[市]舟入（国際コミュニケーション） 海田 祇園北（普／理数），広島井口，広島皆実，[市]基町（創造表現）
57 ～ 55	尾道東（普／国際教養），府中 呉宮原，大門（理数），廿日市 [市]沼田，広島観音（総合），広島皆実（衛生看護）
54 ～ 51	賀茂，大門，三原 神辺旭，[市]呉（総合），[市]福山 五日市，高陽 忠海，[市]美鈴が丘
50 ～ 47	安芸南 安芸府中（普／国際），総合技術（電子機械／情報技術／環境設備／人間福祉／食デザイン），三次 呉商業（情報ビジネス），庄原格致（普／医療・教職），広島商業（情報ビジネス），福山葦陽，福山明王台 海田（家政），高陽東（総合），広島工業（機械／電気／建築／土木／化学工学），[市]広島商業（みらい商業）
46 ～ 43	神辺旭（体育），西条農業（園芸／畜産／生活／農業機械／緑地土木／生物工学／食品科学），総合技術（現代ビジネス），竹原，廿日市西 [市]広島工業（電気／情報電子） 尾道商業（情報ビジネス），世羅，竹原（商業），戸手（総合），[市]広島工業（機械／自動車／建築／環境設備） 可部，呉工業（機械・材料工学／電気・電子機械），[市]沼田（体育），三原東，油木
42 ～ 38	因島（総合），広島皆実（体育） 黒瀬，日彰館，福山工業（機械／電気／建築／工業化学・染織システム／電子機械），府中東，三次青陵（総合），吉田（探究） 賀茂北，神辺（総合），熊野，黒瀬（福祉），河内，西城紫水，庄原実業（生物生産／環境工学／食品工学／生活科学） 瀬戸田，世羅（農業経営），豊田，府中東（インテリ／都市システム），御調，宮島工業（機械／電気／情報技術／建築／インテリア／素材システム），向原，安西，吉田（アグリビジネス） 大崎海星，加計，上下，世羅（生活福祉），東城 大柿，大竹（総合），音戸，佐伯，千代田，福山商業（情報ビジネス），松永（総合），油木（産業ビジネス），湯来南
37 ～	加計[芸北分校]，沼南（家政） 沼南（園芸デザイン）

＊（　）内は学科・コースを示します。特に示していないものは普通科（普通・一般コース），または全学科（全コース）を表します。[市]は市立を表します。

＊データが不足している高校，または学科・コースなどにつきましては掲載していない場合があります。

＊公立高校の入学者は，「学力検査の得点」のほかに，「調査書点」や「面接点」などが大きく加味されて選抜されます。上記の内容は想定した目安ですので，ご注意ください。

＊公立高校入学者の選抜方法や制度は変更される場合があります。また，統廃合による閉校や学校名の変更，学科の変更などが行われる場合もあります。教育委員会などの関係機関が発表する最新の情報を確認してください。

ダウンロードコンテンツのご利用方法

※弊社 HP 内の各書籍ページより，解答用紙などのデータダウンロードが可能です。

※巻頭「収録内容」ページの下部 QR コードを読み取ると，書籍ページにアクセスが出来ます。（ Step 4 からスタート）

Step 1 東京学参 HP（https://www.gakusan.co.jp/）にアクセス

Step 2 下へスクロール『フリーワード検索』に書籍名を入力

Step 3 検索結果から購入された書籍の表紙画像をクリックし，書籍ページにアクセス

Step 4 書籍ページ内の表紙画像下にある『ダウンロードページ』を

クリックし，ダウンロードページにアクセス

Step 5 巻頭「収録内容」ページの下部に記載されている

パスワードを入力し，『送信』をクリック

解答用紙・+αデータ配信ページへスマホでアクセス! ⇒

※データのダウンロードは 2024 年 3 月末日まで。

※データへのアクセスには，右記のパスワードの入力が必要となります。 ⇒ ●●●●●●

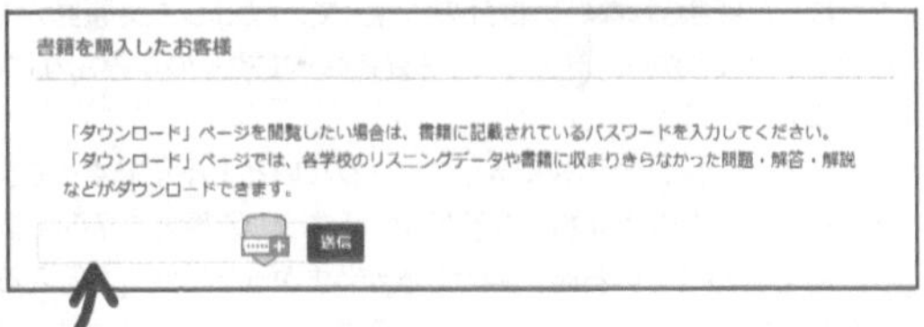

Step 6 使用したいコンテンツをクリック

※ PC ではマウス操作で保存が可能です。

不安という人なつっこい怪物。

曽我部恵一｜ミュージシャン

曽我部恵一
'90年代初頭よりサニーデイ・サービスのヴォーカリスト／ギタリストとして活動を始める。2004年，自主レーベルROSE RECORDSを設立し，インディペンデント／DIYを基軸とした活動を開始する。以後，サニーデイ・サービス／ソロと並行し，プロデュース・楽曲提供・映画音楽・CM音楽・執筆・俳優など，形態にとらわれない表現を続ける。

受験を前に不安を抱えている人も多いのではないでしょうか。今回はミュージシャンであり，3人の子どもたちを育てるシングルファーザーでもある曽我部恵一さんにご自身のお子さんに対して思うことをまじえながら，“不安”について思うことを聞いた。

── 子どもの人生を途中まで一緒に生きてやろうっていうのが，何だかおこがましいような気がしてしまう。

子どもが志望校に受かったらそれは喜ばしいことだし，落ちたら落ちたで仕方がない。基本的に僕は子どもにこの学校に行ってほしいとか調べたことがない。長女が高校や大学を受験した時は，彼女自身が行きたい学校を選んで，自分で申し込んで，受かったからそこに通った。子どもに「こういう生き方が幸せなんだよ」っていうのを教えようとは全く思わないし，勝手につかむっていうか，勝手に探すだろうなと思っているかな。

僕は子どもより自分の方が大事。子どもに興味が無いんじゃないかと言われたら，本当に無いのかもしれない。子どもと仲良いし，好きだけど，やっぱり自分の幸せの方が大事。自分の方が大事っていうのは，あなたの人生の面倒は見られないですよって意味でね。あなたの人生はあなたにしか生きられない。自分の人生って，設計して実際動かせるのは自分しかいないから，自分のことを責任持ってやるのがみんなにとっての幸せなんだと思う。

うちの子にはこの学校に入ってもらわないと困るんですって言っても，だいたい親は途中で死ぬから子どもの将来って最後まで見られないでしょう。顔を合わせている時，あのご飯がうまかったとか，風呂入るねとか，こんなテレビやってたよ，とかっていう表面的な会話はしても，子どもの性格とか一緒にいない時の子どもの表情とか本当はちゃんとは知らないんじゃないかな。子どもの人生を途中まで一緒に生きてやろうっていうのが，何だかおこがましいような気がしてしまう。

── 不安も自分の能力の一部だって思う。

一生懸命何かをやってる人，僕らみたいな芸能をやっている人もそうだけど，みんな常に不安を抱えて生きていると思う。僕も自分のコンサートの前はすごく不安だし，それが解消されることはない。もっと自分に自信を持てるように練習して不安を軽減させようとするけど，無くなるということは絶対にない。アマチュアの時はなんとなくライブをやって，なんとなく人前で歌っていたから，不安はなかったけど，今はすごく不安。それは，お金をもらっているからというプロフェッショナルな気持ちや，お客さんを満足させないとというエンターテイナーとしての意地なのだろうけど，本質的な部分は“このステージに立つほど自分の能力があるのだろうか”っていう不安だから，そこは受験をする中学生と同じかもしれない。これは不安を抱えながらぶつかるしかない。それで，ぶつかってみた結果，ライブがイマイチだった時は，僕は今でも人生終わったなって気持ちになる。だから，不安を抱えている人に対して不安を解消するための言葉を僕はかけることができない。受験生の中には高校受験に失敗したら人生終わると思ってる人もいるだろうし，僕は一つのステージを失敗したら人生終わると思ってる。物理的に終わらなくても，その人の中では終わる。それに対して「人生終わらないよ」っていうのは勝手すぎる意見。僕たちの中では一回の失敗でそれは終わっちゃうんだ。でも，失敗しても相変わらずまた明日はあるし，明後日もある。生きていかなきゃいけない。失敗を繰り返していくことで，人生は続くってことがわかってくる。子どもたちの中には，そこで人生を本当に終わらそうっていう人が出てくるかもしれないけど，それは大間違い。同じような失敗は生きてるうちに何度もあって，大人になっている人は失敗を忘れたり，見ないようにしたりするのをただ単に繰り返して生きてるだけなんだと思う。失敗したからこそできるものがあるから，僕は失敗するっていうことは良いことだと思う。挫折が多い方が絶対良い。若い頃に挫折とか苦い経験っていうのはもう財産だから。

例えば，「雨が降ってきたから，カフェに入った。そしたら偶然友達と会って嬉しかった」。これって，雨が降る，晴れるとか，天気みたいなもうどうしようもないことに身を委ねて，自然に乗っかっていったら，結局はいい出来事があったということ。僕は，無理せずにそういう風に生きていきたいなと思う。失敗しても，それが何かにつながっていくから，失敗したことをねじ曲げて成功に持っていく必要はないんじゃないかな。

不安を感じてそれに打ち勝つ自信がないのなら，逃げたらいい。無理して努力することが一番すごいとも思わない。人間，普通に生きると70年とか80年とか生きるわけで，逃げてもどこかで絶対勝負しなきゃいけない瞬間っていうのがあるから，その時にちゃんと勝負すればいいんじゃないかな。受験がどうなるか，受かるだろうか，落ちるだろうか，その不安を抱えている人は，少なからず，勝負に立ち向かっていってるから不安を抱えているわけで。それは素晴らしいこと。不安っていうのは自分の中の形のない何かで自分の中の一つの要素だから，不安も自分の能力の一部だって思う。不安を抱えたまま勝負に挑むのもいいし，努力して不安を軽減させて挑むのもいい。または，不安が大きいから勝負をやめてもいいし，あくまでも全部自分の中のものだから。そう思えば，わけのわからない不安に押しつぶされるってことはないんじゃないかな。

広島県公立高等学校

2023年度

★★★★★★★★★★★★★★★★★★★★★★★

入 試 問 題

2023
年
度

●くわしい解説…… 41ページ

＜数学＞　時間　50分　　満点　50点

1　次の(1)~(8)に答えなさい。

(1)　$-8-(-2)+3$　を計算しなさい。

(2)　$28x^2 \div 7x$　を計算しなさい。

(3)　$\sqrt{50}-\dfrac{6}{\sqrt{2}}$　を計算しなさい。

(4)　$(x-6y)^2$　を展開しなさい。

(5)　方程式 $x^2+3x-5=0$　を解きなさい。

(6)　関数 $y=\dfrac{16}{x}$ のグラフ上の点で，x 座標と y 座標がともに整数である点は何個ありますか。

(7)　右の図のように，底面の対角線の長さが4㎝で，高さが6㎝の正四角すいがあります。この正四角すいの体積は何cm^3ですか。

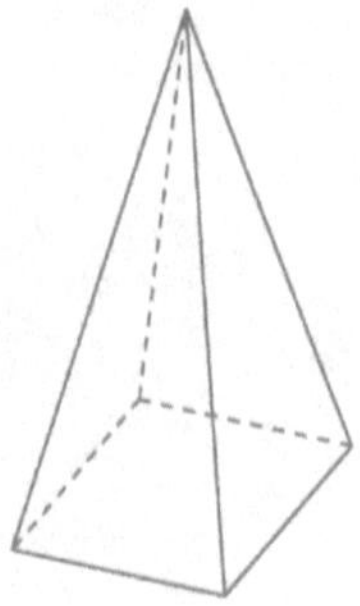

(8)　右の図は，A市，B市，C市，D市について，ある月の日ごとの最高気温を調べ，その結果を箱ひげ図に表したものです。この月の日ごとの最高気温の四分位範囲が最も大きい市を，下のア～エの中から選び，その記号を書きなさい。

ア　A市
イ　B市
ウ　C市
エ　D市

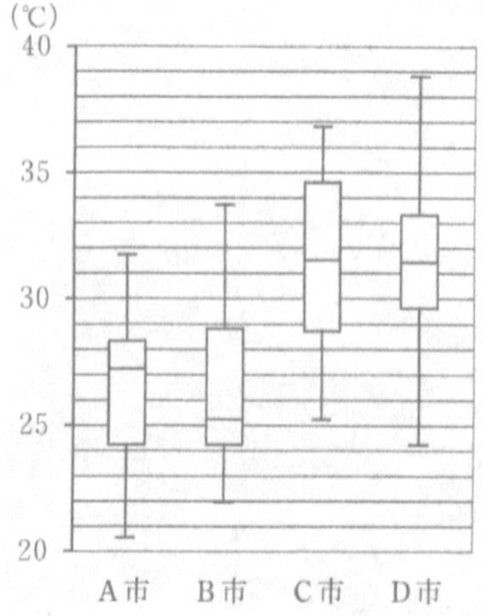

2　次の(1)~(3)に答えなさい。

(1)　下の図のように，点A（3，5）を通る関数 $y = ax^2$ のグラフがあります。この関数について，x の変域が $-6 \leqq x \leqq 4$ のとき，y の変域を求めなさい。

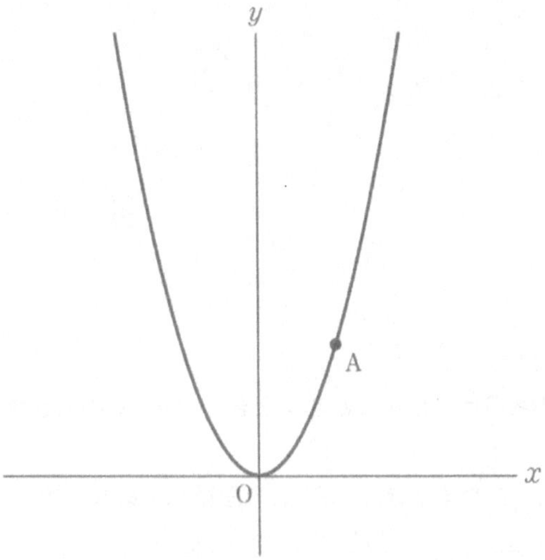

(2)　ある中学校の50人の生徒に，平日における1日当たりのスマートフォンの使用時間についてアンケート調査をしました。下の表は，その結果を累積度数と累積相対度数を含めた度数分布表に整理したものです。しかし，この表の一部が汚れてしまい，いくつかの数値が分からなくなっています。この表において，数値が分からなくなっているところを補ったとき，度数が最も多い階級の階級値は何分ですか。

階級(分)	度数(人)	相対度数	累積度数(人)	累積相対度数
以上　未満 0 ～ 60	4	0.08	4	0.08
60 ～ 120	11			
120 ～ 180				0.56
180 ～ 240				0.76
240 ～ 300		0.10	43	0.86
300 ～ 360	7	0.14	50	1.00
計	50	1.00		

(3)　2桁の自然数があります。この自然数の十の位の数と一の位の数を入れかえた自然数をつくります。このとき，もとの自然数を4倍した数と，入れかえた自然数を5倍した数の和は，9の倍数になります。このわけを，もとの自然数の十の位の数を a，一の位の数を b として，a と b を使った式を用いて説明しなさい。

3 下の図のように，平行四辺形ABCDがあり，点Eは辺ADの中点です。辺BCを３等分する点を，点Bに近い方から順にF，Gとし，線分AGと線分EFとの交点をHとします。

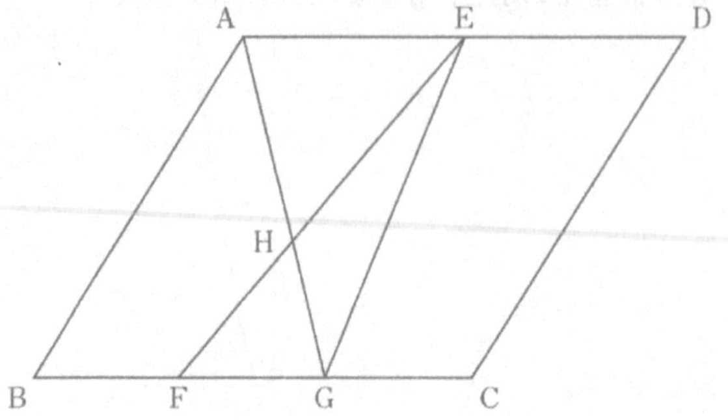

次の(1)・(2)に答えなさい。

(1) ∠AGB＝70°，∠BAG＝∠DAGとなるとき，∠ADCの大きさは何度ですか。

(2) △AHEの面積が 9 となるとき，△EFGの面積を求めなさい。

4 下の図のように，y軸上に点A（0，8）があり，関数 $y=\frac{2}{3}x+2$ のグラフ上に，$x>0$ の範囲で動く２点B，Cがあります。点Cのx座標は点Bのx座標の４倍です。また，このグラフとx軸との交点をDとします。

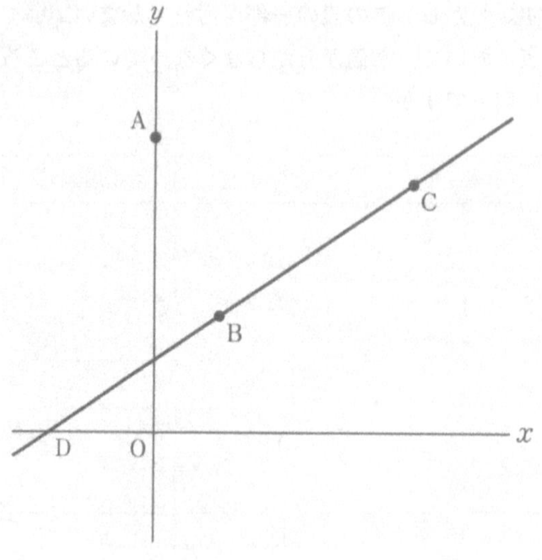

次の(1)・(2)に答えなさい。

(1) 線分ACがx軸に平行となるとき，線分ACの長さを求めなさい。

(2) DB＝BCとなるとき，直線ACの傾きを求めなさい。

5　A高校の生徒会役員の中川さんと田村さんは，生徒会を担当する先生からの依頼を受け，長さ15分の学校紹介動画を作成することになりました。下の表1は，昨年度の生徒会役員が作成した長さ18分の学校紹介動画の構成表です。２人は，昨年度作成された長さ18分の学校紹介動画の内容や配分時間を参考にして，長さ15分の学校紹介動画を作成しようと考えています。

表1　昨年度の生徒会役員が作成した学校紹介動画（18分）の構成表

順番	内容	配分時間
1	オープニング	30秒
2	生徒会長挨拶	1分20秒
3	学校の特色紹介	6分
4	学校行事紹介	3分
5	在校生インタビュー	2分40秒
6	部活動紹介	4分
7	エンディング	30秒
合計		18分

２人は，作成する学校紹介動画が，昨年度の生徒会役員が作成したものよりも時間が短くなることを踏まえ，下のように【学校紹介動画（15分）の作成方針】を決めました。

【学校紹介動画（15分）の作成方針】

(I)　オープニング，学校の特色紹介，学校行事紹介，エンディングの配分時間は，昨年度の生徒会役員が作成した学校紹介動画と同じにする。
(II)　生徒会長挨拶は動画の内容に入れない。
(III)　在校生インタビューでは，配分時間を代表生徒３人に均等に割り当てる。
(IV)　部活動紹介では，配分時間のうち30秒を，A高校にどのような部活動があるかについての紹介に割り当てる。また，部活動紹介の配分時間の残りを，A高校にある部活動のうち代表の部活動３つに均等に割り当てる。
(V)　部活動紹介における代表の部活動１つに割り当てる時間は，在校生インタビューにおける代表生徒１人に割り当てる時間の1.5倍にする。

２人は【学校紹介動画（15分）の作成方針】に従って構成表を作り，学校紹介動画を作成することにしました。

次の(1)・(2)に答えなさい。

(1)　在校生インタビューにおける代表生徒３人のうち１人は，生徒会長に決まりました。残りの代表生徒２人を校内で募集したところ，Pさん，Qさん，Rさん，Sさん，Tさんの５人が立候補しました。この５人の中から，くじ引きで２人を選ぶとき，Pさんが選ばれる確率を求めなさい。

(2) 下の表２は，中川さんと田村さんが【学校紹介動画（15分）の作成方針】に従って作成した長さ15分の学校紹介動画の構成表です。

表２　中川さんと田村さんが作成した学校紹介動画（15分）の構成表

順番	内容	配分時間
1	オープニング	30秒
2	学校の特色紹介	6分
3	学校行事紹介	3分
4	在校生インタビュー ・代表生徒３人	ア
5	部活動紹介 ・A高校にある部活動の紹介 ・代表の部活動３つ	イ
6	エンディング	30秒
合計		15分

表２の ア ・ イ に当てはまる配分時間をそれぞれ求めなさい。なお，答えを求める過程も分かるように書きなさい。

6 中村さんは，ある数学の本に掲載されていた下の【問題】に興味をもち，この【問題】について考えることにしました。

【問題】

右の図のように，１つの平面上に大きさの異なる正方形ABCDと正方形CEFGがあり，点Fと点Gが正方形ABCDの内部にあります。７つの点A，B，C，D，E，F，Gから２点を選び，その２点を結んでできる線分の中で，線分DEと長さが同じであるものを答えなさい。

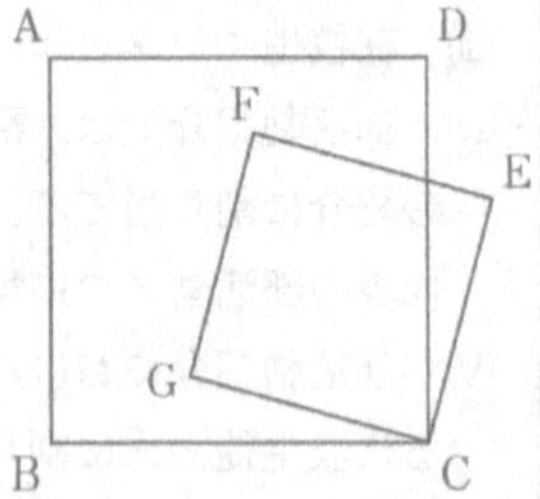

中村さんは，下のことを予想しました。

【予想】

１つの平面上に大きさの異なる正方形ABCDと正方形CEFGがあり，点Fと点Gが正方形ABCDの内部にあるとき，DE＝BGである。

後の(1)・(2)に答えなさい。

(1) 中村さんは，次のページのように△CED≡△CGBを示し，それを基にして，この【予想】が成り立つことを証明しました。

【中村さんの証明】

△CEDと△CGBにおいて

合同な図形の対応する辺は等しいから
DE＝BG

【中村さんの証明】の □ に証明の続きを書き，証明を完成させなさい。

中村さんは，【問題】中の図で辺CDと辺EFとの交点をHとしたとき，線分CHと長さが同じである線分がないか考えることにしました。そこで，△CEHに着目し，この三角形と合同な三角形を見つけるために辺FGを延長し，辺FGの延長と辺BCとの交点をＩとした下のような図をかきました。中村さんは，自分がかいた図について，△CEH≡△CGIであることがいえるので，それを基にして，CH＝CIであることが分かりました。

中村さんがかいた図

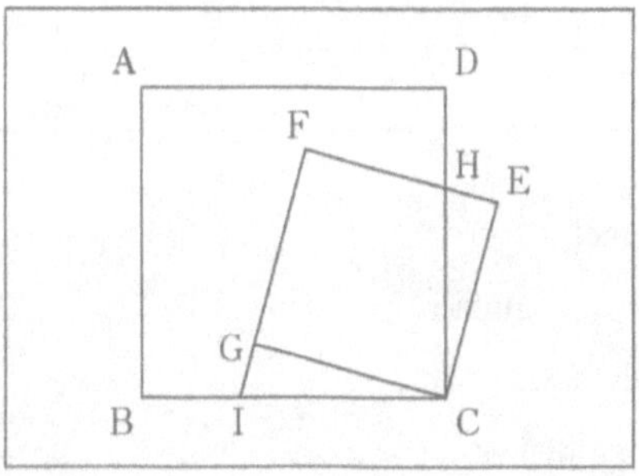

さらに，中村さんは，自分がかいた図について，CH＝CI以外にも成り立つことがらがあるのではないかと考えました。

(2)　下のア～オのことがらの中で，中村さんがかいた図について成り立つことがらを全て選び，その記号を書きなさい。

ア　四角形AICHはひし形である。

イ　四角形AICHの面積は，三角形CDIの面積の２倍である。

ウ　線分BDと線分IHは平行である。

エ　△BIH≡△DHGである。

オ　４点C，H，F，Ｉは１つの円周上にある。

＜英語＞ 時間 50分 満点 50点

1 放送を聞いて答えなさい。

問題A これから，No. 1 ～ No. 3 まで，対話を３つ放送します。それぞれの対話を聞き，そのあとに続く質問の答えとして最も適切なものを，下のア～エの中から選んで，その記号を書きなさい。

No.1	ア  イ  ウ  エ 
No.2	ア One notebook. イ Two notebooks. ウ Three notebooks. エ Five notebooks.
No.3	ア She will cook lunch. イ She will practice the guitar. ウ She will walk the dog. エ She will wash her dishes.

問題B これから放送する対話は，留学生のジョンと高校生の春花が，ある話題に関して話したときのものです。右の【対話】に示されているように，まず①でジョンが話し，次に②で春花が話し，そのあとも交互に話します。⑤ではジョンが話す代わりにチャイムが１回鳴ります。あなたがジョンなら，この話題に関しての対話を続けるために，⑤で春花にどのような質問をしますか。⑤に入る質問を英文で書きなさい。

【対話】

John	:	①
Haruka	:	②
John	:	③
Haruka	:	④
John	:	⑤ チャイム

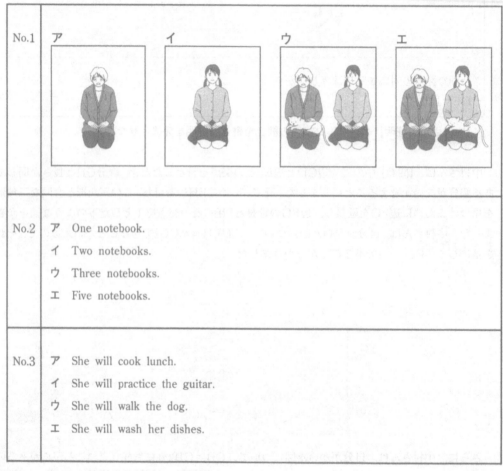

問題C　これから放送する英文は，アメリカからの留学生のジェーンが高校生の健太に対して話したときのものです。ジェーンの質問に対して，あなたならどのように答えますか。あなたの答えを英文で書きなさい。なお，２文以上になっても構いません。

2　次の対話は，高校生の太郎と留学生のエリックが，太郎の自宅でキャッシュレス決済について話したときのものです。また，次のページのグラフ１とグラフ２は，そのとき太郎たちが見ていたウェブページの一部です。これらに関して，あとの１～５に答えなさい。

Taro : Erik, my aunt told me that most payments in many countries will be cashless in the future. Can you imagine that?

Erik : Yes. Cashless payments are very [A] in my country, Sweden. A lot of families don't use notes or coins. For example, my parents usually use smartphones for payments and I have a debit card.

Taro : Really? I think many people still use cash in Japan. [B].

Erik : Then, how about looking for some information about cashless payments on the Internet?

Taro : That's a good idea. Oh, look at this graph. It shows that cashless payments are increasing in Japan. Over 30% of payments were cashless in [C].

Erik : I see. Look! I found a graph about payments in my country. Only 13% of people used cash for their most recent payments in 2018.

Taro : Oh! Why do so many people choose cashless payments? [あ]

Erik : Because it is easier to pay without cash. You don't have to carry a wallet when you go shopping and don't spend so much time when you pay.

Taro : I think it is easier for people from abroad to buy things without cash. [い]

Erik : Cashless payments are also good for store staff. They don't have to prepare change and check notes and coins in the register, so they can save time.

Taro : That's great. Cashless payments have a lot of good points, but I think there are some problems, too. [う]

Erik : What are they?

Taro : If you lose your smartphone or debit card, someone who finds them may spend your money.

Erik : Oh, that's right. We should be careful. Anything else?

Taro : You can't see notes and coins when you use cashless payments, so you sometimes don't realize you are spending too much money. [え]

Erik : I think so, too. Especially, children may not be able to have a sense of money.

Taro : I see. I will try to find more information about cashless payments to use them in the future.

（注） most たいていの　payment 支払い　cashless 現金のいらない　imagine 想像する
Sweden スウェーデン　note 紙幣　coin 硬貨　smartphone スマートフォン
debit card デビットカード　cash 現金　increase 増える　recent 最近の
wallet 財布　spend 使う　staff 従業員　prepare 準備する　change つり銭
register レジ　save 節約する　be able to ～ ～することができる　sense 感覚

グラフ１

（経済産業省ウェブページにより作成。）

グラフ２

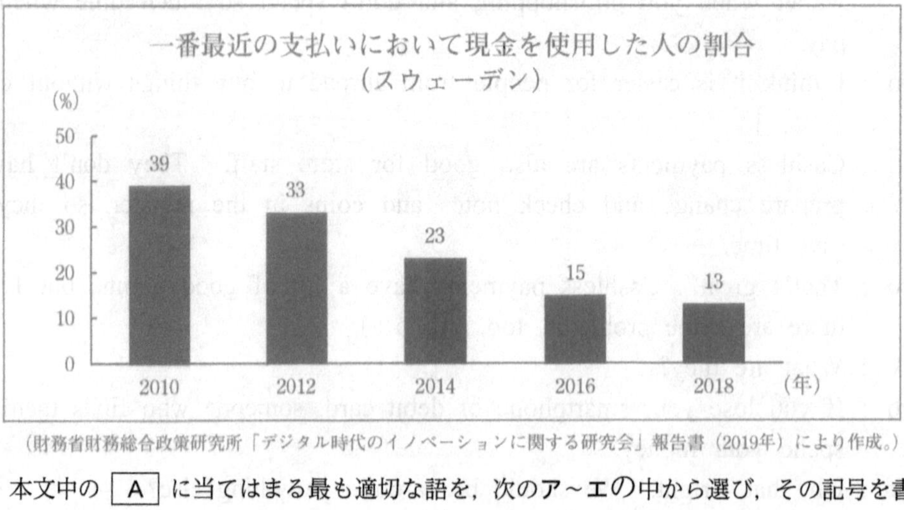

（財務省財務総合政策研究所「デジタル時代のイノベーションに関する研究会」報告書（2019年）により作成。）

1 本文中の A に当てはまる最も適切な語を，次のア～エの中から選び，その記号を書きなさい。

ア exciting　イ expensive　ウ popular　エ weak

2 本文中の B に当てはまる最も適切な英語を，次のページのア～エの中から選び，その記号を書きなさい。

ア　I can't imagine life with cash
イ　I can't imagine life without cash
ウ　I know how to live without cash in Sweden
エ　I know how to use cash in Sweden

3　本文中の C に当てはまる最も適切な数字を，次のア～エの中から選び，その記号を書きなさい。

ア　2010　イ　2012　ウ　2020　エ　2021

4　次の英文は，本文中から抜き出したものです。この英文を入れる最も適切なところを本文中の［あ］～［え］の中から選び，その記号を書きなさい。

They don't have to bring a lot of notes and coins from their countries.

5　太郎は，英語の授業で，「日本はキャッシュレス決済を推進すべきである」というテーマでディベートを行うことになりました。次のメモは，太郎がその準備として，エリックと話した内容をまとめたものの一部です。このメモ中の（ａ）～（ｄ）に当てはまる最も適切な英語を，あとのア～エの中からそれぞれ選び，その記号を書きなさい。

Good points of cashless payments

for us

We don't need a wallet for shopping.
We (a) quickly.

for store staff

・They don't need change.
・They don't need to check the money in the register.
↓
They (b).

Bad points of cashless payments

for us

If we lose our smartphone or debit card, someone (c) and we may lose our money.

・We can't see notes and coins when we pay.
↓
We may spend too much money and may not realize it.
It (d) to understand how important money is.

ア　can save time　　イ　can pay
ウ　may be difficult　　エ　may use them

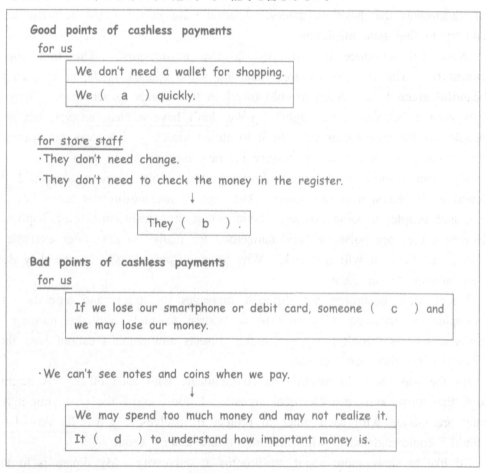

3 次の英文は，高校生の次郎が，校内英語スピーチコンテストで発表したときの原稿です。これに関して，あとの1～6に答えなさい。

What are you interested in? Music, video games, or sports? When I was five years old, I found the most interesting thing in a forest near my house. It was a mushroom. I remember exactly how the mushroom I first found looked. It was red and looked beautiful. I tried to pick it, but my father stopped me. He said to me, “It is a poisonous mushroom.” He taught me that there are dangerous mushrooms. After I got home, I read a book about mushrooms and was surprised. The book had pictures of more than 700 different mushrooms. I thought, “Why are there so many beautiful mushrooms?” and “Why are there some poisonous mushrooms?” This was the beginning of my curiosity about mushrooms.

Since then, I have read many books about mushrooms and learned that there are many mushrooms in the world. I have also learned that there are still a lot of mushrooms that have no names. I often walk in the forest near my house and try to find such mushrooms.

Now, I'll introduce two of my favorite mushrooms. The first one is *yakoutake*. The mushrooms are found on some islands in Japan and emit a beautiful green light. Many people travel to the islands to see them. Why do they emit a beautiful green light? ①<u>We don't have a clear answer</u>, but some people say the mushrooms may do it to attract insects which carry the spores of the mushrooms. Spores are necessary for new mushrooms to grow.

My other favorite mushroom is *benitengutake*. This is the mushroom I first found in the forest near my house. The caps of the mushrooms are a beautiful red, and people in some countries believe that the mushrooms bring happiness. However, they are poisonous and dangerous for many animals. For example, if a dog eats them, it will feel sick. Why are they poisonous? Maybe they don't want animals to eat them.

I feel each mushroom has different messages to insects and animals. For example, the message of *yakoutake* is “Come to me!” and the message of *benitengutake* is “Don't ＿＿＿＿ me!” Insects and animals cannot hear these messages, but they can feel them.

By the way, how do mushrooms communicate with each other? A scientist says that mushrooms use electrical signals. I don't know the truth, but maybe they are talking with each other to protect themselves. ②<u>It (if fun I be would) could understand what mushrooms are talking about.</u>

I'd like to study more about mushrooms at university. My dream is to visit many places around the world and find mushrooms that I have never seen. I also want to learn more about their way of communicating. I have not lost the curiosity that I had when I was a child. It led me to my dream for the future. Now, I'll ask you the question again. "What are you interested in?" Your curiosity will help you find your dreams.

（注）forest　森　mushroom　キノコ　exactly　正確に　poisonous　有毒な
curiosity　好奇心　emit　発する　clear　明白な　attract　引き寄せる　insect　昆虫
spore　胞子　grow　育つ　cap　（キノコの）かさ　happiness　幸福　electrical　電気の
signal　信号　truth　真実　themselves　彼ら自身を　led　導いた

1　次の(1)・(2)に対する答えを，それぞれ英文で書きなさい。

(1)　Did Jiro find the most interesting thing when he was five years old?

(2)　Who stopped Jiro when he tried to pick the mushroom he first found?

2　下線部①について，その内容を表している最も適切な英文を，次のア～エの中から選び，その記号を書きなさい。

ア　We do not know exactly where we can see *yakoutake*.

イ　We want to know when the beautiful green light of *yakoutake* can be seen.

ウ　We do not know exactly why a beautiful green light is emitted by *yakoutake*.

エ　We want to know how we can get *yakoutake*.

3　本文中の □ に適切な語を１語補って，英文を完成しなさい。

4　下線部②が意味の通る英文になるように，(　) 内の語を並べかえなさい。

5　次のア～エの中で，本文の内容に合っているものを２つ選び，その記号を書きなさい。

ア　There are many mushrooms which do not have names.

イ　*Yakoutake* and *benitengutake* are Jiro's favorite mushrooms.

ウ　Some people believe that *yakoutake* and *benitengutake* bring happiness.

エ　Jiro's dream is to protect all of the mushrooms around the world.

6　校内英語スピーチコンテストに聴衆として参加した生徒たちは，英語の授業で，発表者にあててスピーチの感想を感想用紙に書くことになりました。あなたなら，次郎がスピーチで話した内容についてどのような感想を書きますか。次の感想用紙中の □ にあなたの感想を25語程度の英文で書きなさい。なお，２文以上になっても構いません。また，(　) にはあなたの名前が書いてあるものとし，語数には含めません。

Speaker：Jiro　　　Your name：(　　　　　　)

□

4 あとの問題A・Bに答えなさい。

問題A　高校生の明子と留学生のエマは，SNS上で２人の住む地域の春祭りについてやり取りを行いました。次のやり取りはそのときのものです。上から順にやり取りが自然につながるように，［ア］・［イ］にそれぞれ適切な英語を書いて，やり取りを完成しなさい。ただし，［イ］については，15語程度で書きなさい。

Akiko: Hello, Emma. Can you come with me to the spring festival this Saturday, April 15?

Emma: What kind of festival is it?

Akiko: You can see beautiful flowers and enjoy watching some performances. Here is the timetable.

11:00 ~ 12:00 dance performance	13:00 ~ 14:00 shamisen performance
12:00 ~ 13:00 karaoke performance	14:00 ~ 15:00 dance performance

・All performances will be held rain or shine.

Emma: Cool! I've never watched a shamisen performance. Which one do you want to watch?

Akiko: ［ア］ because one of my friends will perform. Her group will give a performance in the morning and repeat it in the afternoon.

Emma: Well, look at this weather information. I don't want to get wet in the rain. What should we do?

	Saturday, April 15				
Time	11	12	13	14	15
Weather	☂	☂	☀	☀	☀
Chance of rain (%)	70	50	20	0	0

Akiko: ［イ］.

Emma: OK

(注) timetable　予定表　　be held　催される　　rain or shine　晴雨にかかわらず
perform　上演する　　give　行う　　chance　可能性

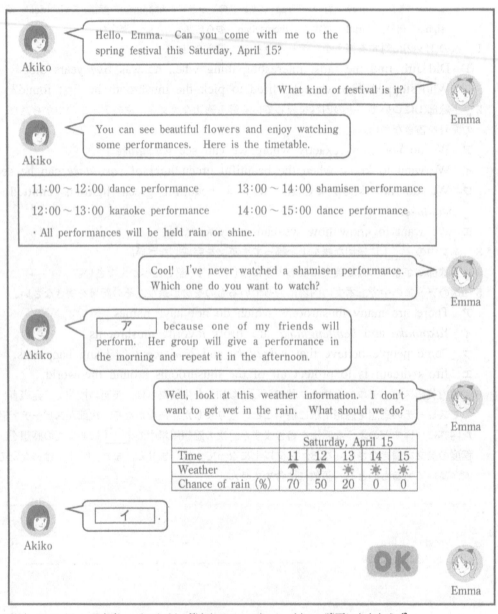

問題B 高校生の勇太と，来月オーストラリアに帰国予定の留学生のトムは，トムの帰国後，電子メールで連絡を取り合おうと考えています。勇太は英語と日本語のうち，どちらの言語を用いて電子メールのやり取りをするかについて，トムに提案するつもりです。あなたが勇太なら，トムに対してどのような提案をしますか。次の【勇太とトムの使用言語に関する情報】を参考にし，その提案を理由も含めて，20語程度の英文で書きなさい。なお，2文以上になっても構いません。

【勇太とトムの使用言語に関する情報】

- 勇太とトムは，普段2人で会話をするとき，英語を用いている。
- トムは，日常的な話題については日本語で読み書きをすることができ，帰国後も日本語の学習を続けたいと考えている。

＜理科＞ 時間 50分 満点 50点

1 酸化物が酸素をうばわれる化学変化に関して，あとの１～３に答えなさい。

1 小林さんと上田さんは，酸化銅から銅を取り出す実験を，次に示した手順で行いました。下の(1)～(3)に答えなさい。

Ⅰ 酸化銅3.0ｇと炭素0.1ｇを混ぜて混合物をつくる。

Ⅱ 右の図１に示した装置を用いて，混合物を加熱する。

Ⅲ 反応が終わったら，①石灰水の外へガラス管を取り出してから加熱をやめ，ピンチコックでゴム管をとめて試験管Ａを冷ます。

Ⅳ ②試験管Ａ内に残った固体の質量を測定する。

Ⅴ ③炭素の質量を0.1ｇずつ変えて，Ⅰ～Ⅳを同じように行う。

図１

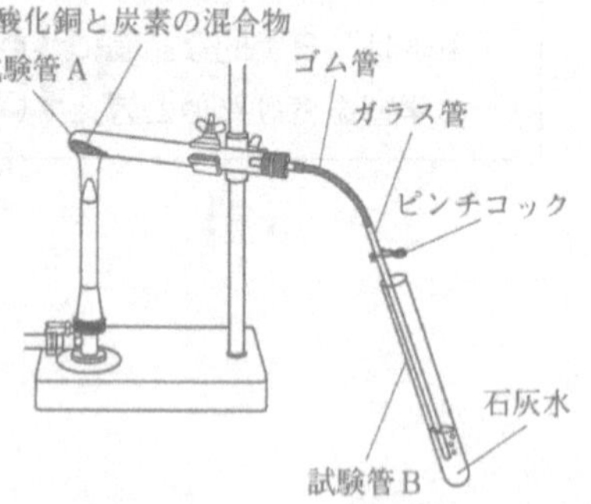

(1) 下線部①について，この操作を加熱をやめる前に行うのは，石灰水がどうなることを防ぐためですか。簡潔に書きなさい。

(2) 下線部②について，この固体を観察したところ，赤色の物質が見られました。次の文は，この赤色の物質について述べたものです。文中の [　　] に当てはまる適切な語を書きなさい。

加熱後の試験管Ａ内に残った赤色の物質を厚紙の上に取り出し，赤色の物質を薬さじの裏で強くこすると [　　] が見られることから，この赤色の物質が銅であることが分かる。

(3) 下線部③について，次の表１は，炭素の質量，加熱前の試験管Ａ内の混合物の質量，加熱後の試験管Ａ内に残った固体の質量をそれぞれ示したものです。また，あとの文章は，表１を基に，小林さんと上田さんが考察したことをまとめたものです。文章中の [a] に当てはまる内容を，「気体」の語を用いて簡潔に書きなさい。また，[b] に当てはまる内容として適切なものを，次のページのア～エの中から選び，その記号を書きなさい。

表１

炭素の質量〔g〕	0.1	0.2	0.3	0.4	0.5
加熱前の試験管Ａ内の混合物の質量〔g〕・・・ⓘ	3.1	3.2	3.3	3.4	3.5
加熱後の試験管Ａ内に残った固体の質量〔g〕・・・ⓘⓘ	2.8	2.6	2.5	2.6	2.7

表１中のⓘの値とⓘⓘの値の差から，炭素をある質量より増やしても，[a] は変わらなくなっているといえるので，取り出せる銅の質量も変わらなくなると考えられ

る。このことから，酸化銅3.0 g から取り出す銅の質量を最大にするために必要な最小の炭素の質量をＸ g とすると，Ｘは［　b　］の範囲内の値になると考えられる。

ア　0.1＜Ｘ≦0.2　　イ　0.2＜Ｘ≦0.3　　ウ　0.3＜Ｘ≦0.4　　エ　0.4＜Ｘ≦0.5

2　次の【ノート】は，小林さんと上田さんが，日本古来の製鉄方法であるたたら製鉄について調べてまとめたものであり，下の【会話】は，小林さんと上田さんと先生が，酸化物が酸素をうばわれる化学変化について話したときのものです。あとの(1)・(2)に答えなさい。

【ノート】

④たたら製鉄という製鉄方法は，右の図２のように，炉の下部からふいごという道具で空気を送り込みながら，砂鉄（酸化鉄）と木炭（炭素）を交互に炉の中に入れ，３日間ほど燃やし続けることで，鉄が炉の底にたまる仕組みになっている。たたら製鉄で作られた良質な鉄は玉鋼《たまはがね》とよばれ，日本刀などの材料になる。

図２

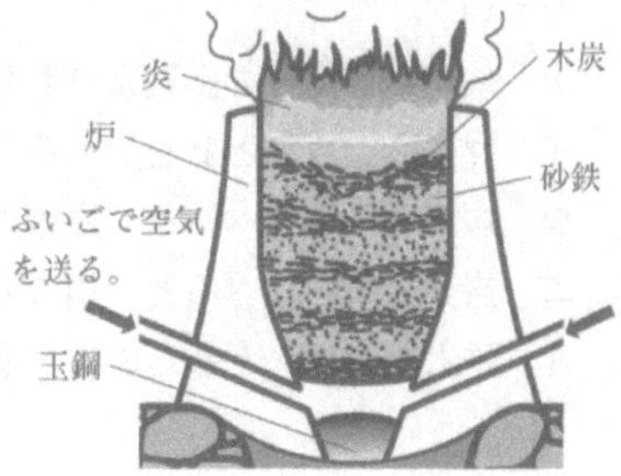

【会話】

小林：たたら製鉄も，酸化銅と炭素の混合物を加熱して銅を取り出す実験のように，酸化鉄と炭素の混合物を加熱することにより，炭素が酸素をうばうことで，鉄が取り出されるんだね。逆に，炭素の酸化物が他の物質によって，酸素をうばわれることはあるのかな。

上田：私も同じ疑問を抱いていたから，その疑問を先生に伝えたんだよ。すると，空気中で火をつけたマグネシウムリボンを，集気びんに入れた二酸化炭素の中で燃焼させる実験を紹介してくれたんだ。先生にお願いして実験をやってみよう。

小林：マグネシウムリボンは，二酸化炭素の中なのに激しく燃えて，燃焼後に白い物質に変わるんだね。あと，この白い物質の表面には黒い物質もついているね。

上田：⑤白い物質は，マグネシウムリボンを空気中で燃焼させたときにできる物質と同じような物質だから酸化マグネシウムで，黒い物質は炭素かな。

先生：そのとおりです。

小林：ということは，さっきの実験では，炭素の酸化物である二酸化炭素がマグネシウムによって酸素をうばわれたことになるね。

上田：そうだね。物質によって，酸素との結びつきやすさが違うんだね。

(1)　下線部④について，たたら製鉄では，砂鉄（酸化鉄）は酸素をうばわれ，鉄に変わります。このように，酸化物が酸素をうばわれる化学変化を何といいますか。その名称を書きなさい。

(2)　下線部⑤について，マグネシウム原子のモデルをⓂg，酸素原子のモデルをⓄとして，マグネシウムを空気中で燃焼させたときの化学変化をモデルで表すと，次のようになります。□内に当てはまるモデルをかきなさい。

3 次のア～オの中で，図1の酸化銅と炭素の混合物を加熱して銅を取り出す実験，たたら製鉄について調べた【ノート】及び小林さんと上田さんと先生の【会話】を基に，物質の酸素との結びつきやすさについて説明している文として適切なものはどれですか。その記号を全て書きなさい。

ア 炭素は，全ての金属よりも酸素と結びつきやすい。

イ マグネシウムと鉄を比べると，マグネシウムの方が酸素と結びつきやすい。

ウ 炭素と鉄を比べると，炭素の方が酸素と結びつきやすい。

エ 炭素と銅を比べると，銅の方が酸素と結びつきやすい。

オ 鉄と銅では，どちらの方が酸素と結びつきやすいかは判断できない。

2 遺伝の規則性や自然界のつり合いに関して，あとの1～3に答えなさい。

1 右の図1は，エンドウの丸の種子としわの種子をそれぞれ模式的に示したものです。エンドウの種子の形の丸としわのように，どちらか一方しか現れない形質どうしを対立形質といいます。また，エンドウの種子の形では，丸が顕性形質で，しわが潜性形質です。次の(1)・(2)に答えなさい。

図1

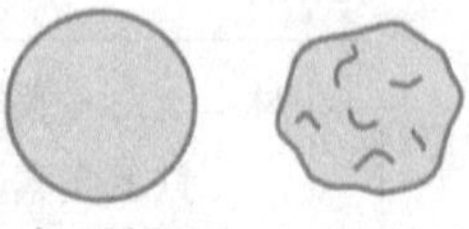

(1) エンドウの種子の形は，染色体の中に存在する遺伝子によって決まります。次の文は，遺伝子の本体について述べたものです。文中の□に当てはまる適切な語を書きなさい。

染色体の中に存在する遺伝子の本体は，□という物質である。

(2) 次の文章は，丸の種子から育てたエンドウが，純系か，純系でないかを調べるための方法と，その方法で調べたときの結果から分かることについて述べたものです。文章中の[a]・[b]に当てはまる適切な内容を，下の**ア**～**ウ**の中からそれぞれ選び，その記号を書きなさい。

> ある丸の種子から育てたエンドウXが，純系か，純系でないかを調べるには，エンドウXと，しわの種子から育てたエンドウをかけ合わせるとよい。この方法で調べたときの結果として，[a]ができれば，エンドウXは純系であったことが分かり，[b]ができれば，エンドウXは純系でなかったことが分かる。

ア 全て丸の種子　**イ** 全てしわの種子　**ウ** 丸の種子としわの種子の両方

2 生物どうしは，食べる・食べられるの関係でつながっています。あとの(1)・(2)に答えなさい。

(1) 次のページの図2は，生態系における炭素の循環について模式的に示したものです。図2中の矢印は，炭素を含む物質の移動を表しています。図2中の矢印Yで示される炭素を含む物質の移動は，植物の何というはたらきによるものですか。その名称を書きなさい。また，このはたらきにおいてつくり出される気体は何ですか。その名称を書きなさい。

図２
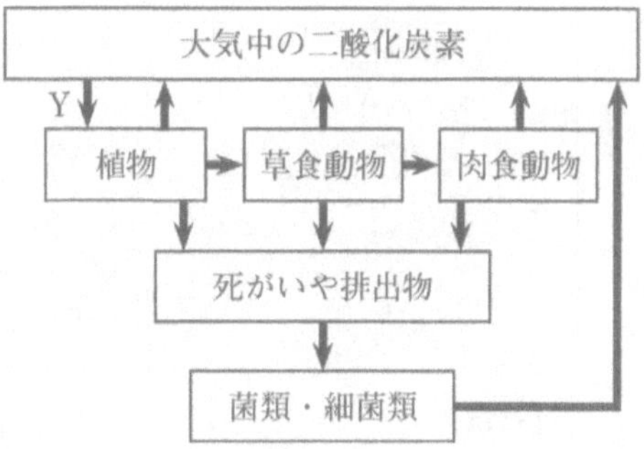

(2) 右の図３は，ある地域で食べる・食べられるの関係でつながっている，植物，草食動物，肉食動物の数量的なつり合いが保たれた状態をピラミッドの形に表したものです。図３の状態から植物の数量が一時的に減った場合，その後，もとのつり合いが保たれた状態に戻るまでに，どのような変化が起こると考えられますか。次の□中のⅰ～ⅳに示された変化が起こる順番として最も適切なものを下の**ア**～**エ**の中から選び，その記号を書きなさい。

図３
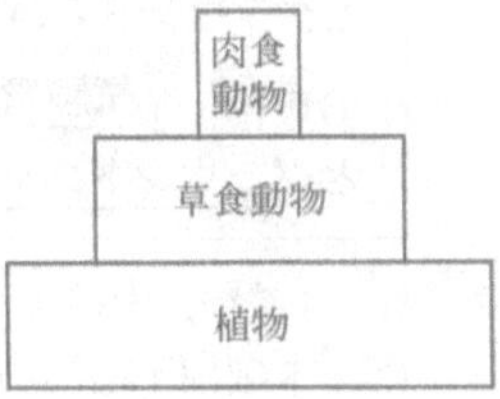

ⅰ　草食動物の数量が増える。	ⅱ　肉食動物の数量が増え，植物の数量が減る。
ⅲ　草食動物の数量が減る。	ⅳ　肉食動物の数量が減り，植物の数量が増える。

ア　ⅰ→ⅱ→ⅲ→ⅳ　　**イ**　ⅰ→ⅳ→ⅲ→ⅱ
ウ　ⅲ→ⅱ→ⅰ→ⅳ　　**エ**　ⅲ→ⅳ→ⅰ→ⅱ

3　金子さんは，学校の畑とグラウンドとでは，畑の方が，植物などの数量が多いことから土の中の微生物の数量も多くなり，土の中の微生物によって一定時間内に分解されるデンプンなどの有機物の量が多くなるだろうと考えました。そこで，それぞれの土において分解されるデンプンの量の違いを調べる実験を行い，レポートにまとめました。次に示したものは，金子さんのレポートの一部です。あとの(1)・(2)に答えなさい。

〔方法〕
Ⅰ　畑の土とグラウンドの土を同量取って，別々のビーカーに入れ，それぞれに水を加えてかき混ぜる。各ビーカーに加える水は同量とする。
Ⅱ　Ⅰの畑の土を入れたビーカーの上澄み液を取って試験管Aと試験管Bに入れ，Ⅰのグラウンドの土を入れたビーカーの上澄み液を取って試験管Cと試験管Dに入れる。試験管A～Dに入れる上澄み液は全て同量とする。
Ⅲ　試験管A～Dに入れた上澄み液と同量の水を，試験管Eと試験管Fに入れる。
Ⅳ　試験管A，C，Eにヨウ素液を数滴加え，反応の様子を調べる。
Ⅴ　試験管B，D，Fに0.1%のデンプン溶液を加え，各試験管にふたをして室温で２日間置いた後，ヨウ素液を数滴加え，反応の様子を調べる。試験管B，D，Fに加える0.1%のデンプン溶液は全て同量とする。

〔結果〕

試験管	A	B	C	D	E	F
各試験管に入れた液体	畑の土を入れたビーカーの上澄み液		グラウンドの土を入れたビーカーの上澄み液		水	
方法Ⅳにおける反応の様子	反応なし		反応なし		反応なし	
方法Ⅴにおける反応の様子		反応なし		反応なし		青紫色に変化

〔考察〕

〔結果〕で，試験管Aと試験管Cでは，方法Ⅳにおける反応がともになかったことから，畑とグラウンドのいずれの土においても，方法Ⅳを行ったときに［　c　］ことが分かる。

また，①試験管Bと試験管Dでは，方法Ⅴにおける反応がともになかったことから，畑とグラウンドのいずれの土においてもデンプンが分解されていたことが分かる。

(1)　〔考察〕中の［ c ］に当てはまる内容を簡潔に書きなさい。

(2)　下線部①について，金子さんは，レポート中の〔方法〕では，この２つの試験管において得られた結果が同じであったが，調べる方法を変更することで，一定時間内に分解されるデンプンの量の違いを確かめられると考え，レポート中の〔方法〕の一部に変更を加えて，追加の実験を行いました。次の文章は，金子さんが，追加の実験の結果とその結果を基に考察したことをまとめたものです。文章中の［ d ］に当てはまる適切な内容を，下のア～エの中から選び，その記号を書きなさい。

［　d　］という変更を加えた追加の実験では，方法Ⅴにおける反応の様子は，試験管Bでは反応がなかったが，試験管Dでは青紫色に変化した。この結果から，畑の土の方が，一定時間内に分解されるデンプンの量が多いと考えられる。

ア　方法Ⅰでビーカーに入れる土の量を２倍にする

イ　方法Ⅱで試験管A～Dに入れる上澄み液の量をそれぞれ半分にする

ウ　方法Ⅴで試験管B，D，Fに加える0.1％のデンプン溶液の量をそれぞれ半分にする

エ　方法Ⅴで試験管B，D，Fにふたをして室温で置く日数を３日間にする

3　火山活動に関して，あとの１～４に答えなさい。

1　様々な発電方法の１つに，地下のマグマの熱でつくられた高温・高圧の水蒸気を利用した発電があります。この発電方法を何といいますか。その名称を書きなさい。

2　次に示したものは，ある火成岩について説明したものです。次のページの(1)・(2)に答えなさい。

右の図１は，ある火成岩をスケッチしたものである。この火成岩は，肉眼でも見分けられるぐらいの大きさの鉱物が組み合わさっており，全体的な色は白っぽい。また，組み合わさっている鉱物は，クロウンモ，チョウ石及びセキエイである。

図１

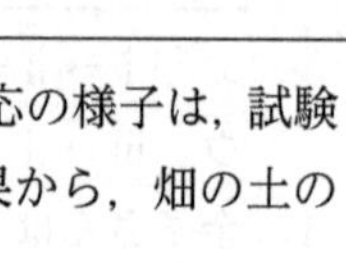

(1) この火成岩は，どのようにしてできたと考えられますか。次の**ア**～**エ**の中から適切なものを選び，その記号を書きなさい。

ア　マグマが地表または地表付近で，急に冷え固まってできた。
イ　マグマが地表または地表付近で，ゆっくり冷え固まってできた。
ウ　マグマが地下深くで，急に冷え固まってできた。
エ　マグマが地下深くで，ゆっくり冷え固まってできた。

(2) この火成岩の種類は何だと考えられますか。次の**ア**～**エ**の中から適切なものを選び，その記号を書きなさい。

ア　花こう岩　　**イ**　流紋岩　　**ウ**　玄武岩　　**エ**　はんれい岩

3　火山の形，噴火の様子及び火山噴出物の色は，その火山のマグマの性質と関係があります。このことについて述べた次の文章中の［a］に当てはまる適切な内容を，「ねばりけ」の語を用いて簡潔に書きなさい。また，文章中の［b］・［c］に当てはまる内容はそれぞれ何ですか。下の**ア**～**エ**の組み合わせの中から適切なものを選び，その記号を書きなさい。

> 一般に，［a］火山ほど，吹き出した溶岩は流れにくく，盛り上がった形の火山となる。このような火山では，［b］噴火になることが多く，溶岩や火山灰などの火山噴出物の色が［c］ことが多い。

ア　［b］：比較的穏やかな　［c］：白っぽくなる
イ　［b］：比較的穏やかな　［c］：黒っぽくなる
ウ　［b］：激しく爆発的な　［c］：白っぽくなる
エ　［b］：激しく爆発的な　［c］：黒っぽくなる

4　右の図2は，ある地域の地形を等高線で表した地図上に，ボーリング調査が行われた地点A～Dを示したものです。地図上で地点A～Dを結んだ図形は正方形になっており，地点Aは地点Bの真北の方向にあります。下の図3は，ボーリングによって得られた試料を基に作成した各地点の柱状図です。この地域では，断層やしゅう曲，地層の逆転はなく，各地点で見られる凝灰岩の層は，同じ時期の同じ火山による噴火で火山灰が堆積してできた同一のものとします。次のページの(1)・(2)に答えなさい。

図2

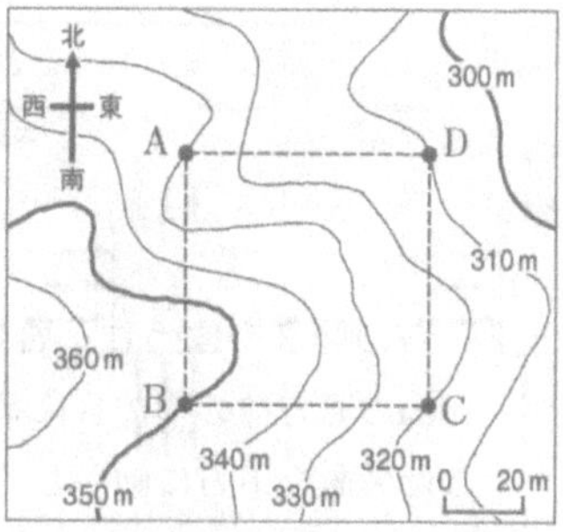

図3

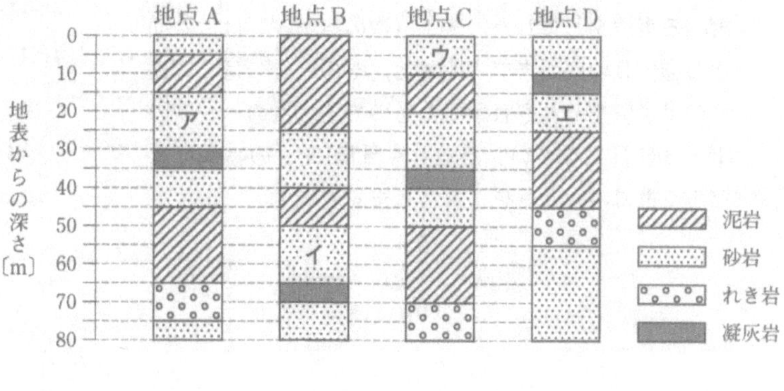

(1) 前のページの図３中の**ア**～**エ**の中で，堆積した時代が最も古い砂岩の層はどれだと考えられますか。その記号を書きなさい。

(2) 次の文章は，前のページの図２で示した地域における凝灰岩の層について述べたものです。文章中の d ・ e に当てはまる最も適切な内容を下の**ア**～**カ**の中からそれぞれ選び，その記号を書きなさい。また， f に当てはまる最も適切な方位を，東・西・南・北から選び，その語を書きなさい。

> 地点Ａ～Ｄの「地表の標高」はそれぞれ異なるが，「凝灰岩の層の標高」は２地点ずつで同じである。そのうち，「凝灰岩の層の標高」が高い方の２地点は d ｍで同じであり，「凝灰岩の層の標高」が低い方の２地点は e ｍで同じである。このことから，この凝灰岩の層は， f が低くなるように傾いていると考えられる。

ア 275～280　**イ** 280～285　**ウ** 285～290
エ 290～295　**オ** 295～300　**カ** 300～305

4 水圧や浮力に関して，あとの１～４に答えなさい。

1 右の図１は，直方体の物体Ａを糸でつるし，物体Ａ全体を水中に沈めて静止させているときの様子を模式的に示したものです。次の**ア**～**エ**の中で，この物体Ａにはたらく水圧を矢印で表したものとして適切なものはどれですか。その記号を書きなさい。ただし，矢印の長さは，水圧の大きさに比例しているものとします。

図１

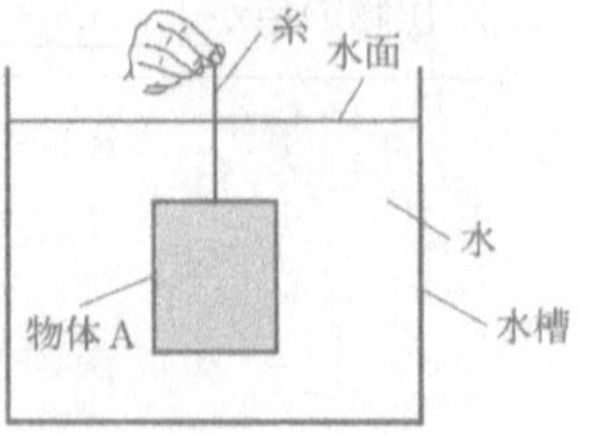

ア

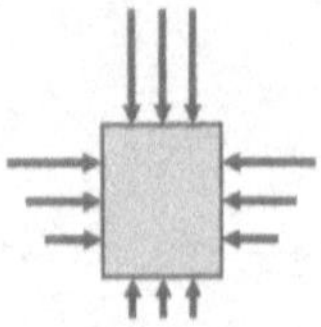

イ

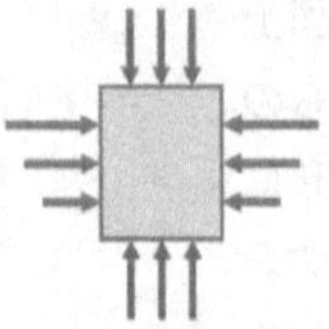

ウ

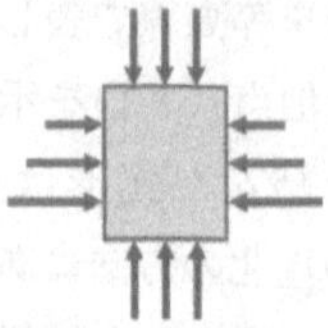

エ

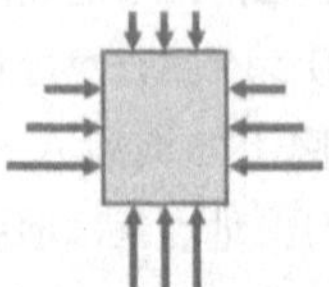

2 右の図２のように，質量30ｇ，底面積１㎠，高さ10㎝の直方体の物体Ｂに糸をつけ，ばねばかりでつるした装置を下方に動かして物体Ｂをゆっくりと水中に沈め，水面から物体Ｂの底面までの距離を２㎝ずつ変えてそれぞれ静止させたときの物体Ｂにはたらく力を調べる実験をしました。表１（次のページ）は，水面から物体Ｂの底面までの距離と，そのときのばねばかりの示す値をそれぞれ示したものです。次のページの(1)～(3)に答えなさい。ただし，質量100ｇの物体にはたらく重力の大きさを１Ｎとします。

図２

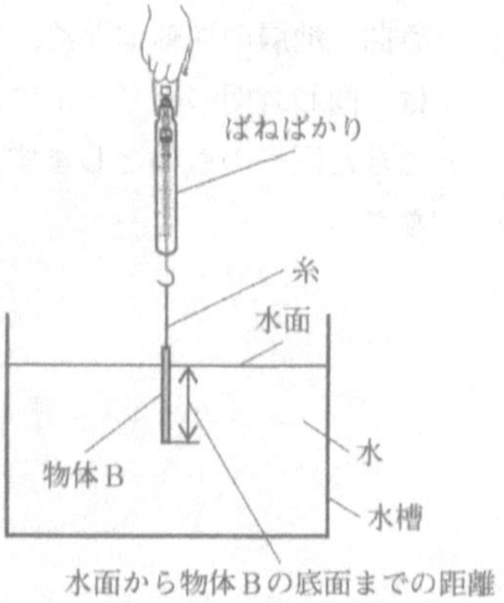

表1

水面から物体Bの底面までの距離〔cm〕	0	2	4	6	8	10
ばねばかりの示す値〔N〕	0.30	0.28	0.26	0.24	0.22	0.20

(1)　この実験で用いたばねばかりは，フックの法則を利用してつくられています。次の文は，フックの法則を説明したものです。文中の［a］・［b］に当てはまる語はそれぞれ何ですか。下のア～エの組み合わせの中から適切なものを選び，その記号を書きなさい。

ばねの［a］は，ばねを引く力の大きさに［b］する。

ア［a］：長さ　［b］：比例
イ［a］：長さ　［b］：反比例
ウ［a］：のび　［b］：比例
エ［a］：のび　［b］：反比例

(2)　水面から物体Bの底面までの距離が10cmの位置に物体Bを静止させているとき，物体Bにはたらく浮力の大きさは何Nですか。

(3)　右の図3のように，図2と同じ装置を用いて，水面から物体Bの底面までの距離が10cmの位置から，水槽に当たらないように物体B全体をゆっくりと水中に沈め，水面から物体Bの底面までの距離を変えて静止させたときの物体Bにはたらく力を調べる実験をします。この実験で得られる結果と，表1を基にして，水面から物体Bの底面までの距離と，そのときのばねばかりの示す値との関係をグラフで表すと，どのようなグラフになると考えられますか。次のア～エの中から適切なものを選び，その記号を書きなさい。

図3

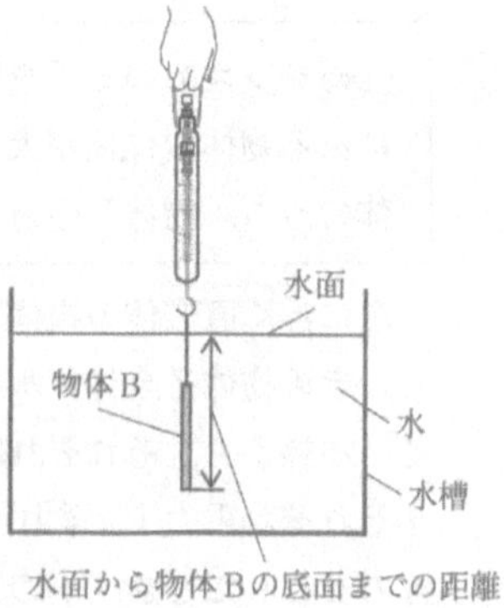

ア

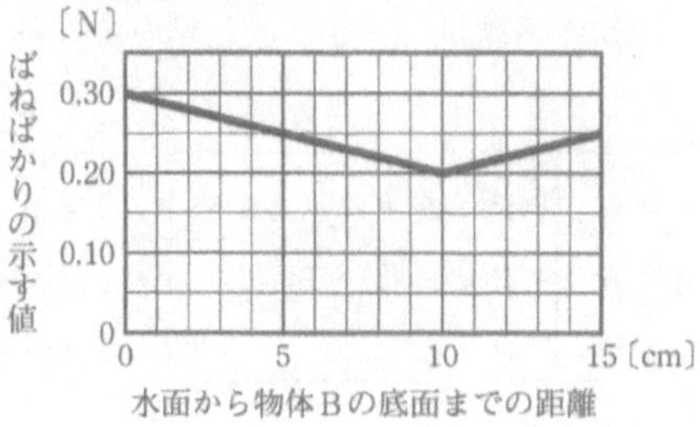

イ

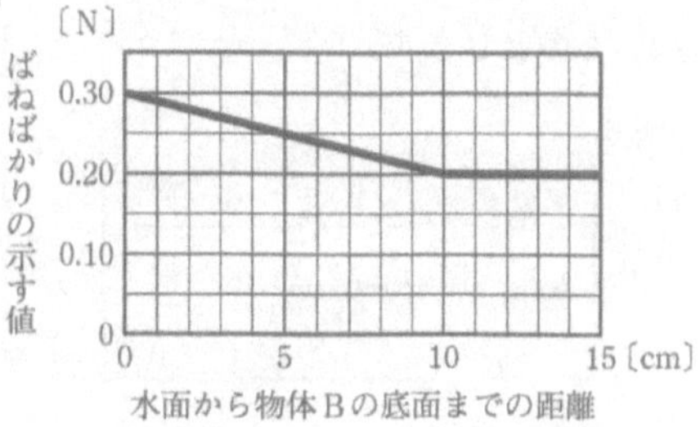

ウ

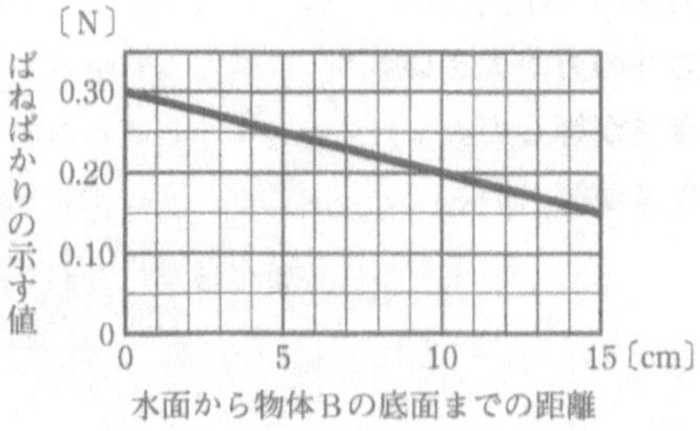

エ

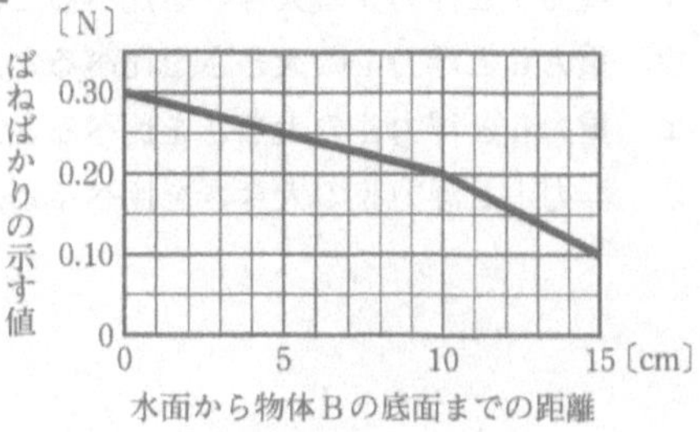

3　質量が同じで，形がともに直方体である物体Xと物体Yがあり，この２つの物体は，いずれか一方は亜鉛で，もう一方は鉄でできています。次の図４のように，この２つの物体を１本の棒の両端に取り付けた同じ長さの糸でそれぞれつるし，棒の中央に付けた糸を持って棒が水平につり合うことを確認した後，図５のように，この２つの物体全体を水中に沈め，棒が水平になるように手で支えました。

図4

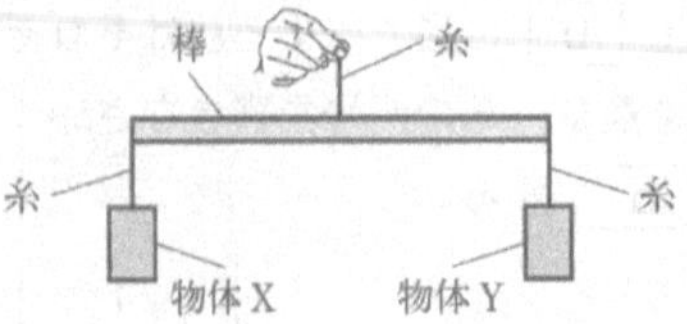

図5

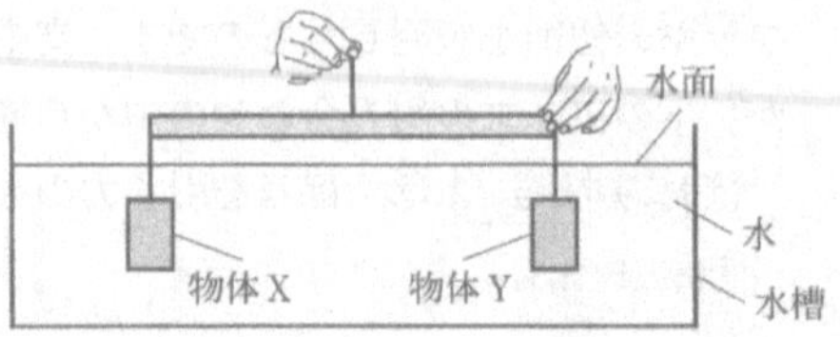

次の文章は，図５で棒を支える手をはなした後の２つの物体の様子と，その様子から分かることについて述べたものです。文章中の [c] に当てはまる内容を，「質量」，「体積」，「密度」の語を用いて簡潔に書きなさい。また，[d] に当てはまる語は亜鉛・鉄のうちどちらですか。その語を書きなさい。ただし，亜鉛の密度は7.14 g/cm³，鉄の密度は7.87 g/cm³とします。

> 棒を支えている手をはなすと，物体Xが上に，物体Yが下に動き始めた。これは，水中にある物体の体積が大きいほど，浮力が大きくなるためである。このことから，２つの物体のうち，物体Xの方が [c] ことが分かり，物体Xが [d] であることが分かる。

4　水に浮く直方体の物体Zがあります。次の図６は，物体Zを水中に沈めて静かに手をはなしたときの物体Z全体が水中にある様子を，図７は，物体Zの一部が水面から出た状態で静止している様子を，それぞれ模式的に示したものです。図６における物体Zにはたらく重力と浮力をそれぞれ重力ⅰ，浮力ⅰとし，図７における物体Zにはたらく重力と浮力をそれぞれ重力ⅱ，浮力ⅱとしたとき，下の**ア**～**オ**の中で，物体Zにはたらく力について説明している文として適切なものはどれですか。その記号を全て書きなさい。ただし，物体Zの形や質量は常に変わらないものとします。

図6

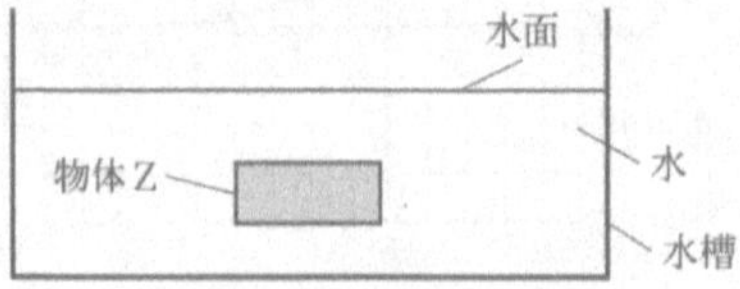

図7

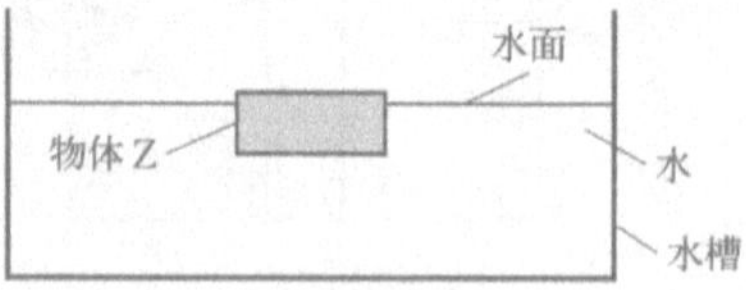

ア　重力ⅰと浮力ⅰの大きさを比べると，浮力ⅰの方が大きい。
イ　重力ⅰと浮力ⅱの大きさを比べると，浮力ⅱの方が大きい。
ウ　重力ⅱと浮力ⅰの大きさを比べると，重力ⅱの方が大きい。
エ　重力ⅱと浮力ⅱの大きさを比べると，大きさが等しい。
オ　浮力ⅰと浮力ⅱの大きさを比べると，大きさが等しい。

＜社会＞　時間　50分　満点　50点

1　資源・エネルギーに関して，あとの１～３に答えなさい。

1　発電に関して，次の(1)・(2)に答えなさい。

(1)　次のグラフⅠは，2019年における日本，アメリカ，中国，ノルウェー，ブラジルの総発電量とその内訳を示したものです。グラフⅠ中の**あ**～**え**は，アメリカ，中国，ノルウェー，ブラジルのいずれかの国と一致します。**あ**～**え**のうち，ブラジルに当たるものはどれですか。その記号を書きなさい。

グラフⅠ

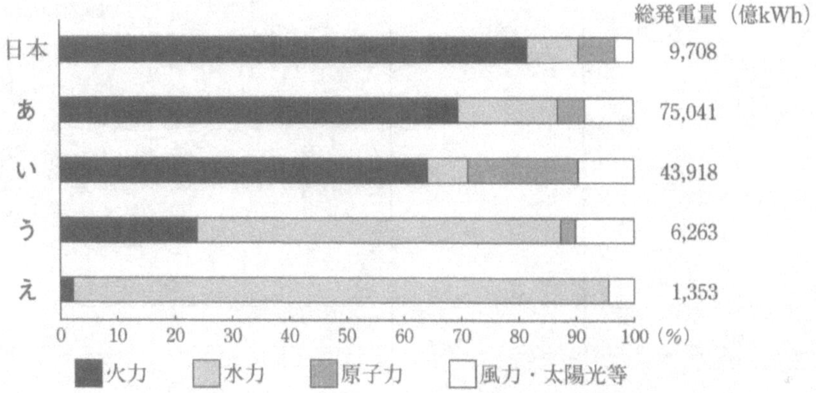

（世界国勢図会　2022/23年版により作成。）

(2)　日本で，石油や石炭，天然ガスを燃料とする主な火力発電所（最大出力150万kW以上）が多く立地しているのはどのような場所ですか。次の**ア**～**エ**の中から，最も適切なものを選び，その記号を書きなさい。

ア　海の沿岸　　　　　　**イ**　川の上流部の沿岸

ウ　山間部のダム付近　　**エ**　内陸部の空港付近

2　鉱産資源に関して，あとの(1)・(2)に答えなさい。

(1)　右のグラフⅡは，2021年におけるX国の鉄鉱石の総輸出量に占める輸出相手国の割合を示しています。X国の国名は何ですか。その国名を書きなさい。

(2)　レアメタルの一つに，プラチナがあります。次のページの**ア**～**エ**の地図は，プラチナ，オレンジ，自動車，綿糸のいずれかの品目の，2021年における輸出額が世界で最も多かった国からの輸出先上位5か国への輸出を示したものです。**ア**～**エ**のうち，プラチナの輸出に当たるものはどれですか。その記号を書きなさい。

グラフⅡ

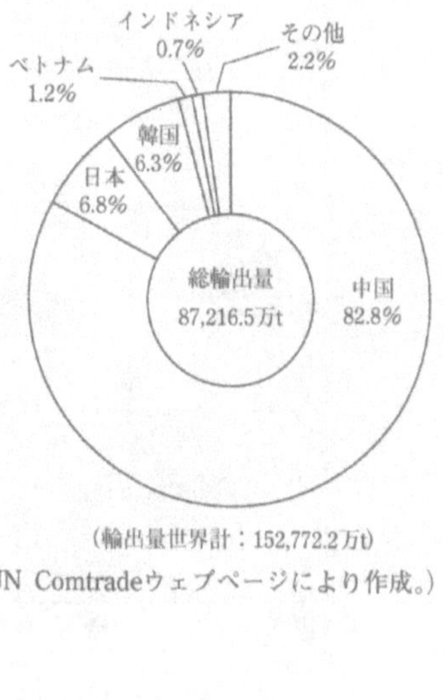

（輸出量世界計：152,772.2万t）

（UN Comtradeウェブページにより作成。）

ア
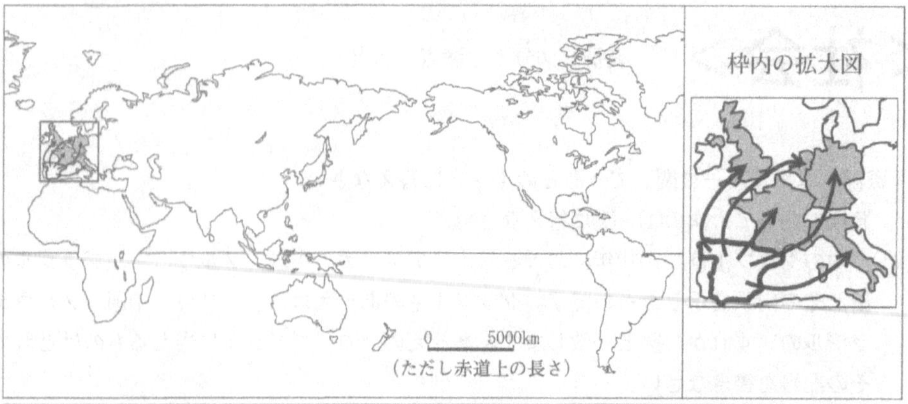

イ
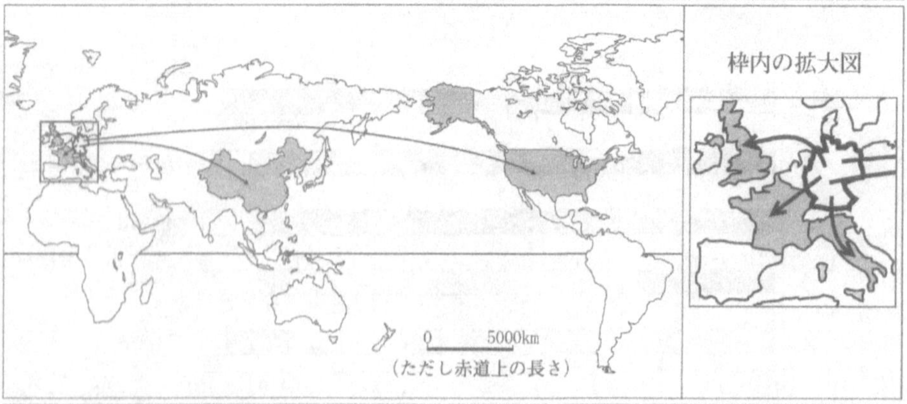

ウ
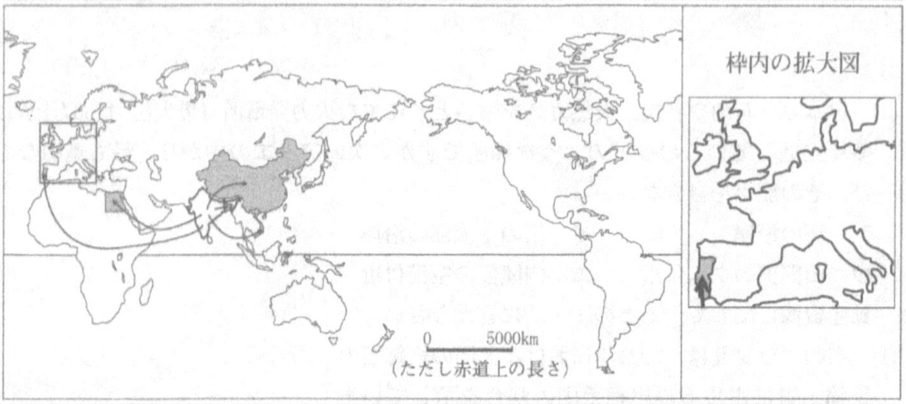

エ
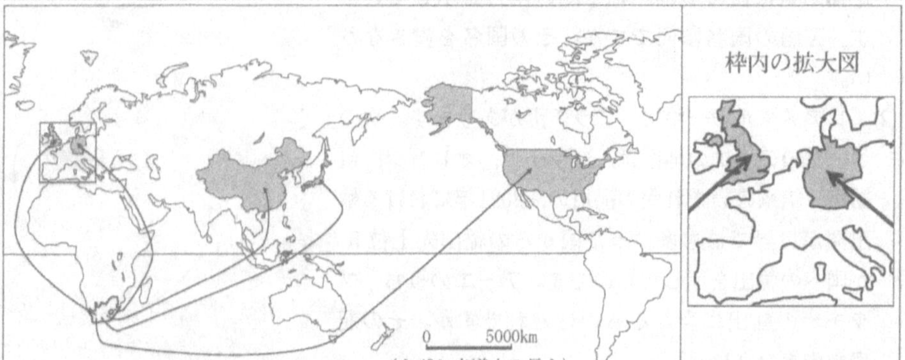

輸出先の国 輸出の方向

(UN Comtradeウェブページにより作成。)

3　バイオマス資源に関して，次の資料Ⅰ・Ⅱは，それぞれ地域の特色を生かしたバイオマス資源の活用の取り組みについて述べたものです。また，下の文章は，これらの取り組みがバイオマス資源の活用における問題点の解決にどのようにつながっているかについて述べたものです。文章中の □ にはどのような内容が当てはまりますか。資料Ⅰ・Ⅱを基に簡潔に書きなさい。

資料Ⅰ

北海道鹿追《しかおい》町にあるバイオガス発電設備では，町内の乳牛の排せつ物を回収し，微生物による発酵で発生させたバイオガスを利用して発電する。この発電設備には，1日に乳牛約1,300頭分の排せつ物を処理する能力がある。

資料Ⅱ

香川県高松市には多くの製麺所やうどん店が集中しており，工場でうどんを製造する工程で麺の切れ端が出たり，うどん店が時間をおいたうどんを提供しなかったりするために，年間推計6,000トン（小麦粉換算）以上のうどんが廃棄されている。高松市にあるバイオガス発電設備では，廃棄されるうどんを回収し，バイオガス化して発電を行う。

一般的に，動植物に由来するバイオマス資源は薄く広く存在しているため，収集や運搬に高い費用がかかったり，資源の供給が不安定であったりすることなどが，バイオマス資源の活用における問題点である。資料Ⅰ・Ⅱの二つの地域では，ともに地域に □ されるため，バイオマス資源が地域内に安定的に供給されている。このことから，これらの取り組みは，バイオマス資源の活用における問題点の解決につながっているといえる。

2　次のA～Eは，それぞれ日本の法に関わることがらについて述べた文です。あとの1～6に答えなさい。

A　大宝律令が定められ，律令に基づいて政治を行う律令国家となった。
B　執権北条泰時により，武士の社会の慣習に基づいて，御成敗式目が定められた。
C　戦国大名によって，領国を支配するために分国法が定められることがあった。
D　武家諸法度が定められ，幕府に無断で大名家どうしが結婚することなどが禁じられた。
E　明治政府によって，国の仕組みの整備が進められるなか，大日本帝国憲法が発布された。

1　Aに関して，次の**ア**～**エ**のうち，大宝律令が制定された8世紀初めの日本のできごとについて述べた文として最も適切なものはどれですか。その記号を書きなさい。

ア　葛飾北斎が浮世絵の風景画を描いた。
イ　遣唐使が唐の制度や文化をもち帰った。
ウ　宋で学んだ栄西らが禅宗を伝えた。
エ　紫式部が「源氏物語」を書いた。

2　Bに関して，次のページの文章は，御成敗式目が制定された背景について述べたものです。あとの**ア**～**エ**のうち，□ に当てはまる内容として最も適切なものはどれですか。その記号を書きなさい。

承久の乱の後，鎌倉幕府の支配が西日本に広がり，［　　　］の間で土地をめぐる争いが増加した。幕府は，このような争いに対応するため，武士の社会の慣習に基づいて御成敗式目を制定し，裁判の基準とした。

ア　諸国の武士と朝廷を思うように動かすようになった平氏
イ　国内の武士と一国を支配するようになった守護大名
ウ　荘園の領主と地頭に任命された武士
エ　都から派遣された国司と地方の豪族から任命された郡司

3　Cに関して，次の資料Ⅰは，分国法の一つである朝倉孝景条々の一部を示したものであり，下の文章は，資料Ⅰ中の下線部①の内容による影響について述べたものです。文章中の［　　］に当てはまる適切な語を書きなさい。

資料Ⅰ

わが朝倉の館のほかには，領国内に城を構えてはならない。①すべて所領のある者は，一乗谷に移り住み，それぞれの領地には代官だけを置くべきである。

下線部①の内容により，戦国大名の朝倉氏の家臣は，朝倉氏の本拠地である一乗谷に集められた。また，一乗谷には商工業者も集まり，本拠地の一乗谷は朝倉氏の［　　　］として繁栄していくことになった。

4　Dに関して，次の文章は，武家諸法度について述べたものであり，下の資料Ⅱは，武家諸法度の一部とこの部分に関連するできごとについて述べたものです。文章中の［　　］にはどのような内容が当てはまりますか。資料Ⅱを基に簡潔に書きなさい。

江戸幕府は，武家諸法度を定めて厳しく大名の統制をした。資料Ⅱのできごとのように，幕府が，武家諸法度や幕府の命令に［　　　］ことは，幕府の権力を示すことになり，幕藩体制の確立につながった。

資料Ⅱ

〔武家諸法度の一部〕
一　諸国の城は，修理する場合であっても，必ず幕府に申し出ること。
〔関連するできごと〕
広島藩の大名であった福島正則は，幕府に申し出ずに広島城を修理したため，幕府から城を壊すように命じられていた。しかし，石垣を少し壊しただけにしておいたため，幕府によって広島藩の大名の地位を奪われた。

5　Eに関して，1873年から地租改正が行われ，税を納めさせる方法が，一定量の米によるものから現金によるものに変わりました。税を納めさせる方法が変わったのはなぜですか。その理由を，次のページのグラフⅠを基に簡潔に書きなさい。

グラフⅠ　米価の推移

（1868年を100としたときの指数）

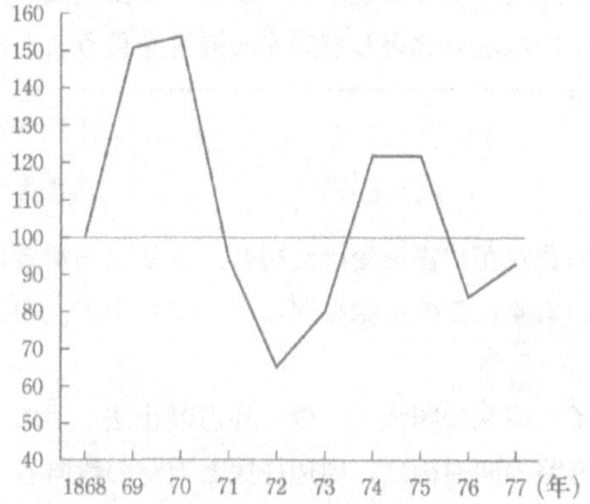

（数字でみる日本の100年　改訂第５版により作成。）

6　次のａ～ｅのうち，主君が家臣に土地の支配を認めることによって，家臣が主君に従う関係で成り立っていた社会はどれですか。下の**ア**～**エ**の組み合わせの中から最も適切なものを選び，その記号を書きなさい。

ａ　律令国家によって政治が行われていた社会
ｂ　鎌倉幕府によって政治が行われていた社会
ｃ　戦国大名によって政治が行われていた社会
ｄ　江戸幕府によって政治が行われていた社会
ｅ　明治政府によって政治が行われていた社会

ア　ａ・ｂ・ｃ　**イ**　ｂ・ｃ・ｄ　**ウ**　ｂ・ｃ・ｅ　**エ**　ｃ・ｄ・ｅ

3　人権と日本国憲法に関して，あとの１～５に答えなさい。

1　次の文章は，日本国憲法施行の翌年に発行された，中学生や高校生が民主主義について学ぶための教科書である「民主主義」の一部です。下の**ア**～**エ**のうち，この文章の内容について述べたものとして最も適切なものはどれですか。その記号を書きなさい。

> 政治のうえでは，万事の調子が，「なんじ臣民」から「われら国民」に変わる。国民は，自由に選ばれた代表者をとおして，国民自らを支配する。国民の代表者は，国民の主人ではなくて，その公僕である。

ア　法の下の平等が掲げられたこと
イ　平和主義が掲げられたこと
ウ　国民主権の考え方が取り入れられたこと
エ　三権分立の考え方が取り入れられたこと

2　あとの文章は，人権を保障するための考え方と日本国憲法の内容について述べたものです。この文章中の［ａ］・［ｂ］に当てはまる語はそれぞれ何ですか。次のページの**ア**～**エ**の組み合わせの中から最も適切なものを選び，その記号を書きなさい。

> 国の政治の基本的なあり方を定める憲法によって国家権力を制限して，人権を保障する

という考え方を，[a]という。そして，日本国憲法では，[b]であるこの憲法に違反する法律などは無効であることや，天皇または摂政及び国務大臣，国会議員，裁判官その他の公務員はこの憲法を尊重し擁護する義務を負うことが定められている。

ア［a 資本主義 b 国際法規］ イ［a 資本主義 b 最高法規］ ウ［a 立憲主義 b 国際法規］ エ［a 立憲主義 b 最高法規］

3 製品の欠陥によって消費者が被害を受けた場合，企業は消費者に賠償しなければならないという法律が定められています。この法律を何といいますか。次のア～エの中から選び，その記号を書きなさい。

ア 製造物責任法 イ 情報公開法 ウ 独占禁止法 エ 消費者契約法

4 次の資料Ⅰは，ある道路の開通後に，周辺住民と道路の設置者との間で争われた裁判の最高裁判所の判断について述べたものです。下のア～エの新しい人権のうち，資料Ⅰの内容と最も関係が深いと考えられるものはどれですか。その記号を書きなさい。

資料Ⅰ

この道路の周辺住民は，道路開通前に比べて，自動車騒音等により睡眠，会話，テレビの聴取等に対する妨害及びこれらの悪循環による精神的苦痛等の被害を受けている。この道路は，産業物資流通のための地域間交通に役立っているが，地域住民の日常生活の維持に不可欠とまではいうことのできない道路である。周辺住民が道路の存在によってある程度の利益を受けているとしても，被害は社会生活上我慢できる限度を超えていると判断できる。

ア 自己決定権 イ 知る権利 ウ 環境権 エ プライバシーの権利

5 次の資料Ⅱは，労働契約について述べたものです。日本国憲法第28条で，労働者の団結権が保障されているのはなぜですか。その理由を，資料Ⅱを踏まえて，簡潔に書きなさい。

資料Ⅱ

みなさんが会社に就職しようとする場合，みなさん（労働者）と会社との間で，「働きます」「雇います」という約束＝労働契約が結ばれます。どういう条件で働くか等の契約内容も労働者と会社の合意で決めるのが基本です。

（厚生労働省ウェブページにより作成。）

4 ある学級の社会科の授業で，「地域の伝統的な生活・文化」について班ごとに分かれて学習をしました。中野さんの班では，伝統的な計算用具である「そろばん」に注目し，調べたことを基に次のページのカードA～Cを作成しました。あとの1～4に答えなさい。

カードA　日本に伝来する以前のそろばん

紀元前300年頃から，ローマなど地中海地方の①交易で現在に近いかたちの溝そろばんが使われていた。

日本には室町時代に中国から伝わったとされる。

カードB　庶民に広まった頃のそろばん

「読み・書き・そろばん」と言われるように②江戸時代には町人などにも広まった。

明治時代以後も学校・職場などに幅広く普及した。

カードC　高度経済成長期以後のそろばん

③高度経済成長期の金融業でも計算用具としてそろばんが重視されていた。

しかし，コンピュータが普及した後は，あまり職場で使われなくなった。

1　下線部①に関して，中野さんは，そろばんのような計算用具が日本に伝来する前から交易で使われていたことに注目し，交易について調べました。次の**ア**～**エ**のうち，室町時代が始まった14世紀前半までの世界や日本における交易について述べた文として最も適切なものはどれですか。その記号を書きなさい。

ア　イギリスはインドのアヘンを清で売り，清から茶を買った。

イ　日本の商人が宋の商人と貿易を行い，宋銭が流入するようになった。

ウ　日本は生糸をアメリカなどに輸出し，世界最大の生糸の輸出国になった。

エ　ポルトガルの商人は日本で火薬や鉄砲を売り，日本から主に銀を持ち帰った。

2　下線部②に関して，西村さんは，なぜそろばんが町人などに広まったのかについて疑問をもって調べ，右の資料Ⅰを見付け，資料Ⅰから読み取れることと当時の子どもたちの学びを関連付けて，その理由を次のようにまとめました。まとめの中の □ に当てはまる適切な語を書きなさい。

（新潮日本古典集成により作成。）

西村さんのまとめ

江戸時代には，東日本で金が，西日本で銀が主に流通しており，金貨は枚数を数えて使用する貨幣，銀貨は重さを量って使用する貨幣であった。金と銀の価値は日々変動したので，資料Ⅰで描かれているような作業を通して □ をしたり，金貸しをしたりすることで大名をしのぐほどの経済力をもつ商人が現れた。貨幣の流通が進み，商売に必要な計算用具となったそろばんの技能は，寺子屋で子どものころから学ぶことができ，そろばんは町人などに広まった。

3　下線部③に関して，村田さんは，高度経済成長期以後にそろばんに代わって電卓が使われ始めたことを知り，電卓の普及について調べ，調べたことについて西村さんと話し合いました。

次の会話とグラフⅠ～Ⅲは，そのときのものです。会話中の a ・ b に当てはまる語はそれぞれ何ですか。下のア～エの組み合わせの中から最も適切なものを選び，その記号を書きなさい。

村田：電卓の出荷台数の推移を示したグラフⅠを見付けたよ。

西村：1980年代半ばに出荷台数が急激に減少しているね。

村田：電卓の輸出台数の推移を示したグラフⅡも見付けたんだけど，同じ時期に輸出台数も急激に減少しているよ。

西村：出荷台数の急激な減少は，輸出台数の急激な減少が主な要因だと考えられるね。

村田：でも，1980年代半ばに輸出台数が急激に減少したのはなぜだろう。

西村：輸出と為替レートに関係があることは以前に学習したね。1980年代の1ドル当たりの円相場を調べてみてはどうだろう。

村田：1ドル当たりの円相場の推移を示したグラフⅢを見付けたよ。これを見ると，1980年代半ばに， a が進んで，電卓の輸出が b になったといえるかもしれないね。それも輸出台数が急激に減少した理由の一つだと考えられるね。

グラフⅠ　電卓の出荷台数の推移

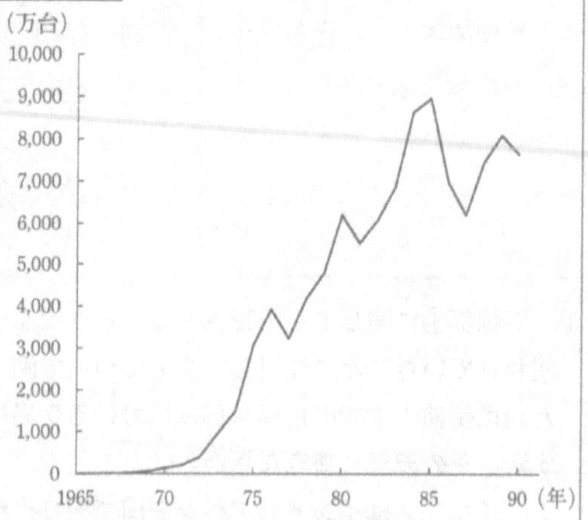

(機械統計年報により作成。)

グラフⅡ　電卓の輸出台数の推移

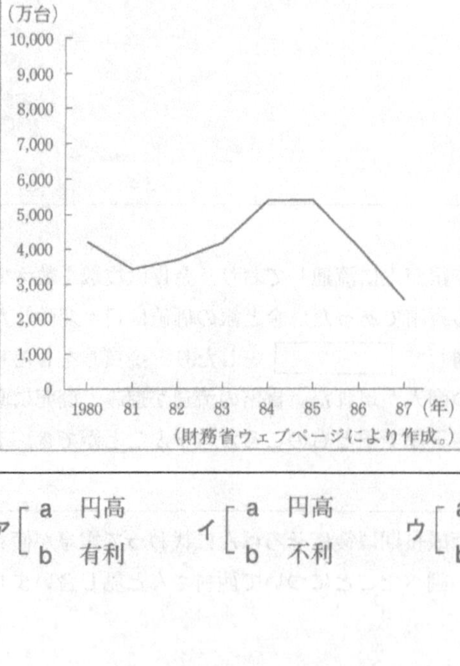

(財務省ウェブページにより作成。)

グラフⅢ　1ドル当たりの円相場の推移

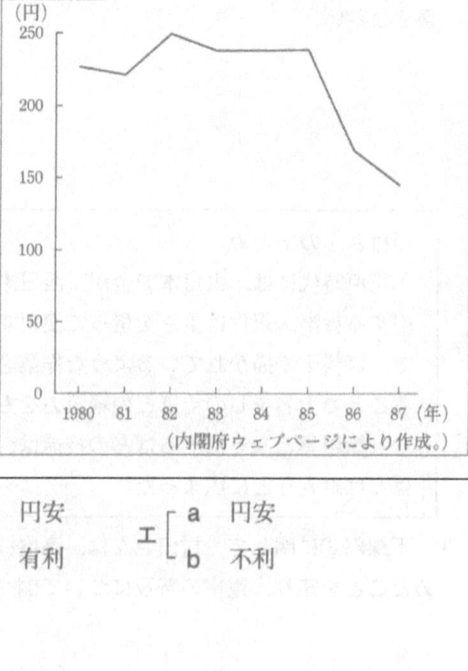

(内閣府ウェブページにより作成。)

ア a 円高 b 有利	イ a 円高 b 不利	ウ a 円安 b 有利	エ a 円安 b 不利

4　中野さんの班では，伝統的工芸品として指定されている兵庫県小野市の播州《ばんしゅう》そろばんについて調べ，伝統的工芸品としてのそろばんは木を主な材料としていることを知りました。あとの(1)・(2)に答えなさい。

(1)　中野さんの班では，なぜ小野市でそろばんの生産がさかんになったのかについて疑問をもち，小野市と，雲州そろばんが伝統的工芸品として指定されている島根県奥出雲町について調べたことを次の表Ⅰにまとめ，これらの地域でそろばんの生産がさかんになった理由を二つの地域の共通点を基に説明しました。中野さんの班の説明はどのようなものだと考えられますか。表Ⅰを基に簡潔に書きなさい。

表Ⅰ　二つの地域の江戸時代までの様子

兵庫県 小野市	・なだらかな丘陵があり，林が広がっていた。 ・ハサミなどの家庭用刃物類が家内工業として生産されていた。 ・豊臣秀吉による城攻めから逃れた人々が，近江国（滋賀県）のそろばんの製法を習得してもち帰った。
島根県 奥出雲町	・山間部で，森林に囲まれていた。 ・製鉄業がさかんで，小刀などの刃物が生産されていた。 ・大工が安芸国（広島県）のそろばんを参考に大工道具を使って製作を始めた。

(2)　中野さんの班では，播州そろばんの製造業者にオンラインでインタビューを行い，伝統的工芸品としての播州そろばんの生産を続けていくことが製造業者にとって困難になっていることが分かりました。次のノートは，聞き取ったことをまとめたものです。中野さんの班では，この製造業者に対して，播州そろばんの生産を継続していく上での問題点の解決に向けた取り組みを提案することとしました。あなたならどのような取り組みを提案しますか。次のページの条件1～3に従って，あとの提案書を作成しなさい。

ノート

〔播州そろばんの生産を継続していく上での問題点〕

X　昭和30年代後半～40年代前半には，年間約350万丁の播州そろばんを製造していたが，時代の変化とともに減少し，現在は年間約7万丁にとどまっている。

Y　そろばん生産は「玉削り」「玉仕上げ」「ヒゴ竹作り」「総合組立て」と四つの工程で分業されており，一人の職人は一つの工程にしか習熟していない。また，それぞれの工程の職人の数が少なくなっている。

〔播州そろばんを取り巻く現在の状況〕

・海外でも，そろばん学習で集中力や判断力，持続力が向上する効果が注目されている。
・首都圏でそろばん教室の運営に乗り出す大手学習塾が登場した。
・伝統的な技術で作られたそろばんの玉を使用した合格お守りが生産されている。
・そろばんの製造業者の中には，10～20代の若手が職人として入社した業者がある。

条件1　次の伝統的工芸品として認定される条件のうち，少なくとも一つを踏まえること。

・生活に豊かさと潤いを与える工芸品。
・100年以上前から今日まで続いている伝統的な技術で作られたもの。

条件2　提案書中の播州そろばんの生産を継続していく上での問題点の欄には，ノート中のX・Yのうち，提案の対象とする問題点をいずれか一つ選び，その記号を書くこと。

条件3　提案書中の取り組みの欄には，条件2で選んだ問題点を解決するための取り組みを，ノート中の〔播州そろばんを取り巻く現在の状況〕の内容を踏まえて，具体的に書くこと。

播州そろばんの生産を継続していく上での問題点の解決に向けた取り組みの提案書	
播州そろばんの生産を継続していく上での問題点	
取り組み	

書き、第二段落には、「主」によって「善悪をわかつ」ことに対するあなたの考えを書くこと。

条件2　現代の言葉を用いて、二百字以内で書くこと。

※　左の枠は、下書きに使っても構いません。解答は必ず解答用紙に書きなさい。

200

ントまで運んでいた。

（「ナショナル　ジオグラフィック日本版二〇二二年六月号」による。）

1　㋐～㋒のカタカナに当たる漢字を書きなさい。

2　□ に当てはまる最も適切な語を、次のア～エの中から選び、その記号を書きなさい。

ア　たとえば　　イ　さらに　　ウ　なぜなら　　エ　だが

3　Ⓐ～Ⓓを、事実と意見に分けたときに、事実であるものにはアを、意見であるものにはイを、それぞれ書きなさい。

4　①地域社会が保全を通じて持続的に経済的な利益を得られる仕組み　とあるが、【文章2】で述べられているアンヘル・アルカラが考えた同様の仕組みを、五十字以内で書きなさい。

5　次の【ノート】は、ある生徒が【文章1】・【文章2】を読んで考えたことをノートに書いたものです。この【ノート】の空欄Ⅰに当てはまる適切な表現を、四十五字以内で書きなさい。

【ノート】

> 【文章2】では、ロドリゴ・アラナノの海洋保護区の取り組みの成功によって、ダウインの保護区には美しい景観がもたらされ、観光業がさかんになったことが書かれていた。たしかに、この取り組みは、地域に新たな産業をもたらし、地元の人々に、新たな収入源を与えたという面では意義深い。
>
> しかし、【文章1】の内容を踏まえて、ダウインのその美しい景観の今後について考えてみると、（　　Ⅰ　　）ということが起こるおそれがあるのではないか。

三　次の文章を読んで、あとの問いに答えなさい。

およそ [a] を見わけて善悪を定むる事は、殊に大切の事にて候《さうらふ》。ただ人毎《ごと》に（どの人も）推量ばかりにてぞ侍《はべ》ると見えて候。その [b] は、上手と①いはるる人の歌をばいとしもなけれども（大したこともないのに）讃《ほ》めあひ、いたく（あまり）用ゐられぬたぐひ（世間で認められないような人）の詠作をば、抜群の歌なれども、結句難をさへとり（かえって欠点までも指摘）人のみぞ（ばかりおり）つけて譏《そし》り侍るめり（して非難するようです）。ただ②主によりて歌の善悪をわかつ人のみぞ候める（ますようです）。まことにあさましき（あきれた）事とおぼえ侍る。これは、ひとへに是非（自分の主体的な評価）にまどへる故なるべし。おそらくは、寛平[注]以往の先達《せんだち》（すぐれた歌人）の歌にも善悪思ひわかたむ人ぞ歌の趣を存ずるにては侍るべき（価値が分かる人でございましょう）。

（「毎月抄」による。）

（注）　寛平＝平安時代に用いられた年号の一つ。

1　[a]・[b] に当てはまる語の組み合わせとして最も適切なものを、次のア～エの中から選び、その記号を書きなさい。

ア（a 歌　b 故）　　イ（a 故　b 歌）

ウ（a 主　b 歌）　　エ（a 歌　b 主）

2　①いはるる を、現代仮名遣いで書きなさい。

3　②主によりて歌の善悪をわかつ　とあるが、「主」によって「善悪をわかつ」ということについて、歌以外の例を日常生活の中から一つ挙げて、あなたの考えを書きなさい。ただし、あとの条件1・2に従って書くこと。

条件1　二段落構成とし、第一段落には、歌以外の例を一つ挙げて

㋐フカを減らしつつ、沿岸の集落の生活を維持する努力が実を結んでいた。

この試みを始めたのは、フィリピン人の生物学者で、地元の自治体が管理する小規模な海洋保護区（ＭＰＡ）の設置を提唱したアンヘル・アルカラだ。こうした保護区の主な目的は生物多様性を守ることだが、彼の念頭にあったのは漁業に利益をもたらすことだった。「フィリピンの人々は魚が主食です。」ダウインの北にあるシリマン大学の研究所で所長を務めるアルカラは私にそう言った。「それを維持するために、海洋保護区が必要なのです。」

一九七〇年代初頭、アルカラは二つの保護区を試験的に設定した。一つは人間が㋑クらしている島（ダウイン沖のアポ島）の近くで、もう一つは無人島（セブ島近くのスミロン島）の近くだ。どちらもいかなる手段による漁も禁止にした。

その結果は目覚ましいものだった。Ⓐ十年後、二つの保護区では生物量が増え、少なくとも六倍になった魚種もあった。生息密度が高くなったことは、漁師に恩恵を与えた。保護区から外の海域に〝あふれ出した〟魚は、合法的に捕獲できるからだ。

この成功に注目したのが、二〇〇一年にダウインの町長に選ばれたロドリゴ・アラナノだ。アラナノはダウインの海岸線に沿って保護区を増やすことに決めた。

しかし、自給自足で漁をする人々に対し、昔からの漁場の一部を諦めるよう、どうやって説得したのだろう。私の問いかけにアラナノはこう答えた。「Ⓑ魚を捕るだけでなく、育てる場所も必要だと言いました。『保護区をつくれば、そこで魚が増えて、外にあふれてくる。それは皆さんのものです。保護区の海は魚だけでなく、皆さんや未来を育ててくれるんです。』とね。保護区はいずれダイビング・スポットになるから、その収入も見込めると説明しました。」

［　　］、将来的に利益が得られる保証はなく、沿岸住民の多くは保護区に反対だった。アラナノは訴訟をいくつも起こされ、脅迫も受けた。それでも彼は、「町長になったとき、私はこの仕事に命を預けましたから。」と意に介さない。

「漁師の家に生まれたわけでもないのに、なぜそこまで㋒ジョウネツを傾けるんですか？」と、私はアラナノに尋ねた。

「私は鉱山技術者なんです。」と、アラナノは語り始めた。「Ⓒ政治の世界に入る前は採掘会社で十二年働き、多くの山を爆破しました。たくさん環境破壊をしてきたんです。一度壊された環境は人間の手で元に戻すことができないと、そのとき学びました。お金がいくらあっても食べていけないことに気づくのは、最後の魚を殺した後でしょう。」

アラナノは在職中の九年間に、ダウイン沿岸のＭＰＡを四ヵ所から十ヵ所に増やした。そのいくつかに潜ってみると、小規模ながらも、チンアナゴなどの珍しい生き物が見られた。

予想通り、保護区の美しい景観は観光客を呼び込んだ。フィリピンを構成する七六四一の島々のなかで、人気のダイビング・スポットは数十ヵ所もあるが、ダウインもその一つになった。この町のＭＰＡには、タツノオトシゴＭＰＡなど、各海域の呼び物である魚の名前がついている。

観光業がさかんになるにつれて、サービス業に転じる漁師も出てきた。

Ⓓセブ島沿岸のオスロブでは、漁業組合の組合員で実際に魚を捕っている者はほとんどいない。観光客がジンベエザメと泳ぐツアーで十分稼げるのだ。ミンドロ島のプエルト・ガレラの近くでは、漁師が観光客をカヌーに乗せて、シュノーケリングでシャコガイを見られるポイ

句大会でサクラシールを貼り、この句を選んだ理由が述べられている一文があります。その文のはじめの五字を抜き出して書きなさい。

6 ④知らないままでいいとあるが、この描写について、国語の時間に生徒が班で話し合いをしました。次の【生徒の会話】はそのときのものです。これを読んで、あとの(1)・(2)に答えなさい。

【生徒の会話】

清水：ユミが「知らないままでいい」と思っているのは、俳句大会のハセオの句は、（　Ⅳ　）ということと、それをユミが知っているということだよね。「知らないままでいい」ということは、ユミはそのことをソラとハセオには伝えないんだよね。

川上：三人は、仲の良い友人だから、伝えなくてもいいということだと思うよ。

藤井：そうかな。ユミは「私たちは、句友だ」といっているよね。ユミは、三人が、俳句を通してつながっているということを強く意識しているのだと思うよ。句友であることを踏まえて、三人の関係を考えたらいいと思うよ。

清水：句友ということは、俳句の特徴も関係するのかな。

(1) 空欄Ⅳに当てはまる適切な表現を、五十字以内で書きなさい。

(2) 下の【ノート】は、【生徒の会話】のあとに、清水さんたちが、話し合いの内容を踏まえて、ノートに書いたものです。この【ノート】の空欄Ⅴに当てはまる適切な表現を、俳句の特徴を踏まえて、六十字以内で書きなさい。

【ノート】

○ユミが「知らないままでいい」と思った理由
三人は、（　Ⅴ　）という関係にあるから。

二 次の【文章1】・【文章2】を読んで、あとの問いに答えなさい。

【文章1】

自然環境の保全は、その担《にな》い手である地域社会にとってまさに「言うは易《やす》く行うは難《かた》し」なテーマの一つだと思います。部外者がその生き物は大事だ、保全しろ、と言ったところで地域社会にとってメリットがなければ、貴重な時間やお金を投じるのは[注1]躊躇《ちゅうちょ》するのではないでしょうか。逆に言えば、自然環境の保全を充実させるためには、①地域社会が保全を通じて持続的に経済的な利益を得られる仕組みを構築することが求められているのです。

自然環境を活用した観光は自然を直接消費せず、保全成果を直接的な経済収益に繋《つな》げることのできる数少ない産業ですが、実際には無秩序な観光の促進によって自然環境が劣化する事例が散見されています。その原因は多岐にわたりますが、関係者がその地域の自然環境の質と観光の経済効果を十分に[注2]紐《ひも》づけて理解していないこと、その地域で環境保全を強化・促進することが地域経済にどれだけ影響をもたらすのか具体化できていないこと等が理由として挙がるのではないでしょうか。

（国立環境研究所ウェブページによる。）

(注1) 躊躇＝ためらうこと。
(注2) 紐づける＝二つ以上の事柄の間につながりをもたせること。

【文章2】

ネグロス島のダウインでは、サンゴ礁を保護して海洋生物に対する

なかった。まぎれもなく、ハセオのくせの強い字で、

　雪がふる②そらのことば　を受け止める

と書いてある。「その句はね、大会では、三点しか入っていなかったんだ。でも、私はいい句だと思う。あなたはどうかな?」ユミは、その短冊の字を、何度も目で追った。追うだけではなくて、思わず一度、口に出してもみた。まちがいない。それは、ユミが、③自分のサクラシールを貼った句だった。ヒマワリ句会に出るようになって、たくさんの言葉とめぐりあった。誰かの言葉にも、そして自分の中に潜んでいた言葉にも。今まで聞いたことのない言葉もあった。なじみのある言葉であっても、それがらりと違って見えたこともあった。言葉は、とても頼りない。形がなくて、すぐに消えてしまう。まさに、雪のように。でも、その言葉を受け止めて、一歩踏み出すことができたのも、ゆるがない事実だ。この学校に、自分と同じように言葉に助けられた人がいたということがうれしくて、最終的にこの句を選んだのだった。やっぱり、ふざけなければ、いい句も書けるじゃないか。もしいまここに、ハセオがいたなら、その背中をばーん!　と叩《たた》いてやるところだ。

「てのひらに降ってくる雪。それを、『そらのことば』と言いかえてみせたのは、あっと驚くマジックじゃないかい?　ふつうは『空の言葉』と書くところ、ひらがなにしているのはきっと、そのことで、雪のつぶのやわらかさを表現したかったんだと、私は思う。」校長先生は、ユミの感想も待たないで、少し興奮した㋒口調で、鑑賞の弁を述べた。たしかに、その通りだ。でも、ハセオの句と知ったいま、ユミは隠された意図をそこに読み取っていた。これは挨拶なんだ。ハセオから、ソラへの。「そら」には、かけがえのない友人の名前を、掛けてあるのだ。もうすぐやってくる、あのふたり。たぶん、たがいにそのことを知らない。ユミが知っていることも、知らないだろう。そして、④知らないままでいい。私たちは、句友だ。たがいへの思いは、だらだらと語らなくても、じゅうぶんにわかっている。

（髙柳《たかやなぎ》克弘《かつひろ》「そらのことばが降ってくる」による。）

（注1）装丁＝書物の外側のデザイン。
（注2）フランス装＝製本方法の一つ。
（注3）祠＝神をまつった小堂。

1　㋐〜㋒の漢字の読みを書きなさい。

2　□に当てはまる最も適切な表現を、次のア〜エの中から選び、その記号を書きなさい。

ア　物知り　**イ**　得意げな　**ウ**　不満げな　**エ**　何食わぬ

3　①〝いま、ここの詩〟とあるが、ハセオが、このように言ったのはなぜですか。その理由について述べた次の文の空欄Ⅰに当てはまる適切な表現を、十五字以内で書きなさい。また、空欄Ⅱに当てはまる最も適切な表現を、本文中から二十字以内で抜き出して書きなさい。

　俳句を伝統文化と言ってしまうと、俳句が、祠の中の神様のように（　Ⅰ　）存在になってしまうが、ハセオにとって俳句とは、（　Ⅱ　）であるから。

4　②そらのことば　とあるが、次の文は、ハセオが作った俳句のこの部分に対する校長先生の解釈をまとめたものです。空欄Ⅲに当てはまる適切な表現を、三十五字以内で書きなさい。

　「そらのことば」は、てのひらに降ってくる雪を言いかえたものであり、（　Ⅲ　）のではないかと、校長先生は解釈した。

5　③自分のサクラシールを貼った句　とあるが、本文中にユミが俳

＜国語＞

時間　五〇分　　満点　五〇点

一　次の文章を読んで、あとの問いに答えなさい。

中学二年生のソラは、同級生のハセオに誘われて、俳句を創作するようになり、俳句の魅力に引き込まれていく。ソラたちは、ヒマワリ句会を作り、同級生のユミも参加することになった。三人は、意欲的に俳句を創作している。
　学校で行われた俳句大会で優勝したユミは、校長先生からの〝豪華景品〟を受け取りに行った。

　そういえば、今年は雪が降っただろうか。ひどく寒い日に一日降ったようにも、けっきょく一度も降らなかったようにも思う。ハセオは、ああいう句を作ったということは、どこかで雪を見たのかもしれない。校長先生から聞かされた、ハセオの話を、ユミは思い出していた。春休み前、〝豪華景品〟を受け取りに行ったときのことだ。なんのことはない、校長先生が学生時代に出した詩集を、自費出版で立派な[注1]装丁の本にしたものだった。タイトルは、『青春はがんもどき』。気持ちはうれしいけど、こういうのをもらって、喜ぶ子はいるんだろうか……。でも、「造本に㋐凝って、時間がかかってしまったよ、ほらこの[注2]フランス装がきれいでしょう?」とうれしそうな校長先生を前にして、□顔を見せるわけには、いかなかった。
　それよりも、ユミにとって重要だったのは、「ヒマワリ句会のハセオくんなんだけどね。」と前置きをして始まった話のほうだった。「俳句大会の開会宣言のあとですぐ、私に直談判《じかだんぱん》を求めてきたんだ。」校長室に、いきなりやってきたハセオは、言いたいことがあるという。校長先生の発言を取り消してほしい、と。俳句は伝統文化。そう言った先生の言葉が、どうしても許せないのだという。伝統文化と言ったとたんに、[注3]祠《ほこら》の中の神様みたいになるのが、自分はいやだ。俳句は確かに昔からあるけれど、いまの自分の気持ちや、体験を盛るための器として、自分は俳句をやっている。校長先生の発言は、①〝いま、ここの詩〟として、俳句を作っている自分たちを、ないがしろにするものだ。「彼の言葉が、ぐさっと胸に突き刺さってね。」俳句とはなにか、詩とはなにか。生徒から問われた気がしたのだという。「あの生徒も、やはり、わが校の㋑誇りだよ。」校長先生は、私も考えがあって言ったことなので、発言の取り消しはしないが、あなたから与えられた〝宿題〟として、あなたの卒業の日までに、考えておくと返したそうだ。ハセオは、それでいちおう、満足した様子だったという。校長先生に自分が〝宿題〟を出したというのが、うれしかったのかも、などとユミは思う。あいつは、いつも宿題に苦しめられていたから。
「この本を出そうと思ったのも、彼の言葉がきっかけだったんだ。ところで、俳句大会に彼が出した句を、君は知ってる?」ユミは頭《かぶり》を振る。本人に聞いても、適当にはぐらかされたまま、いまに至っていた。
　校長先生は少し考えてから、「君は彼と同じ句会の仲間、つまり句友だしね。俳句大会の優勝者でもある。感想を聞いてみたい。彼には、私が伝えたことは、内緒にしておいてくれよ。」と断ってから、「こんな句なんだ。」と、一枚の短冊《たんざく》を渡した。俳句大会の投稿用紙として、使われたものだ。短冊の裏に、クラスと名前を書く欄があるから、それを手掛かりにボックスの中の大量の投句の中から、ハセオの句を探しだしたのだろう。ユミにとっては、記名欄を確認する必要は

2023年度

解　答　と　解　説

《2023年度の配点は解答用紙集に掲載してあります。》

＜数学解答＞

1 (1) -3　(2) $4x$　(3) $2\sqrt{2}$　(4) $x^2-12xy+36y^2$　(5) $x=\frac{-3\pm\sqrt{29}}{2}$
(6) 10　(7) 16　(8) ウ

2 (1) $0\leqq y\leqq 20$　(2) 150　(3) 解説参照

3 (1) 40　(2) 10　4 (1) 9　(2) $-\frac{1}{3}$

5 (1) $\frac{2}{5}$　(2) アに当てはまる配分時間は1分48秒，イに当てはまる配分時間は3分12秒
(求める過程は解説参照)

6 (1) 解説参照　(2) イ，ウ，オ

＜数学解説＞

1 (数・式の計算，平方根，式の展開，二次方程式，比例関数，体積，資料の散らばり・代表値)

(1) **正の数・負の数をひくには，符号を変えた数をたせばよい。** $-8-(-2)+3=-8+(+2)+3$ $=-8+2+3=-8+5=-(8-5)=-3$

(2) $\boldsymbol{a\div b=\frac{a}{b}}$だから，$28x^2\div 7x=\frac{28x^2}{7x}=4x$

(3) $\sqrt{50}=\sqrt{2\times 5^2}=5\sqrt{2}$，$\frac{6}{\sqrt{2}}=\frac{6\times\sqrt{2}}{\sqrt{2}\times\sqrt{2}}=\frac{6\sqrt{2}}{2}=3\sqrt{2}$ だから，$\sqrt{50}-\frac{6}{\sqrt{2}}=5\sqrt{2}-3\sqrt{2}=$ $(5-3)\sqrt{2}=2\sqrt{2}$

(4) **乗法公式$\boldsymbol{(a-b)^2=a^2-2ab+b^2}$より，** $(x-6y)^2=x^2-2\times x\times 6y+(6y)^2=x^2-12xy+36y^2$

(5) **2次方程式$\boldsymbol{ax^2+bx+c=0}$の解は，$\boldsymbol{x=\frac{-b\pm\sqrt{b^2-4ac}}{2a}}$**で求められる。問題の2次方程式は，$a=1$，$b=3$，$c=-5$の場合だから，$x=\frac{-3\pm\sqrt{3^2-4\times 1\times(-5)}}{2\times 1}=\frac{-3\pm\sqrt{9+20}}{2}=\frac{-3\pm\sqrt{29}}{2}$

(6) $y=\frac{16}{x}$より，$xy=16$だから，xとyの値の積が16になるような整数x，yの値の組を考えればよい。そのような$(x,\ y)$の組は，$(1,\ 16)$，$(2,\ 8)$，$(4,\ 4)$，$(8,\ 2)$，$(16,\ 1)$，$(-1,\ -16)$，$(-2,\ -8)$，$(-4,\ -4)$，$(-8,\ -2)$，$(-16,\ -1)$の10個。

(7) 底面の**正方形はひし形とも考えられる**から，その面積は(一方の対角線)×(もう一方の対角線)$\div 2=4\times 4\div 2=8$(cm^2)　よって，正四角すいの体積は(底面積)×(高さ)$\times\frac{1}{3}=8\times 6\times\frac{1}{3}=16$(cm^3)

(8) **箱ひげ図**の箱で示された区間に，全てのデータのうち，真ん中に集まる約半数のデータが含まれる。この箱の長さを**四分位範囲**といい，**第3四分位数**から**第1四分位数**を引いた値で求められる。問題の図から，箱の長さが最も長いのはC市だから，この月の日ごとの最高気温の四分位範囲が最も大きい市はC市である。

2 (関数$\boldsymbol{y=ax^2}$，資料の散らばり・代表値，式による証明)

(1) $y=ax^2$は点A$(3,\ 5)$を通るから，$5=a\times 3^2=9a$　$a=\frac{5}{9}$　xの変域に0が含まれているから，y

の最小値は0。$x=-6$のとき，$y=\frac{5}{9}\times(-6)^2=20$　$x=4$のとき，$y=\frac{5}{9}\times4^2=\frac{80}{9}=8\frac{8}{9}$　よって，yの最大値は20　yの変域は，$0\leqq y\leqq 20$

(2)　右図で，ア＝11÷50＝0.22　イ＝0.08＋ア＝0.08＋0.22＝0.30　ウ＝0.56－イ＝0.56－0.30＝0.26　エ＝0.76－0.56＝0.20　以上より，**度数**が最も多い**階級**は，**相対度数**が最も大きい120分以上180分未満の階級で，その**階級値**は$\frac{120+180}{2}=150$(分)である。

階級(分)	度数(人)	相対度数	累積度数(人)	累積相対度数
以上　未満				
0 ～ 60	4	0.08	4	0.08
60 ～ 120	11	0.22…ア		0.30…イ
120 ～ 180		0.26…ウ		0.56
180 ～ 240		0.20…エ		0.76
240 ～ 300		0.10	43	0.86
300 ～ 360	7	0.14	50	1.00
計	50	1.00		

(3)　(説明)　(例)十の位の数がa，一の位の数がbの2桁の自然数は$10a+b$，十の位の数と一の位の数を入れかえた自然数は$10b+a$と表すことができる。もとの自然数を4倍した数と，入れかえた自然数を5倍した数の和は，$4(10a+b)+5(10b+a)=45a+54b=9(5a+6b)$　$5a+6b$は整数だから，$9(5a+6b)$は9の倍数である。したがって，もとの自然数を4倍した数と，入れかえた自然数を5倍した数の和は，9の倍数になる。

3 (角度，面積)

(1)　AD//BCより，**平行線の錯角は等しい**から，∠DAG＝∠AGB＝70°　よって，∠BAD＝2∠DAG＝2×70°＝140°　AB//DCより，**平行線の同位角は等しい**から，(頂点Dの**外角**)＝∠BAD＝140°　よって，∠ADC＝180°－(頂点Dの外角)＝180°－140°＝40°

(2)　AD＝BC＝aとすると，点Eは辺ADの中点だから$\mathrm{AE}=\frac{1}{2}a$　点F，Gは辺BCの3等分点だから$\mathrm{FG}=\frac{1}{3}a$　AE//FGより，**平行線と線分の比についての定理**を用いると，AH：HG＝EH：HF＝AE：FG＝$\frac{1}{2}a:\frac{1}{3}a=3:2$　△AHEと△GHEで，**高さが等しい三角形の面積比は，底辺の長さの比に等しい**から，△AHE：△GHE＝AH：HG＝3：2　△GHE＝△AHE×$\frac{2}{3}=9\times\frac{2}{3}=6$　同様にして，△GHE：△EFG＝EH：EF＝EH：(EH＋HF)＝3：(3＋2)＝3：5　△EFG＝△GHE×$\frac{5}{3}=6\times\frac{5}{3}=10$

4 (図形と関数・グラフ)

(1)　線分ACがx軸に平行となるとき，点Cのy座標は点Aのy座標と等しく8だから，点Cのx座標は$y=\frac{2}{3}x+2$に$y=8$を代入して，$8=\frac{2}{3}x+2$　$x=9$　よって，AC＝9

(2)　点Dのx座標は$y=\frac{2}{3}x+2$に$y=0$を代入して，$0=\frac{2}{3}x+2$　$x=-3$　よって，D(－3，0)　点Bのx座標をtとおくと，点Cのx座標は点Bのx座標の4倍だから，点Cのx座標は$4t$　これより，点B，Cからx軸へそれぞれ垂線BE，CFを引くと，E(t，0)，F($4t$，0)　BE//CFで，DB＝BCだから，平行線と線分の比についての定理を用いると，DE：EF＝DB：BC＝1：1　DE＝EF…①　また，DE＝$t-(-3)=t+3$，EF＝$4t-t=3t$だから，これらを①に代入して，$t+3=3t$　$t=\frac{3}{2}$　よって，点Cのx座標は$4t=4\times\frac{3}{2}=6$　点Cは$y=\frac{2}{3}x+2$上にあるから，そのy座標は$y=\frac{2}{3}\times6+2=6$　よって，C(6，6)　以上より，直線ACの傾きは$\frac{6-8}{6-0}=-\frac{1}{3}$

5　(確率，方程式の応用)

(1)　5人の中から，くじ引きで2人を選ぶときの選び方は全部で，(Pさん，Qさん)，(Pさん，Rさん)，(Pさん，Sさん)，(Pさん，Tさん)，(Qさん，Rさん)，(Qさん，Sさん)，(Qさん，Tさん)，(Rさん，Sさん)，(Rさん，Tさん)，(Sさん，Tさん)の10通り。このうち，Pさんが選ばれるのは〰〰を付けた4通り。よって，求める確率は$\frac{4}{10}=\frac{2}{5}$

(2)　(求める過程)　(例)在校生インタビューの配分時間をx秒，部活動紹介の配分時間をy秒とすると，$\begin{cases} x+y=300 \\ \frac{y-30}{3}=\frac{x}{3}\times 1.5 \end{cases}$　これを解くと，$x=108$，$y=192$　は問題に適している。したがって，108秒は1分48秒であるから，在校生インタビューの配分時間は1分48秒である。また，192秒は3分12秒であるから，部活動紹介の配分時間は3分12秒である。

6　(図形の証明と性質)

(1)　(証明)(例)四角形ABCDは正方形であるから　CD＝CB…①　四角形CEFGは正方形であるから　CE＝CG…②　∠ECG＝90°であるから　∠DCE＝90°－∠DCG…③　∠BCD＝90°であるから　∠BCG＝90°－∠DCG…④　③，④より，∠DCE＝∠BCG…⑤　①，②，⑤より，2組の辺とその間の角がそれぞれ等しいから，△CED≡△CGB

(2)　ア　AI＞AB…①　BC＞ICとAB＝BCよりAB＞IC…②　①，②より，AI＞IC　隣り合う2辺の長さが等しくないから，四角形AICHはひし形ではない。　イ　CH＝CI　AC共通　∠ACH＝∠ACI＝45°より，2組の辺とその間の角がそれぞれ等しいから△ACH≡△ACI　よって，四角形AICH＝2△ACI…③　AD//BCで，**平行線と面積の関係**より，△ACI＝△CDI…④　③，④より，四角形AICH＝2△CDI　四角形AICHの面積は，△CDIの面積の2倍である。　ウ　△BCDで，CB：CI＝CD：CHだから，BD//IHである。　エ　BI＝BC－CI＝DC－CH＝DH　IH共通　△CHIはCH＝CIの直角二等辺三角形だから，∠BIH＝180°－∠CIH＝180°－∠CHI＝∠DHI　2組の辺とその間の角がそれぞれ等しいから△BIH≡△DHI…⑤　また，明らかに，△DHIと△DHGは合同ではない。…⑥　⑤，⑥より，△BIHと△DHGは合同ではない。　オ　∠HCI＝90°だから，**円周角の定理の逆**より，点Cは線分HIを直径とする円周上にある。同様にして，∠HFI＝90°より，点Fも線分HIを直径とする円周上にある。以上より，点C，Fは線分HIを直径とする円周上にある。

＜英語解答＞

1　問題A　No. 1　エ　No. 2　ウ　No. 3　エ　問題B　(例)Why did you take a bus today?　問題C　(例)I agree. They can learn how to work with other students when they clean their school.

2　1　ウ　2　イ　3　エ　4　い　5　a　イ　b　ア　c　エ　d　ウ

3　1　(例)(1)　Yes, he did.　(2)　His father did.　2　ウ　3　eat
4　would be fun if I　5　ア，イ　6　(例)I liked your speech very much. It's important to be interested in something. I hope I can find my dream like you.

4　(例)問題A　ア　I want to watch the dance performances　イ　Let's watch

the shamisen performance and the dance performance in the afternoon
問題B　We should send e-mails in Japanese because you can practice Japanese and I can help you.

＜英語解説＞

1　(リスニング)

放送台本の和訳は，47ページに掲載。

2　(会話文問題：グラフを用いた問題，語句補充，文の挿入)

（全訳）太郎：エリック，僕のおばが，将来多くの国々でほとんどの支払いがキャッシュレスになると言ったんだ。想像できる？

エリック：できるよ。キャッシュレスでの支払いは僕の国，スウェーデンではとても$_{A}$よく知られているよ。多くの家庭が紙幣や硬貨を使わないんだ。例えば，僕の両親は普段支払いにスマートフォンを使っているし，僕はデビットカードを持っているよ。

太郎　　：本当に？　日本では多くの人たちがまだ現金を使っていると思うよ。$_{B}$現金なしの生活は想像できないな。

エリック：それじゃあ，インターネットでキャッシュレスについての情報を探してみるのはどうかな？

太郎　　：それはいい考えだね。あ，このグラフを見てよ。これは，日本でキャッシュレスでの支払いが増えていることを示しているよ。$_{C}$2021年には30％を越える支払いがキャッシュレスだね。

エリック：そうだね。見て！　僕の国での支払いについてのグラフを見つけたよ。2018年にはほんの13％の人たちしか最近の支払いに現金を使っていないよ。

太郎　　：わあ！　どうしてそんなに多くの人たちがキャッシュレスでの支払いを選ぶんだろう？［あ］

エリック：現金を使わない支払いの方が簡単だからだよ。買い物に行く時に財布を持って行く必要がないし，支払いの時にそんなに時間をかけずに済むからね。

太郎　　：海外からくる人たちにとっても，現金を使わずに物を買う方が簡単だと思うよ。［い］たくさんの紙幣や硬貨を彼らの国から持って来る必要がないからね。

エリック：キャッシュレスでの支払いは店舗のスタッフにとってもいいんだよ。お釣りを用意したりレジの中の紙幣と硬貨を確認する必要がないから，時間を節約できるんだ。

太郎　　：それはすごくいいね。キャッシュレスでの支払いは良い点がたくさんあるね，でも問題もあると思うよ。［う］

エリック：それはどんなこと？

太郎　　：スマートフォンやデビットカードを失くしたら，それを見つけた誰かが君のお金を使ってしまうかもしれないよ。

エリック：ああ，その通りだね。気をつけた方がいいね。他には？

太郎　　：キャッシュレスでの支払いをする時には紙幣と硬貨を目にする(確認する)ことができないから，お金を使いすぎていることに気づかないこともあるよ。［え］

エリック：僕もそう思うよ。特に，子どもたちは金銭感覚をつけることができないかもしれないね。

太郎　　：なるほど。僕は将来キャッシュレスでの支払いを使うためにもっと情報を探してみるよ。

1　全訳参照。　exciting ＝ワクワクさせる，興奮させる　　expensive ＝値段が高い
popular ＝人気がある，よく知られている　　weak ＝弱い

2　全訳参照。空所B直前の太郎の発言に注目。「日本では多くの人たちがまだ現金を使っていると思うよ」と言っているので，イが適当。

3　全訳及びグラフ1参照。30％を超えているのは2021年のみ。

4　全訳参照。空所[い]直前の太郎の発言に注目。外国から来る人たちとって，現金を使わない買い物の方が簡単だと言っている。問題文はそのことをさらに説明しているので[い]に入るのが適当。

5　(メモ全訳)

キャッシュレスでの支払いの良い点

私たちに関して

買い物の時に財布が必要ない。
素早く$_a$支払いができる。

店舗のスタッフに関して

・お釣りが必要ない。

・レジの中のお金を確認する必要がない。

↓

$_b$時間が節約できる

キャッシュレスでの支払いの悪い点

私たちに関して

スマートフォンやデビットカードを失くしたら，誰かが$_c$それを使ってしまい私たちは自分のお金を失ってしまうかもしれない。

・支払いの時に紙幣と硬貨を確認することができない。

↓

お金を使いすぎて，それに気づかないかもしれない。
お金がどんなに大切なものかを理解することが$_d$難しいかもしれない。

3　(長文読解問題・エッセイ：英問英答，語句の解釈，語句補充，語句の並べ換え，内容真偽，条件・自由英作文)

(全訳)　皆さんは何に興味がありますか？　音楽，ゲーム，それともスポーツですか？　僕は5歳の時に，家の近くの森でいちばん興味があるものを見つけました。それはキノコです。初めて見つけたキノコがどんな見た目だったか正確に憶えています。それは赤くて美しかったです。僕はそれを摘み取ろうとしましたが，父が僕を止めました。彼は僕にこう言いました，「これは有毒なキノコだよ。」彼は僕に危険なキノコがあるということを教えてくれました。家に着いてから，僕はキノコについての本を読み，驚きました。その本には700以上のさまざまなキノコの写真が載っていました。僕はこう思いました，「なぜこんなにたくさん美しいキノコがあるのだろう？」「なぜ有毒なキノコもあるのだろう？」このことがキノコについての僕の好奇心の始まりでした。

それから，僕はキノコについてのたくさんの本を読み，世界には多くのキノコがあることを学びました。また，まだ名前がついていないキノコがたくさんあるということも知りました。僕は家の近くの森をたびたび歩き，そのようなキノコを見つけようとしています。

これから，僕のお気に入りのキノコを2つ紹介します。ひとつ目は*ヤコウタケ*です。このキノコは日本のいくつかの島で見られ，きれいな緑色の光を発します。たくさんの人たちがそれを見にその島々に旅行に来ます。*ヤコウタケ*はなぜきれいな緑色の光を放つのでしょう？　①その明確な答えは分かりません。しかしそのキノコは自分たちの胞子を運んでくれる昆虫を引き寄せるためにそうするのだという人たちもいます。胞子は新しいキノコが育つために必要なのです。

その他のお気に入りのキノコは*ベニテングタケ*です。これは家の近くの森で最初に見つけたキノコです。キノコのかさは綺麗な赤色でいくつかの国の人たちはそのキノコは幸福をもたらすと信じています。しかし，それらは有毒で多くの動物たちにとっては危険です。例えば，もし犬がそれを食べてしまったら，具合が悪くなるでしょう。なぜそれらは有毒なのでしょう？　おそらく，キノコは動物に食べられたくないのです。

僕は，一つ一つのキノコには昆虫や動物たちに対してさまざまなメッセージがあるように感じます。例えば，*ヤコウタケ*のメッセージは「僕のところに来て！」で，*ベニテングタケ*のメッセージは「僕を食べないで！」です。昆虫や動物たちにはそれらのメッセージは聞こえませんが，感じることはできるのです。

ところで，キノコはどのようにしてお互いにコミュニケーションをとっているのでしょう？　ある科学者は，キノコは電気の信号を使っていると言います。僕は真実は分かりませんが，おそらく自分たちを守るためにお互いに話をしているのかもしれません。キノコたちが何を話しているのか理解できたら，②楽しいでしょう。

僕は大学でもっとキノコについて研究したいと思っています。僕の夢は世界中のたくさんの場所を訪れて見たことがないキノコを見つけることです。また，彼らのコミュニケーションの取り方も学びたいです。僕は子どもの時に抱いた好奇心を失っていません。それが僕を将来の夢へと導いてくれました。さて，皆さんにもう一度質問します。「あなたは何に興味がありますか？」　皆さんの好奇心が夢を見つけることを助けてくれるでしょう。

1　(1)　次郎は5歳の時に一番興味のあるものを見つけましたか？／はい，見つけました。　第1段落3文目参照。　(2)　彼が初めて見つけたキノコを摘み取ろうとした時，だれが次郎を止めましたか？／彼の父が止めました。　第1段落7文目参照。

2　全訳参照。下線部①直前の一文に注目。ウの「私たちはなぜ*ヤコウタケ*によって美しい緑色の光が発せられるのか正確には分からない」が適切。

3　全訳参照。第4段落最後の一文に注目。

4　全訳参照。(It)would be fun if I (could understand what mushrooms are talking about.) **<If ＋S′＋過去形～，S＋V＋助動詞の過去形＋動詞の原形…>＝「もし(今)～なら，…だろう」（仮定法過去）**　現在の事実とは異なることを仮定する時の表現。

5　全訳参照。　ア　名前のないキノコがたくさんある。(○)　第2段落2文目参照。　イ　*ヤコウタケ*と*ベニテングタケ*は次郎のお気に入りのキノコだ。(○)　第3段落1文目2文目及び第4段落1文目参照。　ウ　ヤコウタケとベニテングタケは幸福をもたらすと信じている人たちがいる。　エ　次郎の夢は世界中のすべてのキノコを守ることだ。

6　(解答例訳)　あなたのスピーチはとても良かったです。何かに興味をもつことは大切なことです。私はあなたのように夢を見つけることができればいいと思います。

4　(自由・条件英作文)

(問題文・解答例訳)　問題A

明子：こんにちは，エマ。今週の土曜日，4月15日にある春祭りに一緒に行かない？

エマ：どんなお祭りなの？

明子：きれいなお花を見たり，発表を見ることができるのよ。これが予定表よ。

11：00～12：00　ダンス発表	13：00～14：00　三味線演奏
12：00～13：00　カラオケ演奏	14：00～15：00　ダンス発表
・すべての発表は晴雨にかかわらず催されます。	

エマ：素敵ね！　三味線の演奏は見たことがないわ。あなたはどれが見たい？

明子：ア私はダンスの発表が見たいわ，私の友だちが演技をするからよ。彼女のグループは午前中に発表をして，午後にもう一度やるの。

エマ：ねえ，この天気情報を見て。私は雨の中濡れたくないわ。どうするのがいいかしら？

	4月15日土曜日				
時間	11	12	13	14	15
天気	雨	雨	晴	晴	晴
降水確率(%)	70	50	20	0	0

アキコ：イ午後，三味線の演奏とダンスの発表を見に行きましょう。

問題B　日本語でメールを送る方がいいと思います，なぜならあなたは日本語の練習をすることができ，私はお手伝いできるからです。

2023年度英語　聞き取り検査

〔放送台本〕

英語の検査を開始します。はじめに，1番の問題についての説明を行います。

1番の問題には，問題A，問題B，問題Cの3種類の問いがあります。問題Aは対話と質問，問題Bは対話，問題Cは英文を放送します。これらはすべて2回ずつ放送します。メモをとっても構いません。では，問題Aを始めます。

問題A

これから，No. 1~No. 3まで，対話を3つ放送します。それぞれの対話を聞き，そのあとに続く質問の答えとして最も適切なものを，下のア~エの中から選んで，その記号を書きなさい。

No. 1　A: Hi, Miki. What did you do last weekend?

B: Hi, Jack. I visited my grandmother last Saturday. Here is a picture we took that day.

A: Oh, your grandmother looks kind.

B: She is always kind to me. I love her so much.

A: Miki, you are holding a cute cat. Is it yours?

B: No. It's hers.

Question No. 1: Which picture are Miki and Jack looking at?

No. 2　A: Hi, Lucy. Have you been to the new 100-yen shop near the station?

B: No, I haven' t. Have you been there?
A: Yes. I went there yesterday. I bought five pens.
B: I see. I think I will go there tomorrow.
A: Do you have anything you want to buy?
B: Well, I want to buy two notebooks for my sister.
A: That's nice!
B: Oh, I also have to buy a new notebook for science class.
Question No. 2: How many notebooks is Lucy going to buy?

No. 3 A: Emily, finish your lunch! You have to arrive at the stadium by one o'clock.
B: Yes, Dad.
A: Did you walk the dog this morning?
B: No, I practiced the guitar this morning. I'm going to walk him after I come home.
A: OK, but please wash your dishes before you leave.
B: I will.
Question No. 3: What will Emily do before she goes to the stadium?

〔英文の訳〕

No. 1 A：ハイ，ミキ。この前の週末は何をしたの？
B：ハイ，ジャック。私はこの前の土曜日におばあちゃんの家に行ったの。これはその日に撮った写真よ。
A：わあ，君のおばあちゃんは優しそうだね。
B：彼女は私にいつも親切にしてくれるのよ。私は彼女が大好きなの。
A：ミキ，君はかわいい猫を抱いているね。これは君の猫？
B：いいえ，彼女の猫よ。
質問1：ミキとジャックが見ているのはどの写真ですか？

No. 2 A：ハイ，ルーシー。駅の近くの新しい100円ショップに行ったことはある？
B：ないわ。あなたは行ったことがあるの？
A：うん。昨日そこへ行ったよ。ペンを5本買ったよ。
B：そうなのね。私は明日行くつもりよ。
A：何か買いたいものがあるの？
B：ええと，姉[妹]にノートを2冊買いたいわ。
A：それはいいね！
B：ああ，理科の授業のための新しいノートも買わなくちゃ。
質問2：ルーシーは何冊ノートを買うつもりですか？
答え　：ウ　3冊のノート

No. 3 A：エミリー，お昼ご飯を食べ終えちゃって！　1時までに競技場に着かなくてはいけないよ。
B：分かったわ，お父さん。
A：今朝犬の散歩はした？
B：いいえ，今朝はギターを練習したの。家に帰ってから散歩させるつもりよ。
A：わかった，でも出る前にお皿は洗ってくれよ。
B：洗うわ。
質問3：エミリーは競技場に行く前に何をするつもりですか？

答え　：エ　彼女はお皿を洗うつもりです。

〔放送台本〕

次に問題Bに入ります。これから放送する対話は，留学生のジョンと高校生の春花が，ある話題に関して話したときのものです。下の【対話】に示されているように，まず①でジョンが話し，次に②で春花が話し，そのあとも交互に話します。⑤ではジョンが話す代わりにチャイムが1回鳴ります。あなたがジョンなら，この話題に関しての対話を続けるために，⑤で春花にどのような質問をしますか。⑤に入る質問を英文で書きなさい。

問題B

John:　Good morning, Haruka.
Haruka:　Oh, good morning, John!　We're on the same bus!
John:　I have never seen you on the bus.
Haruka:　Well, I usually go to school by bike.
John:　(チャイム)

〔英文の訳〕

ジョン：おはよう，ハルカ。
春花　：まあ，おはよう，ジョン！　同じバスだったのね！
ジョン：バスで君に会ったことはなかったな。
春花　：ええ，私は普段自転車で学校に行っているの。
ジョン：(解答例訳)今日はどうしてバスに乗ったの？

〔放送台本〕

問題Cに入ります。これから放送する英文は，アメリカからの留学生のジェーンが高校生の健太に対して話したときのものです。ジェーンの質問に対して，あなたならどのように答えますか。あなたの答えを英文で書きなさい。なお，2文以上になっても構いません。

問題C

When I first came to Japan, I was surprised because students clean their school. I talked about this with my family in America, and they said, "That's good. Students should clean their school." What do you think about this idea? And why do you think so?

〔英文の訳〕

僕が初めて日本に来た時，生徒たちが学校を掃除していたので驚いたよ。このことをアメリカの家族と話したら，家族はこう言っていたよ，「それはいいことだよ。生徒たちは自分たちの学校を掃除した方がいいよ。」この考えについて君はどう思う？　そしてなぜそう考えるの？

(解答例訳)　私は賛成です。生徒たちは学校を掃除する時に，どのように他の生徒たちと一緒に働けば良いのかを学ぶことができます。

＜理科解答＞

1　1　(1)　(例)石灰水が逆流して，試験管A内に入ること。　(2)　金属光沢[光沢]
(3)　a　発生した気体の質量　　b　イ　　2　(1)　還元　　(2)　右図

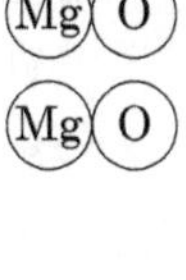

3　イ，ウ，オ

2　1　(1)　DNA〔デオキシリボ核酸〕　(2)　a　ア　b　ウ
2　(1)　(はたらき)　光合成　(気体)　酸素　(2)　エ　3　(1)　デンプンが含まれていなかった　(2)　イ

3　1　地熱発電　2　(1)　エ　(2)　ア　3　a　(例)マグマのねばりけが強い　記号　ウ　4　(1)　エ　(2)　d　オ　e　イ　f　南

4　1　エ　2　(1)　ウ　(2)　0.10　(3)　イ　3　c　(例)体積が大きく，また，2つの物体の質量が同じであることから，密度が小さい　d　亜鉛　4　ア，エ

＜理科解説＞

1　(化学変化)

1　(1)　ガラス管を石灰水に入れたまま火を消すと，石灰水が加熱している試験管に逆流して，試験管が割れる恐れがある。　(2)　赤色の物質は銅であるため，金属の性質をもつ。金属は，かたいものでこすると金属光沢が現れる。　(3)　炭素の質量が0.1～0.3gの間は，加熱後の質量が不規則に減少を続けているが，0.3～0.5gの間は，一定の割合で質量が増加している。このことから，炭素の質量0.3g以上では増加した炭素の質量の分だけ加熱後の試験管Aに残った固体の質量が増加していることがわかる。よって，**炭素の質量が0.3gのとき，酸化銅と炭素が過不足なく反応している**とわかる。炭素0.1gで，3.1－2.8＝0.3〔g〕の気体が発生することから，3.3－2.5＝0.8〔g〕の気体が発生するために必要な炭素の質量Xgを求めると，0.1：0.3＝X：0.8　X＝0.26…〔g〕と求められる。

2　(1)　酸化物から酸素をとり去る化学変化を，**還元**という。　(2)　酸素原子とマグネシウム原子が1：1の数の割合で結びついた酸化マグネシウムができる。矢印の左右で，原子の種類と数が等しくなるようにする。

3　ア　マグネシウムが二酸化炭素から酸素を奪って燃えることから，酸素は炭素よりもマグネシウムと結びつきやすい。　エ　炭素は，酸化銅から酸素をとり去ることから，酸素は銅よりも炭素と結びつきやすい。

2　(遺伝，生物のつり合い)

1　(1)　遺伝子の本体はDNA(デオキシリボ核酸)とよばれる物質である。　(2)　顕性形質の丸の遺伝子をA，潜性形質のしわの遺伝子をaと表すこととする。エンドウXが丸の純系であるならば，体細胞の遺伝子の組み合わせはAAとなる。しわの種子は潜性形質の純系で，遺伝子の組み合わせはaaとなる。エンドウXが純系の個体で，遺伝子の組み合わせがAAであったとすると，aaとかけ合わせることで，遺伝子の組み合わせがAa(丸)の子だけができる。一方，エンドウXが純系ではない丸い種子であったとすると，遺伝子の組み合わせがAaとなるので，aaとかけ合わせると，**Aa(丸)：aa(しわ)＝1：1**の数の割合で現れる。

2　(1)　植物は，日光に当たると二酸化炭素を大気中から吸収する光合成を行い，酸素を放出する。　(2)　植物を食べ物としている草食動物の数が減少したあと，草食動物を食べ物としている肉食動物が減少する。草食動物が減少したことで植物の数量が増加し，これに伴い草食動物が増加，肉食動物が増加する。

3　(1)　ヨウ素液はデンプンの有無を確かめる薬品である。よって，デンプンの有無を確かめている。　(2)　上澄み液の量を半分にすることで，デンプンの分解を行う微生物の量を半分にす

ることができる。そのため，デンプンの分解がゆっくりと行われるようになる。

3 （火山，地層）

1　日本には火山が多いため，マグマの熱を利用する地熱発電が可能である。

2　(1)　等粒状組織をもつことから，地下深くでゆっくりと冷え固まってできたことがわかる。
(2)　**等粒状組織**をもつことから，**深成岩**であることがわかる。また，全体的に白っぽい色をしており，チョウ石のほか，クロウンモやセキエイを含むことから，花こう岩であることがわかる。

3　無色鉱物を多く含むマグマであるほどねばりけが強く，噴火が爆発的になる。また，**マグマのねばりけが強いとマグマが流れ出にくい**ため，火山の形は盛り上がった形となる。

4　(1)　火山灰を目印として，下にある層ほど堆積した時代が古く，上にある層ほど堆積した時代が新しい。　(2)　それぞれの地点の凝灰岩の層の上面の標高は，地点Aが330－30＝300〔m〕，地点Bが350－65＝285〔m〕，地点Cが320－35＝285〔m〕，地点Dが310－10＝300〔m〕となる。このうち凝灰岩の標高が高いのは，標高295～300mとなる地点Aと地点Dで，標高が低いのは，標高280～285mとなる地点Bと地点Cである。以上より，この地域は東西方向に傾きはなく，南に向かって低く傾いていることがわかる。

4 （水圧，浮力）

1　水圧は面に垂直にはたらき，水深が深くなるほど大きくなる。

2　(1)　ばねののびは，ばねを引く力の大きさに比例するという法則を，**フックの法則**という。
(2)　この物体の重さは0.30Nであることから，0.30－0.20＝0.10〔N〕の浮力を水から受けている。　(3)　物体全体が水中にあるとき，物体の深さによって浮力の大きさは変化しない。

3　物体XとYの質量は同じであるが，密度は亜鉛＜鉄なので，体積は亜鉛＞鉄となる。また，水中にある物体にはたらく浮力の大きさは，水中にある体積が大きいほうが大きくなるため，亜鉛＞鉄となる。よって，亜鉛と鉄では，浮力が大きくなる亜鉛のほうが棒を引く力が小さくなる。このことから，亜鉛が上に，鉄が下に動く。

4　図7では，物体Zの全体が水中にはない状態で水面に浮いていることから，重力ⅱ＝浮力ⅱとなる。また，この物体Zを図6のように全部沈めると，水中の体積が増加するため浮力も増加する。よって，浮力ⅰ＞浮力ⅱとなる。また，物体Zにはたらく重力は変わらないので，重力ⅰ＝重力ⅱとなる。これらをまとめると，重力ⅰ＝重力ⅱ＝浮力ⅱ＜浮力ⅰとなる。

＜社会解答＞

1　1 (1)　う　　(2)　ア　　2 (1)　オーストラリア　　(2)　エ　　3　(例)発達した産業の活動によってバイオマス資源が排出

2　1　イ　　2　ウ　　3　城下町　　4　(例)従わない大名を処罰する　　5　(例)グラフⅠから米価が安定していないことが分かり，米を税として納める方法よりも，現金を納めさせる方法の方が，税収が安定するため。　　6　イ

3　1　ウ　　2　エ　　3　ア　　4　ウ　　5　(例)労働契約は労働者と会社との合意で決めるのが基本だが，労働者一人一人は，会社に対して弱い立場にあり，労働条件が不利になる可能性があるので，労働者が団結することで対等な立場で交渉できるようにするため。

4　1　イ　　2　両替　　3　イ　　4　(1)　(例)材料となる木材が豊富で，木材の加工に使う刃物の産地であった地域であり，伝わってきたそろばん生産の技術が生かせる環境であったため。　(2)　(例)問題点　Y　　取り組み　複数の工程の作業が同じところでできるように新しい作業場を設け，若手の職人には複数の工程に習熟してもらうことで，確実に次の世代に伝統的な技術を受け継ぐことができるようにする。

＜社会解説＞

1　(地理的分野―日本―資源・エネルギー，世界―産業，交通・貿易，資源・エネルギー)

1　(1)　**水力発電**がさかんなのはノルウェーとブラジル。ブラジルの方が総発電量が多いと判断する。あが中国，いがアメリカ，えがノルウェー。　(2)　火力発電の燃料である石油や石炭，天然ガスを海外からの輸入に頼っているため，海上輸送に便利な**臨海部**に多く立地していると判断する。

2　(1)　上位輸出相手国を東アジアと東南アジアの国が占めていることから，これらの地域に近い鉄鉱石の産出や輸出がさかんな国と判断する。　(2)　プラチナは**レアメタル**の一種であることから，アフリカ大陸南部での産出がさかんと判断する。アがオレンジ，イが自動車，ウが綿糸。

3　資料Ⅰの地域では酪農がさかんで乳牛の飼育頭数が多く，また，資料Ⅱの地域ではうどんの年間廃棄量が多いことから，これら二つの地域では，バイオマス資源の供給が極めて安定していることが読み取れる。各地域で発達している産業の廃棄物をバイオマス資源として活用した例であることがわかる。

2　(歴史的分野―日本史―時代別―古墳時代から平安時代，鎌倉・室町時代，安土桃山・江戸時代，明治時代から現代，日本史―テーマ別―政治・法律)

1　8世紀初めは，飛鳥時代後期から奈良時代前期の時期。アが江戸時代，ウが鎌倉時代，エが平安時代のできごと。

2　文章は鎌倉時代の様子。**承久の乱**で戦功を上げた武士(御家人)には，地頭職などが恩賞として与えられたことから判断する。

3　**城下町**は，城の周囲に家臣を住まわせ，商工業者たちをよびよせることで形成された。

4　資料Ⅱから，**武家諸法度**の内容を守らず，さらに幕府の命令にもそむいた大名が処罰されたことが読み取れる。

5　地租改正以前の納税方法は金納ではなく，米で納める現物納であった。グラフⅠから，米価が安定しないことが読み取れる。地租改正とは，**地価の3%を現金**で納めさせるしくみ。

6　土地を仲立ちとした主従関係(**封建制度**)は中世以降に確立した。明治時代になると，天皇を中心とする政治体制となった。

3　(公民的分野―憲法・基本的人権，国民生活・社会保障，財政・消費生活)

1　文章中の「国民は自由に選ばれた代表者をとおして，国民自らを支配する」などから判断する。

2　資本主義は，資本家が経営者として労働者を雇うしくみ。日本国憲法第98条に「この憲法は，国の**最高法規**であつて，…」とある。

3　製造物責任法は**PL法**ともよばれ，消費者主権を保障するための法律のひとつ。

4　騒音被害について記されていることから判断する。**環境権**を保障するために**環境基本法**が制定された。

5　**団結権**とは，労働者が**労働組合**を結成できる権利。労働者の立場は雇用者よりも弱いので，労働組合単位での団体交渉権や団体行動権を認めることで，雇用者と対等に交渉できるようになる。

4　**(地理的分野―日本―工業，歴史的分野―日本史―時代別―鎌倉・室町時代，安土桃山・江戸時代，日本史―テーマ別―経済・社会・技術，外交，公民的分野―経済一般)**

1　アが江戸時代，イが鎌倉時代，ウが明治時代，エが戦国時代の頃の交易のようす。

2　資料Ⅰは，江戸時代に発達した金融業者の**両替商**のようす。

3　a　グラフⅢから，1980年代半ばに円相場が200円台から100円台に変化しているのが読み取れる。　b　電卓の輸出台数が急激に減少しているのは，**円高**が進んだことで日本製品が海外で割高になってしまったためだと判断する。

4　(1)　表Ⅰから，二つの地域で木が多く，刃物の生産がさかんで，よその地域からそろばん作りの技術を取り入れた共通点を読み取る。　(2)　Xの問題点としては，そろばんの製造が減少していることが挙げられる。このことからそろばん学習者や使用者の減少が予想される。解決に向けた取り組みの例としては，そろばん学習の魅力について国内外に向けてアピールする場を設けたり，そろばん生産の技術を生かした商品の展開を考えることなどが挙げられる。

＜国語解答＞

一　1　㋐　こ　㋑　ほこ　㋒　くちょう　2　ウ　3　Ⅰ　(例)いまの自分とはかけ離れた　Ⅱ　いまの自分の気持ちや，体験を盛るための器　4　(例)ひらがなで書くことによって，雪のつぶのやわらかさを表現したかった　5　この学校に

6　(1)　(例)「そら」の部分に，かけがえのない友人であるソラの名前が掛けられた，ハセオからソラへの挨拶である　(2)　(例)限られた文字数の中で表現する俳句を通した仲間であり，全てを言葉にして伝えなくても，たがいへの思いはじゅうぶんにわかる

二　1　㋐　負荷　㋑　暮　㋒　情熱　2　エ　3　Ⓐ　ア　Ⓑ　イ　Ⓒ　ア　Ⓓ　ア　4　(例)海洋保護区を設置し，生物多様性を守ることによって魚を増やし，持続的に漁業で利益を得られる仕組み。　5　(例)無秩序な観光の促進を行ってしまうと，海洋の環境が劣化し，保護区の美しい景観が損なわれる

三　1　ア　2　いわゆる　3　(例)有名な画家が描いた絵であれば，大したことがなかったとしても優れた絵だと判断し，無名な画家が描いた絵であれば，優れていたとしても大したことのない絵だと判断することが，例として挙げられる。

　私は，作者が有名か無名かによって，作品の価値を判断することに反対だ。このような判断は，作品を評価しているとは言えない。大切なことは，自分自身で作品自体をしっかりと見て，価値を判断することだと考える。

＜国語解説＞

一　**(小説―情景・心情,文脈把握,脱文・脱語補充,漢字の読み)**

1　㋐　「凝」の偏は，にすい。　㋑　訓読みは「ほこ・る」。音読みは「コ」。「誇張(コチョウ)」。　㋒　「口」は，「ク」と読む。「異口同音(イクドウオン)」。

2　校長先生の自費出版本という豪華賞品に対して，「こういうものをもらって，喜ぶ子はいるん

だろうか」と考えるユミも，**賞品に対して良い感情は抱いていない**。したがって不満げであるのだ。

3　ハセオは，俳句が自分の気持ちを表現するための身近な手段だと考えている。**「祠の中の神様」では，あまりに自分とはかけ離れた，尊くて遠くにある存在となってしまう**ので，校長先生に直談判したのだ。(Ⅰ)には，自分と遠い存在であるという内容を補う。(Ⅱ)には「俳句は確かに昔からあるけれど，いまの自分の気持ちや，体験を盛るための器」とある箇所から抜き出せる。

4　校長先生の言葉の中に「ふつうは『空の言葉』と書くところ，**ひらがなにしているのはきっと，そのことで，雪のつぶのやわらかさを表現したかったんだ**と，私は思う。」という解釈が述べられている。ここを用いてまとめればよい。

5　選んだ理由は「**この学校に，自分と同じように言葉に助けられた人がいたということがうれしくて**最終的にこの句を選んだのだった。」にある。

6　(1)　(Ⅳ)には，ハセオの句に含まれている彼の**隠された意図**の内容が入る。それは「これは**挨拶**なんだ。**ハセオから，ソラへの。『そら』には，かけがえのない友人の名前を，掛けてある**」ということから読み取れるので，ここを用いて指定字数でまとめればよい。　(2)　清水さんの発言にある「**俳句の特徴**も**関係する**」ことをふまえよう。俳句の特徴は，五七五の**定型なのでだらだらと語らずに表現することが求められる**，という点だ。したがって，**句友である三人は，だらだらと語らなくとも，おたがいの気持ちをわかり合えるという関係にある**と考えている。この二つのポイントをおさえて指定字数でまとめよう。

二　(説明文―大意・要旨,内容吟味,接続語の問題,脱文・脱語補充,漢字の書き)

1　㋐　実際にさせる仕事の量。負担。　㋑「暮」の訓読みは「く・らす」，音読みは「ボ」。「歳暮(セイボ)」「朝三暮四(チョウサンボシ)」。　㋒　仕事・目的に対し，他の事を忘れて心を打ち込むこと。

2　□の前では沿岸住民に対して丁寧な説明をしたことが述べられているのに，後には「沿岸住民の多くは保護区に反対だった」とある。したがって逆接の接続詞が入る。丁寧な説得をしたが反対された，という文脈が適切である。

3　Ⓑは**アラナノが沿岸住民を説得する際に用いたアラナノの考え・意見**だ。それ以外は事実である。

4　「ネグロス島のダウイン……生活を維持する」というアルカラの試みの目的は，「**保護区の主な目的は生物多様性を守ること**だが，彼の念頭にあったのは**漁業に利益をもたらす**こと」とある。これが，地域保全と持続的な経済的利益ともに当てはまる。ここを用いて指定字数でまとめればよい。

5　(Ⅰ)には，観光業の発展により起こりうる危険性を補う。【文章1】には「実際には**無秩序な観光の促進によって自然環境が劣化する事例**が散見されています」とある。ここを用いてまとめよう。無秩序な観光の促進によって海洋環境が劣化すると，せっかく設置した保護区の美しい景観を損なうという危険性があるのだ。

三　(古文・作文―脱文・脱語補充,歴史的仮名遣い)

【現代語訳】　だいたい歌を見わけてその善し悪しを決定することは，特に大切なことです。ただどの人も推量で歌の善し悪しを決めていると思われます。その理由は，歌が上手だといわれている人の歌を大したこともないのに褒め合って，あまり世間で認められないような人の詠んだ歌を，抜群に素晴らしい歌なのに，かえって欠点までも指摘して非難するようです。ただ歌の詠んだ主によって歌の善し悪しを決めてしまう人ばかりおりますようです。本当にあきれたことだと思われます。これはまったく自分の主体的な評価に思い悩むからでありましょう。おそらく寛平時代のころのすぐれた歌人の歌に対しても善し悪しを考えて判断する人は，歌の価値が分かる人でございましょう。

1　この文章は**歌の善し悪しを判断すること**について書かれている。何の善し悪しを見分けるかといえば歌だから［a］には「歌」が入る。［b］は，推量で歌の善し悪しを判断しているように思われるという**筆者の考えの理由を説明する文の冒頭**にある。したがって，「故」が入る。

2　語中・語尾の「は・ひ・ふ・へ・ほ」は，現代仮名遣いにすると「ワ・イ・ウ・エ・オ」になる。

3　条件に合う作文を書く。**作者が有名か無名かによって作品の価値を判断してしまう例**をまず見つめて第一段落に書こう。ベストセラー作家の小説は無条件で評価されてしまう例や，おいしいと噂になった店のケーキは実はあまりおいしくないのに常に行列になっているという例など，いろいろある。簡潔に例を示す第一段落では，80字程度におさめたい。次に，第二段落めには，**作者が有名か無名かによって作品の価値を判断してしまうことに対しての意見**を述べる。そして，どうしてそう考えるかについての考えを示してまとめとしよう。

MEMO

大切なことはメモしておこうネ！

広島県公立高等学校

2022年度

★★★★★★★★★★★★★★★★★★★★★★★

入試問題

2022年度

●くわしい解説……51ページ

＜数学＞

時間　50分　　満点　50点

1　次の⑴～⑻に答えなさい。

⑴　$3-24\div(-4)$ を計算しなさい。

⑵　$3(4x+y)-5(x-2y)$ を計算しなさい。

⑶　$\sqrt{45}-\sqrt{5}+\sqrt{20}$ を計算しなさい。

⑷　x^2y-4y を因数分解しなさい。

⑸　右の図のように，2つの底面が△ＡＢＣと△ＤＥＦである三角柱があります。この三角柱において，辺ＡＢとねじれの位置にある辺を全て答えなさい。

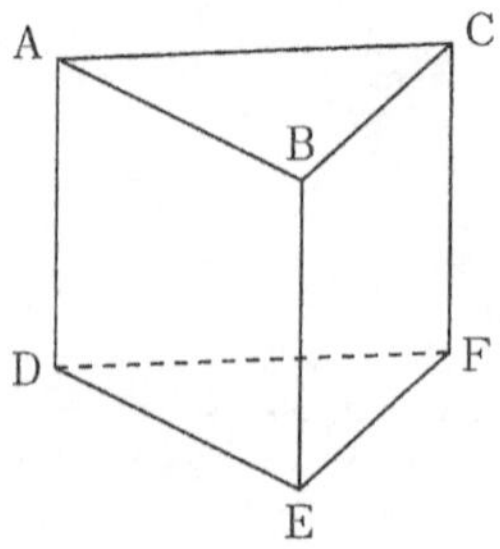

⑹　右の図のように，関数 $y=\frac{a}{x}$ のグラフがあります。このグラフが，点Ａ（－３，２）を通るとき，a の値を求めなさい。

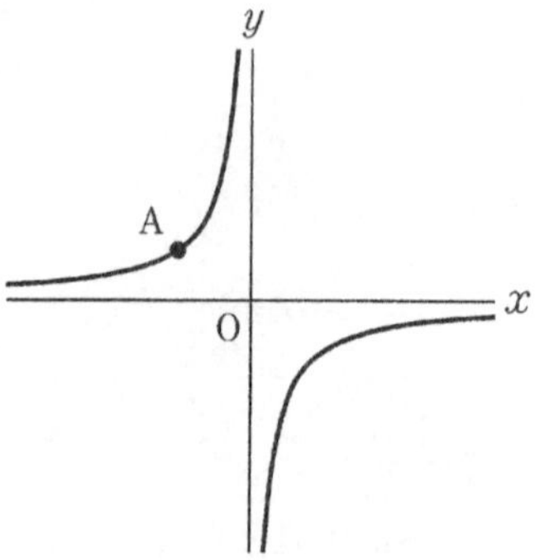

⑺　右の図のように，四角形ＡＢＣＤがあり，ＡＢ＝ＢＣ，ＣＤ＝ＤＡです。∠ＢＡＤ＝110°，∠ＣＢＤ＝40°のとき，∠ＡＤＣの大きさは何度ですか。

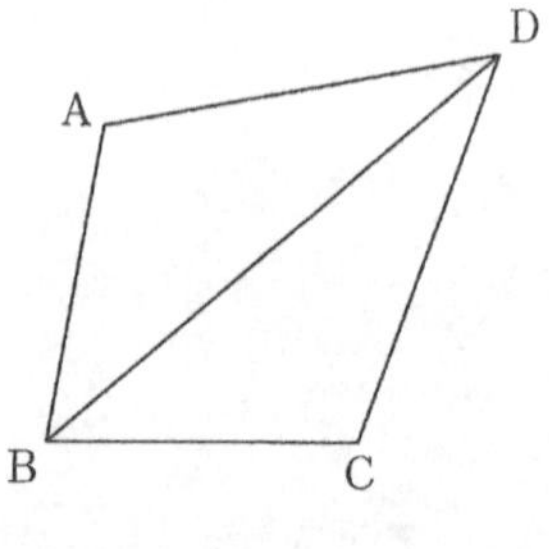

⑻　ある学級で，通学時間についてアンケート調査をしました。右の表は，その結果を度数分布表に整理したものです。40分以上50分未満の階級の相対度数を求めなさい。

階級（分）	度数（人）
以上　未満	
0 ～ 10	2
10 ～ 20	6
20 ～ 30	4
30 ～ 40	9
40 ～ 50	14
50 ～ 60	5
計	40

2　次の⑴～⑶に答えなさい。

⑴　中川さんは，ミルクティーとコーヒー牛乳を作ろうと考えています。ミルクティーは，紅茶と牛乳を２：１の割合で混ぜ，コーヒー牛乳は，コーヒーと牛乳を１：１の割合で混ぜます。牛乳をちょうど350mL使い，ミルクティーとコーヒー牛乳を同じ量だけ作るとき，紅茶とコーヒーはそれぞれ何mL必要ですか。

⑵　右の図のように，底面が，１辺の長さが４㎝の正方形ＡＢＣＤで，ＯＡ＝ＯＢ＝ＯＣ＝ＯＤ＝４㎝の正四角すいがあります。辺ＯＣ上に，ＯＰ＝３㎝となるように点Ｐをとります。辺ＯＢ上に点Ｑをとり，ＡＱ＋ＱＰが最小となるようにするとき，ＡＱ＋ＱＰは何㎝ですか。

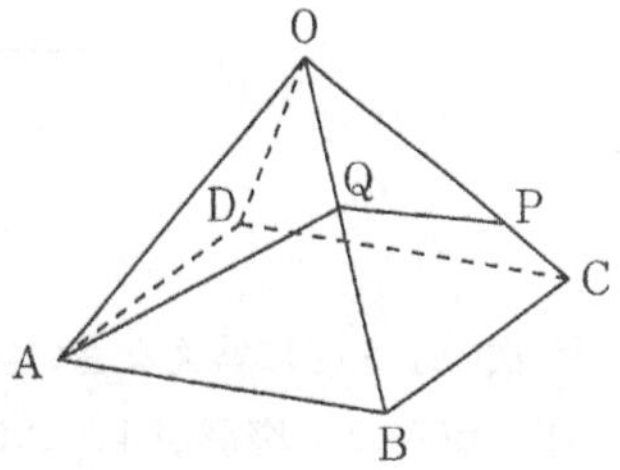

⑶　田村さんの住む町では，毎年多くのホタルを見ることができ，６月に最も多く観測されます。そこで，田村さんは，６月のホタルの観測数を2019年から2021年までの３年間について調べました。下の図は，それぞれの年の６月の30日間について，日ごとのホタルの観測数を箱ひげ図に表したものです。この箱ひげ図から読み取れることとして正しいものを，あとの①～④の中から全て選び，その番号を書きなさい。

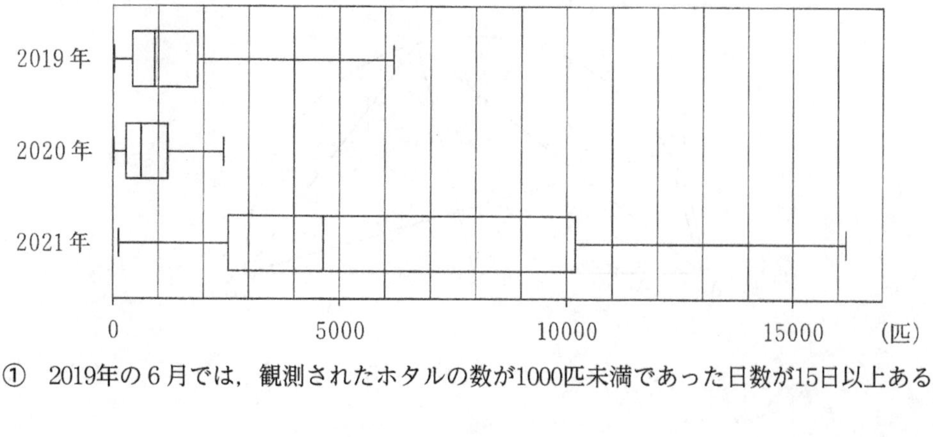

①　2019年の６月では，観測されたホタルの数が1000匹未満であった日数が15日以上ある。

② 6月に7000匹以上のホタルが観測された日が1日もないのは，2020年だけである。
③ 2021年の6月では，3000匹以上10000匹以下のホタルが観測された日数が15日以上ある。
④ 4000匹以上のホタルが観測された日数は，2021年の6月は2019年の6月の2倍以上ある。

3 下の図のように，関数 $y=\frac{1}{4}x^2$ のグラフがあります。また，方程式が $y=-3$ のグラフ上を $x>0$ の範囲で動く点A，$x<0$ の範囲で動く点Bがあります。点Aを通り y 軸に平行な直線と，関数 $y=\frac{1}{4}x^2$ のグラフとの交点をC，点Bを通り y 軸に平行な直線と，関数 $y=\frac{1}{4}x^2$ のグラフとの交点をDとします。

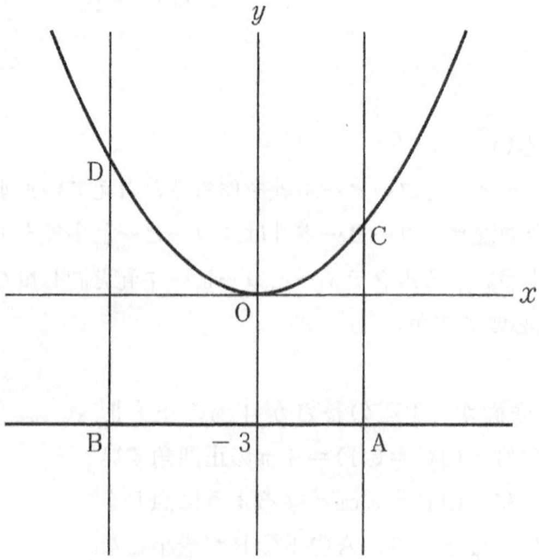

次の⑴・⑵に答えなさい。

⑴ 点Aの x 座標が4，△OBAの面積が9となるとき，点Bの x 座標を求めなさい。

⑵ 四角形DBACが正方形となるような点Aの x 座標を全て求めなさい。

4 下の図のように，線分ABを直径とする半円があり，点Oは線分ABの中点です。$\overset{\frown}{AB}$ 上に，AとBとは異なる点Cをとります。$\overset{\frown}{BC}$ 上にAC // ODとなるような点Dをとり，線分BCと線分ADとの交点をEとします。このとき，△AEC∽△ABDであることを証明しなさい。

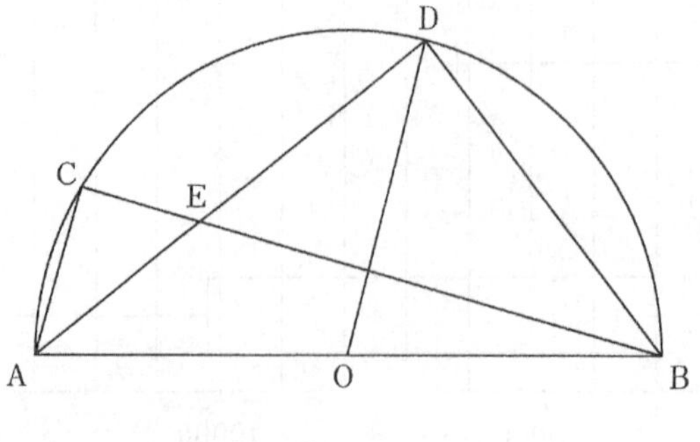

5　Ａ社の中村さんと山下さんは，Ｐ市の港から12km離れたＱ島の港へのドローン（無人航空機）を使った宅配サービスを始めたいと考えています。そこで，Ａ社の所有するドローンが，宅配サービスに使用できるかについて話をしています。

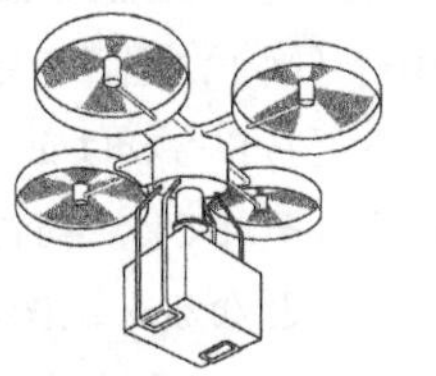

ドローンを使った宅配サービスのイメージ

中村「この宅配サービスでは，最大５kgの荷物を運ぶことにしたいんだ。私たち，Ａ社のドローンは，バッテリーを100％に充電した状態で５kgの荷物を載せてＰ市を出発し，Ｑ島へ届けたあと，再充電することなくＰ市に戻ってこられるかな。」

山下「バッテリー残量が30％以下になると，安全に飛行することが難しくなるよ。だから，宅配サービスに使用するためには，往復してもバッテリー残量が30％以下にならないことを確かめないといけないね。」

中村「そうだね。それでは，荷物を載せない場合と，５kgの荷物を載せる場合のそれぞれで，ドローンの飛行時間に伴うバッテリー残量の変化について調べてみようよ。」

２人は，荷物を載せない場合と，５kgの荷物を載せる場合のそれぞれについて，Ａ社のドローンのバッテリーを100％に充電して，常に分速1.2kmで飛行させ，１分ごとにバッテリー残量を調べました。そして，ドローンが飛び始めてから x 分後のバッテリー残量を y％として，その結果をそれぞれ次のように表1，表２にまとめ，下の図１，図２に表しました。

表１　荷物を載せない場合

x（分）	0	1	2	3	4
y（％）	100.0	97.9	95.9	93.9	92.0

表２　５kgの荷物を載せる場合

x（分）	0	1	2	3	4
y（％）	100.0	95.4	90.9	86.5	82.0

図１　荷物を載せない場合

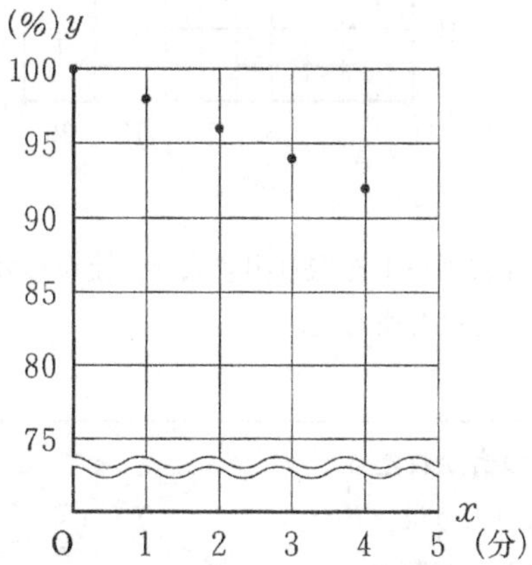

図２　５kgの荷物を載せる場合

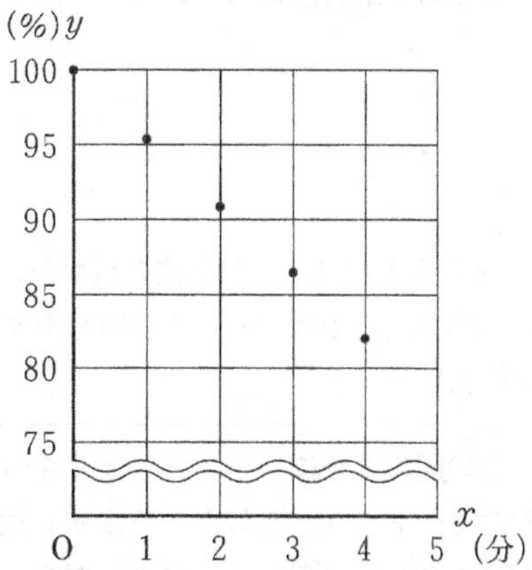

中村さんたちは，表１，表２と図１，図２を基に，Ａ社のドローンが宅配サービスに使用できるかを考えました。

中村「図1，図2を見ると，いずれの場合も5つの点がほぼ一直線上に並んでいるから，どちらもyはxの一次関数とみなして考えてみようよ。」

山下「それでは，荷物を載せない場合は，グラフが①2点（0，100)，(4，92）を通る直線となる一次関数と考え，5kgの荷物を載せる場合は，グラフが2点（0，100)，（4，82）を通る直線となる一次関数としよう。」

中村「この2つの一次関数を基に，②5kgの荷物をQ島に届けてP市に戻ってくるまでのドローンの飛行時間とバッテリー残量の関係を表すグラフをかくと，A社のドローンが宅配サービスに使用できるか分かると思うよ。」

山下「では，グラフをかいて考えてみよう。」

次の⑴，⑵に答えなさい。

⑴　下線部①について，荷物を載せない場合において，yをxの式で表しなさい。

⑵　下線部②について，バッテリーを100％に充電したA社のドローンが，5kgの荷物を載せ，P市の港を出発してQ島の港で荷物を降ろし，荷物を載せない状態でP市の港に戻ってくるまでの飛行時間とバッテリー残量の関係を表すグラフをかきなさい。また，グラフを基に，A社のドローンがこの宅配サービスに使用できるか，使用できないかを，その理由とともに説明しなさい。ただし，ドローンの上昇・下降にかかる時間とそれに伴うバッテリー消費，およびQ島の港で荷物を降ろす際にかかる時間は考えないものとします。

※　右の図は，下書きに使っても構いません。解答は必ず解答用紙にかきなさい。

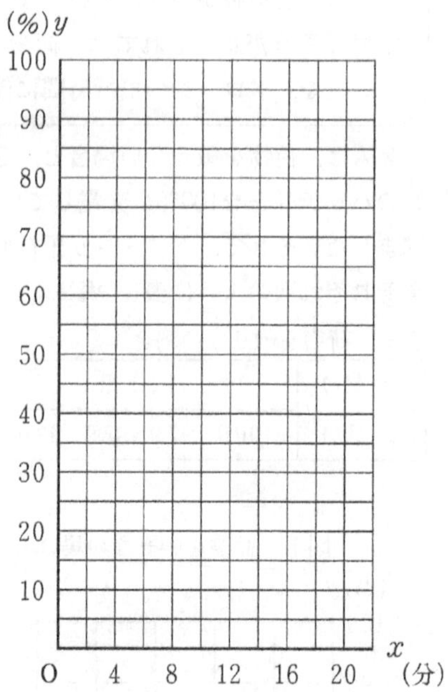

6　太郎さんと次郎さんは，次の【ゲーム】において，先にカードを取り出す人と，後からカードを取り出す人とでは，どちらが勝ちやすいかを調べることにしました。

【ゲーム】

右の図のように，1，2，3，4の数字が1つずつ書かれた4枚のカードが入った袋があります。次のページの図のように，正方形ABCDの頂点Aにコマを置きます。このコマを，太郎さんと次郎さんの2人が，次のページの＜ルール＞にしたがって，正方形ABCDの頂点から頂点へ移動させ，勝敗を決めます。

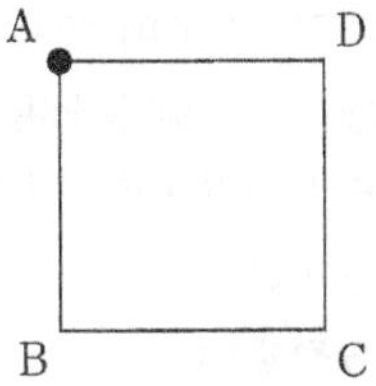

＜ルール＞

① 先に，太郎さんが袋の中のカードをよく混ぜ，そこから１枚取り出し，カードに書かれた数字の数だけ，正方形の頂点から頂点へ反時計まわりにコマを移動させる。

② 太郎さんは，取り出したカードを袋に戻し，次郎さんに交代する。

③ 次に，次郎さんが袋の中のカードをよく混ぜ，そこから１枚取り出し，①で移動させたコマが置いてある頂点から，カードに書かれた数字の数だけ，正方形の頂点から頂点へ反時計まわりにコマを移動させる。

④ それぞれが移動させた後のコマの位置によって，下の表のⅠ～Ⅳのように勝敗を決めることとする。

	太郎さんが移動させた後のコマの位置	次郎さんが移動させた後のコマの位置	勝敗
Ⅰ	頂点Ｂ	頂点Ｂ	引き分け
Ⅱ	頂点Ｂ	頂点Ｂ以外	太郎さんの勝ち
Ⅲ	頂点Ｂ以外	頂点Ｂ	次郎さんの勝ち
Ⅳ	頂点Ｂ以外	頂点Ｂ以外	引き分け

例えば，太郎さんが２の数字が書かれたカードを取り出したとき，太郎さんはコマをＡ→Ｂ→Ｃと移動させます。次に次郎さんが１の数字が書かれたカードを取り出したとき，次郎さんはコマをＣ→Ｄと移動させます。この場合は，太郎さんが移動させた後のコマは頂点Ｃにあり，次郎さんが移動させた後のコマは頂点Ｄにあるので，Ⅳとなり引き分けとなります。

次の⑴・⑵に答えなさい。

⑴ この【ゲーム】において，太郎さんが移動させた後のコマの位置が，頂点Ｂである確率を求めなさい。

２人は，太郎さんが勝つ確率と，次郎さんが勝つ確率をそれぞれ求めました。その結果から，この【ゲーム】では，先にカードを取り出す人と，後からカードを取り出す人とでは，勝ちやすさに違いがないことが分かりました。

⑵ さらに【ゲーム】中の＜ルール＞の②だけを下の②′にかえた新しいゲームでも，カードを取り出す順番によって勝ちやすさに違いがないかを調べることにしました。

②′ 太郎さんは，取り出したカードを袋に戻さず，次郎さんに交代する。

この新しいゲームにおいて，先にカードを取り出す人と，後からカードを取り出す人とでは，

勝ちやすさに違いはありますか。下のア～ウの中から正しいものを１つ選び，その記号を書きなさい。また，それが正しいことの理由を，確率を用いて説明しなさい。

ア　先にカードを取り出す人と後からカードを取り出す人とでは，勝ちやすさに違いはない。

イ　先にカードを取り出す人が勝ちやすい。

ウ　後からカードを取り出す人が勝ちやすい。

＜英語＞

時間　50分　　満点　50点

1　放送を聞いて答えなさい。

問題A　これから，No.1 ～ No.3 まで，対話を３つ放送します。それぞれの対話を聞き，そのあとに続く質問の答えとして最も適切なものを，ア～エの中から選んで，その記号を書きなさい。

No.1

No.2

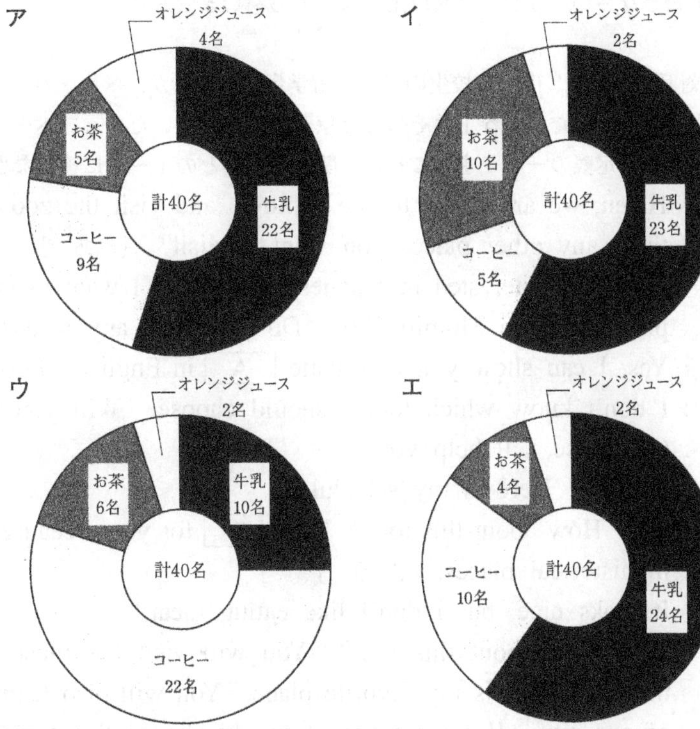

No.3

ア　He will clean his room.

イ　He will cook dinner.

ウ　He will go shopping.

エ　He will practice the piano.

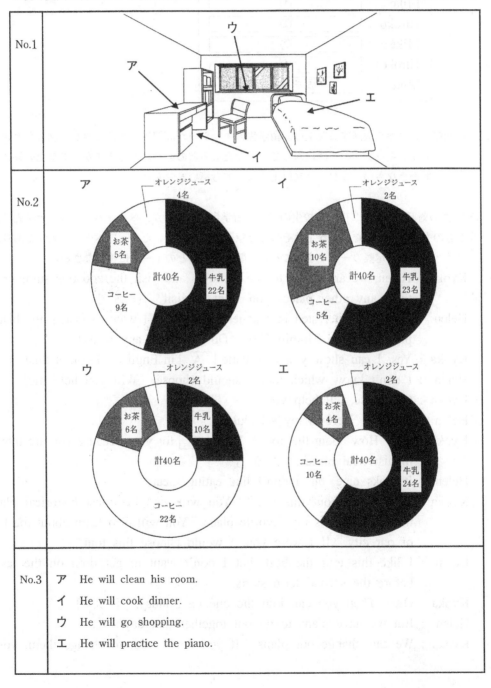

問題B　これから放送する対話は，留学生のマイクと高校生の広子がある話題に関して話したときのものです。下の【対話】に示されているように，まず①でマイクが話し，次に②で広子が話し，そのあとも交互に話します。⑤ではマイクが話す代わりにチャイムが１回鳴ります。あなたがマイクなら，この話題に関しての対話を続けるために，⑤で広子にどのような質問をしますか。⑤に入る質問を英文で書きなさい。

【対話】

Mike	:	①
Hiroko	:	②
Mike	:	③
Hiroko	:	④
Mike	:	⑤チャイム

問題C　これから放送する英文は，留学生のキャシーが高校生の次郎に対して話したときのものです。キャシーの質問に対して，あなたならどのように答えますか。あなたの答えを英文で書きなさい。なお，２文以上になっても構いません。

2　次の対話は，もみじ市の高校生の京花と留学生のヘレンが，ヘレンのホームステイ先で話したときのものです。また，資料１はそのとき京花たちが見ていたウェブページの画面であり，資料２はヘレンの予定表の一部です。これらに関して，あとの１～５に答えなさい。

Kyoka : Helen, we are going to see a movie and visit the zoo this summer. Are there any other places you want to visit? [あ]

Helen : Yes. I'm interested in Japanese history, so I want to visit some historical places here in Momiji City. Do you have any ideas?

Kyoka : Yes, I can show you a website [A] in English. Look at this! [い]

Helen : I don't know which tour I should choose. Will you help me?

Kyoka : Of course, I'll help you.

Helen : Thanks. Here is my schedule.

Kyoka : OK. How about this tour? It is [B] for you, because you are interested in historical places. [う]

Helen : It looks nice, but I don't like eating meat.

Kyoka : Then how about this tour? You will visit the most historical place in the city. This is my favorite place. You will also learn about the history of our city. If I were you, I would choose this tour.

Helen : I like this tour the best, but I don't want to get tired on the last day before the second term starts.

Kyoka : OK. Then you can join the one on Sunday. [え]

Helen : But we have plans to go out together that day.

Kyoka : We can change our plans. If you don't want to change them, you can choose this tour. You can see beautiful flowers, trees, and stones. You will also wear traditional Japanese clothes. You are free on Tuesdays.

Helen : I like this tour too, but it's a little expensive. Is it OK to change our plans?

Kyoka : Sure. [C]?

（注） historical 歴史的な　tour ツアー　schedule 予定表　meat 肉　term 学期
stone 石

資料1

Enjoy Momiji City!

We have some interesting tours for people from abroad. If you are interested in our one day tours, join us!

TOUR 1: Temples and Shrines

Momiji City has a lot of temples and shrines, and you can see some of them. If you are interested in Japanese history, you should choose this exciting tour.

Date: August 15 (Monday) / August 21 (Sunday)　**Time**: 11:00～16:00
Fee : ¥3,000 (Lunch at a sukiyaki restaurant is included.)

TOUR 2: Kimono Photo Shoot

Would you like to wear a beautiful kimono? You can choose your favorite one at a kimono rental shop. Your tour guide will take pictures of you in a very old Japanese garden.

Date: August 16 (Tuesday) / August 23 (Tuesday)　**Time**: 14:00～17:00
Fee : ¥5,000 (The rental fee for a kimono is included.)

TOUR 3: Momiji City Museum and Momiji Castle

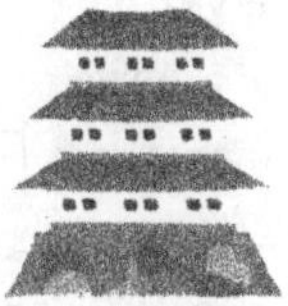

This city has a long history, and Momiji City Museum teaches it to you. You will also visit Momiji Castle. If you are interested in the history of the city, this tour is the best choice for you.

Date: August 25 (Thursday) / August 28 (Sunday)　**Time**: 10:00～14:00
Fee : ¥2,500 (Lunch is not included.)

（注）date 日付　fee 料金　include 含む　shoot 撮影　rental レンタルの
guide 案内人　choice 選択

資料2

8 August	
15 Monday	
16 Tuesday	
17 Wednesday	Practice volleyball (10:00～11:00)
18 Thursday	
19 Friday	Watch the soccer game (13:00～)
20 Saturday	Go to the summer festival with my host family (16:00～)
21 Sunday	See a movie and have lunch with Kyoka (9:00～14:00)
22 Monday	
23 Tuesday	
24 Wednesday	Practice volleyball (10:00～11:00)
25 Thursday	
26 Friday	The beginning of the second term
27 Saturday	Go out for dinner with my host family (18:00～)
28 Sunday	Visit the zoo and have lunch with Kyoka (9:00～14:00)

（注）host family ホームステイ先の家族

1 本文中の A に当てはまる最も適切な語を，次のア～エの中から選び，その記号を書きなさい。

ア write　イ wrote　ウ written　エ writing

2 本文中の B に適切な語を1語補って，英文を完成しなさい。

3 次の英文は，本文中から抜き出したものです。この英文を入れる最も適切なところを本文中の［あ］～［え］の中から選び，その記号を書きなさい。

There are three tours.

4 ヘレンが参加することに決めたツアーを次のページのア～ウの中から選び，その記号を書きなさい。また，ヘレンがそのツアーに参加するのは８月の何日ですか。その日にちを数字で書きなさい。

ア　TOUR 1：Temples and Shrines

イ　TOUR 2：Kimono Photo Shoot

ウ　TOUR 3：Momiji City Museum and Momiji Castle

5　本文中の [C] に当てはまる最も適切な英語を，次のア～エの中から選び，その記号を書きなさい。

ア　What do you want to do after seeing a movie

イ　What do you want to do after visiting the zoo

ウ　When do you want to see a movie with me

エ　When do you want to visit the zoo with me

[3]　次の英文は，日本の職人を海外に紹介するウェブページに，家具職人として活躍する和子が取り上げられたときの記事の一部です。これに関して，あとの１～６に答えなさい。

Kazuko's father was a furniture maker and had a furniture studio. When Kazuko was a child, she was very excited to see how her father made furniture. He made a wooden chair for Kazuko when she entered elementary school. She was very happy and sat in it every day. She liked her father's furniture.

Kazuko started to work at her father's furniture studio after she graduated from high school. She learned about the kinds of wood used for making furniture. For example, she learned how hard or soft they are. Her father always said to her, "①I (furniture to people my use want) for many years. So, I always choose the best wood for my furniture." Kazuko liked his idea and tried to work like him. But when she made furniture, she felt something was missing.

One day in 2010, a man visited their studio. His name was Alfred, a furniture maker in Denmark. Kazuko showed him around the studio and said to him, "I always think about the warmth of the wood when I make furniture." Alfred saw her furniture and said, "②Your idea is good, but we also think about the warmth of the design. Your furniture is nice, but it can be better." Then he said, "Would you like to come to my studio?" A week later, Kazuko decided to [　　] about making the furniture of Denmark for three months.

In December 2010, Kazuko went to Denmark and started to work with other furniture makers at Alfred's studio. They knew a lot about wood and design. Their furniture had beautiful curved lines, so she felt the design was warm. When she was talking with them, she noticed one thing. Many people spend a lot of time at home, because winter is very cold and long in Denmark. They try to have a comfortable life in cold places. So they want furniture which makes them feel warm.

When Kazuko talked about it to Alfred, he asked Kazuko, "Do you know the word hygge?" "No, I don't." Kazuko answered. Alfred said, "You can use this word when you feel warm and comfortable. For example, I feel hygge when I sit in a chair in front of a fireplace with my family. We think hygge is very important in our lives. So, when we choose furniture, we think about it very much." Kazuko liked the word hygge. She remembered her wooden chair made by her father. Its design was simple, but when she sat in it, she always felt comfortable. She thought that her father's way of thinking was similar to hygge though he did not know this word.

Kazuko came back to Japan in spring. She always thought about the word hygge when she made furniture. One day, Kazuko's father said to her, "Your furniture looks warm. I like it." She said to him, "The experience in Denmark has changed me."

（注）furniture　家具　　studio　工房　　wooden　木製の　　enter　入学する
graduate from ～　～を卒業する　　wood　木　　hard　かたい　　soft　やわらかい
missing　欠けている　　Denmark　デンマーク　　warmth　あたたかさ　　design　デザイン
curved line　曲線　　notice　気付く　　comfortable　心地よい　　hygge　ヒュッゲ
fireplace　暖炉　　simple　簡素な　　be similar to ～　～に似ている

1　次の(1)・(2)に対する答えを，英文で書きなさい。
(1)　Did Kazuko's father make a wooden chair for Kazuko when she was a child?
(2)　Where did Kazuko start to work when she went to Denmark?

2　下線部①が意味の通る英文になるように，（　）内の語を並べかえなさい。

3　下線部②について，その内容を表している最も適切な英文を，次のア～エの中から選び，その記号を書きなさい。
ア　Asking her father how to make furniture is important.
イ　Being careful about design is important.
ウ　Thinking about the warmth of the wood is important.
エ　Using wood from Denmark is important.

4　本文中の □ に適切な語を１語補って，英文を完成しなさい。

5　次のア～エの中で，本文の内容に合っているものを全て選び，その記号を書きなさい。
ア　Kazuko liked to see how her father made furniture when she was a child.
イ　Alfred thought that Kazuko's furniture could be better when he saw it.
ウ　Kazuko felt hygge when she bought a wooden chair in Denmark.
エ　Kazuko came back to Japan from Denmark in December.

6　次の対話は，和子がデンマークから帰国したあとに開催された家具の展示会で，海外から来た客に話しかけられたときのものです。あなたが和子ならどのように答えますか。和子のデンマークでの経験を踏まえて，次の □ にあなたの考えを10語程度の英語で書きなさい。

Customer : I like your furniture. This is great! Could you make a chair for me?

Kazuko　: Sure.　Where would you like to put it?
Customer : Well, I'd like to put it in my room.　I read books there every evening.
Kazuko　: I see.　I will make a chair which ［　　　　］.

4　あとの問題A・Bに答えなさい。

問題A　次のイラストと英文は，留学生のボブがボランティア部に所属している高校生の洋子に話しかけたときのものです。①～⑥の順に対話が自然につながるように，［ア］・［イ］にそれぞれ適切な英語を書いて，対話を完成しなさい。

Yesterday...
① Yoko, your club did volunteer work for elderly people living in a nursing home yesterday.　What did you do for them?
② ［　ア　］.　They enjoyed listening to our music online.
③ That's nice.　I want to join you.　What are you going to do for them next time?
④ We are going to make sweets for them.　You should come!　However, we haven't decided what sweets we should make.
⑤ How about sweets that were popular when they were young?
⑥ That's a good idea.　But I don't know much about those sweets, so ［　イ　］.

（注） elderly 年配の　nursing home 高齢者介護施設　online オンラインで
sweets 甘い菓子

問題B　高校生の健太はある日曜日の午後に，駅前で２人の外国人観光客から宿泊予定のホテルへの行き方を尋ねられました。あなたが健太なら，次の【地図】中の，アとイの道順のうち，どちらを案内しますか。下の【２人の外国人観光客から得た情報】も参考にして，どちらか１つを選び，その記号を書きなさい。また，それを選んだ理由を20語程度の英文で書きなさい。なお，２文以上になっても構いません。

【地図】

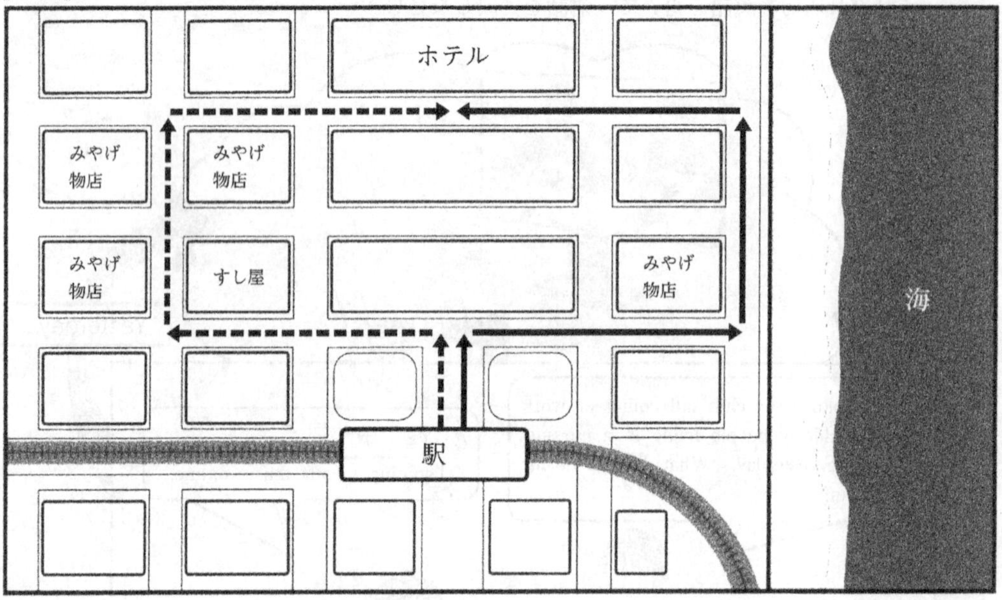

（注）みやげ物店　souvenir shop

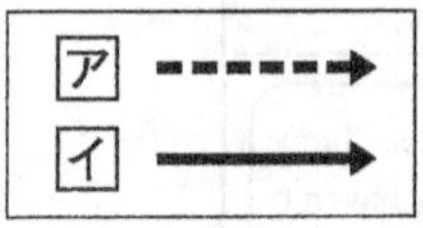

【２人の外国人観光客から得た情報】

・ホテルまでは徒歩で移動する。
・この町を訪れるのは初めてである。
・ホテルへの到着時刻は決めておらず，途中で観光などをしたい。

＜理科＞

時間　50分　　満点　50点

1　科学部の平野さんたちは，呼吸や心臓の拍動について話し合っています。次に示したものは，このときの会話です。あとの１～３に答えなさい。

> 平野：運動をしたときに呼吸数や心拍数が変化することについて，考えてみようよ。
> 小島：それなら，まずは，①呼吸の仕組みと②血液循環の仕組みについてまとめてみよう。
> 平野：そうだね。図を示してまとめると分かりやすいんじゃないかな。
> 小島：それはいいね。それから，③実際に運動したときに呼吸数や心拍数がどのように変化するかを調べると，何か分かるんじゃないかな。
> 平野：おもしろそうだね。やってみよう。

1　下線部①について，右の表１は，ヒトの呼吸における吸う息とはく息に含まれる気体の体積の割合についてまとめたものです。また，下の図１は，ヒトの肺の一部を，図２は，肺胞の断面を，それぞれ模式的に示したものです。あとの(1)・(2)に答えなさい。

表１

	吸う息	はく息
気体A	20.79 %	15.25 %
気体B	0.04 %	4.30 %
水蒸気	0.75 %	6.18 %
窒素	78.42 %	74.27 %

図１

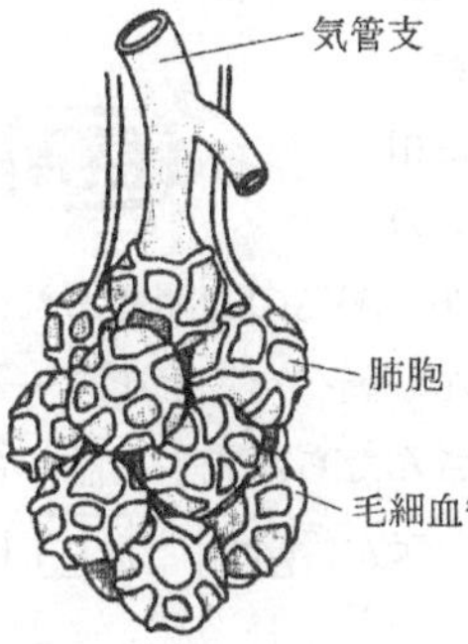

図２

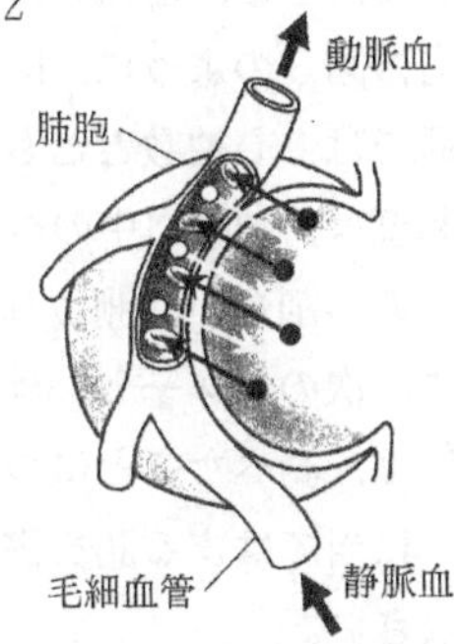

図２中の●は気体Xを，○は気体Yを示している。

(1)　表１中の気体Aと気体B，図２中の気体Xと気体Yにおいて，二酸化炭素を示しているのはそれぞれどちらですか。次のア～エの組み合わせの中から適切なものを選び，その記号を書きなさい。

ア　気体Aと気体X　　**イ**　気体Aと気体Y
ウ　気体Bと気体X　　**エ**　気体Bと気体Y

(2)　図１のように，ヒトの肺は，肺胞という小さな袋が多数集まってできています。このような肺のつくりになっていることにより，効率よく気体の交換を行うことができるのはなぜですか。その理由を簡潔に書きなさい。

2　下線部②について，次のページに示したものは，平野さんたちが，血液循環の仕組みについて調べたことをノートにまとめたものです。次のページの(1)・(2)に答えなさい。

次の図3は，正面から見たヒトの心臓の断面を模式的に示したものである。図3に示すように，ヒトの心臓は，**ア**～**エ**の4つの部屋に分かれており，**ア**と**イ**は心房，**ウ**と**エ**は心室とよばれる。図4は，血液がこれらの部屋をどのように循環しているかを模式的に示したものである。

図3

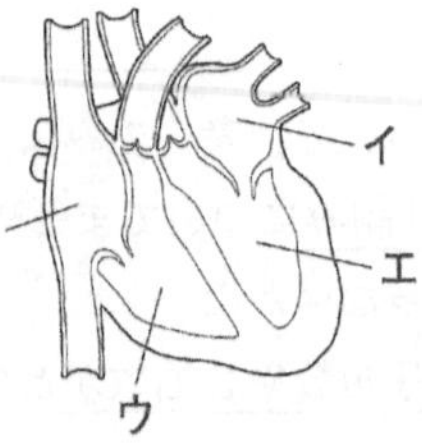

図4

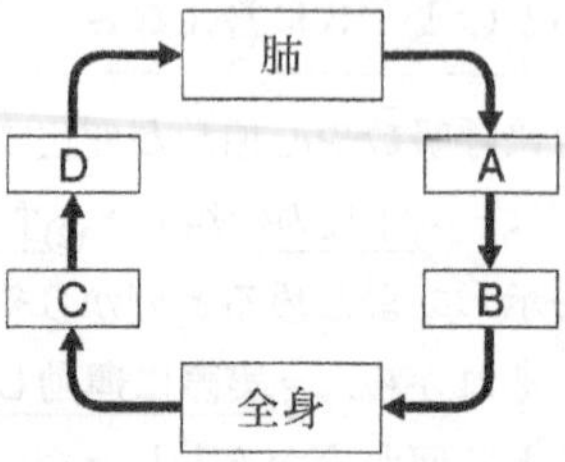

図4中の矢印は，血液の流れを示している。

心房と心室の間や心室と血管の間には弁がある。また， E のところどころにも弁はあり，これらの弁があることによって，血液が F ようになっている。

⑴　図4中の A ～ D には，図3中の**ア**～**エ**のいずれかの部屋が当てはまります。 A ～ D には，それぞれどの部屋が当てはまりますか。図3中の**ア**～**エ**の中から適切なものをそれぞれ選び，その記号を書きなさい。

⑵　文章中の E に当てはまる適切な語を，次の**ア**・**イ**から選び，その記号を書きなさい。また， F に当てはまる内容を簡潔に書きなさい。

ア　動脈　　**イ**　静脈

3　下線部③について，平野さんたちは，運動したときの呼吸数や心拍数の変化について，右の図5のように，医療用の装置を使って調べました。この装置では，心拍数とともに，酸素飽和度が計測されます。酸素飽和度は，動脈血中のヘモグロビンのうち酸素と結び付いているものの割合が計測され，およそ96～99%の範囲であれば，酸素が十分足りているとされています。次の【ノート】は，平野さんが調べたことをノートにまとめたものであり，あとの【会話】は，調べたことについて平野さんたちが先生と話し合ったときのものです。【会話】中の G に当てはまる語を書きなさい。また， H ・ I に当てはまる内容をそれぞれ簡潔に書きなさい。

図5

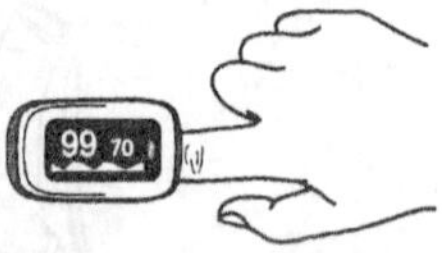

【ノート】

〔方法〕

安静時と運動時の①酸素飽和度，②心拍数（1分間当たりの拍動の数），③呼吸数（1分間当たりの呼吸の数）の測定を行う。まず，安静時の測定は座って行い，次に，運動時の測定は5分間のランニング直後に立ち止まって行う。これらの測定を3回行う。

〔結果〕

	1回目			2回目			3回目		
	酸素飽和度〔%〕	心拍数〔回〕	呼吸数〔回〕	酸素飽和度〔%〕	心拍数〔回〕	呼吸数〔回〕	酸素飽和度〔%〕	心拍数〔回〕	呼吸数〔回〕
安静時	99	70	16	98	68	15	98	72	17
運動時	98	192	34	97	190	32	98	194	33

【会話】

平野：先生。運動すると，酸素飽和度の値はもっと下がると予想していましたが，ほぼ一定に保たれることが分かりました。

先生：なぜ，酸素飽和度の値はもっと下がると予想していたのですか。

平野：運動時，筋肉の細胞では，栄養分からより多くの［G］を取り出す必要があるので，より多くの酸素が必要だと思ったからです。でも，酸素飽和度が一定に保たれているということは，必要な酸素が供給されているということですね。

小島：そうだね。必要な酸素量が増えても［H］ことで，細胞に酸素を多く供給することができ，そのことによって，［G］を多く取り出すことができるのですね。

先生：そうですね。ヒトの場合，今回のような激しい運動時は，1分間に心室から送り出される血液の量は安静時の約5倍にもなるようです。また，安静時に1回の拍動で心室から送り出される血液の量は，ヒトの場合，平均約70mLです。1分間に心室から送り出される血液の量は，1回の拍動で心室から送り出される血液の量と心拍数の積だとして，今回の運動について考えてみましょう。

小島：今回の安静時では，心拍数を平均の70回とすると，1分間で約4.9Lの血液が心室から送り出されることになります。これを5倍にすると，1分間に心室から送り出される血液の量は約24.5Lになるはずです。

平野：今回の運動時では，心拍数の平均値は192回だよね。あれ？1回の拍動で心室から送り出される血液の量を70mLとして運動時の場合を計算すると，24.5Lには全然足りません。

先生：そうですね。今回のような激しい運動時に，1分間に心室から送り出される血液の量が安静時の約5倍にもなることは，心拍数の変化だけでは説明ができないですね。

小島：運動時には安静時と比べて，心拍数の他にも何か変化が生じているのかな。

先生：そのとおりです。それでは，ここまでの考察から，何がどのように変化していると考えられますか。

平野：そうか。［I］と考えられます。

先生：そうですね。そのようにして生命活動を維持しているのですね。

2 ある学級の理科の授業で，田中さんたちは，金属と電解質の水溶液を用いてつくったダニエル電池で，電流を取り出せるかどうかを調べる実験をして，レポートにまとめました。次に示したものは，田中さんのレポートの一部です。あとの１～４に答えなさい。

〔方法〕

次のⅠ～Ⅳの手順で，右の図１のような，ダニエル電池にプロペラ付きモーターをつないだ回路をつくり，電流を取り出せるかどうかを調べる。

Ⅰ ビーカーに①硫酸亜鉛水溶液と亜鉛板を入れる。

Ⅱ セロハンを袋状にし，その中に硫酸銅水溶液と銅板を入れる。

Ⅲ 硫酸銅水溶液と銅板を入れた袋状のセロハンを，ビーカーの中の硫酸亜鉛水溶液に入れる。

Ⅳ 亜鉛板と銅板をプロペラ付きモーターにつなぐ。

図１

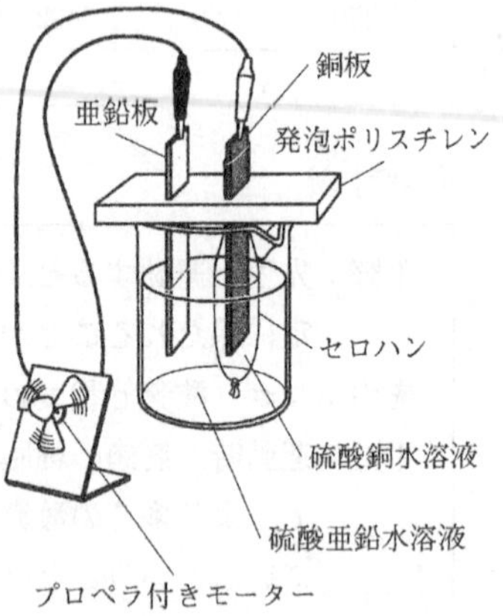

〔結果〕

モーターが回った。実験後，亜鉛板と銅板を取り出し，表面の様子を確認したところ，次の表１のようになっていた。

表１

亜鉛板	硫酸亜鉛水溶液に入っていた部分の表面がざらついていた。
銅　板	硫酸銅水溶液に入っていた部分の表面に赤い固体が付着していた。

〔考察〕

モーターが回ったことから，②電池として電流を取り出せたことが分かる。

〔疑問〕

亜鉛板と銅板の表面が変化したのはなぜだろうか。

1 下線部①について，硫酸亜鉛のような電解質は水に溶けて電離します。次の文は，電離について述べたものです。文中の A ・ B に当てはまる語をそれぞれ書きなさい。

電解質が水に溶けて， A と B に分かれることを電離という。

2 下線部②について，次の文は，ダニエル電池によるエネルギーの変換について述べたものです。文中の C ・ D に当てはまる語として適切なものを，下のア～オの中からそれぞれ選び，その記号を書きなさい。

ダニエル電池では， C が D に変換される。

ア 熱エネルギー　**イ** 力学的エネルギー　**ウ** 化学エネルギー

エ 核エネルギー　**オ** 電気エネルギー

3 〔疑問〕について，次に示したものは，田中さんたちが，ダニエル電池において，亜鉛板と銅板の表面が変化したことを，電流が流れる仕組みと関連付けてまとめたものです。〔考察〕中

の **E** に当てはまる内容を，「電子」，「イオン」，「原子」の語を用いて簡潔に書きなさい。また，ⅰ⃝，ⅱ⃝の ［　　］ 内の化学反応式を，イオンの化学式や電子1個を表す記号 e^- を用いて，それぞれ完成しなさい。

〔考察〕

右の図2において，モーターが回っているとき，亜鉛板の表面では，亜鉛原子が電子を失って亜鉛イオンになって溶け出す。このとき亜鉛板に残された電子は，導線を通って銅板に向かって移動する。そして，銅板の表面では，［　　E　　］。

また，亜鉛板の表面と銅板の表面で起こる化学変化を化学反応式で表すと，それぞれ次のようになる。

・亜鉛板の表面で起こる化学変化を表す化学反応式

［Zn →　　　　　　　　　］………ⅰ⃝

・銅板の表面で起こる化学変化を表す化学反応式

［　　　　　　　　　→ Cu］………ⅱ⃝

図2

電流が流れる仕組みのモデル

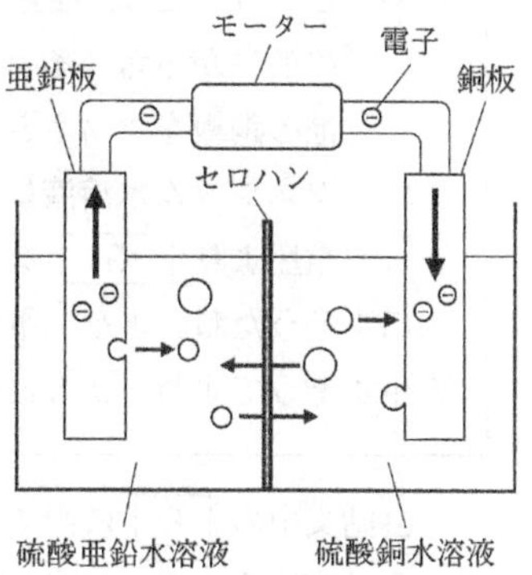

4　さらに，田中さんたちは，ダニエル電池の電圧を測定し，ダニエル電池の亜鉛板と硫酸亜鉛水溶液を，それぞれマグネシウム板と硫酸マグネシウム水溶液に変えた電池Ⅰの電圧について調べました。次の図3は，ダニエル電池の電圧を測定したときの様子を，図4は，電池Ⅰの電圧を測定したときの様子を，表2は，測定結果をそれぞれ示したものです。また，下に示したものは，そのときの田中さんたちの会話です。次のページの(1)・(2)に答えなさい。

図3

〔ダニエル電池〕

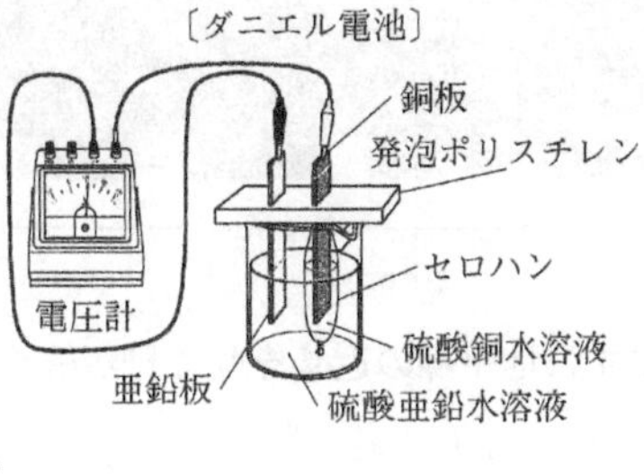

図4

〔電池Ⅰ〕

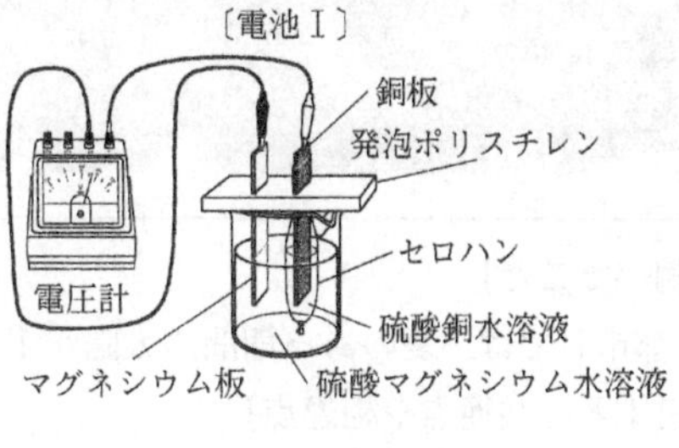

表2

	電圧〔V〕
ダニエル電池	1.08
電池Ⅰ	1.68

田中：先生。ダニエル電池では，亜鉛が電子を失って亜鉛イオンになって溶け出したとき，その電子が移動することによって電流が取り出せました。だから，電池の電圧

の大きさは，電池に用いる金属の [F] が関係していると思います。

先生：よい気付きです。電池の電圧の大きさは，＋極と－極に，金属の [F] の違いが大きい金属どうしを組み合わせて用いた方が大きくなります。

川口：だから，表2のように電池Ⅰの方がダニエル電池よりも電圧が大きかったのですね。

田中：ということは，亜鉛，銅，マグネシウムの [F] の順番から考えると，右の図5のような，ダニエル電池の銅板をマグネシウム板に，硫酸銅水溶液を硫酸マグネシウム水溶液に変えた電池Ⅱの電圧は，電池Ⅰの電圧より [G] なると思うよ。

川口：そうだね。また，電池Ⅱは亜鉛板が [H] だね。

先生：そうですね。2人とも正しく理解できていますね。

図5

〔電池Ⅱ〕

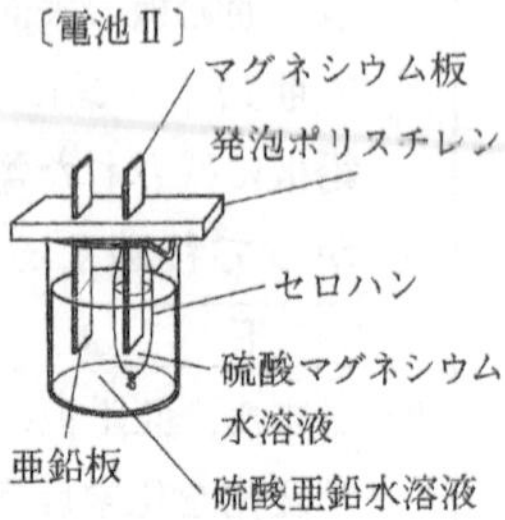

(1)　会話文中の [F] に当てはまる内容を簡潔に書きなさい。

(2)　会話文中の [G]・[H] に当てはまる語はそれぞれ何ですか。次のア～エの組み合わせの中から適切なものを選び，その記号を書きなさい。

ア [G]：大きく　[H]：－極

イ [G]：大きく　[H]：＋極

ウ [G]：小さく　[H]：－極

エ [G]：小さく　[H]：＋極

3　木下さんは，次の写真1のように，太陽が地平線の近くを動いて，1日中沈まない現象が見られる地域が海外にあることに興味をもち，この現象が見られる都市Pについて調べました。次に示したものは，木下さんが調べたことをノートにまとめたものです。あとの1～4に答えなさい。

写真1

〔調べたこと〕

都市Pでは，夏のある期間，太陽が1日中沈まずに地平線の近くを動く日が続く。

〔日本との共通点や相違点〕

・都市Pでも，太陽が昇ったり沈んだりする期間では，日本と同じように，①太陽が東の空から昇り，南の空を通って西の空に沈む。また，②季節によって太陽の通り道が変化したり，気温が変化したりするのも共通している。

・都市Pと日本では，緯度の違いがあるため，同じ日の太陽の通り道や太陽の南中高度は異なる。

1　下線部①について，次の文章は，太陽の1日の見かけの動きについて述べたものです。文章中の [　] に当てはまる語を書きなさい。

地球が１日１回，西から東へ自転することによって，太陽が東から西へ動いていくように見える。このような太陽の１日の見かけの動きを，太陽の □ という。

2　下線部②について，右の図１は，日本のある地点における秋分の日の太陽の通り道を，透明半球上に実線――で示したものです。次の**ア**～**エ**の中で，同じ地点における冬至の日の太陽の通り道を，この透明半球上に破線………で示したものとして最も適切なものはどれですか。その記号を書きなさい。

図１

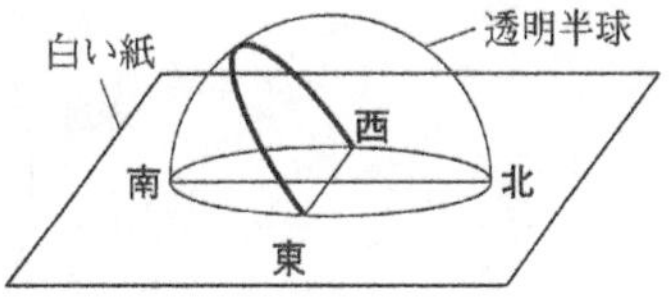

ア

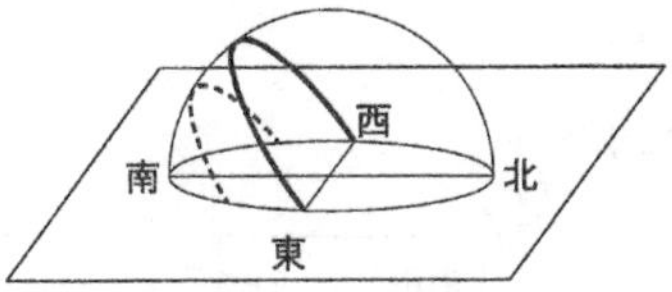

イ

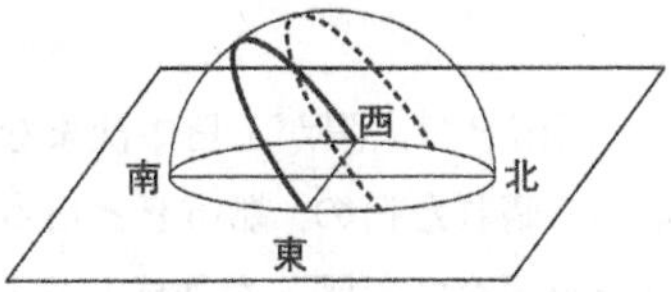

ウ

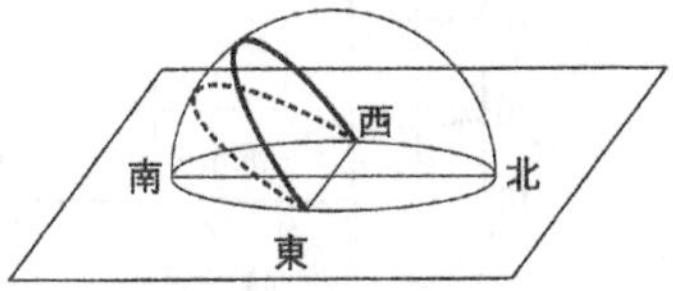

エ

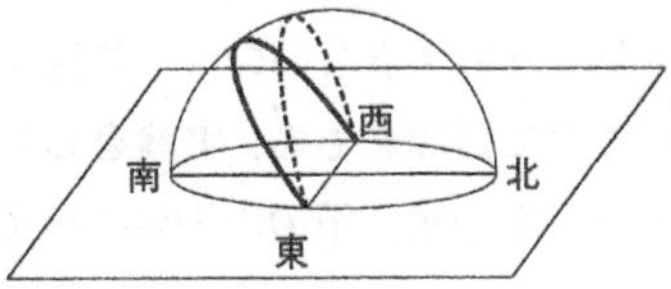

3　右の図２は，地球が公転軌道上の夏至の日の位置にあるときの太陽の光の当たり方を模式的に示したものです。次の(1)・(2)に答えなさい。ただし，地軸は地球の公転面に垂直な方向に対して23.4度傾いているものとします。

図２

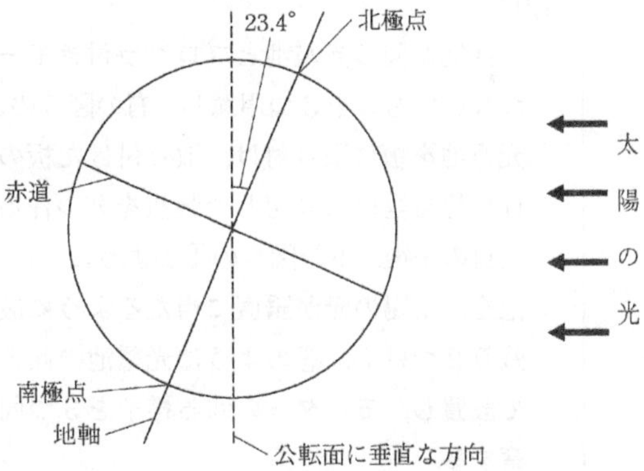

(1)　次の文章は，木下さんが，図２を基に，地球上のどの地域であれば，太陽が１日中沈まない現象を見ることができるかについてまとめたものです。文章中の [A] に当てはまる値を書きなさい。また，[B] に当てはまる内容を簡潔に書きなさい。

> 夏至の日に，太陽が１日中沈まない現象を見ることができる地域と見ることができない地域の境目は，北緯 [A] 度であり，この北緯 [A] 度以北の地域でこの現象を見ることができる。一方で，同じ日の南極点では太陽が [B] と考えられる。

(2)　次のページの図３は，木下さんが住んでいる日本の北緯34.2度の位置にある地点Aの，夏至の日における太陽の南中高度を調べるために，木下さんが，地点Aと地点Aにおける地平面を図２にかき加えたものです。夏至の日における，地点Aの太陽の南中高度は何度ですか。

図3

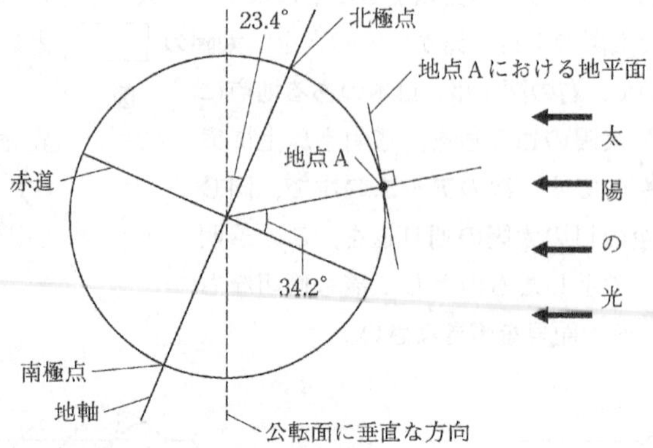

4　木下さんは，都市Pで太陽が1日中沈まない現象が見られたある晴れた日の，都市Pと日本のある都市Qの気温を調べて，図4を作成しました。次に示したものは，木下さんが図4を見て，都市Pでは，太陽が1日中沈まないのに，気温があまり上がらないことに疑問をもち，実験をしてまとめたレポートの一部です。下の(1)・(2)に答えなさい。

図4

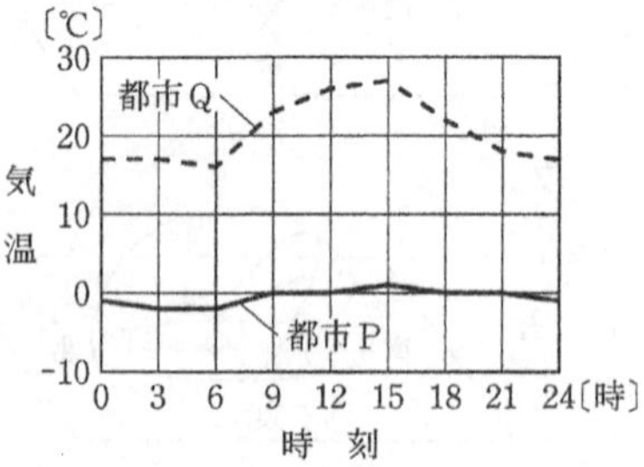

〔方法〕

　性能が同じ光電池とプロペラ付きモーターをつないだものを3つ用意し，右の図5のように，光電池を板に取り付け，取り付けた板の面に円柱の棒を垂直に固定した装置を3つ作る。晴れた日の午後，下の図6の①のように，1つは光電池を，太陽の光が垂直に当たるように設置し，残り2つは②，③のように光電池の傾きを変えて設置し，モーターの回る様子を3つ同時に観察する。

図5

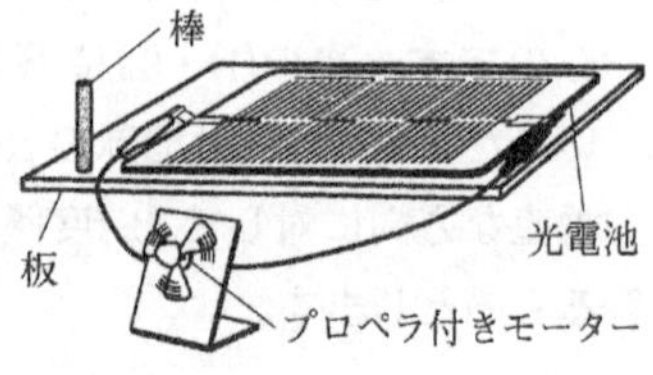

　なお，光電池に太陽の光が垂直に当たっていることは，光電池を取り付けた板の面に垂直に固定した棒の [　C　] ことによって確認できる。

図6

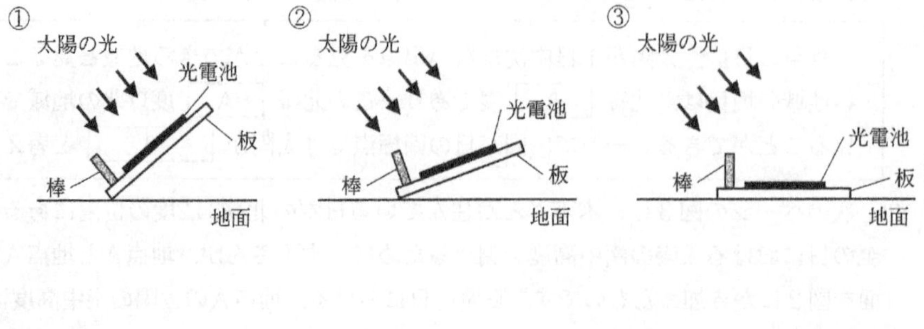

〔結果〕

モーターは，①が最も速く回り，次に②が速く回り，③はあまり回らなかった。

〔考察〕

〔結果〕から，太陽の光の当たる角度が垂直に近いほど，光電池が発電する電力が大きかったといえる。これは，太陽の光が当たる光電池の面積は同じであっても，太陽の光の当たる角度が垂直に近いほど，光電池が太陽から得るエネルギーは大きくなるためである。このことを基に考えると，都市Ｐで太陽が１日中沈まないのに，都市Ｑと比べて１日の気温があまり上がらないのは，都市Ｐは都市Ｑよりも，[D]ために，地面があたたまりにくいからだと考えられる。

(1)〔方法〕中の [C] に当てはまる内容を簡潔に書きなさい。

(2)〔考察〕中の [D] に当てはまる内容を，「南中高度」，「面積」の語を用いて簡潔に書きなさい。

4 科学部の山田さんは，音の伝わり方や光の進み方について興味をもち，実験をして調べました。あとの１～３に答えなさい。

1　次に示したものは，山田さんが音の伝わる速さを測定する実験を行い，ノートにまとめたものです。次のページの(1)・(2)に答えなさい。

〔方法〕

Ⅰ　同じ種類の２台の電子メトロノームＡとＢを，ともに0.25秒ごとに音が出るように設定し，同時に音を出し始め，ＡとＢから出た音が同時に聞こえることを確認する。

Ⅱ　下の図１のように，点Ｏで固定した台の上にＡを置き，Ｂを持った観測者が点Ｏから遠ざかる。

Ⅲ　観測者が点Ｏから遠ざかるにつれて，ＡとＢから出た音は，ずれて聞こえるようになるが，再び同時に聞こえる地点まで遠ざかり，そこで止まる。そのときのＢの真下の位置を点Ｐとする。

Ⅳ　点Ｏから点Ｐまでの直線距離を測定する。

図１

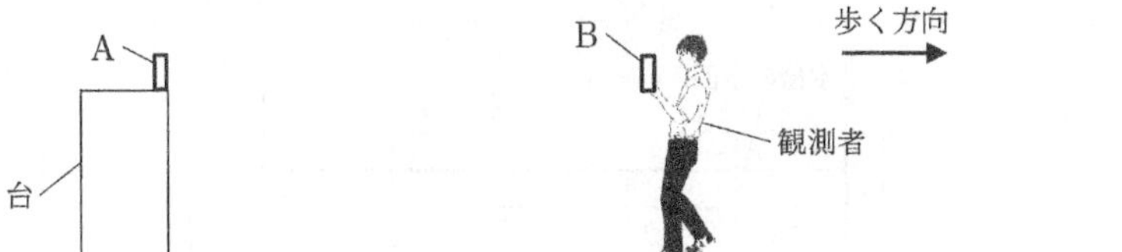

〔結果〕

点Ｏから点Ｐまでの直線距離は，86mであった。

〔考察〕

音が空気を伝わるとき，空気の [a] が次々と伝わっている。

この実験では，観測者が点Ｏから遠ざかるにつれて，Ｂから観測者までの距離は変わらないのに対して，Aから観測者までの距離は長くなる。AとBから出た音は空気中を［b］で進むので，観測者が点Oから遠ざかるにつれて，Aから出た音が観測者に届くまでの時間が，Bから出た音が観測者に届くまでの時間より長くなる。そのため，AとBから出た音がずれて聞こえるようになる。

また，点Pは，AとBから出た音が再び同時に聞こえた最初の位置である。このことから，音の伝わる速さは［c］m/sである。

(1)〔考察〕中の［a］に当てはまる語を書きなさい。また，［b］に当てはまる語句を書きなさい。

(2)〔考察〕中の［c］に当てはまる値を書きなさい。

2　次の写真1は，1匹の金魚がいる水を入れた水槽を正面から見たときの様子を撮影したもので，写真2は，写真1と同時に，この水槽を別の位置から見たときの様子を撮影したものです。写真2において，水槽の水面と側面からそれぞれ1匹ずつ見えている金魚は，金魚が実際にいる位置とは違う位置にそれぞれ見えています。

写真1

写真2

山田さんは，写真2の水槽の水面から見えている金魚について，金魚が実際にいる位置を点C，見る人の目の位置を点D，水面から金魚が見える位置を点Eとして，これらの点の位置関係を図2のように方眼紙上に模式的に示しました。点Cからの光が，水面を通って点Dまで進む道すじを，実線──でかきなさい。

図2

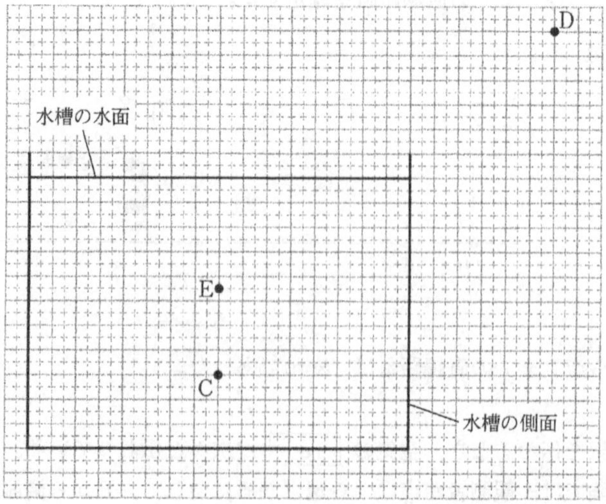

3　次の図3は，歯の裏側を見るために使われるデンタルミラーを模式的に示しており，デンタルミラーには，円形部分に鏡が付いています。山田さんは，図4のように，デンタルミラーと洗面台の鏡を使って，歯の裏側を観察しており，図5は，そのときの歯の裏側を口の内側から見た様子と，デンタルミラーで映した範囲を示したものです。下の⑴・⑵に答えなさい。

図3

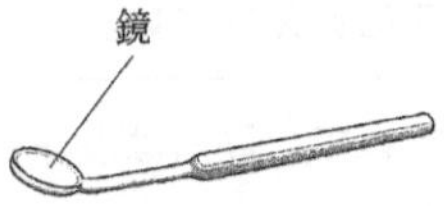

図4

図5

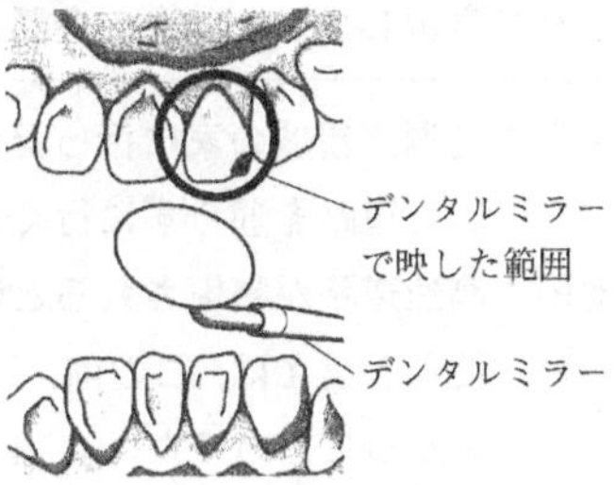

⑴　山田さんは，図4でデンタルミラーに映っている歯の裏側の実際の位置を点F，山田さんの目の位置を点Gとして，図6のように，点F，点G，デンタルミラーの鏡，洗面台の鏡の位置関係を，方眼紙上に模式的に示しました。このとき，点Fからの光がデンタルミラーの鏡と洗面台の鏡で反射して点Gに届くまでの光の道すじを，実線──でかきなさい。また，デンタルミラーの鏡に映って見える歯の裏側の見かけの位置は，デンタルミラーの鏡の奥にあります。この見かけの位置に●印をかきなさい。

図6

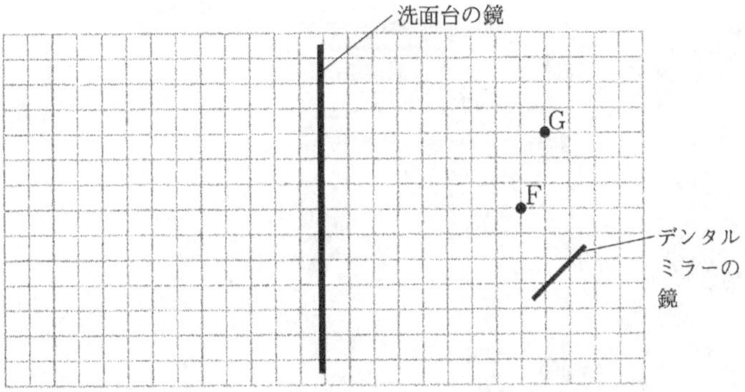

⑵　図5でデンタルミラーに映っている歯の裏側の様子は，図4で山田さんが見ている洗面台の鏡にはどのように映っていますか。次の**ア**～**エ**の中から最も適切なものを選び，その記号を書きなさい。

ア

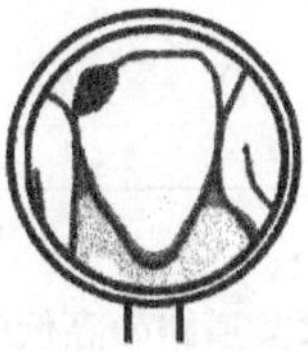

イ

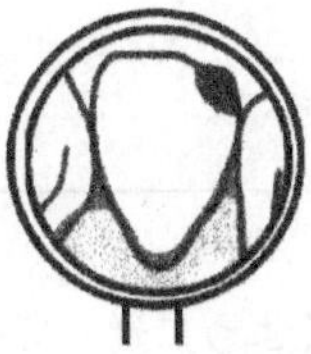

ウ

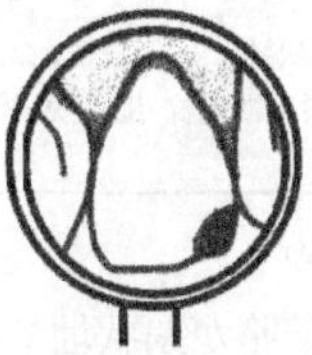

エ

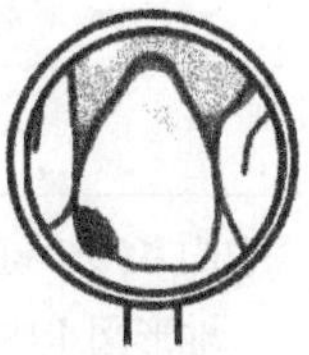

＜社会＞

時間　50分　　満点　50点

1　ある学級の社会科の授業で，「私たちの生活と交通の発達」というテーマを設定し，班ごとに分かれて学習しました。次の会話はそのときのものです。あとの1～5に答えなさい。

> 中山：先週，親戚の家に行ったのだけど，新しく①高速道路ができていて，以前は渋滞していた道路を通らずに行くことができたから，とても早く着いたよ。
> 池田：高速道路が整備されると便利になるよね。
> 西村：便利と言えば，この前，父が，②新幹線もずいぶん整備されて，日帰りできる都市が増えたって言ってたよ。
> 池田：早く移動できるというだけではなく，自動車や鉄道，③航空機，船舶といったそれぞれの④移動手段の特徴を生かした使い分けによって，さらに便利に移動できるよね。
> 中山：そうだね。資料を集めて整理し，⑤「私たちの生活と交通の発達」について，現在どのような取り組みが行われているか，考えていこうよ。

1　下線部①に関して，中山さんの班では，高速道路について調べ，次の地形図Ⅰを見付けました。中山さんの班では，この地形図Ⅰを見て，高速道路が扇状地で弧を描くように通っていることに興味をもち，調べて下のようにまとめました。中山さんの班のまとめの中の □ に当てはまる適切な語は何ですか。地形図Ⅰを基に書きなさい。

(国土地理院 地理院地図により作成。)

> 中山さんの班のまとめ
> 　地形図Ⅰ中の高速道路が扇状地で弧を描くように通っているのは，道路の高低差を小さくするために，扇状地の地形に合わせて， □ に沿ってつくられているからである。

2　下線部②に関して，新幹線をはじめとする鉄道網の整備にともない，都市間の移動時間は大幅に短縮しました。右の地図Ⅰは，2010年までに開業している新幹線の路線を示しています。下の資料Ⅰは，2010年と2014年について，東京を起点に全国の各都市に到着するまでの鉄道による移動時間を，地図上の距離に置き換えて日本列島を変形させて示したものです。中山さんの班では，地図Ⅰと資料Ⅰを基に，2010年と2014年にかけて生じた，東京から山形，仙台，大阪，鹿児島までの鉄道の発達による移動時間の変化について，下のようにまとめました。

中山さんの班のまとめの中の [a] に当てはまる都市名は何ですか。その都市名を書きなさい。また，[b] にはどのような内容が当てはまりますか。その内容を簡潔に書きなさい。

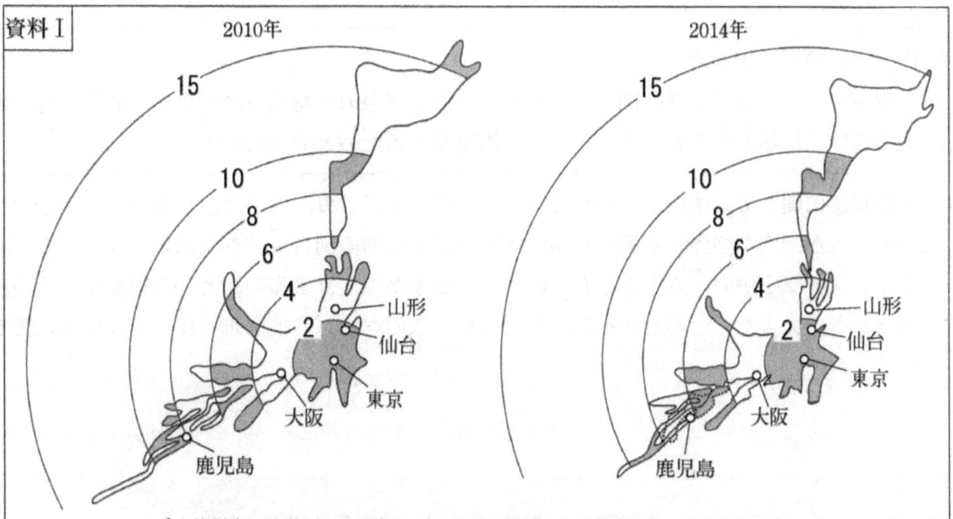

※資料中に示されている弧は，東京からの鉄道による移動時間が同じ地点を結んだもので，弧の上の数字は，その移動時間を示している。（単位は時間）
※2014年については四国の海岸線を点線で示している。

中山さんの班のまとめ

2010年から2014年にかけて生じた，東京から山形，仙台，大阪，鹿児島までの移動時間の変化を比較すると，[a] 以外の三つの都市までの移動時間はあまり短縮していないのに，[a] までの移動時間は大きく短縮していることが読み取れる。この違いは，[b] ために生じたものであると考えられる

3　下線部③に関して，中山さんの班では，ある航空会社の国際線の主な航空路線について調べ，次のページの資料Ⅱを見付けました。中山さんの班は，資料Ⅱを見て，この航空路線の往路と

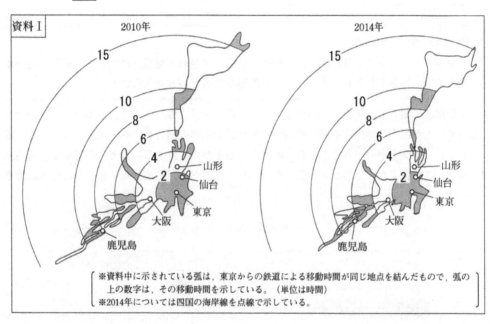

復路とでは，同じ経路で同じ距離を飛行しているのに，平均飛行時間に違いがあることに疑問をもち，さらに調べ，その理由を，地図Ⅱを基に，自然条件に触れて下のようにまとめました。中山さんの班のまとめの中の □ に当てはまる適切な語を書きなさい。

資料Ⅱ

都市間の平均飛行時間

〔往路〕

東京発 → サンフランシスコ着

約9時間20分

〔復路〕

サンフランシスコ発 → 東京着

約11時間20分

※往復の飛行経路と飛行距離は同じものとする。

地図Ⅱ

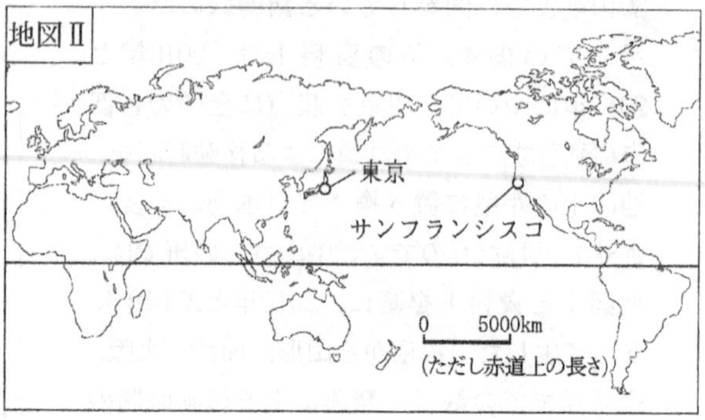

中山さんの班のまとめ

東京・サンフランシスコ間の航空路線の往路と復路の平均飛行時間に約2時間の違いがあるのは，自然条件として □ の影響があるためと考えられる。

4 下線部④に関して，中山さんの班では，2009年のアメリカ，ドイツ，日本のそれぞれの国において，人が国内を移動する際に利用する主な交通機関の割合を調べ，次のグラフⅠを作成しました。グラフⅠ中の A と B のうち，日本が当てはまるのはどちらですか。その記号を書きなさい。また，その記号を選んだ理由を，次のページの地図Ⅲ・Ⅳを基に簡潔に書きなさい。

グラフⅠ

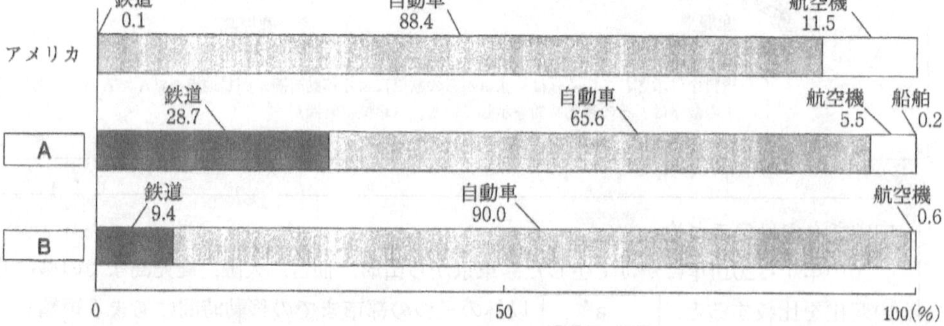

（データブック オブ・ザ・ワールド 2021年版により作成。）

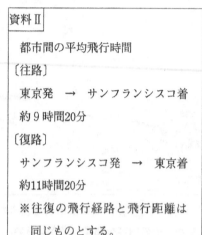

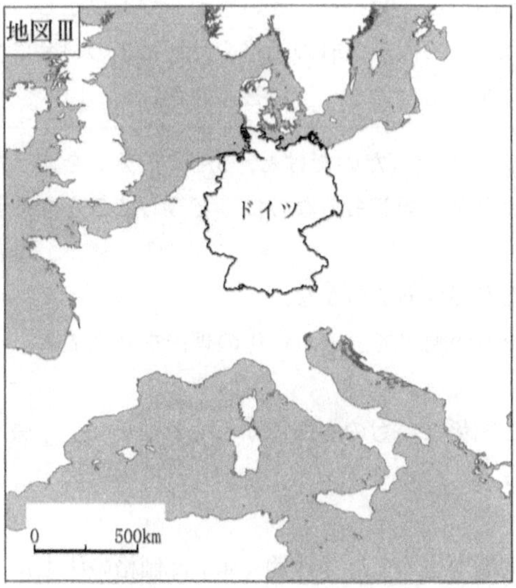

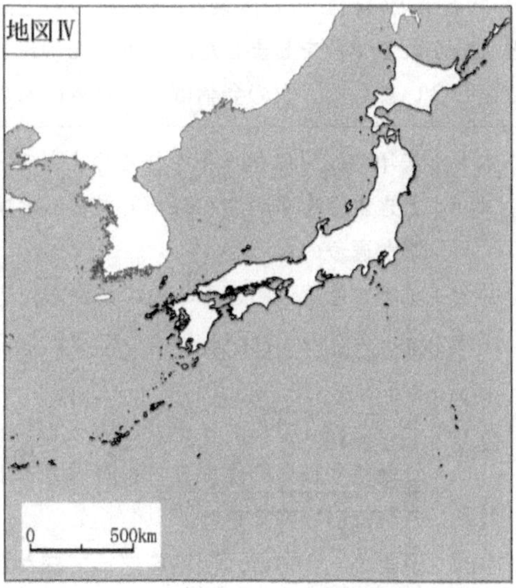

(地図Ⅲ・Ⅳは面積が正しくあらわされています。)

5　下線部⑤に関して，中山さんの班では，X市が，バスの運行に新しいしくみを取り入れることによって経済の活性化を目指していることについて調べ，次の表Ⅰと図Ⅰ・Ⅱを作成しました。バスの運行に新しいしくみを取り入れることによるバスの利用者と運行会社の，それぞれの立場からの利点は何ですか。表Ⅰと図Ⅰ・Ⅱを基に，利用者の立場からの利点は「便利」の語を用いて，運行会社の立場からの利点は「効率的」の語を用いて，それぞれ具体的に書きなさい。

表Ⅰ　バスの運行の従来のしくみと新しいしくみの比較

	バスの運行の従来のしくみ	バスの運行の新しいしくみ
運行経路	決まった経路で運行。	利用者の予約状況に応じて，AI(人工知能)が算出した経路で運行。
運行間隔	1日3便，決まった時刻に運行。	利用者の有無や利用区間に合わせて運行。
乗車方法	利用者は，22か所のバス停のうち，最寄りのバス停で乗車。	利用者は，スマートフォンや電話で予約し，希望時刻に，従来のバス停にバーチャルバス停を加えた185か所のバス停のうち，最寄りのバス停で乗車。

バーチャルバス停：実際のバス停はなく，予約すると乗り降りできる場所

利用者の自宅と通勤先の間の移動モデルの比較

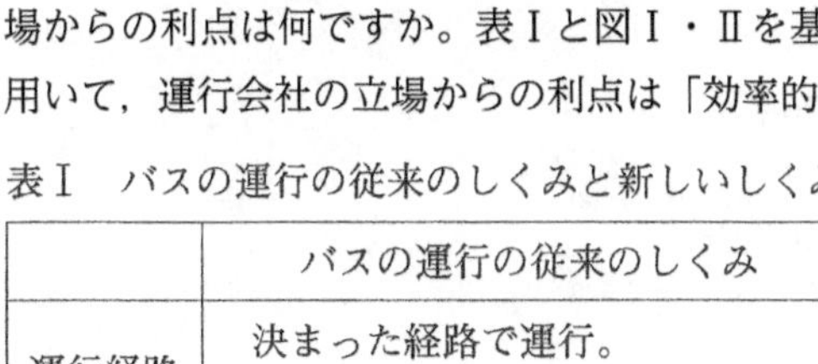

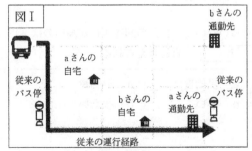

バスの運行の従来のしくみ

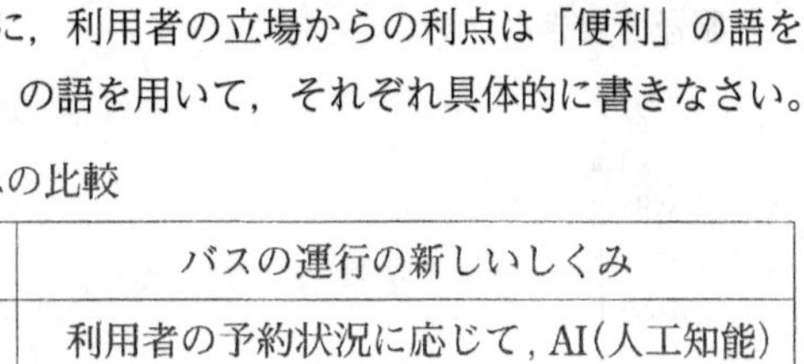

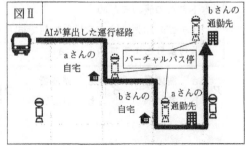

バスの運行の新しいしくみ

2 ある学級の社会科の授業で，「私たちの生活と経済との関わり」というテーマを設定し，班ごとに分かれて学習をしました。木下さんの班では，身の回りの財の価格やサービスの料金について話し合いました。次の会話はそのときのものです。あとの1～4に答えなさい。

> 木下：去年の12月にケーキを作ろうとしてイチゴを買ったのだけど，5月にイチゴを買ったときよりもずいぶん高くてちょっと驚いたよ。同じものなのに，どうしてこんなに価格が違うのだろう。
>
> 井上：イチゴはもともと春のものだから，季節が関係あるのかな。
>
> 中西：①イチゴの価格がどのように変化しているか調べて，その変化の理由を考えてみようよ。
>
> 木下：そうだね。でも，イチゴと違って季節と関係ないものもあるかもしれないよ。②様々な価格や料金の決まり方も調べてみようよ。
>
> 井上：それはいい考えだね。
>
> 中西：現実の社会では，価格を巡って様々な問題が生じていると聞くよ。③価格の決定にどんな問題があるのかについて考えると面白いと思うよ。

1 下線部①に関して，木下さんの班では，次のグラフⅠを見付け，それを基にイチゴの価格の変化について下のようにまとめました。木下さんの班のまとめの中の [a] と [b] に当てはまる語はそれぞれ何ですか。下のア～エの組み合わせのうちから最も適切なものを選び，その記号を書きなさい。

グラフⅠ イチゴの卸売量と卸売価格（2020年）

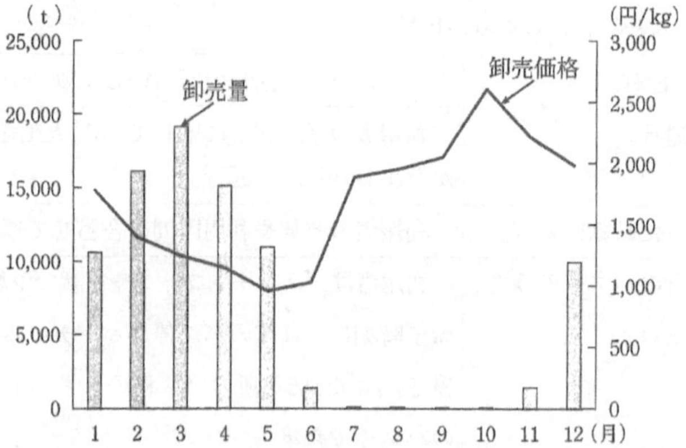

（農林水産省「青果物卸売市場調査結果」により作成。）

> 木下さんの班のまとめ
>
> イチゴの卸売量は，5月と12月で同じぐらいなのに，12月の卸売価格が高いのは，12月は5月よりもイチゴの [a] が [b] ためと考えられる。

ア［a 需要量 b 多い］　イ［a 需要量 b 少ない］　ウ［a 供給量 b 多い］　エ［a 供給量 b 少ない］

2　下線部②に関して，電気やガス，水道などの公共料金は，国や地方公共団体が認可や決定をしています。それはなぜですか。その理由を，簡潔に書きなさい。

3　下線部③に関して，木下さんの班では，企業による価格の決定にどのような問題点があるのかについて調べ，次の資料Ⅰを見付け，それを基に下のようにまとめました。木下さんの班のまとめの中の［A］と［B］に当てはまる適切な語をそれぞれ書きなさい。

資料Ⅰ

〔事例〕 アイスクリーム製造大手のX社は，小売店を巡回し，他の小売店よりも多く売ろうとして希望小売価格より安く売っている小売店に対し，X社の定める希望小売価格で売るように要請し，それに応じない小売店には，商品の出荷を停止していました。

木下さんの班のまとめ

市場経済では，小売店は様々な工夫をして消費者により評価される商品を販売しようと努力する。この事例では，小売店は，多くの消費者を獲得するために，商品の価格を下げて販売する努力をしていたが，X社がそれを拘束することによって，小売店間の［A］が阻まれ，結果として消費者は価格によって小売店を選べなくなる。

この事例について，独占禁止法に基づいて監視や指導を行う機関である［B］は，調査を行い，不公正であると判断した。

4　木下さんの班では，よりよい消費生活を送るためのお金の使い方について学び，次のようなまとめを作成しました。このまとめについて学級で説明するために，資料として漫画を使うこととしました。あとの**ア**～**エ**のうち，どの漫画を使うのが最も適切ですか。その記号を書きなさい。

木下さんの班のまとめ

私たちのお金は有限な資源であるのに対して，私たちの欲求は無限であるから，私たちにとって，希少性のある財やサービスを選択することがよりよい消費生活につながると考えられる。

ア

イ

ウ

エ

(金融広報中央委員会ウェブページにより作成。)

3 ある学級の社会科の授業で，日本の各時代の食生活に注目して時代の特色を考える学習を行いました。村田さんの班では，和食がユネスコ無形文化遺産に登録されたことを知り，日本の各時代の食生活について調べ，次の表を作成しました。あとの１～６に答えなさい。

時代区分	日本の各時代の食生活に関する主なことがら
縄文時代	ドングリなどの木の実を土器で煮て食べるようになった。
弥生時代	①西日本から東日本へ稲作が広まった。
奈良時代	②貴族の食事に，全国の様々な特産物が使われた。
平安時代	貴族社会では，年中行事やもてなしのための料理が定着した。
鎌倉時代	③禅宗の影響により，魚や肉を用いない精進料理が発展した。
安土・桃山時代	南蛮貿易が始まり，パンやカステラなどが伝来した。
江戸時代	酒や④しょう油などの特産物が各地で生産され，流通した。
明治時代	都市を中心に⑤牛肉を食べることが広がった。
昭和時代	即席ラーメンなどのインスタント食品が開発・発売された。
平成時代	「⑥和食」がユネスコ無形文化遺産に登録された。

1　下線部①に関して，稲作が広まり，人々の生活や社会の様子も大きく変わりました。次の**ア**～**エ**のうち，弥生時代の日本の様子について述べた文として最も適切なものはどれですか。その記号を書きなさい。

ア　渡来人によって鉄製の農具や須恵器をつくる技術が伝えられた。

イ　豊かな自然のめぐみを祈るために，土偶がつくられ始めた。

ウ　王や豪族の墓として，前方後円墳がつくられた。

エ　奴国の王が漢に使いを送り，金印を与えられた。

2　下線部②に関して，村田さんの班では，なぜ奈良時代の貴族が食事に全国の様々な特産物を使うことができたのかについて調べ，次の資料Ⅰを作成し，資料Ⅰと当時の統治のしくみを関連付けて，その理由を下のようにまとめました。あとの⑴・⑵に答えなさい。

資料Ⅰ

都の跡から見付かった木簡には，現在の千葉県からアワビ，石川県からサバ，山口県から塩などの特産物が都に集められ貴族に送られたことが記されている。

村田さんの班のまとめ

奈良時代は，[　a　]。そのため，全国の特産物が[b]として都に集められたので，貴族が食事に使うことができたと考えられる。

⑴　村田さんの班のまとめの中の[a]には奈良時代の統治のしくみについて述べた内容が当てはまります。あとの**ア**～**エ**のうち，[a]に当てはまる内容として最も適切なものはどれですか。その記号を書きなさい。

ア　天皇と，天皇から高い位を与えられた中央の有力な豪族が全国を支配し，地方には国司が置かれていた

イ 天皇との血縁関係を深めた貴族が摂政・関白として権力を握り，地方政治は国司に任されていた

ウ 幕府と藩によって全国の土地と民衆を統治する政治が行われていた

エ 幕府が朝廷に迫って，国ごとに守護を，荘園や公領に地頭を置くことを認めさせていた

(2) 村田さんの班のまとめの中の b には，税に関する語が当てはまります。 b に当てはまる語として最も適切なものを，次の**ア**～**エ**のうちから選び，その記号を書きなさい。

ア 租

イ 調

ウ 庸

エ 雑徭

3 下線部③に関して，村田さんの班では，この時代の禅宗の寺院でつくられていた料理について調べ，小麦を使う料理がつくられていたことを知り，このことに関わり，この時代の農業の特色について次のようにまとめました。村田さんの班のまとめの中の □ に当てはまる適切な語を書きなさい。

> 村田さんの班のまとめ
>
> この時代は，農業の発達により，例えば，夏は米，冬は小麦というように，1年に二つの作物を異なった時期に同一の農地でつくる □ が広まった。

4 下線部④に関して，村田さんの班では，江戸時代のしょう油の流通について調べ，右の資料Ⅱを見付け，しょう油が右の資料Ⅱに示すようなびんに詰められてオランダを通じてヨーロッパに運ばれたことを知りました。下の地図Ⅰ中の**ア**～**エ**のうち，当時の日本からオランダにしょう油が運ばれた主な経路として最も適切なものはどれだと考えられますか。その記号を書きなさい。

資料Ⅱ

輸送の際，釜で沸かし，陶器のびんに詰めて密封することで，暑さによる腐敗や発酵を防ぎ，品質が落ちないようにした。

※びんに書かれているJAPANSCHZOYAは「日本のしょう油」の意味。

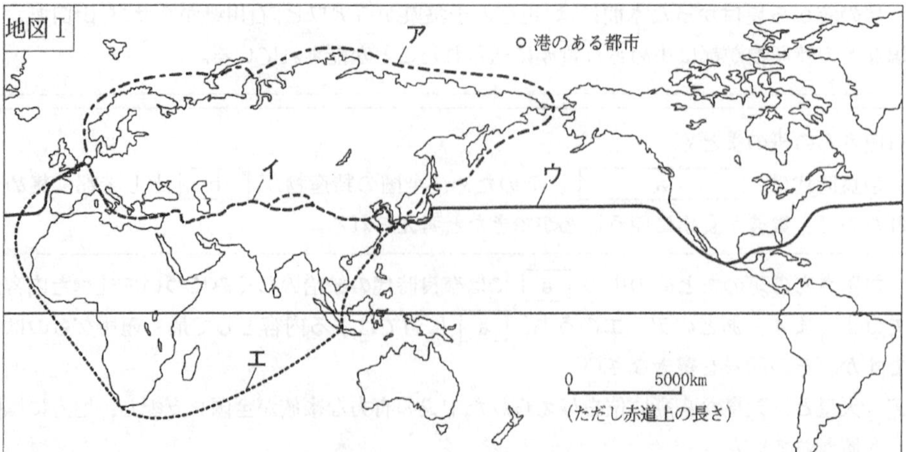

5　下線部⑤に関して，村田さんの班では，明治時代に生活様式が変化したことについて調べ，牛鍋を食べている様子を示した右の資料Ⅲを見付けました。このころ，生活様式が変化したことは，牛鍋のほかに，資料Ⅲのどのような点から読み取ることができますか。具体的に一つ書きなさい。

資料Ⅲ

6　下線部⑥に関して，村田さんの班では，日本の食文化である和食の価値が世界に認められたことを知り，和食について調べ，次の資料Ⅳ・Ⅴを見付け，和食を継承するための取り組みを提案することとしました。あなたならどのような取り組みを提案しますか。下の和食を継承するための取り組みの提案書を，条件１・２に従って完成しなさい。

資料Ⅳ

〔食文化としての和食の特徴〕

A　豊かな自然と食材に恵まれ，季節感を感じ，自然を尊重する精神を育んできた。

B　家族の食卓，地域の祭りや年中行事で，食を共にすることで，人のつながりが深まる。

C　体によいものを求め，健康的な食文化をつくりあげた。

D　風土の違いから，食材や調理法が変化し，食文化の多様性が生み出された。

（農林水産省ウェブページにより作成。）

資料Ⅴ

〔和食の危機の現状〕

・ファストフード店やファミリーレストランが各地に開店し，外食が日常化した。

・電子レンジの普及や冷凍食品，インスタント食品により，食生活は便利になったが，家庭内で調理をする機会が減った。

（農林水産省ウェブページにより作成。）

条件１　提案書中の和食の特徴の欄には，資料ⅣのA～Dのうち，提案する際に重点を置くものをいずれか一つ選び，その記号を書くこと。

条件２　提案書中の取り組みの欄には，条件１で選んだ和食の特徴に重点を置き，資料Ⅴの内容を踏まえて，取り組みを具体的に書くこと。

和食を継承するための取り組みの提案書	
和食の特徴	
取り組み	

4 ある学級の社会科の授業で「持続可能な社会を目指して，自分たちにできることを考える」というテーマで班ごとに分かれて学習をしました。次の資料Ⅰは，この授業のはじめに先生が提示した持続可能な開発目標（ＳＤＧｓ）の17の目標であり，下の会話は，その資料を基に，山本さんの班が話し合ったときのものです。あとの１～３に答えなさい。

資料Ⅰ

（農林水産省ウェブページによる。）

山本：持続可能な社会を目指す上で，世界にはどんな課題があるかな。

西川：下の図Ⅰのようなウェブページを見付けたよ。これを見ると，①世界には水道の設備がない暮らしをしている人や②衛生的なトイレが整っていない暮らしをしている人が多くいるのだね。

図Ⅰ

水道の設備がない暮らしをしている人は22億人です。
トイレがなく，道ばたや草むらなど
屋外で用を足す人は6億7300万人です。

（日本ユニセフウェブページによる。）

山本：じゃあ，私たちの班はＳＤＧｓの「６　安全な水とトイレを世界中に」を取り上げ，どんな課題があるかを調べてみようよ。

中野：課題が分かれば，自分たちにできることも考えられるかもしれないね。

1　下線部①に関して，山本さんの班では，世界の上水道の整備の様子を調べ，次のグラフⅠを見付けました。山本さんの班では，グラフⅠを見て，資料Ⅰ中の「6　安全な水とトイレを世界中に」の目標を達成するためには，資料Ⅰ中の「1　貧困をなくそう」の目標を達成することが必要ではないかと考え，その理由を説明しました。山本さんの班の説明はどのようなものだと考えらますか。グラフⅠを基に簡潔に書きなさい。

グラフⅠ　2017年のアジアの主な発展途上国の上水道の普及率と一人当たり国内総生産（GDP）

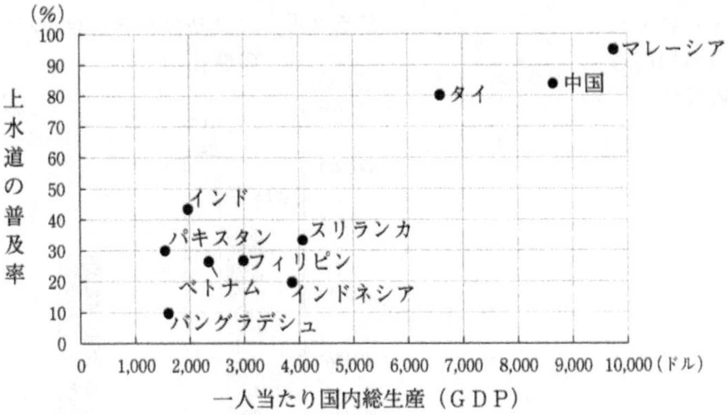

（JICAウェブページにより作成。）

2　下線部②に関して，山本さんの班では，日本の排水やトイレについて調べ，明治時代の初めの東京の様子について述べた次の資料Ⅱを見付けました。山本さんの班では，この資料Ⅱを見て，このころの日本が衛生的であったことを知り，その理由について考えるために，江戸時代の衛生の状況について調べ，江戸の市内の通りの様子を示した次の資料Ⅲを見付けました。そして，資料Ⅲを基に，江戸の市内の衛生について下のようにまとめました。山本さんの班のまとめの中の A と B に当てはまる適切な内容をそれぞれ書きなさい。

資料Ⅱ

東京の死亡率がボストンのそれよりもすくないということを知って驚いた私は，日本の保健状態について，多少の研究をした。それによると，日本には赤痢などは全く無く，（中略）我が国で悪い排水や不完全な便所その他に起因するとされている病気の種類は日本には無いか，あっても非常にまれであるらしい。

赤痢：病気の名称

（モース「日本その日その日」により作成。）

（「江戸名所図会・上」により作成。）

山本さんの班のまとめ

江戸の市内の人々のし尿を　A　として利用するために，　B　ことから，江戸の市内は極めて清潔であった。このことにより，伝染病は少なかった。

3　山本さんの班では，世界の水資源について調べ，次のグラフⅡを見て，アフリカはヨーロッパに比べ，一人当たりの利用可能な水の量が大幅に少なくなっていることに気付き，さらに調べて，今後，アフリカの水不足が深刻になると懸念されていることについて，次のグラフⅢと表Ⅰを基に，下のようにまとめました。山本さんの班のまとめの中の a と b に当てはまる語はそれぞれ何ですか。あとの**ア**～**エ**の組み合わせのうちから最も適切なものを選び，その記号を書きなさい。また，山本さんの班のまとめの中の c にはどのような内容が当てはまると考えられますか。適切な内容を書きなさい。

グラフⅡ　アフリカとヨーロッパの一人当たりの利用可能な水の量の変化

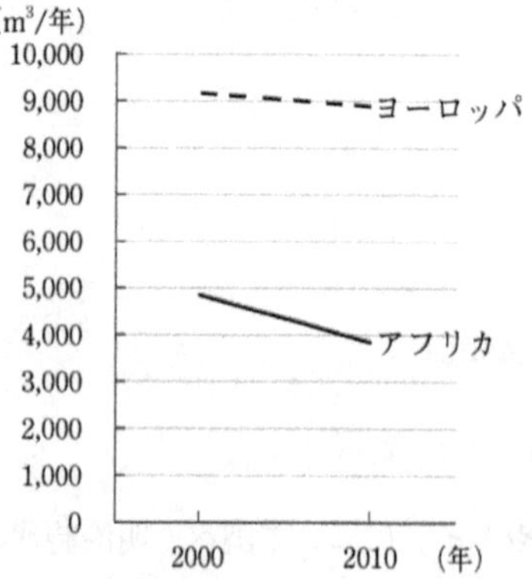

(国土交通省ウェブページにより作成。)

グラフⅢ　アフリカとヨーロッパの人口の変化

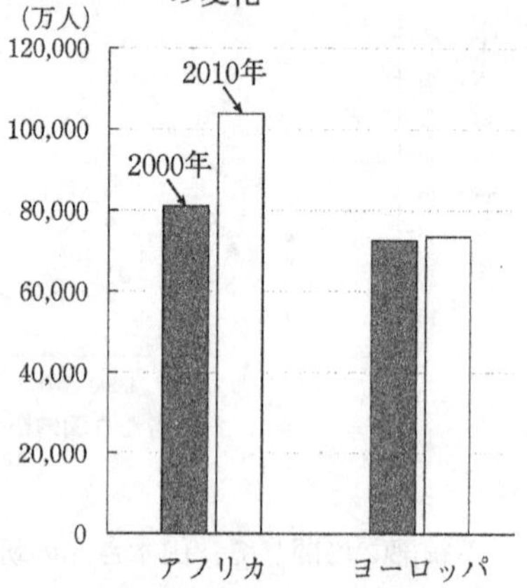

(FAOウェブページにより作成。)

表Ⅰ　アフリカとヨーロッパの国内総生産（ＧＤＰ）の変化とその増加率

	2000年（億ドル）	2010年（億ドル）	2000～2010年の増加率（%）
アフリカ	6,552	19,698	200.6
ヨーロッパ	97,012	198,896	105.0

(FAOウェブページにより作成。)

山本さんの班のまとめ

アフリカは，ヨーロッパに比べ，人口が大幅に a していることから，一人当たりの利用可能な水の量が少なくなっていることに加え，国内総生産が大幅に b しているので， c と予想されることから，今後水不足が深刻になることが懸念される。

ア a 増加　b 増加
イ a 増加　b 減少
ウ a 減少　b 増加
エ a 減少　b 減少

※左の枠は、下書きに使っても構いません。解答は必ず解答用紙に書きなさい。

250

〔問い〕 青木さんは話し合いの中で、読み聞かせに使う絵本は、物語の絵本がよいか、図鑑のような絵本がよいか、どちらがよいか意見を求められました。青木さんは、【生徒の会話】を踏まえて、「図鑑のような絵本がよい」という意見を述べようとしています。あなたが青木さんなら、班員の間で合意を形成するために、どのような発言をしますか。次の条件1・2に従って、空欄Ⅰに当てはまる発言を書きなさい。

条件1 【ノート】・【資料1】・【資料2】の内容を参考にして、合意を形成できるように書くこと。

条件2 二百五十字以内で書くこと。なお、解答は、実際に話すときに使う言葉で書いてもよい。

【ノート】

保育実習での絵本の読み聞かせについて

1 目的「幼児との触れ合い方の工夫を学ぶ」

2 読み聞かせを行う対象　年中（4歳児）クラス

3 読み聞かせを行う時間　20分間

4 絵本を決定するために

（1）年中（4歳児）の特徴について

・話し言葉がほぼ完成し，想像力が豊かになる。

・知的好奇心が増す。

・想像する力や思考する力の土台が育まれる。

・コミュニケーション能力を育む上で、重要な時期である。

（2）事前の打ち合わせで，保育士さんから聞いたこと

・絵本で知ったことや見たことを，実際に見たり，体験したりすることが大好きである。（「ホットケーキ作り」，「シャボン玉遊び」等）

・「現実には起こりそうに無い、あっと驚くような出来事が起こる物語の絵本」や「いろいろな生き物が出てくる図鑑のような絵本」に興味がある。

【資料1】

絵本の読み聞かせに関するアンケート結果

「読み聞かせをしているときの子供の様子　年中（4歳児）」

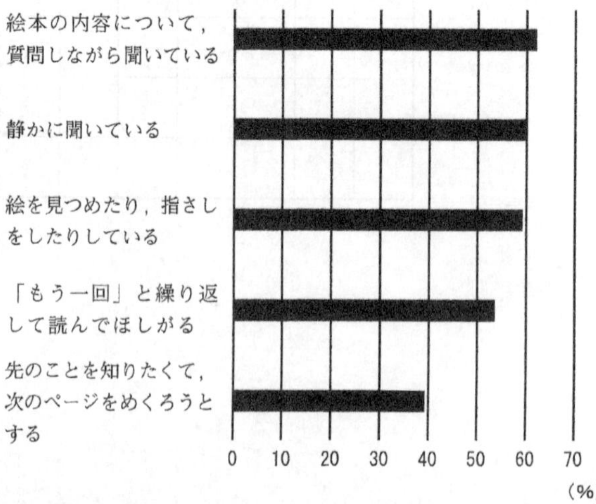

（読み聞かせを行っている年中（4歳児）の保護者対象　複数回答可
回答者数 402人）

（ベネッセ教育総合研究所　「幼児期の家庭教育調査」（2018）により作成。）

【資料2】

年中クラスの今後の主な行事予定

九月下旬	芸術鑑賞（劇「ピノキオ物語」）
十月中旬	遠足（水族館）
十二月上旬	園で育てたサツマイモの芋掘り・焼き芋の会
二月下旬	発表会（音楽劇「かぐや姫」）

文】の内容を踏まえて、書くんだよね。

木村：【漢文】の筆者が伝えたいことは、（　Ⅱ　）ということだよね。だから、高校でも陸上競技部を続けるかどうかについては、（　Ⅲ　）という内容を伝える返事を書きたいな。

(1)　空欄Ⅱに当てはまる適切な表現を、現代の言葉を用いて三十字以内で書きなさい。

(2)　空欄Ⅲについて、あなたならどのような内容を伝えますか。空欄Ⅲに当てはまるように、【漢文】の内容と【記事】の内容を踏まえ、現代の言葉を用いて七十字以内で書きなさい。

四　青木さんの班では、技術・家庭科の時間に実施される保育実習に向けて「絵本の読み聞かせ」の準備を行っています。次のページの【ノート】は、保育実習に関する説明を聞いて、青木さんがまとめたもので、次のページの【資料1】・【資料2】は、青木さんたちが、読み聞かせに使う絵本を選ぶために、調べて準備したものです。また、【生徒の会話】は、青木さんの班が、読み聞かせに使う絵本を選ぶ過程で行ったものです。これらを読んで、あとの〔問い〕に答えなさい。

【生徒の会話】

青木：九月上旬に行われる保育実習の中で、私たちは子供たちに絵本の読み聞かせをすることになっているね。図書館で本を選ぶ前に、【ノート】や、みんなで調べた【資料1】・【資料2】を参考にして、どんな種類の絵本を読み聞かせたらよいかを決めていこう。

野村：いい考えだね。私たちの担当する年中（四歳児）の子供たちは、「現実には起こりそうに無い、あっと驚くような出来事が起こる物語の絵本」や「いろいろな生き物が出てくる図鑑のような絵本」に興味があるということだったよね。読み聞かせをしてあげられる時間が二十分間しかないから、この二種類のうちのどちらの種類の絵本がよいかを決めて、その後、実際に図書館に行って、具体的な絵本をみんなで選んだらいいと思わない？

青木：そうしよう。では、まず、どちらの種類の絵本がいいか、みんなの意見を言ってみてよ。

和田：私は、絵本の読み聞かせの時に、絵本の内容について質問しながら聞いている子供が多いみたいだし、四歳児は知的好奇心が増すと技術・家庭科の時間に習ったから、生き物や植物を題材とした図鑑のような絵本を、クイズ形式にして読み聞かせをしたらいいと思うな。

野村：なるほど……。今後、子供たちは芸術鑑賞で劇を鑑賞したり、遠足で水族館に行ったりする予定だよね。だから、私はわくわくするような冒険の物語や、海の生き物が主人公の物語などを、役に合わせて声色を変えて読んだらきっと盛り上がっていいと思うなあ。

本田：私も野村さんと同じよ。子供たちは芸術鑑賞も近々あるみたいだし。想像力が豊かになったり、初めて知る物語の世界に好奇心が高まったりする時期だから、何回も読みたくなる、わくわくするような物語の絵本がいいな。青木さんはどう？

青木：（　Ⅰ　）

三 次の文章を読んで、あとの問いに答えなさい。

【漢文】

伏《スコト》久《シキ》者《ハ》、①飛《ブコト》必《ズ》高《ク》、開《クコト》先《ナル》者《ハ》、謝《スルコト》独《リ》早《シ》。知《ラバ》レ此《これヲ》、可《ベク》三以《もつテ》免《まぬかル》二蹭《そう》蹬《とう》注1之《の》憂《ヒヲ》一、可《シ》三以《テ》消《ス》二躁《さう》注2急《きふ》之念《ヲ》一。

（書き下し文）

伏すこと久しき者は《長く地上に伏せて力を養っていた鳥は》、飛ぶこと必ず高く、開くこと先なる者は《他よりも先に咲いた花は》、謝すること《散ってしまうこと》独り早し。［　　］、以て蹭蹬の憂ひを免るべく《避けることができ》、以て躁急の念を消すべし《消すことができる》。

（「菜根譚《さいこんたん》」による。）

（注1） 蹭蹬＝足場を失ってよろめくこと。

（注2） 躁急＝あせって、気持ちがいらだつこと。

1 ［　　］に当てはまる書き下し文を書きなさい。

2 ①飛《ブコト》必《ズ》高《ク》とあるが、次の文は、これが何を例えているかを述べたものです。空欄Ⅰに当てはまる適切な表現を、現代の言葉を用いて十字以内で書きなさい。

人が（　Ⅰ　）を、「鳥が高く飛ぶ」という表現で例えている。

3 田中さんの学級では、国語の時間に、【漢文】の内容を踏まえて、新聞の「お悩み相談」に掲載された記事の投稿者に返事を書くという課題に取り組むことになりました。次の【記事】は、新聞の「お悩み相談」に掲載された記事で、【生徒の会話】は、この課題に取り組む過程で、田中さんの班が行ったものです。これらを読んで、あとの⑴・⑵に答えなさい。

【記事】

中学生 十四歳

私は中学校に入学して、陸上競技部に入りました。特に力を入れて取り組んだ種目は走り幅跳びです。毎日休まず練習したけれど、三年生になってからは、走り幅跳びの自己ベスト記録を一度も更新することができませんでした。先週の中学校での最後の大会でも、私は自己ベスト記録を更新することができませんでした。大会が終わると、引退の寂しさとともに、悔しさで涙があふれました。そして、このまま高校で陸上競技部を続けても、結果は出せないのではないかと思うようになりました。でも、先日の放課後、グラウンドの近くを通りかかり、陸上競技部の後輩たちが一生懸命に練習している姿を見ると、やっぱり私は陸上競技が好きだと思いました。だから、今は、高校でも陸上競技部を続けるのか、他のスポーツにチャレンジしてみるのかを悩んでいます。高校に入学するまで、しっかり考えてみようと思うのですが、よいアドバイスがあればお願いします。

【生徒の会話】

田中： 新聞の「お悩み相談」に掲載された記事の投稿者へのアドバイスは、どんな風に書いたらいいのかなあ。【漢私たちが感じる心苦しさは、軽くなります。頂芽の花を切り取ることは、それまで成長を抑えられていた側芽に、成長のチャンスを与えることになるからです。これらは、頂芽に咲いた花が切り取られなければ、りっぱに花咲くことなく生涯を終える運命にあったものです。

①切り取った花を無駄にすることなく、花として価値ある使い方をすることで、心苦しさは心の晴れやかさに変わるでしょう。切り取られた花や枝は㋒ヨロコぶはずです。そして、控えていた芽は、ⓐ表舞台に出る機会を与えられたことになるのです。

（田中　修《おさむ》「植物のいのち」による。）

1　㋐～㋒のカタカナに当たる漢字を書きなさい。

2　［　　］に当てはまる最も適切な語を、次のア～エの中から選び、その記号を書きなさい。

ア　または　**イ**　例えば
ウ　すなわち　**エ**　なぜなら

3　ⓐ表舞台に出る機会　とあるが、これは具体的にどのような機会ですか。三十字以内で書きなさい。

4　①切り取った花を無駄にすることなく、花として価値ある使い方をすることで、心苦しさは心の晴れやかさに変わるでしょう　とあるが、次の【ノート】は、なぜ筆者の田中修さんが、心苦しさが心の晴れやかさに変わると述べているのかということについて、ある生徒がまとめたものです。また、【図書館で借りた本の文章】は、その生徒が【ノート】を書くために、準備したものです。この【ノート】の空欄Ⅰ・Ⅱに当てはまる適切な表現を、空欄Ⅰは本文の内容を踏まえて十五字以内、空欄Ⅱは【図書館で借りた本の文章】の内容を踏まえて七十五字以内で書きなさい。

【ノート】

花を切り取ったあとに感じる心苦しさは、植物たちが花を摘みとられたり、切り花にされたりしても（　Ⅰ　）ということを知ることで軽くなる。さらに、切り取った花をいけばなで使用した場合、（　Ⅱ　）ことになるため、切り取った花を無駄にせず、価値ある使い方ができたと言える。このように切り取った花を価値ある使い方をすることで、心苦しさは晴れやかさに変わると、筆者の田中修さんは述べているのではないかと考える。

【図書館で借りた本の文章】

いけばなは、生きている草や木を切って材料とします。たいていの草木は切られても水に養えば、すぐに枯れてしまうことはありません。しかし、大地から切り離されて、多少ともその生命《いのち》が縮められたことは確かです。いけばなの材料となる花材が、単なる素材と違うのは、まさにこの生命をもっているというところです。草木の花や葉が美しいのは生命のはたらきに裏づけられているからであり、花や葉を観賞することは、同時にその生命の有り様を見つめることでもあります。花をいけるという行為が、まず、何よりも花を生かすことといわれるのも、そこに根拠があるのです。いけばなには、数百年にわたって多くの人々に培《つちか》われてきたさまざまな技法、手法の集積がありますが、そのすべてのものが、花の生命をいつくしむ心から生まれているのです。

（「いけばな入門　基本と実技」による。）

(1) 空欄Ⅰに当てはまる最も適切な表現を、次のア～エの中から選び、その記号を書きなさい。

ア 思い付きではなく、固く決意したように言う

イ 仕方なく状況を受け入れたように言う

ウ 思いを伝えることができて安心したように言う

エ 高ぶる感情をなんとか抑えるように言う

(2) 空欄Ⅱに当てはまる適切な表現を、六十字以内で書きなさい。

5 □に当てはまる最も適切な表現を、次のア～エの中から選び、その記号を書きなさい。

ア 重苦しい足取り　**イ** 軽やかにはずむ足取り

ウ 力のない足取り　**エ** しっかりとした足取り

二 次の文章を読んで、あとの問いに答えなさい。

私たちは、花の美しさに魅せられ、花を摘みとったり切り花にしたりすることがよくあります。そんなとき、植物たちがせっかく咲かせた花を切り取るのは、植物のいのちの輝きを奪い取るという、すごくひどいことをしているようで、心苦しく感じることがあります。

しかし、私たちが胸を痛めるほど、植物たちは花を切り取られることを気にしていないはずです。植物たちには、花を切り取られても、もう一度、からだをつくりなおし、いのちを復活させるという力が隠されているからです。

その力は、「頂芽優勢」といわれる性質に支えられています。成長する植物の茎の先端部分には、芽があります。この芽は、もっとも先端を意味する「いただき（頂）」という文字を「芽」につけて、「頂芽」とよばれます。植物では、この頂芽の成長がよく目立ちます。

しかし、茎を注意深く観察すると、芽は、茎の先端だけでなく、先端より下にある葉っぱのつけ根にも必ずあります。これらの芽は、頂芽に対して、「側芽」、あるいは、「腋芽《えきが》」とよばれます。側芽は、ふつうには、頂芽のように勢いよく伸び出しません。

頂芽の成長は、勢いがすぐれており、側芽の成長に比べて優勢です。この性質が、頂芽優勢とよばれるものです。発芽した芽生えでは、この性質によって、頂芽がどんどん成長をして、次々と葉っぱを展開します。

摘みとられる花や切り花にされる花は、多くの場合、頂芽の位置にあります。一本の茎の先端に花を咲かせているキクやヒマワリは、その㋐テンケイ的な例です。頂芽が花になっているとき、花をつけている茎を切り取って切り花にすると、残された茎の下方には、葉っぱが何枚か残ってついています。

その葉っぱのつけ根には、花が切り取られるまでは、側芽とよばれていた芽があります。上にあった花と茎が切り取られると、今度は、側芽の中で一番上にあったものが、一番先端の芽となります。□、頂芽となるのです。

すると、頂芽優勢によって、その芽が伸び出します。花が咲く季節なら、その芽にツボミができて、花が咲きます。あるいは、側芽のときにすでにツボミはできており、頂芽が㋑ソンザイするために、成長できなかっただけかもしれません。いずれにしても、この植物は、再び花を咲かせます。

先端の花が摘みとられても、切り花として切り取られても、残された植物では、一番上になった側芽が頂芽として伸び出し、花が咲くのです。これが、「植物たちは、花を摘みとられることや切り取られることを、それほど気にしていない」と思われる理由です。

このことを知ると、花を摘みとったり切り花にしたりするときに、

3　①師匠の自室を出て、一階まで降りると、篤は廊下の一番奥にある物置へ向かった　とあるが、このときの篤の気持ちを、四十五字以内で書きなさい。

4　※1から※2までの部分について、国語の時間に、この部分を演じるための台本を、文章中の描写を基に、登場人物の心情について解釈しながら作成することになりました。次の【台本】は、このとき、ある班が話し合って作成したものです。これを読んで、あとの⑴・⑵に答えなさい。

【台本】

せりふと動作	せりふや動作に込める気持ち
坂口「まあ、そうだよな。」〈頭を掻く。〉	〔坂口〕自分のこれまでを振り返りながら、納得したような気持ちで言う。
坂口「もしも、お前が昨日の一回きりで練習やめてたら、俺も今日普通にゲームしてたかもしれない。」	〔坂口〕真剣に、これまでの自分と向き合うような気持ちで言う。
篤「え？」	〔篤〕不意を突かれ、驚くような感じで言う。
坂口〈遠くをちらりと見て、重々しく口を開く。〉「俺、一緒にトレーニングしたいって武藤に言おうと思う。」〈電気のついた一室を真剣な目で見る。〉	〔坂口〕（　Ⅰ　）。
篤〈相づちを打つ。〉「そうなんすか。」	〔篤〕坂口の真剣さに見合う反応をしたいのに、思い浮かばないという感じで相づちを打つ。
坂口「あ、俺のこと見直しただろ？　差し入れも買ってきてやったし、ちゃんと俺を敬えよ。」〈わざとらしく口を尖らせて、篤の肩をつつく。〉	〔坂口〕心の葛藤を隠して、何とか明るく、冗談を言って強がるような気持ちで言う。
篤「頑張ってください。」〈坂口さんを送り出して、扉を閉める。〉〈もらったミルクティーのボトルを開け、ミルクティーを口に含み、ボトルの三分の一ほどを飲む。〉	〔篤〕ミルクティーを口に含んで、（　Ⅱ　）という気持ちで、ボトルの三分の一ほどを飲み、練習を再開する。
篤「ひがあああしいいい――、」〈何度も繰り返す。〉	

嫌味[注5]な口調を思い出すと、胃がきゅっと㋒絞られるように痛む。それでも、進さんが助けてくれた。師匠も、わざわざ篤に話をしてくれた。明日こそは失敗してはいけない。そう自分に言い聞かせ、篤は物置に籠もった。

※1

「まあ、そうだよな。」坂口さんは頭を掻《か》くと、もしも、と言葉を続けた。「お前が昨日の一回きりで練習やめてたら、俺も今日普通にゲームしてたかもしれない。」え？　と聞き返すと坂口さんは遠くをちらりと見て、重々しく口を開いた。「俺、一緒にトレーニングしたいって武藤に言おうと思う。」坂口さんの視線の先には、電気のついた一室があった。武藤さんが毎晩籠もっているトレーニングルームだ。あの部屋で、武藤さんは今もダンベルを持ち上げているのだろう。「そうなんすか。」坂口さんは真剣な目をしていたのに、ありきたりな相づちしか打てなかった。兄弟子としてのプライドをいったん捨て、弟弟子と一緒にトレーニングをしようと決意するまでに、当然葛藤があったはずだ。その葛藤は、きっと坂口さんにしかわからない。「あ、俺のこと見直しただろ？　差し入れも買ってきてやったし、ちゃんと俺を敬えよ。」わざとらしく口を尖《とが》らせ、坂口さんが篤の肩をつつく。坂口さんの葛藤はわからなくても、冗談を言って強がろうとしていることはわかった。

　頑張ってくださいと坂口さんを送り出してから、篤はふたたび扉を閉めた。さすがに蒸し暑かったので、もらったミルクティーのボトルを開けた。口に含むと、ほのかな甘さが沁《し》みわたった。三分の一ほどを飲むと、また、ひがああしいいいーー、と何度も繰り返した。※2

　秋場所の三日目は前相撲から始まった。前相撲では、新弟子検査に合格したばかりの力士と、怪我《けが》などで長期間休場し、番付外に転落した力士が土俵に上がる。最初の一番こそ通常の呼び上げを行うが、その後は東方と西方に分かれて二人の呼出が呼び上げを担当する。しかも白扇を持たず、ただ土俵下に立って声を張り上げるだけなので、他の取組とはずいぶん勝手が違う。前相撲の呼び上げは通常、何年かキャリアのある呼出が担当するので、篤は土俵のそばで控えているだけだった。先場所も見たはずの光景だが、直之さんや他の呼出が自分よりも先に声を発するのを、ⓐ新鮮な気分で眺めた。今場所は番付外に落ちた力士がおらず、新弟子も四名と少なかった。あっという間に前相撲が終了し、序ノ口[注6]の一番が始まった。

　いつもと同じように、拍子木がカンカンと場内に響く。ただ、昨日までとは違い、篤は［　　］で土俵に上がっていった。ふいに篤の呼び上げを下手だと笑った客の声、光太郎と呼ばれた兄弟子の冷ややかに笑う顔が脳裏に浮かびそうになる。それらを振り払うように、見てろよと心の中で呟《つぶや》いた。真っ白な扇を広げて東側を向き、腹から声を出すべく、篤は大きく息を吸った。

（鈴村ふみ「櫓太鼓《やぐらだいこ》がきこえる」による。）

（注1）　呼出＝相撲で、力士の名を呼び上げる役の人。
（注2）　兄弟子＝同じ師匠のもとに先に入門した人。
（注3）　四股名＝力士としての呼び名。
（注4）　デジャヴ＝以前に見たことがあるように感じられる光景。
（注5）　嫌味な口調＝篤が、四股名を間違えて呼び上げてしまったことに対する嘲るような口調。
（注6）　序ノ口＝相撲の番付で最下級の地位。

1　㋐〜㋒の漢字の読みを書きなさい。

2　ⓐ新鮮　と熟語の構成が同じものを、次のア〜エの中から選び、その記号を書きなさい。

ア　攻防　　**イ**　不振　　**ウ**　洗車　　**エ**　到達

〈国語〉

時間　五〇分　満点　五〇点

一　次の文章を読んで、あとの問いに答えなさい。

何もやる気になれず、鬱々とした日々を過ごしていた篤《あつし》は、叔父に勧められるままに注1呼出《よびだし》の見習いとして相撲部屋に入門し、坂口や武藤といった力士たちと一緒に生活することになった。呼出の注2兄弟子に当たる直之《なおゆき》や、ベテランの進《すすむ》に憧れ、彼らのようになりたいと意識し始めた篤だが、客が自分の呼び上げを下手だと笑うのを聞いてしまう。進から、直之が毎晩練習していると聞いた篤は、自主的に練習を始めたが、翌日、注3四股名《しこな》を間違えて呼び上げてしまい、篤は師匠の自室に呼び出された。

「お前、今日みたいに四股名間違えるんじゃねえぞ。気を抜くからああいうことになるんだ。」と叱られた。

はい。すみません。今朝審判部に注意されたときのように、師匠に向かって頭を下げる。「顔上げろ。」言われた通り顔を上げると、「心技体」と書かれた書が見えた。同じものが稽古場の上がり座敷にも㋐飾ってあるが、師匠の知り合いの書道家の作品らしい。「心技体」の文字を篤が目にしたことがわかっているのか、師匠は「力士は、心技体揃《そろ》ってようやく一人前と言われるが、技でも体でもなく、心が一番大事なんだ。心を強くもっていなければ、技も身につかないし、丈夫な体も出来上がらない。」と話を続けた。突然話題が変わったことに戸惑いつつ、はいと頷《うなず》く。「呼出のお前には心技体の体はまあ、そんなに関係ないけれど、それでも心が大事ってのは力士と変わんねえぞ。自分の仕事をしっかりやろうと思わなければ、いつまでたっても半人前のままだ。お前だって、できないことを叱られ続けるのは嫌だろう。」

はいと弱々しく返事をすると、師匠は語気を強めて篤に言い聞かせた。「だったら、自分がどうすべきかちゃんと考えろ。」黒々とした大銀杏《おおいちょう》が結わえられていた現役時代に比べ、今の師匠は髪の毛がずいぶん薄い。加齢で顔の皮膚もたるんでいる。しかし、いつぞやインターネットで見た若かりし頃の写真と同様に、師匠の目には人を黙らせるほどの強い光があった。何度目かのはい、という返事を口にすると、師匠の話が終わった。

①師匠の自室を出て、一階まで降りると、篤は廊下の一番奥にある物置へ向かった。念のため、まわりに誰もいないのを確認する。扉を閉めると、何も持っていない右手を胸の前でかざした。ひがあしいいーー　はあたああのおおーーー……にいいしいいーーー

……息を継ぐ合間に、扉を叩《たた》く音が聞こえた。

「篤、そこにいるんだろ。」声がするのとほぼ同時に、扉が開いた。扉の外にいたのは坂口さんだった。手には、ミルクティーのペットボトル。二十四時間ほど前にも見た、注4デジャヴのような光景だ。「ほれ、差し入れ。お前、昨日も欲しそうな顔してたから買ってきてやったんだぞ。感謝しろよ。」坂口さんがぶっきらぼうに言ってペットボトルを差し出す。ありがとうございますと軽く頭を下げ、それを受け取った。結局今日はミルクティーを飲み㋑損ねていたので、この差し入れはありがたい。顔を上げると坂口さんと目が合った。

「お前、今日も練習するんだな。」「ああ、はい。」「嫌になんねえの。せっかくやる気出した途端、失敗してめちゃくちゃ怒られて。」さきほどよりも声を落として、坂口さんが尋ねる。「……なんか失敗したからこそ、やらなきゃいけない気がして。」光太郎と呼ばれた兄弟子の

MEMO

大切なことはメモしておこうネ！

2022年度

解答と解説

《2022年度の配点は解答用紙集に掲載してあります。》

＜数学解答＞

1　(1)　9　(2)　$7x+13y$　(3)　$4\sqrt{5}$
(4)　$y(x+2)(x-2)$　(5)　辺CF，辺DF，辺EF
(6)　-6　(7)　60　(8)　0.35

2　(1)　紅茶　280　コーヒー　210　(2)　$\sqrt{37}$
(3)　①，④

3　(1)　-2　(2)　2，6

4　解説参照

5　(1)　$y=-2x+100$
(2)　グラフは右図(説明は解説参照)

6　(1)　$\frac{1}{4}$　(2)　記号　ウ(理由は解説参照)

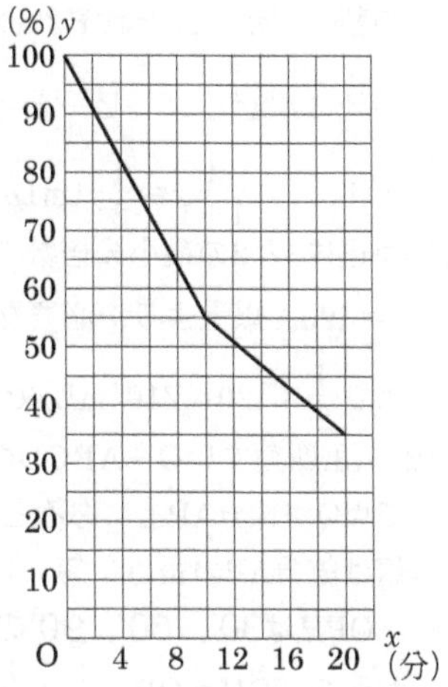

＜数学解説＞

1　**(数・式の計算，平方根，因数分解，空間内の2直線の位置関係，比例関数，角度，資料の散らばり・代表値)**

(1)　四則をふくむ式の計算の順序は，乗法・除法→加法・減法となる。$3-24\div(-4)=3-(-6)=3+(+6)=3+6=9$

(2)　分配法則を使って，$3(4x+y)=3\times4x+3\times y=12x+3y$，$5(x-2y)=5\times x+5\times(-2y)=5x-10y$だから，$3(4x+y)-5(x-2y)=(12x+3y)-(5x-10y)=12x+3y-5x+10y=12x-5x+3y+10y=7x+13y$

(3)　$\sqrt{45}-\sqrt{5}+\sqrt{20}=\sqrt{3^2\times5}-\sqrt{5}+\sqrt{2^2\times5}=3\sqrt{5}-\sqrt{5}+2\sqrt{5}=(3-1+2)\sqrt{5}=4\sqrt{5}$

(4)　共通な因数yをくくり出して，$x^2y-4y=y(x^2-4)$　$a^2-b^2=(a+b)(a-b)$を用いて，$y(x^2-4)=y(x^2-2^2)=y(x+2)(x-2)$

(5)　空間内で，平行でなく，交わらない2つの直線はねじれの位置にあるという。辺ABと平行な辺は，辺DEの1本。辺ABと交わる辺は，辺AC，辺AD，辺BC，辺BEの4本。辺ABとねじれの位置にある辺は，辺CF，辺DF，辺EFの3本。

(6)　xとyの関係が定数aを用いて$y=\frac{a}{x}$と表されるとき，**yはxに反比例**し，そのグラフは**双曲線**を表す。$x=-3$のとき$y=2$だから，これを代入して，$2=\frac{a}{-3}$　$a=2\times(-3)=-6$

(7)　△ABDと△CBDにおいて，仮定より，AB＝CB…①　AD＝CD…②　共通な辺よりBD＝BD…③　①，②，③より，3組の辺がそれぞれ等しいから，△ABD≡△CBD　これと，三角形の内角の和は180°であることから，∠ADC＝2∠ADB＝2(180°－∠BAD－∠ABD)＝2(180°－

∠BAD－∠CBD)＝2(180°－110°－40°)＝60°

(8)　相対度数＝$\dfrac{\text{各階級の度数}}{\text{度数の合計}}$　度数の合計は40，40分以上50分未満の階級の度数は14だから，その相対度数は$\dfrac{14}{40}$＝0.35

2　(方程式の応用，線分和の最短の長さ，資料の散らばり・代表値)

(1)　ミルクティーとコーヒー牛乳をそれぞれxmL，ymL作るとする。ミルクティーとコーヒー牛乳は同じ量だけ作るから$x=y$…①　このとき，ミルクティーに混ぜる紅茶と牛乳の量は，2：1の割合だから，それぞれ$x\times\dfrac{2}{2+1}=\dfrac{2}{3}x$(mL)…②，$x\times\dfrac{1}{2+1}=\dfrac{1}{3}x$(mL)…③　同様に，コーヒー牛乳に混ぜるコーヒーと牛乳の量は，1：1の割合で混ぜるから，それぞれ$y\times\dfrac{1}{1+1}=\dfrac{1}{2}y$(mL)…④，$y\times\dfrac{1}{1+1}=\dfrac{1}{2}y$(mL)…⑤　牛乳はちょうど350mL使うから，③，⑤より$\dfrac{1}{3}x+\dfrac{1}{2}y=350$　両辺に3と2の最小公倍数の6をかけて，$2x+3y=2100$…⑥　①，⑥の連立方程式を解くと，$x=y=420$　以上より，必要な紅茶の量は，②より$\dfrac{2}{3}\times420=280$(mL)，必要なコーヒーの量は，④より$\dfrac{1}{2}\times420=210$(mL)である。

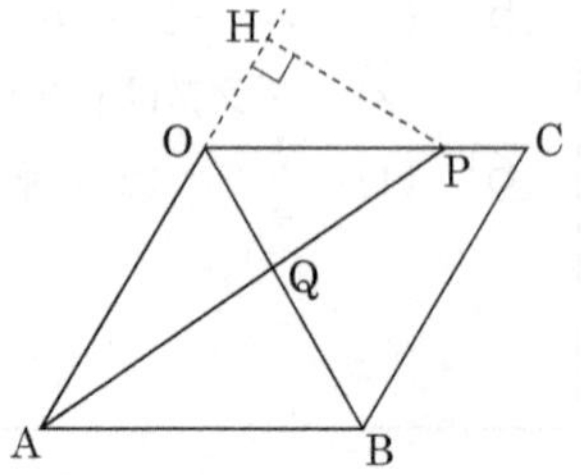

(2)　正四角すいO－ABCDの展開図の一部を右図に示す。展開図上で点Qが線分AP上にあるとき，AQ＋QPは最小となり，その最小の値は線分APの長さに等しい。点Pから直線OAへ垂線PHを引くと，△OPHは30°，60°，90°の直角三角形で，3辺の比は2：1：$\sqrt{3}$だから，OH＝OP$\times\dfrac{1}{2}=\dfrac{3}{2}$(cm)　PH＝OH$\times\sqrt{3}=\dfrac{3\sqrt{3}}{2}$(cm)　以上より，△APHに三平方の定理を用いると，AP＝$\sqrt{\text{AH}^2+\text{PH}^2}$＝$\sqrt{(\text{OA}+\text{OH})^2+\text{PH}^2}$＝$\sqrt{\left(4+\dfrac{3}{2}\right)^2+\left(\dfrac{3\sqrt{3}}{2}\right)^2}=\sqrt{37}$(cm)

(3)　①　2019年の6月の箱ひげ図において，第2四分位数(中央値)は1000匹未満である。観測日数が30日間のとき，第2四分位数(中央値)はホタルの観測数を少ない順に並べたときの15日目と16日目の平均値だから，2019年の6月では，観測されたホタルの数が1000匹未満であった日数は15日以上ある。①は正しい。　②　2019年の6月の箱ひげ図において，最大値は7000匹未満だから，2019年も6月に7000匹以上のホタルが観測された日が1日もない。②は正しくない。
③　2021年の6月の箱ひげ図において，第1四分位数は約2600匹，第2四分位数(中央値)は約4700匹，第3四分位数は約10200匹だから，ホタルの観測数を少ない順に並べたときの8日目(第1四分位数)から23日目(第3四分位数)の観測数が2600，2600，2600，2600，2600，2600，2600，4700，4700，10200，10200，10200，10200，10200，10200，10200であったと考えると，2021年の6月では，3000匹以上10000匹以下のホタルが観測された日数は～～を付けた2日間である。③は正しくない。　④　2019年の6月の箱ひげ図において，第3四分位数は2000匹未満，最大値は6000匹より多いことから，2019年の6月の，4000匹以上のホタルが観測された日数は30－23＝7日以下である。また，2021年の6月の箱ひげ図において，第2四分位数(中央値)は4000匹より多いから，2021年の6月の，4000匹以上のホタルが観測された日数は30－15＝15日以上である。これより，4000匹以上のホタルが観測された日数は，2021年の6月は2019年の6月の$\dfrac{15}{7}=2\dfrac{1}{7}$(倍)以上である。④は正しい。

3　(図形と関数・グラフ)

(1)　点Bのx座標をsとする。点Aの座標はA(4，－3)　また，直線ABとy軸との交点をEとすると

$E(0,\ -3)$　$\triangle OBA=\frac{1}{2}\times AB\times OE=\frac{1}{2}\times(4-s)\times\{0-(-3)\}=6-\frac{3}{2}s$　これが9となるとき，$6-\frac{3}{2}s=9$　これを解いて，点Bのx座標は，$s=-2$

(2)　求める点Aのx座標をtとすると，$A(t,\ -3)$　また，四角形DBACが正方形となるとき，四角形DBACはy軸に関して対称な図形となるから，$B(-t,\ -3)$，$C\left(t,\ \frac{1}{4}t^2\right)$　これより，$AB=t-(-t)=2t$，$CA=\frac{1}{4}t^2-(-3)=\frac{1}{4}t^2+3$　四角形DBACが正方形となるとき，AB=CAだから，$2t=\frac{1}{4}t^2+3$　整理して，$t^2-8t+12=0$　$(t-2)(t-6)=0$　$t=2,\ 6$

[4]　(相似の証明，円の性質)

(証明)　(例)△AECと△ABDにおいて，半円の弧に対する**円周角**であるから∠ACE=∠ADB…①　平行線の**錯角**であるから∠CAE=∠ADO…②　OA=ODであるから∠ADO=∠DAB…③　②，③より，∠CAE=∠DAB…④　①，④より，2組の角がそれぞれ等しいから△AEC∽△ABD

[5]　(一次関数，関数とグラフ，グラフの作成)

(1)　2点(0，100)，(4，92)を通る直線だから，$y=ax+100$とおいて(4，92)の座標を代入すると，$92=a\times4+100$　$a=-2$　よって，荷物を載せない場合の一次関数の式は$y=-2x+100$

(2)　(グラフ)　ドローンが片道にかかる時間は，$12\div1.2=10$(分)　問題図2のグラフは，2点(0，100)，(4，82)を通る直線とみることができるから，その傾きは$\frac{82-100}{4-0}=-\frac{9}{2}$　これより，5kgの荷物を載せる場合，バッテリー残量は毎分$\frac{9}{2}$%ずつ減少するから，ドローンがQ島の港に着いたとき，バッテリー残量は$100-\frac{9}{2}\times10=55$(%)である。また，荷物を載せない場合は，(1)より直線の傾きが−2であることから，バッテリー残量は毎分2%ずつ減少し，ドローンがP島の港に戻ってきたとき，バッテリー残量は$55-2\times10=35$(%)である。以上より，求めるグラフは3点(0，100)，(10，55)，(20，35)を直線で結んだ折れ線のグラフとなる。

(説明)　(例)往復で20分かかるが，20分後のバッテリー残量は35%である。バッテリー残量が30%以下にならないため，A社のドローンは宅配サービスに使用できる。

[6]　(確率)

(1)　太郎さんのカードの取り出し方は，全部で[1]，[2]，[3]，[4]の4通り。このうち，太郎さんが移動させた後のコマの位置が，頂点Bであるのは，[1]のカードを取り出すときの1通り。よって，求める確率は$\frac{1}{4}$

(2)　(理由)　(例)先にカードを取り出す太郎さんが勝つ確率は$\frac{1}{6}$であり，後からカードを取り出す次郎さんが勝つ確率は$\frac{1}{4}$である。先にカードを取り出す人が勝つ確率より，後からカードを取り出す人が勝つ確率の方が大きいから，後からカードを取り出す人が勝ちやすい。　(補足説明)2人のカードの取り出し方とその勝敗を(太郎さんの取り出したカード，次郎さんの取り出したカード，勝敗)の形で表すと，全ての場合は([1]，[2]，太郎さんの勝ち)，([1]，[3]，太郎さんの勝ち)，([1]，[4]，引き分け)，([2]，[1]，引き分け)，([2]，[3]，次郎さんの勝ち)，([2]，[4]，引き分け)，([3]，[1]，引き分け)，([3]，[2]，次郎さんの勝ち)，([3]，[4]，引き分け)，([4]，[1]，次郎さんの勝ち)，([4]，[2]，引き分け)，([4]，[3]，引き分け)の12通り。これより，先にカードを取り出す太郎さんが勝つのは，～～を付けた2通りだから，その確率は$\frac{1}{6}$であり，後からカードを取り出す次郎さんが勝つのは，＿＿を付けた3通りだから，その確率は$\frac{1}{4}$である。

＜英語解答＞

[1] 問題A　No. 1　イ　No. 2　エ　No. 3　ウ　問題B　(例)What kind of books did you borrow?　問題C　(例)I agree.　If you ask him what he wants, he can get the things he wants and will be happy.

[2] 1　ウ　2　(例)good　3　い　4　(記号)　ウ　(日にち)　28　5　エ

[3] 1　(例)(1)　Yes, he did.　(2)　She started to work at Alfred's studio.
2　want people to use my furniture　3　ウ　4　(例)learn　5　ア，イ
6　(例)makes you feel warm and comfortable when you read books

[4] (例)問題A　ア　We played the guitar.　イ　let's get some information on the Internet　問題B　(記号)　イ　(理由)　They will see the beautiful sea. They can also get something nice at a souvenir shop.

＜英語解説＞

[1] (リスニング)

放送台本の和訳は，57ページに掲載。

[2] (会話文問題：メモ・表を用いた問題，語句補充，文の挿入)

(全訳)　京花：ヘレン，私たちは今年の夏に映画を見に行くことと，動物園へ行くことを予定しているわね。他に行きたいところはある？[あ]

ヘレン：ええ。私は日本の歴史に興味があるから，もみじ市のどこか歴史的な場所に行ってみたいわ。何かアイディアはあるかしら？

京花　：あるわ，英語で$_{A}$書かれたウェブサイトを紹介できるわ。これを見て！　[い]3つのツアーがあるのよ。

ヘレン：どのツアーを選んだらいいのか分からないわ。助けてくれる？

京花　：もちろんよ，お助けするわ。

ヘレン：ありがとう。これが私のスケジュールよ。

京花　：分かったわ。このツアーはどうかしら？　あなたに$_{B}$ぴったりだと思うわ，だってあなたは歴史的な場所に興味があるでしょう。[う]

ヘレン：良さそうね，でも私はお肉を食べるのが好きではないの。

京花　：それじゃあ，このツアーはどう？　この町の最も歴史的な場所に行くのよ。私のお気に入りの場所なの。私たちの町の歴史についても学ぶことができるわ。私があなただったら，このツアーを選ぶわ。

ヘレン：このツアーが一番気に入ったわ，でも2学期が始まる前日に疲れたくないわ。

京花　：分かったわ。それなら日曜日のこのツアーに参加すればいいわね。[え]

ヘレン：でもその日は一緒に出かける予定があるわよ。

京花　：計画を変更すればいいわ。もし計画を変更したくなければ，このツアーを選ぶことができ

るわよ。きれいなお花や木々，石を見るの。伝統的な日本の服も着るのよ。火曜日は空いているわよね。

ヘレン：このツアーもいいと思うわ，でも少し値段が高いわね。私たちの計画を変更してもいいかしら？

京花　：もちろんいいわ。C私と一緒にいつ動物園に行きたい？

資料1

もみじ市を楽しもう！

外国から来る方々のための面白いツアーを用意しています。私たちの1日ツアーに興味がありましたら，参加してください！

ツアー1：お寺と神社

もみじ市にはたくさんのお寺と神社があり，そのうちのいくつかを見ることができます。日本の歴史に興味があれば，この楽しいツアーを選ぶとよいでしょう。

日付：8月15日(月)／8月21日(日)　　時間：11：00～16：00

料金：3000円(すき焼き店での昼食を含む)

ツアー2：着物写真撮影

美しい着物を着てみたいと思いませんか？　着物レンタル店でお好きな着物を選ぶことができます。ツアーの案内人がとても古い日本の庭園であなたの写真を撮影します。

日付：8月16日(火)／8月23日(火)　　時間：14：00～17：00

料金：5000円(着物のレンタル代を含む)

ツアー3：もみじ市博物館ともみじ城

この町には長い歴史があります，そしてもみじ市博物館はその歴史を教えてくれるのです。もみじ城も訪ねます。この町の歴史に興味があれば，このツアーが最も良い選択です。

日付：8月25日(木)／8月28日(日)　　時間：10：00～14：00

料金：2500円(昼食代を含まない)

資料2

8月

15　月曜日	
16　火曜日	
17　水曜日	バレーボールの練習(10：00～11：00)
18　木曜日	
19　金曜日	サッカーの試合観戦(13：00～)
20　土曜日	ホストファミリーと夏祭りに行く(16：00～)
21　日曜日	京花と映画を見てランチをする(9：00～14：00)
22　月曜日	
23　火曜日	
24　水曜日	バレーボールの練習(10：00～11：00)
25　木曜日	
26　金曜日	2学期始業
27　土曜日	ホストファミリーと夕食に行く(18：00～)
28　日曜日	京花と動物園へ行き，ランチをする(9：00～14：00)

1　全訳参照。write の過去分詞 written で「書かれた」という受け身の意味を表すので，ウが

適切。written in English が a website を後ろから修飾している。**(分詞の形容詞的用法)**

2 全訳参照。 good for ～＝～に適している，よい

3 全訳参照。京花がウェブサイトを見せて内容を紹介する場面なので，いが適当。

4 全訳参照。京花の5番目の発言から会話の最後までの内容，及び資料2に注目。

5 全訳参照。資料2のヘレンの8月28日の予定に注目。参加を希望しているツアーの日にちとかぶっているので，変更するのは動物園へ行く日。

3 (長文読解問題・紹介文：英問英答，語句の並べ換え，語句補充，内容真偽，条件・自由英作文)

(全訳) 和子の父は家具職人で家具工房を持っています。和子は子どもの頃，どのように父が家具を作るのかをとてもワクワクして見ていました。彼は和子が小学校に入学した時，彼女のために木の椅子を作ってくれました。彼女はとても喜んで毎日その椅子に座っていました。彼女は父の家具が好きでした。

和子は高校を卒業すると父の家具工房で働き始めました。彼女は家具を作るために使う木の種類について学びました。例えば，木がどのくらいかたいか，あるいは柔らかいかを学びました。彼女の父は彼女にいつもこう言いました，「私は①人に何年も私の家具を使ってほしいんだ。だからいつも私の家具に最適な木を選ぶのだよ。」和子は父の考え方が好きで彼のように働こうと努力しました。しかし彼女は家具を作る時，何かが欠けていると感じていました。

2010年のある日のこと，一人の男性が工房を訪れました。彼の名前はアルフレッドといい，デンマークの家具職人でした。和子は彼に工房を案内しこう言いました，「私は家具を作る時にはいつも木のあたたかさについて考えています。」 アルフレッドは彼女の家具を見て言いました，「②君の考えは良いよ，でも僕たちはデザインのあたたかさについても考えているよ。君の家具は素敵だけれど，もっと良くなる可能性があるよ。」それから彼はこう言いました，「僕の工房に来ないかい？」1週間後，和子は3か月間デンマークの家具づくりについて学ぶことに決めました。

2010年12月，和子はデンマークへ行き，アルフレッドの工房で他の家具職人たちと共に働き始めました。彼らは木とデザインについて多くのことを知っていました。彼らの家具は美しい曲線を描いていて，和子はそのデザインはあたたかいと感じました。彼女は彼らと話して，あることに気付きました。多くの人は家で長い時間を過ごすのです，デンマークでは冬がとても寒く長いからです。彼らは寒い土地で快適な生活を送ろうとするのです。だから，彼らはあたたかさを感じる家具を欲しいと思うのです。

和子はそれについてアルフレッドに話をすると，彼は和子に聞きました，「ヒュッゲという言葉を知っているかな？」「いいえ，知りません」と和子は答えました。アルフレッドは言いました，「この言葉はあたたかさや快適さを感じる時に使うんだ。例えば，僕は家族と一緒に暖炉の前で椅子に座る時にヒュッゲと感じるよ。僕たちは僕たちの生活にとってヒュッゲはとても大切だと考えているんだ。だから，家具を選ぶ時には，それについてとてもよく考えるのだよ。」和子はヒュッゲという言葉が気に入りました。彼女は父に作ってもらった彼女の木の椅子を思い出しました。そのデザインはシンプルでしたが，それに座ると，いつも心地よく感じました。彼女は，父はこの言葉を知らないけれど父の考え方はヒュッゲと似ていると思いました。

和子は春に日本に帰ってきました。彼女は家具を作る時，いつもヒュッゲという言葉について考えました。ある日，和子の父が彼女にこう言いました，「君の家具はあたたかそうだね。いいと思うよ。」彼女は彼に言いました，「デンマークでの経験が私を変えてくれたのよ。」

1 (1) (問題文訳)和子の父は，彼女が子どもの時和子のために椅子を作りましたか？／(解答例訳)はい，作りました。

第1段落3文目参照。 (2) (問題文訳)和子はデンマークへ行った時，どこで働き始めましたか？／(解答例訳)彼女はアルフレッドの工房で働き始めました。第4段落1文目参照。

2 全訳参照。 (I) want people to use my furniture (for long time.) **<want +人+ to ～>**で「(人)に～してほしい」

3 全訳参照。 下線部②直前の和子の発言に注目。ウの「木のあたたかさについて考えることは大切だ」が適切。

4 全訳参照。 learn は，勉強したり練習したりして知識や技術を身につけること。(study は，ある知識を得るために勉強すること。)

5 全訳参照。 ア 和子は子どもの頃，父がどのように家具を作るのかを見るのが好きだった。(○) 第1段落2文目参照。 イ アルフレッドは，和子の家具を見た時にもっと良くなると思った。(○) 第3段落下線部②を含む一文参照。 ウ 和子はデンマークで木の椅子を買った時，ヒュッゲだと感じた。 エ 和子は12月にデンマークから日本に帰ってきた。

6 (問題文・解答例訳) お客：あなたの家具が気に入りました。素晴らしいです！ 私に椅子を作っていただけますか？／和子：もちろんです。それをどこに置きたいと思っていらっしゃいますか？／お客：そうですね，私の部屋に置きたいです。毎晩そこで本を読むのです。／和子：分かりました。読書をされる時に，あたたかさと心地よさを感じる椅子をお作りします。本文中のアルフレッドや和子，和子の父の言葉がヒントになるだろう。

4 (自由・条件英作文)

(問題文・解答例訳) 問題A ① 洋子，君のクラブは昨日高齢者介護施設に住む年配の方々へのボランティア活動をしたんだね。彼らのためにどんなことをしたの？ ② ア私たちはギターを弾いたのよ。お年寄りの皆さんはオンラインで私たちの音楽を聴いて楽しんでくださったわ。 ③ それはいいね。僕も参加したいな。次回はお年寄りに何をする予定なの？ ④ 皆さんに甘いお菓子を作るつもりよ。あなたも来るといいわ！ でも，まだ何のお菓子を作るか決めていないの。 ⑤ お年寄りが若い頃に人気のあったお菓子はどうかな？ ⑥ それはいいアイディアね。でもそういうお菓子についてよく知らないわ，イインターネットで情報を集めましょう。

問題B (解答例訳)綺麗な海が目に入ります。また，土産物店で素敵なものを買うこともできます。アの場合は，They can enjoy shopping at souvenir shops on the way to the hotel. And they can eat *sushi* for dinner. (ホテルへ行く途中にある土産物店で買い物を楽しむことができます。夕食に寿司を食べることもできます。)などと表現できる。

2022年度英語　聞き取り検査

〔放送台本〕

英語の検査を開始します。はじめに，1番の問題についての説明を行います。

1番目の問題には，問題A，問題B，問題Cの3種類の問いがあります。問題Aは対話と質問，問題Bは対話，問題Cは英文を放送します。これらはすべて2回ずつ放送します。メモをとっても構いません。では，問題Aを始めます。

問題A

これから，No.1～No.3まで，対話を3つ放送します。それぞれの対話を聞き，そのあとに続く質問の答えとして最も適切なものを，ア～エの中から選んで，その記号を書きなさい。

No. 1 A: Tom, what are you looking for?
B: I'm looking for my key. I usually put it on the desk, but it's not there.
A: Well, I have seen it on the bed or by the window before.
B: I have already checked those places.
A: Look. There is something under the desk. What's that?
B: Oh, it's my key! Why is it there?
Question No. 1: Where is Tom's key?

No. 2 A: Mr. Jones, look at this graph. I asked my classmates what they drink with breakfast.
B: Milk is the most popular, right?
A: Yes. I didn't think milk would be so popular.
B: Kana, what do you drink?
A: I drink tea, but coffee is more popular than tea. What do you drink?
B: I drink orange juice.
A: In my class, only two students drink orange juice.
B: I see.
Question No. 2: Which graph are Mr. Jones and Kana looking at?

No. 3 A: James, have you finished your homework?
B: No, I haven't, but I will finish it soon.
A: Do you have any plans after that?
B: Yes, I'm going to clean my room. Then I'm going to practice the piano. What's the matter, Mom?
A: I'm cooking dinner and need more eggs. Can you go shopping?
B: Sure. I'll go soon after I finish my homework. Is there anything else you need?
A: Yes. I also need some apples.
B: OK. I'll buy them, too.
Question No. 3: What will James do first after he finishes his homework?

〔英文の訳〕

No.1 A：トム，何を探しているのですか？
B：鍵を探しているのです。普段は机の上に置くのですが，そこにないのです。
A：ええと，前にベッドの上や窓のそばにあるのを見ましたよ。
B：その場所はもう確認しました。
A：見てください。机の下に何かありますよ。あれは何ですか？
B：ああ，僕の鍵です！ どうしてそこにあるのだろう？
質問1：トムの鍵はどこにありますか？

No.2 A：ジョーンズ先生，このグラフを見てください。朝食の時何を飲むかクラスメイトに聞きました。
B：牛乳が一番人気がありますね？
A：はい。牛乳がそんなに人気だとは思いませんでした。
B：カナ，君は何を飲みますか？

A：私はお茶を飲みます，でもお茶よりもコーヒーの方が人気です。先生は何を飲みますか？
B：私はオレンジジュースを飲みます。
A：私のクラスでは，オレンジジュースを飲む人は2人しかいません。
B：そうですね。
質問2：ジョーンズ先生とカナが見ているのはどのグラフですか？

No.3 A：ジェイムズ，宿題は終わった？
B：まだだよ，でもすぐに終わらせるよ。
A：その後は何か予定はあるの？
B：うん，自分の部屋を掃除するつもりだよ。それからピアノを練習するよ。どうしたの，お母さん？
A：夕食を作っているんだけど，もっと卵がいるのよ。買い物に行ってくれる？
B：もちろんいいよ。宿題が終わったらすぐに行くよ。他に必要なものはある？
A：ええ。いくつかリンゴもいるの。
B：分かったよ。それも買って来るよ。
質問3：ジェイムズは宿題が終わったら最初に何をしますか？
答え　：ウ　彼は買い物に行きます。

〔放送台本〕

次に問題Bに入ります。これから放送する対話は，留学生のマイクと高校生の広子がある話題に関して話したときのものです。下の【対話】に示されているように，まず①でマイクが話し，次に②で広子が話し，そのあとも交互に話します。あなたがマイクなら，この話題に関しての対話を続けるために，⑤で広子にどのような質問をしますか。⑤に入る質問を英文で書きなさい。

問題B

Mike: I saw you at the station yesterday. Where did you go?
Hiroko: I went to the library, because I like reading books.
Mike: How often do you go there?
Hiroko: I go there every week. I borrowed a lot of books yesterday.
Mike: (チャイム)

〔英文の訳〕

マイク：昨日駅で君を見かけたよ。どこに行ったの？
広子　：図書館に行ったのよ，本を読むのが好きだから。
マイク：図書館へはどのくらいよく行くの？
広子　：毎週行くわ。昨日はたくさん本を借りたのよ。
マイク：(解答例訳)どんな本を借りたの？

〔放送台本〕

問題Cに入ります。これから放送する英文は，留学生のキャシーが高校生の次郎に対して話したときのものです。キャシーの質問に対して，あなたならどのように答えますか。あなたの答えを英文で書きなさい。なお，2文以上になっても構いません。

問題C

It's my father's birthday soon. I'd like to give him something, but I don't know what he wants. So I asked one of my friends what I should give him. She said, “You should ask him what he wants for his birthday.” What do you think about this idea? And why do you think so?

〔英文の訳〕

私のお父さんの誕生日がもうすぐなの。何かプレゼントをあげたいんだけど，お父さんが何が欲しいか分からないのよ。だから友だちの1人に，お父さんに何をあげたらいいか相談したの。彼女はこう言ったのよ，「誕生日に何が欲しいかお父さんに聞いた方がいいわ。」 このアイディアについてあなたはどう思う？ そしてどうしてそう思うの？

(解答例訳) 私は賛成です。彼に欲しいものを聞けば，彼は欲しいものがもらうことができて喜ぶでしょう。

＜理科解答＞

1 1 (1) エ (2) 表面積が大きくなるため。
2 (1) A イ B エ C ア D ウ
(2) E イ F 逆流しない 3 G エネルギー H 呼吸数や心拍数を増やす I 1回の拍動で心室から送り出される血液の量が増えている

2 1 A 陽イオン B 陰イオン 2 C ウ D オ 3 E 硫酸銅水溶液中の銅イオンが電子を受け取って銅原子になって付着する
ⓘ $Zn^{2+}+2e^{-}$ ⓘⓘ $Cu^{2+}+2e^{-}$
4 (1) イオンへのなりやすさ (2) エ

3 1 日周運動 2 ア 3 (1) A 66.6 B 1日中昇らない (2) 79.2
4 (1) 影が見えなくなる (2) 太陽の南中高度が低く，同じ面積の地面が太陽から得るエネルギーは小さい

4 1 (1) a 振動[ふるえ] b 同じ速さ
(2) 344 2 上図1 3 (1) 右図2
(2) ウ

図1

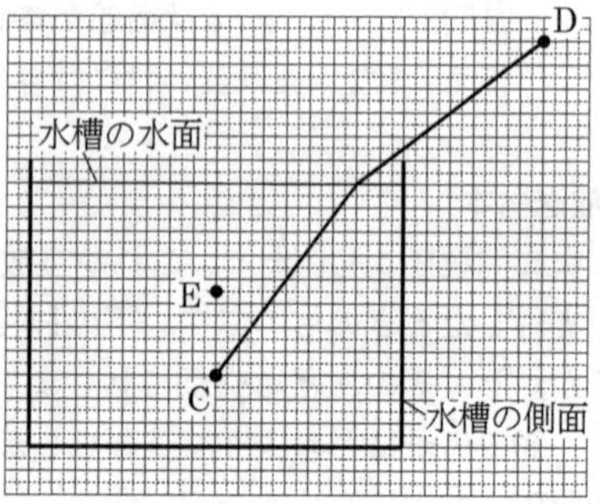

図2

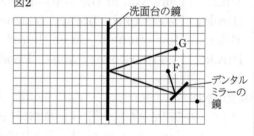

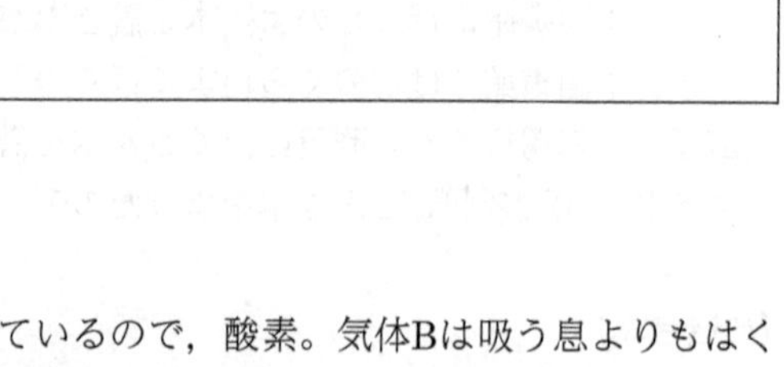

＜理科解説＞

1 **(動物の体のつくりとはたらき)**

1 (1) 気体Aは吸う息よりもはく息のほうが減っているので，酸素。気体Bは吸う息よりもはく息のほうが増えているので，二酸化炭素。 (2) 毛細血管と空気のふれる表面積が増えるので，気体の交換効率が良くなる。

2 (1) 全身から心臓に帰ってきた血液は，右心房→右心室→肺→左心房→左心室→全身→右心房のように循環する。 (2) 静脈には，血液の逆流を防ぐための弁が，ところどころについている。

3 G **細胞の呼吸**によって，栄養分から酸素を使ってエネルギーを取り出している。 H・I 多

くの酸素を全身に送るためには，拍動数を多くしたり，1回の拍動で送り出す血液の量を増やして，調節している。

2 (電池とイオン)

1　電離とは，電解質の物質が水に溶けて，陽イオンと陰イオンに分かれる現象である。

2　ダニエル電池などの電池は，化学エネルギーから電気エネルギーを取り出している。

3　E　銅の表面では，水溶液中の銅イオンが電子を2個受け取り，銅原子になる反応が起こっている。　ⅰ　亜鉛原子が亜鉛イオンになって水溶液中に溶け出すと同時に，2個の電子を電極に残している。　ⅱ　水溶液中の銅イオンが，2個の電子を受け取って銅原子になっている。

4 (1)　電池において，使う金属の種類や組み合わせによって，得られる電圧が変化するのは，金属にはイオンへのなりやすさに違いがあるからである。　(2)　イオンへのなりやすさ(F)の違いが大きいほど電圧が大きくなると問題文にあることから，ダニエル電池で得られた電圧は，銅板と亜鉛板のイオンへのなりやすさの違いを表している。また，電池Ⅰで，亜鉛板をマグネシウム板に変えると，1.68Vと電圧が大きくなっている。これは，亜鉛板よりもマグネシウム板を使ったことによって，銅板に対してイオンへのなりやすさの違いが大きくなったといえる。よって，銅板のかわりに亜鉛板をつないだ場合，電圧は亜鉛板とマグネシウム板のイオンへのなりやすさのちがいを表す値となるので，Gは電池Ⅰの電圧よりも小さくなると考えられる。また，イオンへのなりやすさは，**銅＜亜鉛＜マグネシウム**なので，電池Ⅱでは亜鉛板がイオンになりにくく，＋極となる。

3 (天体)

1　地球の自転によって，天体が1日に地球のまわりを1周して見える見かけの動きを，日周運動という。

2　同じ地点で観測した場合，冬至の日と秋分の日で，太陽の動く道筋や南中高度は変化するが，2つの道筋は平行になる。また，冬至の日の南中高度は，1年で最も低くなる。

3 (1)　A　太陽が1日中沈まない現象を見ることができるのは，図2で公転面に垂直な方向にのびる点線が北半球の地表を通り抜けた地点よりも北極側の地点にいる場合である。この地点の緯度は，90°－23.4°＝66.6(°)である。　B　この日，南極点には，1日中太陽が当たらない。

(2)　**夏至の日の南中高度(°)＝90°－(緯度(°)－23.4°)**より，90°－34.2°＋23.4°＝79.2(°)

4 (1)　棒の真上から太陽が当たるとき，光電池の面に太陽の光が垂直に当たっていることになる。このとき，棒の影はできない。　(2)　南中高度が低い場合，同じ面積に受ける光の量が少なくなるため，地温があまり上がらず，よって気温も上がらない。

4 (光・音)

1 (1)　a　音源が振動することで音が発生する。音源の振動が空気中を波のように伝わっていくことで，周囲で音が聞こえる。　b　音源が異なっていても，音が空気中を伝わる速さは一定である。　(2)　メトロノームAとBが同時に聞こえることから，メトロノームAから出た音は，0.25秒かけて点Pに届く。よって，音の秒速は，86〔m〕÷0.25〔s〕＝344〔m/s〕

2　Dから見てEの方向に金魚が見えるので，DとEを結ぶ。この直線と水面の交点で，Cから出た光は屈折してDまで届く。

3 (1)　Fの像は，デンタルミラーの鏡を対称の軸とした位置にできる。これをF′とする。Gから見ると，洗面台の鏡にF′の像が見えているので，洗面台の鏡を対称の軸として，F′の像の位置を作図する。これをF″とする。GとF″を結ぶ直線を引き，この直線と洗面台の鏡との交点をXとする。また，XとF′を結ぶ直線を引き，この直線とデンタルミラーの鏡の交点をYとする。光の道筋は，F→Y→X→Gとなる。 (2) 鏡で反射した光でつくられた像は**左右が逆になって見える**が，2回反射してできた像は，はじめと同じ状態になる。デンタルミラーと洗面台の鏡で2回反射した像は，実物と同じように見える。

<社会解答>

[1] 1 等高線 2 a 鹿児島 b (例)三つの都市では，2010年までに新幹線が整備されていたのに対して，鹿児島では，2010年から2014年の間に福岡・八代間で新幹線が整備された 3 偏西風 4 (記号) A (理由) (例)日本の方が東西や南北に国土が広がり，島も多いので，航空機と船舶の利用の割合が高いため。

5 (利用者の立場からの利点) (例)希望時刻に，希望場所に近いバス停で乗車できるので，便利になる点。 (運航会社の立場からの利点) (例)利用者の予約状況に応じてAIが算出した経路で運行できるので，効率的に運行でき，運行にかかる経費を削減できる点。

[2] 1 ア 2 (例)安定的に供給することによって国民の生活を守るため。

3 A 競争 B 公正取引委員会 4 イ

[3] 1 エ 2 (1) ア (2) イ 3 二毛作 4 エ 5 (例)ランプ

6 (和食の特徴) (例)B (取り組み) (例)外食の日常化やインスタント食品の普及によって家庭内で調理をする機会が減っているので，正月に地域の子供と大人が集まり，共に調理して食べる。

[4] 1 (例)グラフⅠから，上水道の普及率の低い国は一人当たり国内総生産が低い傾向にあることが分かる。このことから，上水道の普及率を上げて「6」の目標を達成するためには，一人当たり国内総生産を増加させて，「1」の目標を達成していくことが必要であると考えられるため。 2 A (例)畑や水田の肥料 B (例)農村へ運び出された

3 (記号) ア (c) (例)産業が発達することによって，水の使用量が大幅に増加する

<社会解説>

[1] **(地理的分野―日本―地形図の見方，日本の国土・地形・気候，交通・通信，世界―地形・気候)**

1 まとめの文中の「道路の高低差を小さくする」から判断する。地形図Ⅰ中の高速道路に並行して**等高線**が見える。

2 東京から鹿児島までの移動時間について，資料Ⅰから，2010年は約8時間だったのに対して2014年は約6時間に短縮していることが読み取れる。また，地図Ⅰから，2010年時点で福岡までしか新幹線が開通していないことが読み取れる。

3 西から東に向かう往路の方が約2時間短いことから判断する。**偏西風**とは，1年中西から吹く風のこと。

4 Aの方が航空機の割合が多いことから判断する。日本は島国であることから，ドイツと比べて鉄道や自動車での移動の割合が少なくなる。

5 それぞれの立場からの利点を，指定語句から考える。利用者の立場からの利点については乗車方法の便利な点，運行会社の立場からの利点については運行経路と運行間隔の効率的な点を読み

取る。

2 (公民的分野—財政・消費生活・経済一般)

1　12月はクリスマスケーキの需要が多いことから判断する。

2　電気やガス，水道などは，それぞれの地域で供給者が独占状態であることが多く，市場価格の原理を用いると価格が高騰してしまうことになる。

3　A　まとめの文中の「消費者は価格によって小売店を選べなくなる」などから判断する。
B　公正取引委員会は，独占禁止法の目的を達成するために設置されている。

4　まとめの文中の「財やサービスを選択する」から判断する。

3 (歴史的分野—日本史—時代別—旧石器時代から弥生時代，古墳時代から平安時代，鎌倉・室町時代，安土桃山・江戸時代，明治時代から現代，日本史—テーマ別—政治・法律，経済・社会・技術，文化・宗教・教育，世界史—政治・社会・経済史)

1　奴国の王が漢に使いを送ったのが57年。ア・ウが古墳時代，イが縄文時代の様子。

2　(1)　飛鳥時代末には，天皇を中心とする中央集権国家体制が確立していた。イが平安時代，ウが江戸時代，エが鎌倉時代のしくみ。　(2)　まとめの文中の「特産物」などから判断する。

3　二毛作は，鎌倉時代に畿内で始まり，室町時代には全国に広まった。

4　バスコ＝ダ＝ガマがインド航路を発見した15世紀末以降，ヨーロッパからアジアへはアフリカ南端のケープタウンを経由してインド洋を横断する航路が用いられた。

5　資料Ⅲは，明治時代初期の文明開化の様子。ランプの他にも洋服，男性の短髪(ざんぎり頭)などの解答も可。

6　Aを選択する場合は季節感，Cを選択する場合は健康的な食文化，Dを選択する場合は食文化の多様性に着目し，資料Ⅴ中のどの部分の内容を踏まえて考えたかを明記し，具体的な取り組みを提案する内容であればよい。

4 (時事問題)

1　一人当たり国内総生産(GDP)の数値が低いほど貧困世帯の割合が高い国となり，グラフⅠの左下に位置する国ほど貧困世帯が占める割合が高く，上水道の普及率が低いことが読み取れる。

2　かつて欧米では，都市への人口集中によりし尿処理ができず道路などに投棄されたため，各地で伝染病が流行した。

3　aはグラフⅢ，bは表Ⅰの内容から，それぞれ判断する。国内総生産が大幅に増加しているアフリカでは農業の発展や工業化の進展が見込まれ，それらにともなう水使用の増加が予想される。

＜国語解答＞

一　1　㋐　かざ　㋑　そこ　㋒　しぼ　2　エ　3　(例)師匠や進さんの気持ちに応えるためにも，明日こそは失敗してはいけないという気持ち。　4　(1)　ア　(2)　(例)坂口さんの優しい心遣いに感謝し，葛藤を乗り越えて決意に至るまでの坂口さんの思いに共感し，自分も同じように変わっていこう　5　エ

二　1　㋐　典型　㋑　存在　㋒　喜　2　ウ　3　(例)側芽が頂芽となって成長し，花を咲かせることができる機会。　4　Ⅰ　(例)いのちを復活させる力がある　Ⅱ　(例)花

の生命をいつくしむという心で花材をいけて観賞することは，その生命の有り様を見つめることであり，このことが何よりも花を生かすことにつながっている

三　1　此を知らば　　2　(例)成功すること　　3　(1)　(例)成果を収めるためには，あせらず，準備をすることが大切である　　(2)　(例)中学校で三年間続けた地道な努力は，今後の成功にきっとつながるはずだから，高校でもあきらめず，陸上競技部に入って活動を継続した方がよい。

四　(例)　みんなの意見は，近々行われる行事に関連する絵本で，子供たちの知的好奇心が増すものがいいという点で共通しているね。私は和田さんと同じ意見で，図鑑のような絵本がいいな。海の生き物に関する図鑑のような絵本を読んであげたら，子供たちは，遠足の行き先である水族館での体験を一層楽しめるんじゃないかな。図鑑のような絵本でも，子供たちに問いかけながら読めば，物語の絵本を読み聞かせた場合と同じように，想像力を働かせたり，感情を表現したりできると思うよ。だから，私は図鑑のような絵本で読み聞かせをしたいな。

＜国語解説＞

一　(小説―情景・心情，文脈把握，脱文・脱語補充，漢字の読み，熟語)

1　㋐　訓読みは「かざ・る」。音読みは「ショク」。　㋑　訓読みは「そこ・ねる」。音読みは「ソン」。　㋒　強く押したりねじったりして，ふつう出ないものを無理に出させる。

2　「新鮮」は似た意味の漢字の組み合わせ。ア「攻防」は反対の意味の漢字の組み合わせ。イ「不振」は上の語が下の語を打ち消す熟語。ウ「洗車」は下の語が上の語を修飾する組み合わせ。エ「到達」は似た意味の漢字の組み合わせ。

3　物置に向かう篤の気持ちは，坂口さんとの会話の際の描写に表れている。「『……なんか失敗したからこそ，やらなきゃいけない気がして』――進さんが助けてくれた。師匠も，わざわざ篤に話をしてくれた。明日こそは失敗してはいけない。そう自分に言い聞かせ，篤は物置に籠もった」のだ。ここから，**進さんや師匠の気持ちに応えるために明日こそは失敗しないようにしようという気持ち**を答える。

4　(1)　坂口さんの台詞に対応する本文の部分を読み取る。「坂口さんは真剣な目をしていた」「弟弟子と一緒にトレーニングをしようと決意するまでに，当然葛藤があったはずだ。」とある。ここから坂口さんの台詞は，**考えた末に強い決意を持って発した言葉**として発する必要がある。
(2)　坂口さんは失敗してしまった篤を励まそうとミルクティーを手に物置にきてくれた。ミルクティーを飲んだら，まずこの**坂口さんの優しさへの感謝**がこみ上げるはずだ。そして，坂口さんがプライドを捨てて**さまざまな葛藤の末に再び頑張ろうと決意した姿に，失敗したが次は失敗しないようにしようと思っていた自分が重なって共感を覚え，自分も強くなろうという気持ち**になった。それゆえに，練習を再開したのである。

5　「昨日までとは違い」という直前の描写をふまえる。脳裏にいやな記憶がよみがえっても「それらを振り払うように，見てろよと心の中で呟いた」のだ。篤は頑張る決意をして練習に励んだのだから，**見返してやるという気持ち**を持って，しっかりとした足取りで土俵に上がったのだ。

二　(説明文―大意・要旨，内容吟味，文脈把握，接続語の問題，脱文・脱語補充，漢字の読み)

1　㋐　ある種類の中で，その種類のもつ特徴を一番よく表しているもの。　㋑　いること。あること。　㋒　送り仮名に注意する。「よろこ・ぶ」である。

2　□の前の「一番先端の芽となります」と後の「頂芽」は，同義。従って言い換えを示す「すなわち」を補う。

3　芽にとって**表舞台に出るとは，頂芽になって花を咲かせること**である。したがって，本文の「一番上になった側芽が頂芽として伸び出し，花が咲く」ようになる機会のことだ。ここを用いてまとめる。

4　Ⅰ　心苦しさを感じたとしても「私たちが胸を痛めるほど，植物たちは花を切り取られることを気にしていない」から心苦しさが軽くなるとしている。**なぜ植物が気にしないのかというと植物たちには「いのちを復活させるという力が隠されているから」**だ。この理由を指定字数でまとめよう。気をつけたいのは，側芽が頂芽として伸びて花を咲かせるという具体的な内容を答えようとすると字数が足りなくなる点だ。具体的な説明に入る前に述べられた**植物の力の概要を端的に表した部分**を用いるのがよいだろう。　Ⅱ　空欄では，**花を切り取ることで感じる心苦しさが軽くなる理由**を説明する。いけばなは**「花の生命をいつくしむ心から生まれ」ており，この心を持って花材をいけて観賞することは「その生命の有り様を見つめること」でもあるから，ひいては花をいけるとは「花を生かすこと」なのだ**。したがって心苦しさが軽くなるのである。この文脈にしたがって指定字数でまとめよう。

三　(漢文―大意・要旨，文脈把握，脱文・脱語補充，表現技法・形式)

〈口語訳〉　長く地上に伏せて力を養っていた鳥は，飛べば必ず高く飛び，他よりも先に咲いた花は，散ってしまうことはそれだけ早い。この道理を知っていれば，足場を失ってよろめくことを避けることができ，あせって気持ちがいらだつことも消すことができる。

1　読む順番は，レ点があるので一字返って読み，「此」→「知」となる。

2　大空に羽ばたくことを人に例えたら，広い社会・世界に出ることだ。さらに高いポジションまで上がることを含めれば，**人が社会で成功を収めること**だと読み取れる。

3　(1)　漢文は，急いでもよいことはなく，入念な準備をすれば成功することを述べた。つまり，**良い成果を収めるためには，焦らずにしっかりと準備することが大切だ**と伝えている。

(2)　この中学生は，日々の努力がなかなか実を結ばないことを悩んで，陸上競技を辞めてしまおうと考えている。これに対して漢文の内容をふまえて意見をする。漢文は時間をかけてしっかりと準備をすればいつか必ず良い成果が出るということ述べているのだから，**中学三年間の努力は無駄になるどころか，高校での成果につながるはずだ**ということ，そして，諦めずに高校でも続けるように励ます意見がよいだろう。

四　(会話・議論・発表―作文)

班員の合意を形成するために，**図鑑派も物語派も共通する要素を含む**ことが大切だ。したがって近々行う行事に関連する絵本を扱うこと，子供たちの知的好奇心を高める絵本にすることをまず提案しよう。**その上で，自分は図鑑のような絵本がいいという意見を添える**とよい。そして，実際の読み聞かせの内容について提案をしよう。子供たちは**絵本で知った知識を実際に体験することが好きだと【ノート】**にあり，読み聞かせの時期が九月で，水族館遠足が十月にあることが**【資料2】でわかるので，行事に絡めて**海の生き物図鑑のような絵本を題材にするとよい。さらに，**【資料1】から，子供たちは読み聞かせの絵本について質問することが多いことがわかる**ので，いろいろな問いかけを含めた読み聞かせにすることも提案できる。また，図鑑は物語に比べて想像力や感情の面で劣りそうなので，**それらも十分に補えるような読み方になる工夫も提案すると説得力のある意見になる**だろう。

MEMO

大切なことはメモしておこうネ！

広島県公立高等学校

2021年度

★★★★★★★★★★★★★★★★★★★★★★★★

入 試 問 題

2021年度

●くわしい解説 …… 47ページ

＜数学＞

時間　50分　　満点　50点

$\boxed{1}$　次の(1)～(8)に答えなさい。

(1)　$6-5-(-2)$ を計算しなさい。

(2)　$a=4$ のとき，$6a^2\div 3a$ の値を求めなさい。

(3)　$\sqrt{2}\times\sqrt{6}+\dfrac{9}{\sqrt{3}}$ を計算しなさい。

(4)　方程式 $x^2+5x-6=0$ を解きなさい。

(5)　右の図のように，ＢＣ＝３㎝，ＡＣ＝５㎝，∠ＢＣＡ＝90°の直角三角形ＡＢＣがあります。直角三角形ＡＢＣを，辺ＡＣを軸として１回転させてできる立体の体積は何㎤ですか。ただし，円周率は π とします。

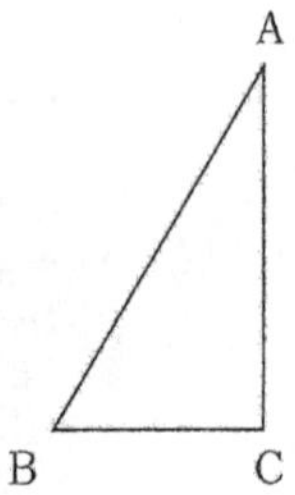

(6)　２点Ａ(1，7)，Ｂ(3，2) の間の距離を求めなさい。

(7)　右の図の①～③の放物線は，下の**ア**～**ウ**の関数のグラフです。①～③は，それぞれどの関数のグラフですか。**ア**～**ウ**の中から選び，その記号をそれぞれ書きなさい。

ア　$y=2x^2$

イ　$y=\dfrac{1}{3}x^2$

ウ　$y=-x^2$

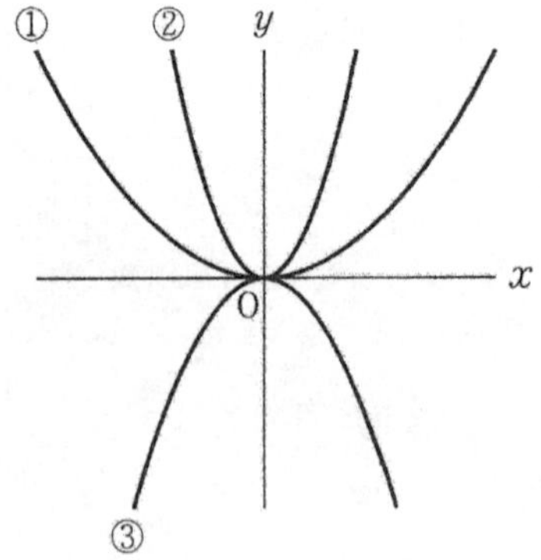

(8)　数字を書いた４枚のカード，$\boxed{1}$，$\boxed{2}$，$\boxed{3}$，$\boxed{4}$ が袋Ａの中に，数字を書いた３枚のカード，$\boxed{1}$，$\boxed{2}$，$\boxed{3}$ が袋Ｂの中に入っています。それぞれの袋からカードを１枚ずつ取り出すとき，その２枚のカードに書いてある数の和が６以上になる確率を求めなさい。

$\boxed{2}$　次の(1)～(3)に答えなさい。

(1)　$4<\sqrt{a}<\dfrac{13}{3}$ に当てはまる整数 a の値を全て求めなさい。

(2)　下の図のように，線分ＡＢ上に点Ｃがあり，ＡＣ＝ＣＢ＝３cmです。線分ＡＣ上に点Ｐをとります。このとき，ＡＰを１辺とする正方形の面積とＰＢを１辺とする正方形の面積の和は，ＰＣを１辺とする正方形の面積とＣＢを１辺とする正方形の面積の和の２倍に等しくなります。このことを，線分ＡＰの長さを$x$cmとして，xを使った式を用いて説明しなさい。ただし，点Ｐは点Ａ，Ｃと重ならないものとします。

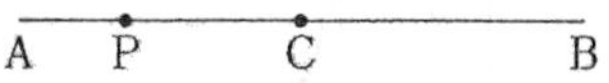

(3)　Ａさんは駅を出発し，初めの10分間は平らな道を，そのあとの９分間は坂道を歩いて図書館に行きました。右の図は，Ａさんが駅を出発してからx分後の駅からの距離をymとし，xとyの関係をグラフに表したもので，$10 \leqq x \leqq 19$のときのyをxの式で表すと$y=40x+280$です。Ｂさんは，Ａさんが駅を出発した８分後に自転車で駅を出発し，Ａさんと同じ道を通って，平らな道，坂道ともに分速160mで図書館に行きました。Ｂさんはその途中でＡさんに追いつきました。ＢさんがＡさんに追いついたのは，駅から何mのところですか。

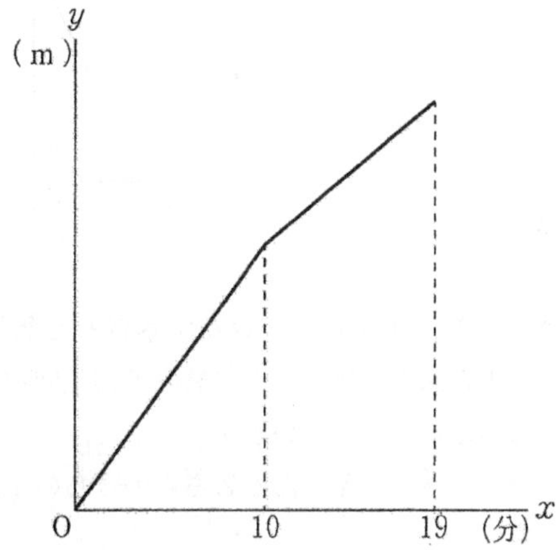

3　右の図のように，AD∥ＢＣの台形ＡＢＣＤがあります。辺ＢＣ上に点Ｅ，辺ＣＤ上に点Ｆを，ＢD∥ＥＦとなるようにとります。また，線分ＢＦと線分ＥＤとの交点をＧとします。ＢG：GＦ＝５：２となるとき，△ＡＢＥの面積Sと△ＧＥＦの面積Tの比を，最も簡単な整数の比で表しなさい。

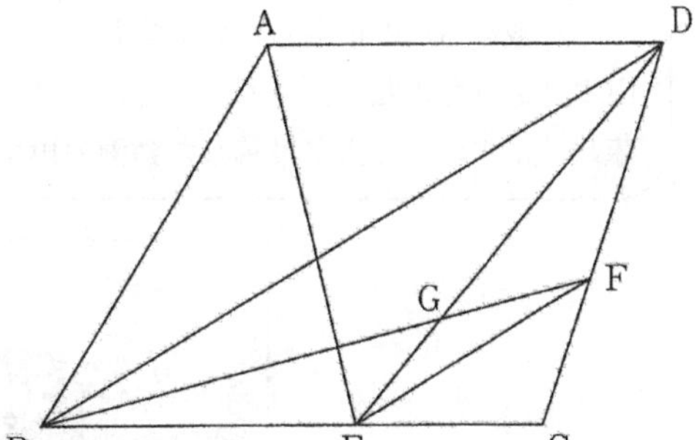

4　次のページの図のように，y軸上に点Ａ(0, 5)があり，関数$y=\frac{a}{x}$のグラフ上に，y座標が５より大きい範囲で動く点Ｂとy座標が２である点Ｃがあります。直線ＡＢとx軸との交点をＤとします。また，点Ｃからx軸に垂線を引き，x軸との交点をＥとします。ただし，$a>0$とします。

次の(1)・(2)に答えなさい。

(1)　$a=8$のとき，点Ｃのx座標を求めなさい。

(2)　ＤＡ＝ＡＢ，ＤＥ＝９となるとき，aの値を求めなさい。

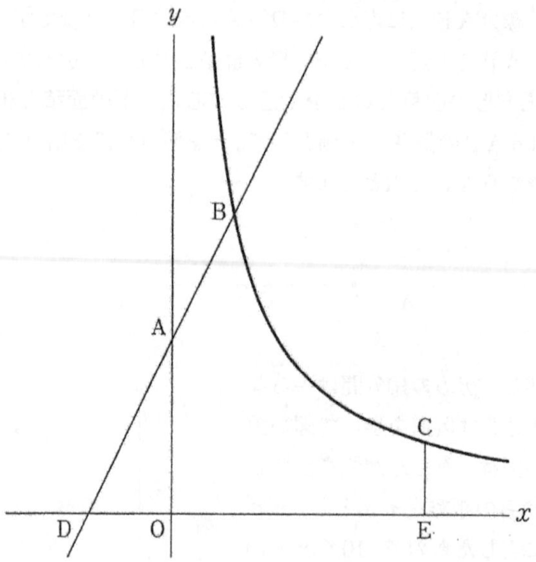

5　Ａ市役所で働いている山本さんと藤井さんは，動画を活用した広報活動を担当しています。山本さんたちは，Ａ市の動画の再生回数を増やすことで，Ａ市の魅力をより多くの人に知ってもらいたいと考えています。そこで，インターネット上に投稿した動画が人気となっているＡ市出身のＸさんとＹさんとＺさんのうちの１人に，Ａ市の新しい動画の作成を依頼しようとしています。

> 山本「Ａ市が先月投稿した動画の再生回数は，今はどれくらいになっているかな？」
> 藤井「先ほど確認したところ，今は1200回くらいになっていました。新しい動画では再生回数をもっと増やしたいですね。」
> 山本「そうだよね。Ｘさん，Ｙさん，Ｚさんの誰に動画の作成を依頼したらいいかな。」
> 藤井「まずは，３人が投稿した動画の再生回数がどれくらいなのかを調べましょう。」

Ａ市が先月投稿した動画の画面

次の(1)・(2)に答えなさい。

(1)　藤井さんは，Ｘさん，Ｙさん，Ｚさんが投稿した動画のうち，それぞれの直近50本の動画について再生回数を調べ，次のページの【資料Ⅰ】にまとめ，山本さんと話をしています。

【資料Ⅰ】再生回数の平均値，最大値，最小値

	平均値（万回）	最大値（万回）	最小値（万回）
Xさん	16.0	22.6	10.2
Yさん	19.2	27.8	10.7
Zさん	19.4	29.3	10.3

藤井「【資料Ⅰ】から，Xさんの再生回数の平均値は，Yさん，Zさんよりも3万回以上少ないことが分かりますね。」

山本「そうだね。それと，①Xさんについては，再生回数の範囲も，Yさん，Zさんよりも小さいね。」

下線部①について，Xさんの再生回数の範囲として適切なものを，下のア～エの中から選び，その記号を書きなさい。

ア　5.8万回　　**イ**　6.6万回　　**ウ**　12.4万回　　**エ**　32.8万回

⑵　山本さんたちは，⑴の【資料Ⅰ】の分析から，A市の新しい動画の作成をYさんかZさんに依頼することにしました。さらに分析をするために，Yさん，Zさんが投稿した動画のうち，直近50本の動画の再生回数のヒストグラムを作成し，下の【資料Ⅱ】にまとめました。【資料Ⅱ】のヒストグラムでは，例えば，直近50本の動画の再生回数が10万回以上12万回未満であった本数が，Yさん，Zさんとも5本ずつあったことを表しています。

【資料Ⅱ】再生回数のヒストグラム

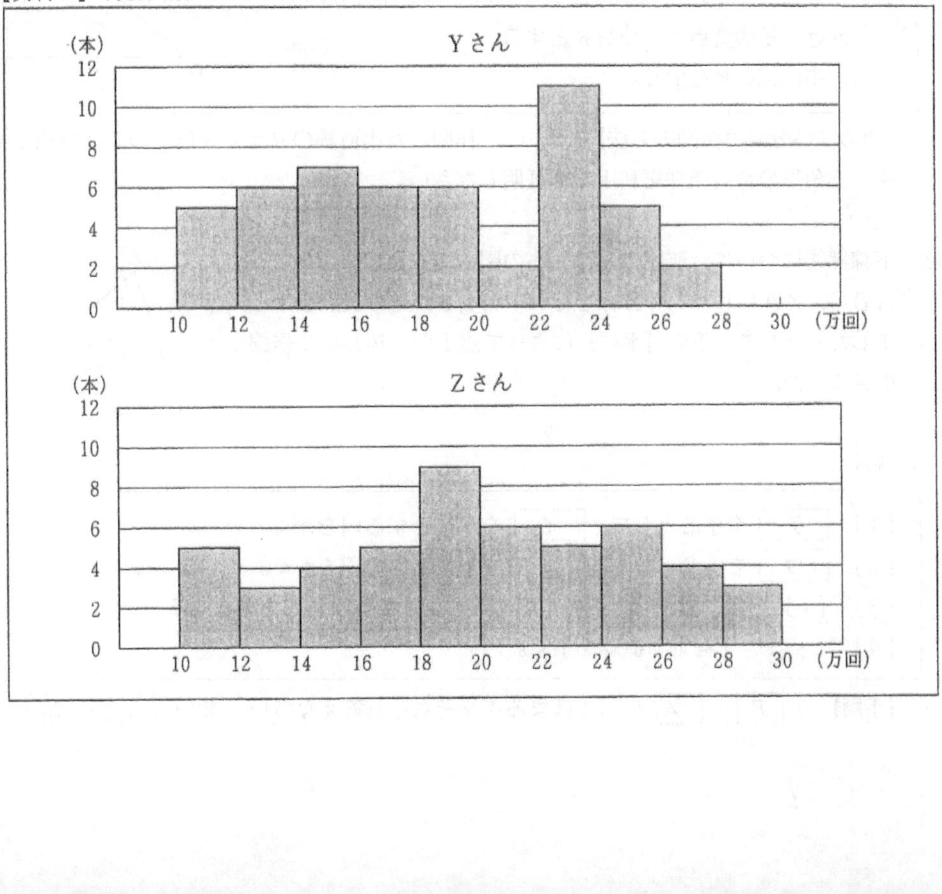

A市の動画の再生回数を増やすために，A市の新しい動画の作成を，あなたなら，YさんとZさんのどちらに依頼しますか。また，その人に依頼する理由を，【資料Ⅱ】のYさんとZさんのヒストグラムを比較して，そこから分かる特徴を基に，数値を用いて説明しなさい。

6　中学生の航平さんは，「三角形の３つの辺に接する円の作図」について，高校生のお兄さんの啓太さんと話をしています。

航平「数学の授業で，先生から，これまで学習したことを用いると，三角形の３つの辺に接する円を作図できると聞いたんだけど，どうやったら作図できるんだろう。」
啓太「①角の二等分線の作図と②垂線の作図の方法を知っていれば，その円を作図できるよ。」
航平「その２つの方法は習ったし，角の二等分線の作図の方法が正しいことも証明したよ。」
啓太「そうなんだね。実は，三角形の２つの角の二等分線の交点が，その円の中心になるんだよ。三角形の３つの辺に接する円の作図には，いろいろな図形の性質が用いられているから，作図をする際には振り返るといいよ。」

次の⑴～⑶に答えなさい。

⑴　下線部①について，航平さんは，下の【角の二等分線の作図の方法】を振り返りました。

【角の二等分線の作図の方法】

〔１〕　点Oを中心とする円をかき，半直線OX，OYとの交点を，それぞれP，Qとする。
〔２〕　２点P，Qを，それぞれ中心として，同じ半径の円をかき，その交点の１つをRとする。
〔３〕　半直線ORを引く。

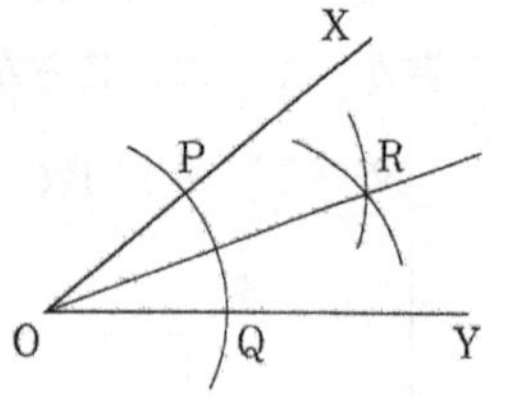

【角の二等分線の作図の方法】において，作図した半直線ORが∠XOYの二等分線であることを，三角形の合同条件を利用して証明しなさい。

⑵　下線部②について，航平さんは，右の図の△ABCにおいて，∠ABC，∠ACBの二等分線をそれぞれ引き，その交点をIとしました。そして，下の【手順】によって点Iから辺BCに垂線を引きました。

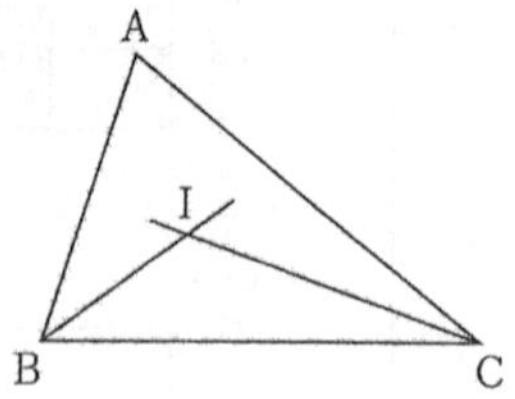

【手順】

〔１〕　ア　を中心として，　イ　を半径とする円をかく。
〔２〕　ウ　を中心として，　エ　を半径とする円をかく。
〔３〕〔１〕，〔２〕でかいた円の交点のうち，Iではない方をJとする。
〔４〕　２点I，Jを通る直線を引く。

【手順】の　ア　・　ウ　に当てはまる点をそれぞれ答えなさい。また，　イ　・　エ　に当てはまる線分をそれぞれ答えなさい。

航平さんは，点Ｉから辺ＢＣに引いた垂線と辺ＢＣとの交点をＤとしました。同じようにして，点Ｉから辺ＣＡ，ＡＢにも垂線を引き，辺ＣＡ，ＡＢとの交点をそれぞれＥ，Ｆとしました。そして，角の二等分線の性質からＩＤ＝ＩＥ＝ＩＦであり，点Ｉを中心とし，ＩＤを半径とする円が，円の接線の性質から△ＡＢＣの３つの辺に接する円であることが分かりました。

⑶　さらに，航平さんは，コンピュータを使って△ＡＢＣの３つの辺に接する円をかき，下の図のように，辺ＢＣをそのままにして点Ａを動かし，△ＡＢＣをいろいろな形の三角形に変え，いつでも成り立ちそうなことがらについて調べました。

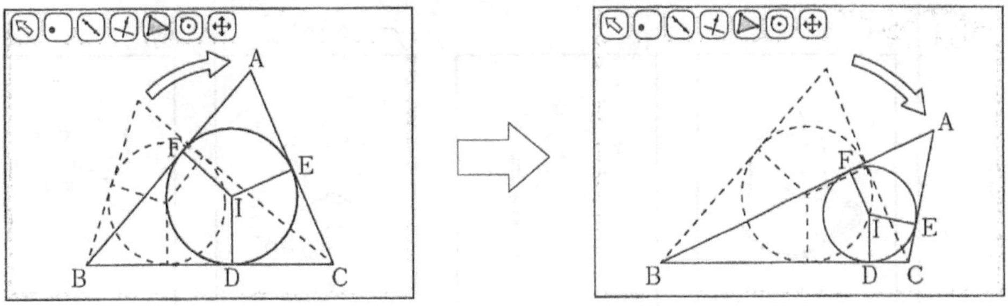

航平さんは，下の図のように，∠ＢＡＣの大きさを，鋭角，直角，鈍角と変化させたときの△ＤＥＦに着目しました。

∠ＢＡＣ が鋭角のとき

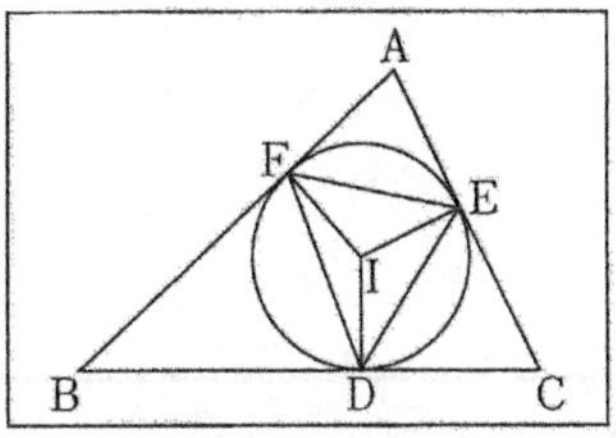

∠ＢＡＣ が直角のとき

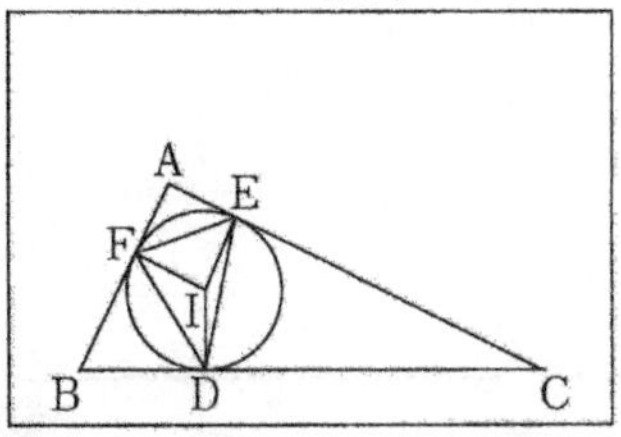

∠ＢＡＣ が鈍角のとき

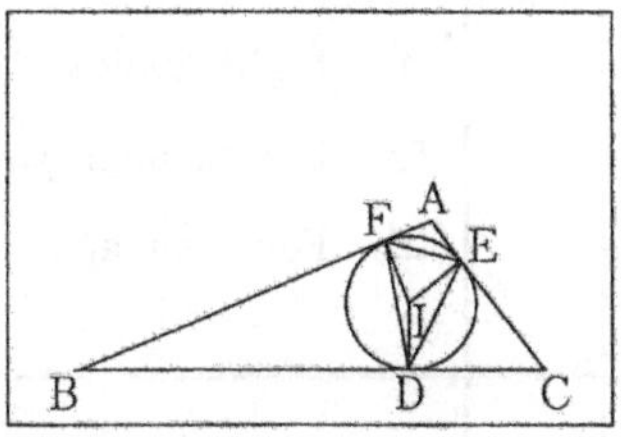

航平さんは，△ＡＢＣがどのような三角形でも，△ＤＥＦが鋭角三角形になるのではないだろうかと考え，それがいつでも成り立つことを，下のように説明しました。

【航平さんの説明】

∠ＢＡＣ＝∠xとするとき，∠ＦＤＥを，∠xを用いて表すと，∠ＦＤＥ＝ [オ] と表せる。これより，∠ＦＤＥは， [カ] °より大きく [キ] °より小さいことがいえるから，鋭角である。同じようにして，∠ＤＥＦ，∠ＥＦＤも鋭角である。よって，△ＡＢＣがどのような三角形でも，△ＤＥＦは鋭角三角形になる。

【航平さんの説明】の [オ] に当てはまる式を，∠xを用いて表しなさい。また， [カ] ・ [キ] に当てはまる数をそれぞれ求めなさい。

＜英語＞

時間 50分 満点 50点

1 放送を聞いて答えなさい。

問題A これから，No.1 ~ No.4 まで，対話を４つ放送します。それぞれの対話を聞き，そのあとに続く質問の答えとして最も適切なものを，ア～エの中から選んで，その記号を書きなさい。

No.1	ア  イ  ウ 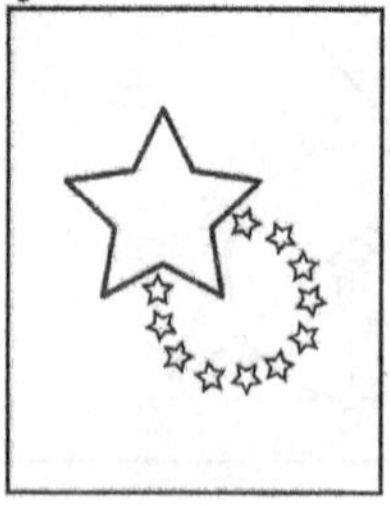 エ 
No.2	ア Three apples. イ Eight apples. ウ Eleven apples. エ Fourteen apples.
No.3	ア After school on Wednesday. イ Before the English class on Wednesday. ウ After school on Thursday. エ Before the English class on Thursday.
No.4	ア Because he often cooks dinner. イ Because he watched TV before dinner. ウ Because he helped his mother with dinner. エ Because he usually does his homework after dinner.

問題B　これから放送する英文は，英語の授業で，先生がクラスの生徒に対して話したときのものです。先生の質問に対して，あなたならどのように答えますか。あなたの答えを英文で書きなさい。なお，2文以上になっても構いません。

2　次の会話は，日本の高校生の雄大と彩花が，オーストラリアの高校生のスチュワードとジェシーと，テレビ会議システムを使って海洋ごみ問題について話し合ったときのものです。また，グラフ1は，そのとき雄大たちが用いた資料の一部です。これらに関して，あとの1～5に答えなさい。

Yuta : Now, let's talk about the problems of marine debris in Australia and Japan. Our town had a beautiful beach, but now we see a lot of debris there. How about your town?

Steward : Our beach has a lot of debris, too. In Australia, about 75% of debris along the coast is plastic products.

Ayaka : Well, Graph 1 shows that [A] % of debris along the coast is plastic products in Japan.

Jessie : Some people say that there will be more plastic debris than fish in the sea by 2050.

Yuta : Really? There are so many plastic products in our lives. For example, we use plastic bottles, containers for food, and bags. They are used only once and thrown away. Then, some plastic products go into the sea.

Steward : That's right. Those plastic products stay in the sea for a long time and break into pieces. Some people try to collect them, but some of them are [B] small to collect.

Jessie : I also heard they can go into and stay in the bodies of fish and other marine animals. If we eat these fish, we may have health problems.

Ayaka : Then, what should we do to reduce plastic debris?

Yuta : 48.1% of plastic debris along the coast is plastic bottles, so let's think about them. We should find some ways to reduce the number of plastic bottles which go into the sea.

Jessie : [C]. If people recycle plastic bottles, they will not go into the sea. Then, we will not see any debris on our beaches.

Steward : But some people don't recycle. They just throw away plastic bottles after they drink water or juice. They don't understand the problems of marine debris, so recycling is not enough to reduce the number of plastic bottles.

Ayaka : I have found an interesting idea on the Internet. Some companies have started choosing eco-friendly products instead of plastic bottles. For example, in England, a company sells water in small containers which are made from seaweed.

Steward : That's a nice idea. In our country, a town became famous because every store stopped selling water in plastic bottles. I think it's a good idea. What do you think?

Ayaka : ①I think we should do the same thing in our town.

Jessie : I think there will be some problems if you do this at every store. We can find another way.

Yuta : Well, there are many ways to reduce the number of plastic bottles. Let's learn more and find our own way.

（注） marine 海洋の　debris ごみ　beach 浜辺　coast 海岸　plastic プラスチックの
product 製品　plastic bottle ペットボトル　container 容器
be thrown away 捨てられる　break into pieces 粉々に砕ける　body 体
reduce 減らす　throw away ～ ～を捨てる　eco-friendly 環境に優しい
instead of ～ ～の代わりに　seaweed 海草

グラフ1

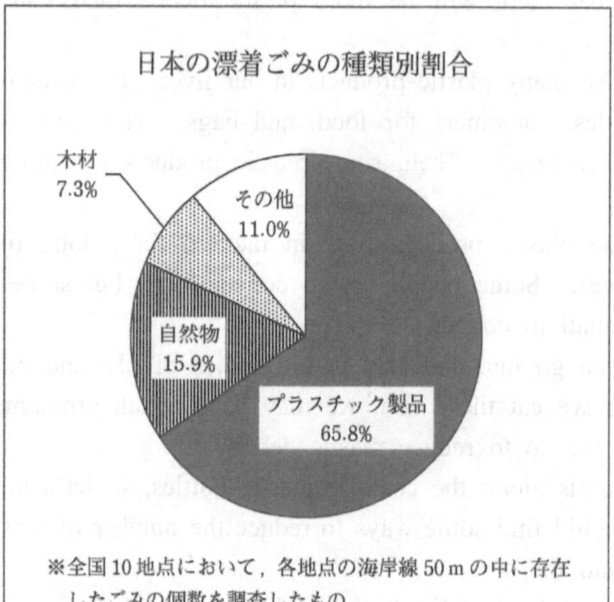

（環境省「海洋ごみをめぐる最近の動向　平成30年9月」により作成。）

1　本文中の A に当てはまる数値を，数字を用いて書きなさい。

2　本文中の B に適切な語を1語補って，英文を完成しなさい。

3　本文中の C に当てはまる最も適切な英語を，次のア～エの中から選び，その記号を書きなさい。

ア Many people don't usually recycle　イ I think recycling is the best way

ウ I don't know how to recycle　エ Recycling needs a lot of money

4　次のメモは，雄太が話し合いの内容をまとめたものの一部です。このメモ中の (1)・(2) に適切な語をそれぞれ1語補って，英文を完成しなさい。また，（a）・（b）に当てはまる最も適切な英語を，あとのア～エの中からそれぞれ選び，その記号を書きなさい。

The problems of marine debris in Australia and Japan

1. Situation
   - Our beaches are not [(1)] because of debris.
   - A lot of plastic products were found as marine debris.
   - We （　a　） so many plastic products in our lives.

2. Problems of plastic debris
   - Many plastic products （　b　） only once and thrown away.
   - Plastic products break into pieces in the sea and it is difficult to collect them.
   - Fish and other marine animals eat plastic debris.
   - It may not be [(2)] for our health to eat these fish.

↓

[What should we do?]

ア are　　イ use　　ウ are used　　エ don't use

5　下線部①について，あなたは彩花の考えに賛成ですか，反対ですか。理由を含めて，あなたの考えを25語程度の英文で書きなさい。なお，2文以上になっても構いません。

3　次の英文は，日本文化を世界に発信するウェブページに，日本で琵《び》琶《わ》奏者《そうしゃ》として活躍するイギリス人のダニエルと，彼の師匠である明子が紹介された記事です。これに関して，あとの1～6に答えなさい。

【Daniel】

I came to Japan 32 years ago because I wanted to study Japanese at university. One day, my friend invited me to a Japanese music concert. I was moved by the sound of the *biwa*, a traditional Japanese musical instrument, and decided to take lessons. The *biwa* looks like a guitar. I often played the guitar, so I thought it would be easy to play the *biwa*.

However, I had to learn many things. While we are playing the *biwa*, we often sing. So I had to learn how to sing in Japanese, too. The lyrics are old Japanese stories. It was very difficult for me to understand the situations and characters' feelings in each story. My master taught me the *biwa* again and again. It was fun to learn the *biwa* and I practiced hard every day.

Three years later, I asked my master, "Can I have a concert with you this year?" She answered, "No, you can't." I asked, "Why?" She answered, ① <u>"Now, you have a good technique as a musician, but what do you want to tell people through music?"</u> I didn't understand her words.

After that, I visited many places in Japan and talked with many people. Thanks to these experiences, I learned about Japanese history, culture and how people think. Then, I could understand the situations and characters' feelings in each story. After 24 years of learning the *biwa*, I finally understood the words my master said. One day, she said, "You have become a better musician. Now it's time to create your own music." Through my music, I want people to feel that life is wonderful.

【Akiko】

When Daniel first took my lesson, he spoke Japanese only a little, and I spoke English only a little. It was very difficult for me to teach him the *biwa*.

However, he practiced very hard. I showed him the lyrics in simple Japanese and told him the meanings of the lyrics with my Japanese students who could speak English. I also taught him how Japanese people feel and behave because I wanted him to learn about Japanese culture. He soon started playing and singing well. However, I didn't think that he really understood the meanings of the lyrics. So when he asked me to have a [　　　　] together, I answered, "No, you can't." I thought he needed more time to become a better musician. It was necessary for him to express the messages of the music. The *biwa* is always connected with people's lives and culture. When he understood that, he became a better musician. While I taught him, I began to understand that Japanese culture is not only for Japanese people. ② <u>Anyone (about learn who to culture wants) can learn about it.</u>

Now, many Japanese people and people from abroad come to his concerts. I am very happy about it. I think Daniel tells people about Japanese culture and also creates his own music through the *biwa*.

（注） university　大学　　be moved by ～　～に感動する　　musical instrument　楽器
take lessons　レッスンを受ける　　lyric　歌詞　　character　登場人物　　feeling　感情
master　師匠　　again and again　何度も　　technique　技巧　　thanks to ～　～のおかげで
meaning　意味　　behave　ふるまう　　express　表現する
be connected with ～　～とつながりがある　　anyone　だれでも

1　次の(1)・(2)に対する答えを，英文で書きなさい。

(1)　What musical instrument did Daniel often play before taking the *biwa* lessons?

(2) Was it easy for Akiko to teach Daniel the *biwa*?

2　下線部①について，明子の発言の理由を表している最も適切な英文を，次のア～エの中から選び，その記号を書きなさい。

ア　Because Akiko thought that Daniel needed to express the messages of the music.

イ　Because Akiko thought that Daniel really understood the meanings of the lyrics when he played the *biwa* and sang.

ウ　Because Akiko thought that Daniel wanted to play the *biwa* and sing in his own concert.

エ　Because Akiko thought that Daniel knew much about Japanese culture.

3　本文中の [　　] に適切な語を１語補って，英文を完成しなさい。

4　下線部②が意味の通る英文になるように，(　) 内の語を並べかえなさい。

5　次のア～エの中で，本文の内容に合っているものを全て選び，その記号を書きなさい。

ア　Daniel came to Japan because he wanted to take the *biwa* lessons.

イ　Daniel wants to have a concert in many countries.

ウ　Akiko helped Daniel in several ways when she taught him the *biwa*.

エ　Akiko feels happy because many people come to Daniel's concerts.

6　ある中学校でダニエルを迎え，琵琶の演奏会が行われることになりました。事前学習として，生徒たちは，英語の授業でダニエルと明子が紹介された記事を読み，それについての感想と，記事の内容に基づいた彼への質問をメモに書くことにしました。あなたならどのように書きますか。次のメモ中の [(1)] には記事の感想を，また，[(2)] にはダニエルへの質問をそれぞれ英語で書きなさい。ただし，[(1)] については，15語程度で書きなさい。

> The *Biwa* Concert
>
> Thank you very much for coming to our school.
>
> [(1)] .
>
> Now, I have a question.
>
> [(2)] ?

4　次のページのイラストと英文は，高校生の海斗と留学生のスーザンが，部活動について話したときのものです。①～⑥の順に対話が自然につながるように，[A] ～ [C] にそれぞれ適切な英語を書いて，対話を完成しなさい。ただし，[B] については，10語程度で書きなさい。

Yesterday...
① Kaito, you look so happy today. What happened?
② A yesterday, so I'm happy.
③ That's great! I'm interested in club activities in Japan. What is a good point of them?
④ I think they have many good points. For example, we can B .
⑤ Oh, I see. I want to learn more.
⑥ We have many clubs in our school, so C .

＜理科＞

時間　50分　　満点　50点

1　科学部の美咲さんたちは，ごみの分別が物質の性質の違いによって行われていることに興味をもち，話し合っています。次に示したものは，このときの会話です。あとの１～４に答えなさい。

美咲：ごみは，①金属やプラスチックなどの物質ごとに回収することで，再生利用しやすくなっているのよね。

海斗：うん。例えば，街に設置されている図１のようなごみ箱では，缶とペットボトルを分けて収集しているね。

美咲：そうね。そういえば，缶はスチール缶とアルミニウム缶があるけど，図２のように形がよく似ていて見分けがつきにくいよね。

海斗：そうだね。でも，スチール缶の方が重いよね。スチール缶は②鉄，アルミニウム缶はアルミニウムが主な素材だから，その密度の違いが関係するんだよ。

美咲：そうね。鉄の密度はアルミニウムの密度と比べてどのくらい大きいんだろう？

海斗：③身の回りのもので鉄とアルミニウムの密度を調べてみようよ。

美咲：おもしろそうね。鉄は鉄くぎで，アルミニウムは１円硬貨で実験してみましょう。

図１

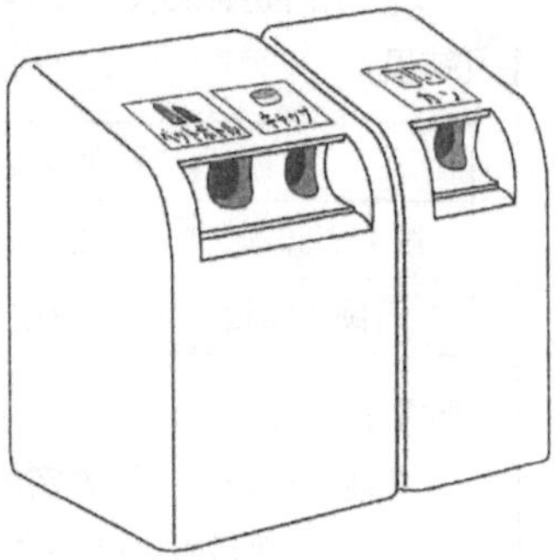

図２

1　下線部①について，金属には，展性という共通の性質があります。展性について述べているものを，次のア～エの中から選び，その記号を書きなさい。

ア　引っ張ると細くのびる性質

イ　磨くと特有の光沢が出る性質

ウ　たたくと薄く広がる性質

エ　熱をよく伝える性質

2　下線部②について，鉄と塩酸が反応したときに発生する気体の化学式を書きなさい。

3　下線部③について，美咲さんたちは，鉄くぎと１円硬貨を用意し，それぞれの密度を調べてレポートにまとめました。次のページに示したものは，海斗さんのレポートの一部です。あとの(1)・(2)に答えなさい。

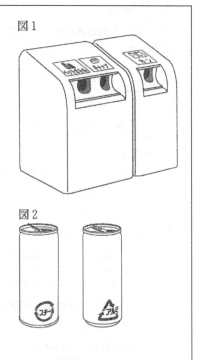

〔方法〕

Ⅰ　鉄くぎ30本の質量を電子てんびんで測定する。

Ⅱ　図３のように，メスシリンダーに水を入れ，目盛りを読む。

Ⅲ　図４のように，メスシリンダーの中の水に鉄くぎ30本を入れ，目盛りを読む。

Ⅳ　ⅢとⅡの目盛りの差を，鉄くぎ30本の体積の測定値とする。

Ⅴ　１円硬貨30枚についても，Ⅰ～Ⅳを同じように行う。

図３　図４

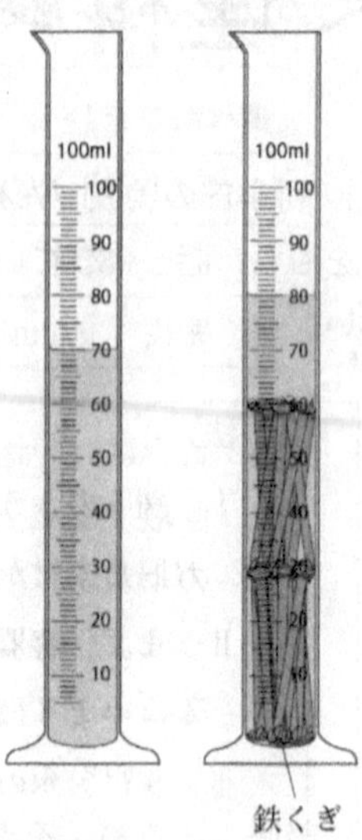

〔結果〕

	質量〔g〕	体積〔cm^3〕	密度〔g/cm^3〕
鉄くぎ30本	72.76	10.0	7.28
１円硬貨30枚	30.00	11.7	2.56

〔考察〕

〔結果〕から，鉄の密度はアルミニウムの密度のおよそ３倍である。

また，教科書には，鉄の密度は7.87 g/cm^3，アルミニウムの密度は2.70 g/cm^3と示されており，実験で調べた鉄とアルミニウムの密度はどちらも教科書に示された密度よりも小さかった。これは，メスシリンダーの中の水に入れた鉄くぎや１円硬貨に空気の泡がたくさん付いていたことで，□が主な原因と考えられる。

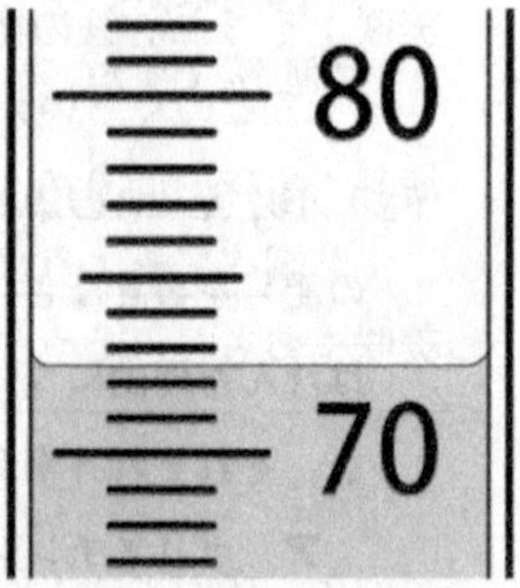

⑴　右の図は，100mLまで測定できるメスシリンダーに水を入れ，その水面を真横から水平に見たときのメスシリンダーの一部を示したものです。このとき，メスシリンダーの目盛りから読み取れる水の体積は何cm^3ですか。

⑵　〔考察〕中の□に当てはまる内容を簡潔に書きなさい。

4　美咲さんたちは，街に設置されているごみ箱では，ペットボトルの本体とふたは分けて収集されていることに興味をもち，本体とふたの素材について調べたところ，本体とふたは素材が異なり，ふたも２種類あることが分かりました。そこで，美咲さんたちは，密度を利用して本体と２種類のふたを分別する実験を考え，レポートにまとめました。次に示したものは，美咲さんのレポートの一部です。あとの⑴・⑵に答えなさい。

〔調べたこと〕

ペットボトルの部分	本体	ふた１	ふた２
素材	ポリエチレンテレフタラート	ポリプロピレン	ポリエチレン
密度〔g/cm^3〕	1.38 ～ 1.40	0.90 ～ 0.91	0.92 ～ 0.97

〔方法〕

Ⅰ　図5のように，ペットボトルの本体，ふた1，ふた2とそれぞれ同じ素材からできている小片A～Cを用意する。

Ⅱ　まず，容器に水を入れ，その中に小片A～Cを，空気の泡が付かないように入れる。

Ⅲ　次に，水の密度よりも小さくなるように，ある量の④エタノールを水に混ぜた混合液Xを容器に入れ，その中に小片A～Cを，空気の泡が付かないように入れる。

〔結果〕

Ⅱでは，図6のように，小片Aと小片Bは浮き，小片Cは沈んだ。

Ⅲでは，図7のように，小片Aは浮き，小片Bと小片Cは沈んだ。

図5

図6

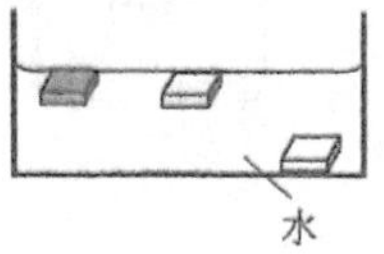

図7

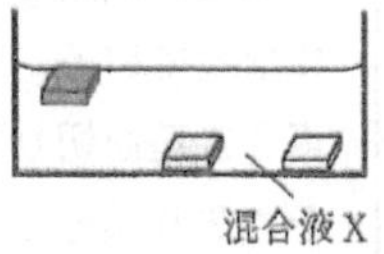

⑴　下線部④について，水150 gに，エタノール100 gを溶かした混合液の質量パーセント濃度は何％ですか。

⑵　小片A～Cの素材はそれぞれ何ですか。次の**ア**～**ウ**の中から適切なものをそれぞれ選び，その記号を書きなさい。また，下の文は，この実験において，小片Bが水には浮いて混合液Xには沈んだ理由について述べたものです。文中の［a］・［b］に当てはまる内容を，それぞれ「密度」の語を用いて簡潔に書きなさい。

ア　ポリエチレンテレフタラート　　**イ**　ポリプロピレン　　**ウ**　ポリエチレン

この実験において，水の中に入れた小片Bが浮いたのは，［a］ためであり，混合液Xの中に入れた小片Bが沈んだのは，［b］ためである。

2　生物部の彩香さんは，エンドウの若芽である豆苗《とうみょう》の茎を切り取って，残った部分の根を水に浸すと新しい茎や葉が出てくることに興味をもち，豆苗について調べてノートにまとめました。次のページに示したものは，彩香さんのノートの一部です。あとの1～3に答えなさい。

1　下線部①について，あとの⑴～⑶に答えなさい。

⑴　次の**ア**～**エ**の中で，豆苗のように，根が主根と側根からなる植物はどれですか。その記号を全て書きなさい。

ア　タンポポ　　**イ**　ユリ　　**ウ**　トウモロコシ　　**エ**　アブラナ

⑵　豆苗の根の先端に近い部分の細胞を顕微鏡で観察するとき，接眼レンズの倍率は変えずに対物レンズの倍率を高くすると，視野の明るさと視野の中に見える細胞の数はどのようになりますか。次の**ア**～**エ**の中から適切なものを選び，その記号を書きなさい。

ア　視野は明るくなり，視野の中に見える細胞の数は少なくなる。
イ　視野は明るくなり，視野の中に見える細胞の数は多くなる。
ウ　視野は暗くなり，視野の中に見える細胞の数は少なくなる。
エ　視野は暗くなり，視野の中に見える細胞の数は多くなる。

⑶　次のページの**ア**～**カ**は，豆苗の根の先端に近い部分で見られた細胞分裂の各時期の細胞を，それぞれ模式的に示したものです。**ア**～**カ**を細胞分裂の順に並べるとどうなりますか。

アをはじめとして，その記号を書きなさい。

ア　　イ　　ウ　　エ　　オ　　カ

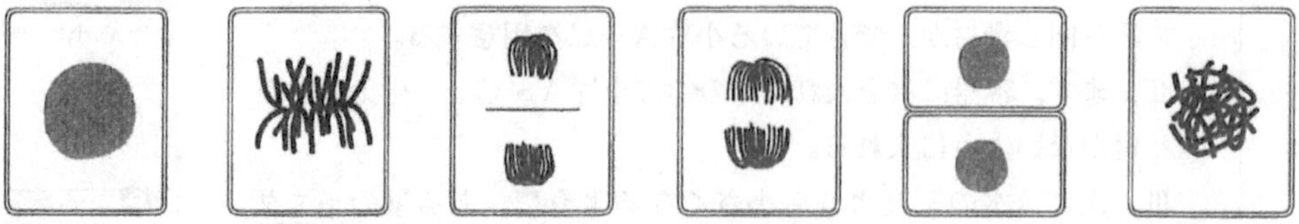

豆苗は食用として販売されており，購入時は写真１のように束になっている。写真２は茎を切り取った直後の残った部分を，写真３は茎を切り取って５日後の新しい茎や葉が出てきた様子を，それぞれ撮影したものである。また，右の図は，写真１の豆苗１本をスケッチしたものである。

写真１

写真２

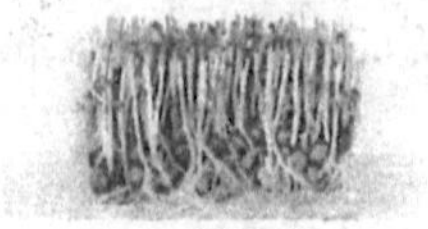

写真３

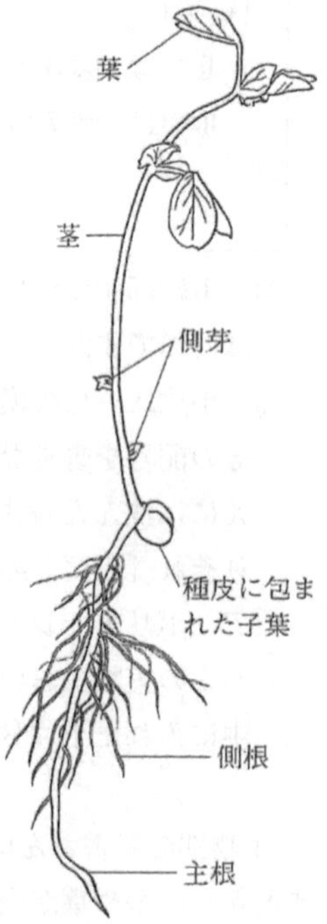

［調べたこと］

豆苗の①根は，主根と側根からなる。根の近くには，種皮に包まれた子葉がある。図のように，子葉の近くには側芽という芽が２つあり，②この２つの側芽を残すように茎を切り取ると，茎の先端に近い方の側芽が伸びて，新しい茎や葉となる。

2　下線部②について，彩香さんは，新しく出てくる茎を成長させる細胞分裂が，新しく出た茎の先端から付け根までの間のどのあたりで盛んに行われているのか疑問に思い，調べてレポートにまとめました。次に示したものは，彩香さんのレポートの一部です。［考察］中の A に当てはまる内容を簡潔に書きなさい。また， B に当てはまる語として適切なものは，あとのア・イのうちどちらだと考えられますか。その記号を書きなさい。

［方法］

新しく出た茎に，油性ペンで等間隔に８つの•印を付け，その３日後の様子を調べる。

〔結果〕

新しく出た茎の成長の様子	
印を付けたとき	3日後
	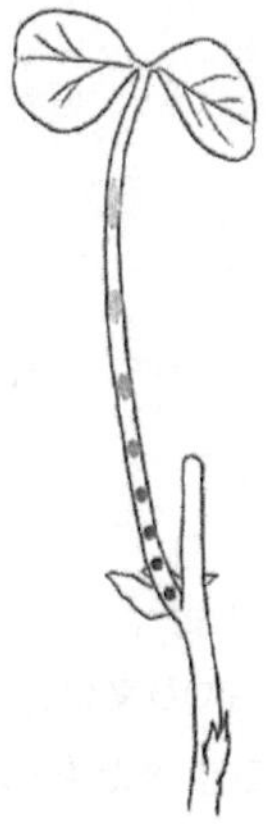

〔考察〕

茎を成長させる仕組みが根と同じようなものだとすると，新しく出た茎に等間隔に付けていた印の間隔が A という結果から，新しく出た茎を成長させる細胞分裂が盛んに行われているところは，新しく出た茎の B のあたりであると考えられる。

ア　先端　イ　付け根

3　先生と彩香さんは，豆苗の新しい茎や葉が出て成長することや子葉について話し合っています。次に示したものは，このときの会話の一部です。あとの⑴・⑵に答えなさい。

彩香：先生。豆苗の新しい茎や葉は，何回切り取っても必ず出てくるのでしょうか。

先生：いいえ。新しい茎や葉が出てくるのには限界があります。新しい茎や葉が出て成長するのには子葉が大きく関係します。③子葉には植物の成長に必要なデンプンなどの養分が蓄えられていて，新しい茎や葉が出て成長するときには子葉の養分が使われるのです。ですから，子葉に蓄えられていた養分は，新しい茎や葉が出て成長することに大きな影響を与えます。

彩香：そうだったんですね。分かりました。

先生：それでは，新しい茎や葉が出て成長することに，子葉に蓄えられている養分が使われるかどうかを確かめるための実験方法と，その結果を考えてみましょう。

彩香：えーっと。２本の豆苗を用意して，それぞれ豆苗Ｘと豆苗Ｙとします。まず，次のページの図のように，豆苗Ｘと豆苗Ｙの両方とも側芽を２つ残した状態で茎を切り取ります。次に，豆苗Ｘの方は C こととし，豆苗Ｙの方は D こととします。そして，この２つの豆苗を，他の条件を同じにして育てれば，豆苗

Ｘは新しい茎や葉が出て成長しますが，豆苗Ｙは新しい茎や葉が出て成長するのは難しいと考えられます。

先生：そうですね。それでは実際にやってみましょう。

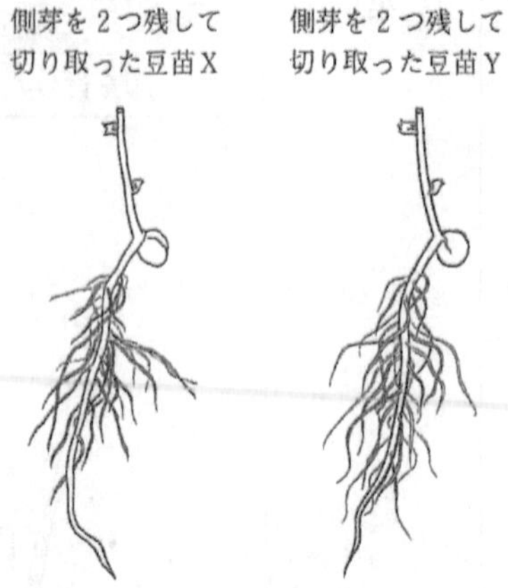

(1) 下線部③について，次の文は，子葉にデンプンが蓄えられていることを確認するための方法とその結果について述べたものです。文中の［a］に当てはまる語を書きなさい。また，［b］に当てはまる内容を書きなさい。

子葉の切り口に［a］をつけると，子葉の切り口が［b］ことによって確かめられる。

(2) 会話文中の［C］・［D］に当てはまる内容をそれぞれ簡潔に書きなさい。

［3］ ある学級の理科の授業で，直樹さんたちは，電流による発熱量が何によって決まるかを調べるために，電熱線に電流を流して水の上昇温度を測定する実験をして，レポートにまとめました。次に示したものは，直樹さんのレポートの一部です。あとの１～５に答えなさい。

［装置］

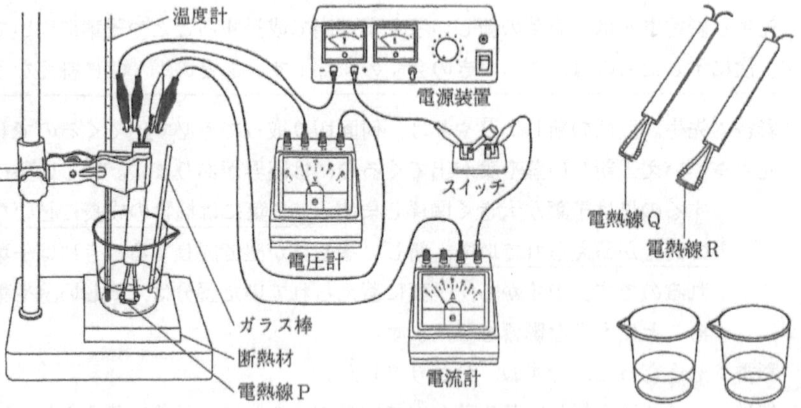

［方法］

Ⅰ プラスチック製の容器に水100ｇを入れ，室温と同じくらいの温度になるまで放置しておき，そのときの水温を測定する。

Ⅱ 抵抗値が２Ωの電熱線Ｐを使って，上の図のような装置を作る。

Ⅲ 電熱線Ｐに6.0Ｖの電圧を加えて電流を流し，その大きさを測定する。

Ⅳ　①水をときどきかき混ぜながら，１分ごとに水温を測定する。

Ⅴ　抵抗値が４Ωの電熱線Ｑと，抵抗値が６Ωの電熱線Ｒについても，Ⅰ～Ⅳを同じように行う。

〔結果〕

○　電流の大きさ

	電熱線Ｐ	電熱線Ｑ	電熱線Ｒ
電流〔Ａ〕	3.02	1.54	1.03

○　電流を流す時間と水の上昇温度

	時間〔分〕	0	1	2	3	4	5
電熱線Ｐ	水温〔℃〕	25.6	27.7	29.7	31.9	34.1	36.1
	上昇温度〔℃〕	0	2.1	4.1	6.3	8.5	10.5
電熱線Ｑ	水温〔℃〕	25.6	26.7	27.8	28.8	29.8	30.9
	上昇温度〔℃〕	0	1.1	2.2	3.2	4.2	5.3
電熱線Ｒ	水温〔℃〕	25.6	26.3	27.1	27.8	28.5	29.1
	上昇温度〔℃〕	0	0.7	1.5	2.2	2.9	3.5

1　下線部①について，水をときどきかき混ぜないと水温を正確に測定できません。それはなぜですか。その理由を簡潔に書きなさい。

2　〔結果〕から，電熱線Ｐについて，電流を流す時間と水の上昇温度との関係を表すグラフをかきなさい。

3　電熱線Ｐ，電熱線Ｑ，電熱線Ｒについて，それぞれ6.0Ｖの電圧を加えて，同じ時間だけ電流を流したとき，電熱線が消費する電力と電流による発熱量との間にはどのような関係がありますか。〔結果〕を基に，簡潔に書きなさい。

4　直樹さんたちは，実験を振り返りながら話し合っています。次に示したものは，このときの会話です。あとの⑴・⑵に答えなさい。

直樹：電熱線の抵抗値が大きいほど発熱量が大きくなると思っていたけど逆だったんだね。

春奈：どうしてそう思っていたの？

直樹：②家にある電気ストーブだよ。右の図１のように，２本の電熱線があるんだけど，電熱線は抵抗器だから，１本よりも２本で使用したときの方が抵抗値は大きくなり，発熱量も大きくなってあたたかくなると思ったんだよ。

図１

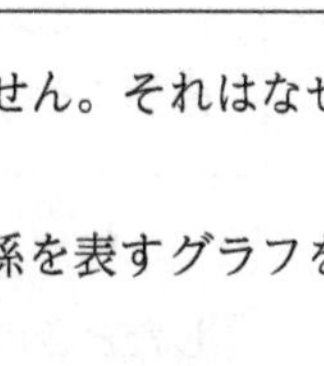

春奈：なるほどね。それはきっと，2本の電熱線のつなぎ方が関係していると思うわ。つなぎ方が直列と並列とでは，同じ電圧を加えても回路全体に流れる電流の大きさや回路全体の抵抗の大きさが違うのよ。

直樹：どういうこと？

春奈：例えば，下の図２，図３のように，２Ωの抵抗器を２個，直列につなぐ場合と並列につなぐ場合を考えるよ。どちらの回路も加える電圧を８Ｖとして，それぞれの回路全体に流れる電流の大きさと回路全体の抵抗の大きさを求めて比較すると分かるよ。

図２

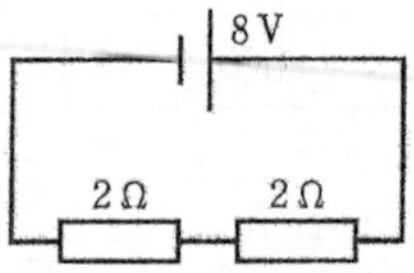

図３

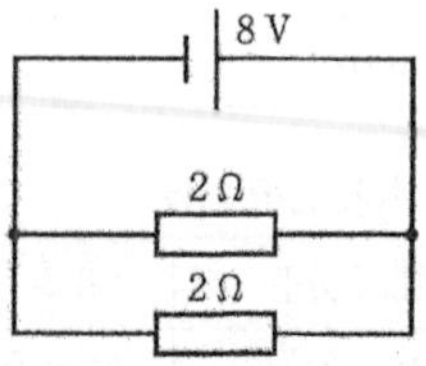

直樹：図２の回路では，回路全体に流れる電流の大きさは [a] Aで，回路全体の抵抗の大きさは [b] Ωになるね。それから，図３の回路では，回路全体に流れる電流の大きさは [c] Aで，回路全体の抵抗の大きさは [d] Ωになるね。確かに違うね。

春奈：そうよ。加える電圧は同じでも，抵抗器を直列につなぐより並列につないだ方が，回路全体の抵抗は小さくなり，回路全体に流れる電流は大きくなるから，全体の発熱量も大きくなり，あたたかくなるということよ。

直樹：そうだったんだね。

(1) 下線部②について，直樹さんの自宅の電気ストーブは，100Vの電圧で２本の電熱線を使用したときの消費電力が800Wになります。この電気ストーブを800Wで30時間使ったときの電力量は何kWhですか。

(2) 会話文中の [a] ～ [d] に当てはまる値をそれぞれ書きなさい。

5　その後，直樹さんたちは，次の【回路の条件】を基に，家にある電気ストーブのように，電流を流す電熱線を０本，１本，２本と変えられる回路を考え，下の図に示しました。この図の中に示されているｅ～ｈの４つの [ ] に，電熱線Ｙ，2個のスイッチの電気用図記号及び導線を示す実線──のいずれかをかき入れ，回路の図を完成しなさい。ただし，それぞれの [ ] には，１つだけの電気用図記号または実線をかくことができるものとします。

【回路の条件】

・電源と，電熱線を２本，スイッチを２個使用し，それぞれを導線でつなぐものとする。
・２本の電熱線をそれぞれ電熱線Ｘと電熱線Ｙとする。
・２個のスイッチは，別々に操作でき，それぞれ「入れる」「切る」のいずれかに切り替えることができる。
・回路は，スイッチの操作により，「電熱線Ｘにのみ電流が流れる」「電熱線Ｘと電熱線Ｙの２本ともに電流が流れる」「電熱線Ｘと電熱線Ｙの２本ともに電流が流れない」の３つの状態のいずれかになり，「電熱線Ｙにのみ電流が流れる」という状態にはならないものとする。

・電熱線Yとスイッチの電気用図記号は，次のとおりとする。なお，導線は実線――で示すものとする。

	電熱線Y	スイッチ
電気用図記号		

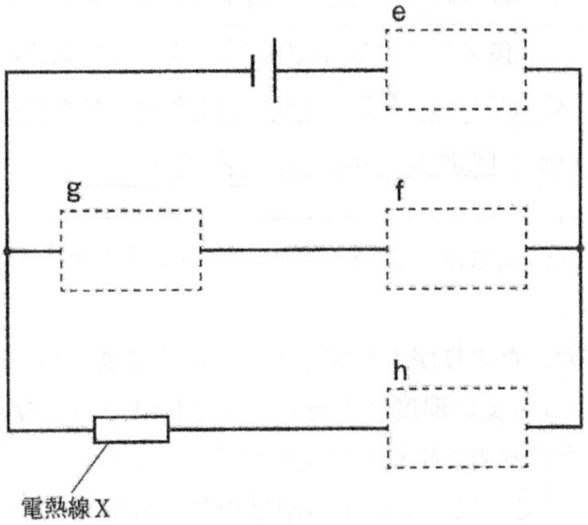

4 科学部の美月さんは，各季節の特徴的な雲や天気について興味をもち，調べてレポートにまとめました。次に示したものは，美月さんのレポートの一部です。あとの1～6に答えなさい。

〔季節の特徴的な①雲について〕

写真1は，夏に観察した雲の様子であり， A と考えられる。 A は，②寒冷前線付近で寒気が暖気を押し上げることで強い上昇気流が生じて発達するものや，昼間に大気が局地的に強く熱せられることで強い上昇気流が生じて発達するものがある。 A は， B 雨を短時間に降らせることが多く，観察後，この地点でも雷をともなう雨が降った。

写真1

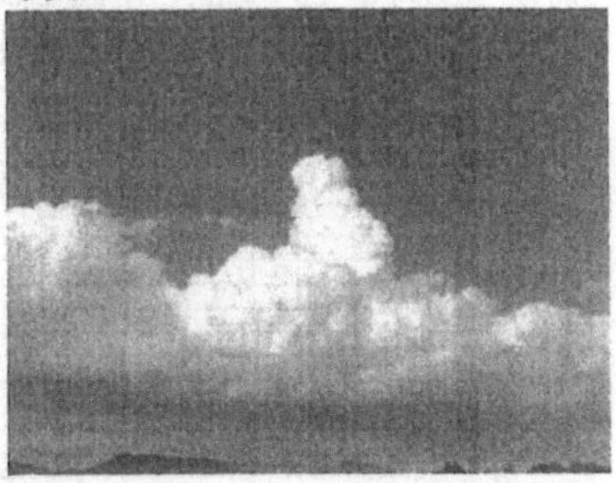

写真2は。春に観察した雲の様子である。この雲は巻層雲といううすく広がった白っぽい雲である。この雲は，氷の結晶が集まってできており，太陽からの光の進む道すじが氷の結晶中で曲げられることにより，写真2のように，太陽のまわりに光の輪が見えることもある。この雲が西からだんだん広がってくると。天気は下り坂になるといわれているのは，③温暖前線が接近して

写真2

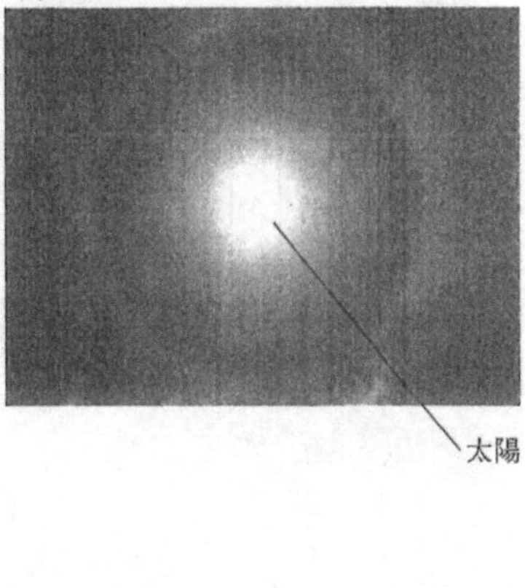

くることが考えられるためである。

〔各季節の天気について〕

	大気の動きと天気について
春・秋	移動性高気圧と低気圧が交互に日本列島付近を通ることにより，天気が周期的に移り変わることが多い。
夏	日本列島の南東で発達する高気圧により小笠原気団がつくられ，南東の④季節風が吹く。この季節風の影響により，日本列島は高温多湿で晴れることが多い。
冬	ユーラシア大陸で発達する高気圧によりシベリア気団がつくられ，北西の季節風が吹く。この⑤季節風の影響により，日本列島の日本海側では雪が降ることが多いが，太平洋側では乾燥して晴れることが多い。

1 下線部①について，次の文章は，雲のでき方についてまとめたものです。文章中の [ ] に当てはまる語を書きなさい。

水蒸気を含んだ空気のかたまりが上昇すると，周囲の気圧が低くなるため膨張して空気の温度は下がり，[ ] よりも低い温度になると，空気に含みきれなくなった水蒸気は水滴になる。このようにしてできた水滴が集まって雲をつくっている。

2 レポート中の [A] ・ [B] に当てはまる語はそれぞれ何ですか。次のア～エの組み合わせの中から最も適切なものを選び，その記号を書きなさい。

ア [A]：乱層雲 [B]：弱い
イ [A]：乱層雲 [B]：強い
ウ [A]：積乱雲 [B]：弱い
エ [A]：積乱雲 [B]：強い

3 下線部②について，美月さんは，日本のある地点を寒冷前線が通過した日の，その地点の0時から24時までの気温と湿度と風向を調べました。次の図は，調べた気温と湿度をグラフで示したものであり，下の表は，調べた風向を示したものです。この日，この地点を寒冷前線が通過した時間帯として，最も適切なものを，あとのア～エの中から選び，その記号を書きなさい。

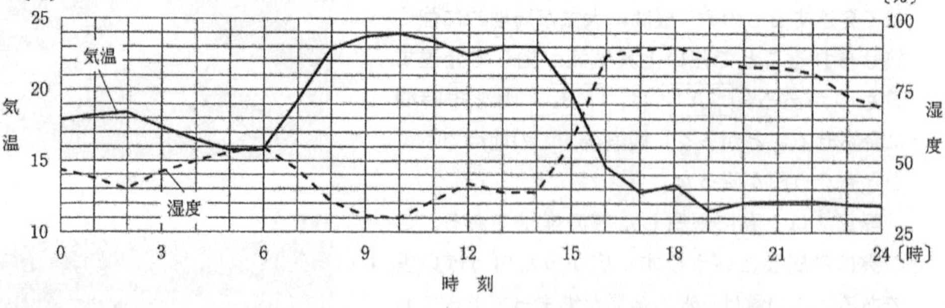

時刻〔時〕	0	1	2	3	4	5	6	7	8	9	10	11	12	13	14	15	16	17	18	19	20	21	22	23	24
風向	東	南南東	南南西	南南西	南南東	南南東	南西	南	南南西	南西	南西	西南西	南西	西南西	西南西	西	北北西	北	南西	北	北北西	南	南南西	北北西	北北西

（気象庁ウェブページにより作成。）

ア　2時～5時　　**イ**　6時～9時　　**ウ**　14時～17時　　**エ**　20時～23時

4　下線部③について，温暖前線にともなう雲は，温暖前線から遠くにあるほど，氷の結晶を含みやすくなります。それはなぜですか。その理由を，「前線面」の語を用いて簡潔に書きなさい。

5　下線部④について，美月さんは，日本列島では，夏の季節風は南東から吹き，冬の季節風は北西から吹く仕組みについて調べて，次のようにまとめました。［a］に当てはまる内容を簡潔に書きなさい。また，［b］・［c］に当てはまる語はそれぞれ何ですか。下の**ア**～**エ**の組み合わせの中から適切なものを選び，その記号を書きなさい。

> 日本列島は，ユーラシア大陸と太平洋にはさまれている。
> 陸をつくる岩石などは，水よりも［　a　］性質がある。
> そのため，夏になると，ユーラシア大陸上の気温が太平洋上の気温よりも［b］なる。その結果，ユーラシア大陸上の気圧が太平洋上の気圧よりも［c］なるため，太平洋からユーラシア大陸へ向かって南東の風が吹く。
> 逆に，冬になると，太平洋上の気温がユーラシア大陸上の気温よりも［b］なる。その結果，太平洋上の気圧がユーラシア大陸上の気圧よりも［c］なるため，ユーラシア大陸から太平洋へ向かって北西の風が吹く。

ア［b］：高く　［c］：高く
イ［b］：高く　［c］：低く
ウ［b］：低く　［c］：高く
エ［b］：低く　［c］：低く

6　下線部⑤について，次の図は，冬の季節風と日本の天気を模式的に示したものです。また，下の文は，冬に日本列島の日本海側で雪が降ることが多いことについて述べたものです。文中の［　　］に当てはまる内容を，図を基に簡潔に書きなさい。

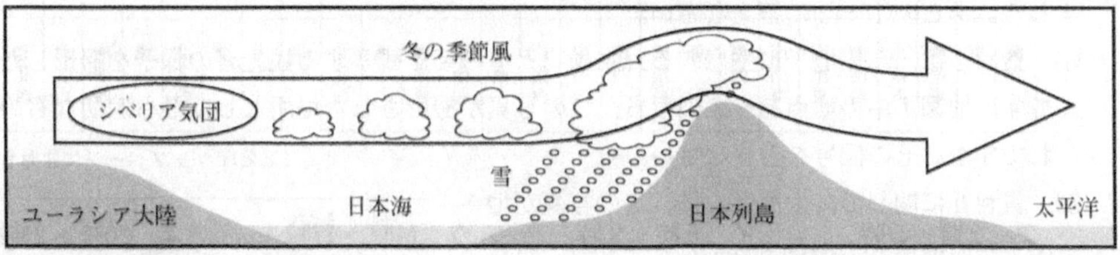

> シベリア気団から吹き出す冷たく乾燥した空気は，［　　　］ため，日本列島の日本海側では湿った空気に変化しており，それが日本列島の山脈にぶつかって上昇し，雲が発達するため，雪が降ることが多い。

＜社会＞

時間 50分　満点 50点

1 ある学級の社会科の授業で，「観光に注目して自然環境と人々の生活との関わりについて考える」というテーマを設定し，班ごとに分かれて学習することにしました。あとの１～３に答えなさい。

資料Ⅰ

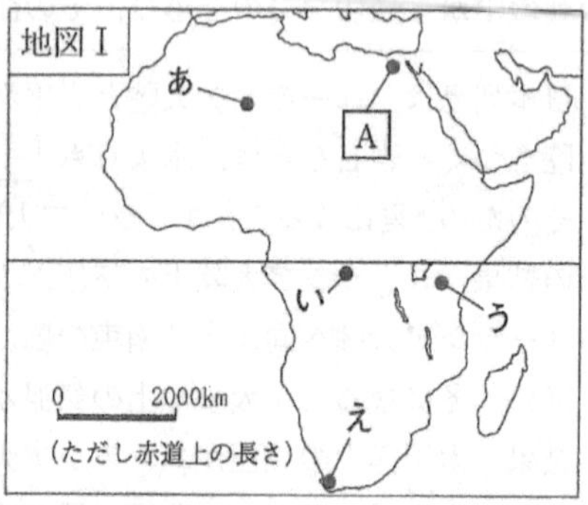

地図Ⅰ

資料Ⅱ

1 太郎さんの班では，アフリカの主な観光地について調べ，上の資料Ⅰ・Ⅱと地図Ⅰを見付けました。あとの(1)・(2)に答えなさい。

(1) 資料Ⅰは，草原地帯に生息する野生動物とその姿を観察する観光客の様子を撮影したものです。地図Ⅰ中の地点**あ**～**え**のうち，この写真が撮影された場所として最も適切なものはどれですか。その記号を書きなさい。

(2) 資料Ⅱに関して，太郎さんは，この写真が地図Ⅰ中の地点Aで撮影されたことを知り，さらにこのピラミッド付近の様子を調べて右の資料Ⅲを見付け，この付近で人々が生活していることに気付きました。太郎さんは，このことについて資料Ⅱ・Ⅲと地図Ⅰを基に，次のようにまとめました。太郎さんのまとめの中の a と b に当てはまる語はそれぞれ何ですか。次のページの**ア**～**エ**の組み合わせのうちから最も適切なものを選び，その記号を書きなさい。

資料Ⅲ

太郎さんのまとめ

ピラミッドの付近は， a 気候にも関わらず，資料Ⅲのように植物が見られ，人々が生活できるのは， b の水を利用することができるためと考えられる。

ア［a 地中海性／b コンゴ川］　イ［a 地中海性／b ナイル川］　ウ［a 砂漠／b コンゴ川］　エ［a 砂漠／b ナイル川］

2　咲子さんの班では，日本の主な観光地である岐阜県白川村について調べました。次の⑴・⑵に答えなさい。

⑴　右の資料Ⅳは，白川村の伝統的な住居を撮影したもので，豪雪地帯であるこの地域の自然環境に対応して，屋根の傾斜を急にするなどの工夫が行われています。このほかに日本の国内において，厳しい冬の気候に対応した住居の工夫にはどのようなものがありますか。次のア～エのうちから最も適切なものを選び，その記号を書きなさい。

資料Ⅳ

ア　玄関や窓が二重になっている。

イ　移動式のテントが，動物の毛皮でつくられている。

ウ　日干しれんがをつくり，それを積み上げて壁をつくっている。

エ　屋根の瓦をしっくいで止めている。

⑵　右の地図Ⅱは，白川村で世界遺産に登録されている地域を示しています。白川村では，地図Ⅱ中の道路のBの区間において，2009年からある取り組みが行われています。下の資料Ⅴ・Ⅵは，その取り組みが行われる前とそれ以降のBの区間内の通りの様子を撮影したものです。これらの写真の様子から，Bの区間ではどのような取り組みが行われていると考えられますか。簡潔に書きなさい。

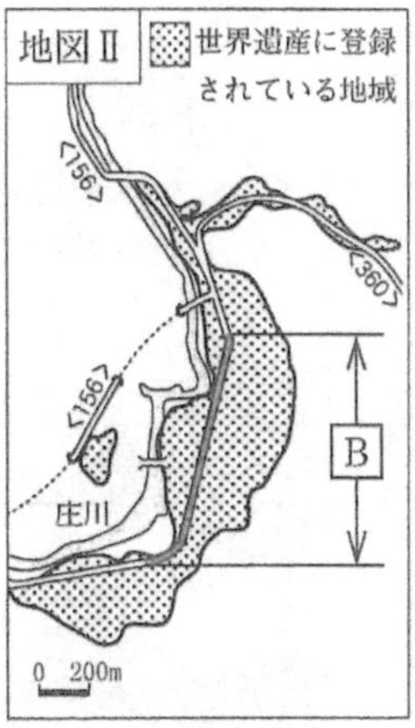

地図Ⅱ

資料Ⅴ
ある取り組みが行われる前の様子

資料Ⅵ
ある取り組みが行われ始めてからの様子

3　次郎さんの班では，世界各地の人々の暮らしの特色を知るために，インターネット上で世界を巡る観光ツアーの企画を提案することにし，次のページのア～カの資料を集めました。これらの資料は，それぞれあとの地図Ⅲ中に同じ記号で示された場所で撮影されたものです。あなたならどのような提案をしますか。あとのツアーの提案書を，条件１～３に従って完成しなさい。

ア

イ

ウ

エ

オ

カ

条件１　テーマ中のXには，衣服，住居，宗教のうち，いずれかを書くこと。

条件２　訪れる場所〈１〉・〈２〉には，ア～カの場所のうち，このツアーのテーマに当てはまるものをそれぞれ選び，その記号を書くこと。

条件３　暮らしの特色［１］・［２］には，条件２で選んだ場所で撮影された資料について，このツアーのテーマに沿って，人々の暮らしの特色をそれぞれ書くこと。

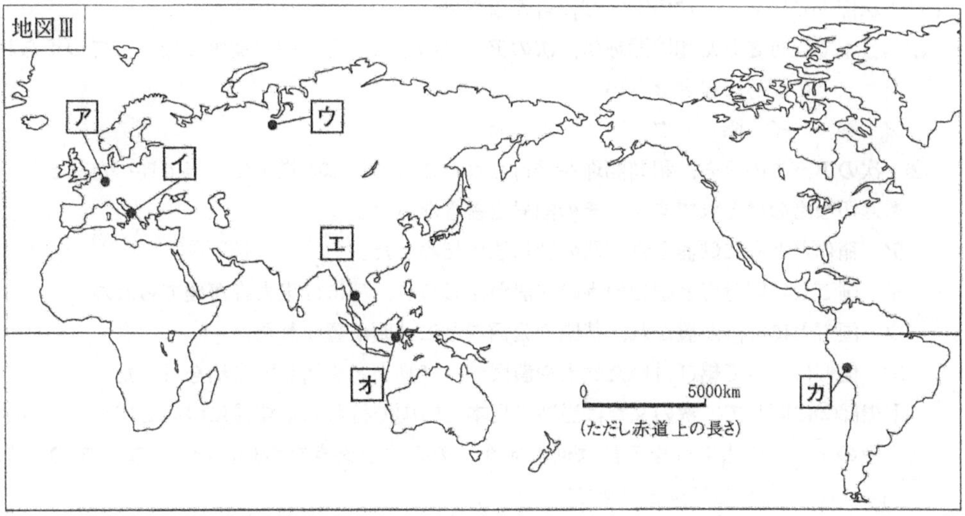

ツアーの提案書	
テーマ	私は,「X に注目した人々の暮らしの特色」をテーマとしたツアーを提案します。
訪れる場所〈1〉	
暮らしの特色〔1〕	
訪れる場所〈2〉	
暮らしの特色〔2〕	

2　次の略年表は,「日本の経済の主なできごと」についてまとめたものです。あとの1～4に答えなさい。

	日本の経済の主なできごと
8世紀～10世紀	①708年に和同開珎が発行されるなど貨幣が発行され,使われた。
11世紀～12世紀半ば	貨幣の流通が途絶え,米や絹・布が貨幣として使われた。
12世紀半ば～16世紀	②中国の貨幣が流入し,使われた。
17世紀～19世紀前半	金貨・銀貨・銅貨が発行され,③貨幣を用いた経済活動が全国に広がった。
19世紀後半以降	「円」を単位とする貨幣制度が整えられ,紙幣も発行され,使われるようになった。④1882年,日本の中央銀行である日本銀行が設立された。

1　下線部①に関して，次の(1)・(2)に答えなさい。

(1)　日本で発行された和同開珎は，次の**ア**～**エ**のうち，どの国の貨幣にならってつくられましたか。その記号を書きなさい。

ア　秦　　**イ**　隋　　**ウ**　唐　　**エ**　元

(2)　次の**ア**～**エ**のうち，和同開珎が発行されたころの日本の様子について述べた文として，最も適切なものはどれですか。その記号を書きなさい。

ア　稲作とともに鉄器や青銅器の製造法が伝わった。

イ　国ごとに国分寺と国分尼寺の建設が命じられ，都には東大寺が建てられた。

ウ　国ごとに守護が置かれ，荘園や公領ごとに地頭が置かれた。

エ　信仰によって結び付いた武士や農民が，守護大名を倒して自治を行った。

2　下線部②に関して，次の文章は当時の日本と中国で行われた貿易について述べたものです。文章中の □ に当てはまる語は何ですか。その語を書きなさい。なお，文章中の２か所の □ には同じ語が当てはまります。

> 室町幕府の足利義満は，幕府の財源を豊かにするため，明から銅銭とともに生糸，絹織物などを輸入し，日本から銅や硫黄などを輸出する貿易を行った。その際，国と国との貿易であることを確認するため □ とよばれる証明書を用いたことから，この貿易は， □ 貿易とよばれた。

3　下線部③に関して，江戸時代になると，農村でも貨幣を用いた経済活動が行われるようになりました。次の図は，このころの新田開発と貨幣経済の広がりとの関連についてまとめたものです。下の**ア**～**エ**のうち，図中の農業技術の発達の具体例として適切なものはどれですか。二つ選び，その記号を書きなさい。

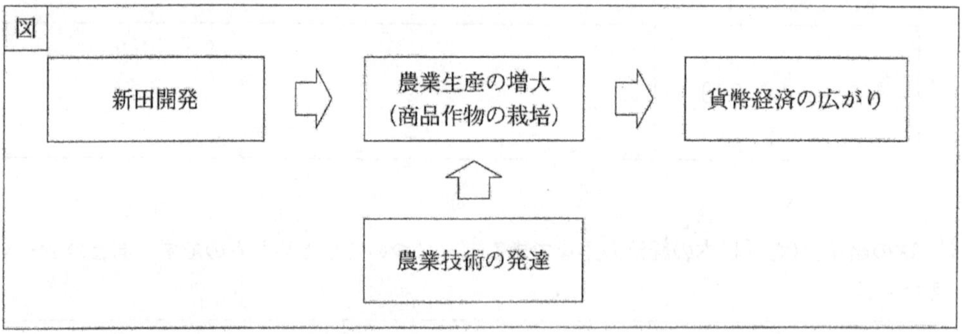

ア　同じ田畑で米と麦を作る二毛作が行われるようになった。

イ　脱穀のために使われる千歯こきが発明された。

ウ　肥料として草木の灰や牛馬のふんや堆肥が使われるようになった。

エ　干したイワシが肥料として取り引きされ，使われるようになった。

4　下線部④に関して，あとのレポートは，日本銀行が設立された理由について，次のページのグラフⅠ・Ⅱと資料を基にまとめたものです。レポート中の [a] と [b] に当てはまる語はそれぞれ何ですか。後の**ア**～**エ**の組み合わせのうちから適切なものを選び，その記号を書きなさい。また，レポート中の [c] には，どのような内容が当てはまりますか。グラフⅠ・Ⅱを踏まえて，簡潔に書きなさい。

> レポート
> 政府は，西南戦争の戦費を，政府の発行する紙幣と民間の銀行の発行する紙幣を増やすことでまかなった。このことによって，市場に出回る紙幣の量が増え，紙幣の価値が［　a　］ため，激しい［　b　］が起きた。そこで，日本銀行を設立することによって［　c　］を図ろうとしたと考えられる。

グラフⅠ

紙幣の発行高の推移

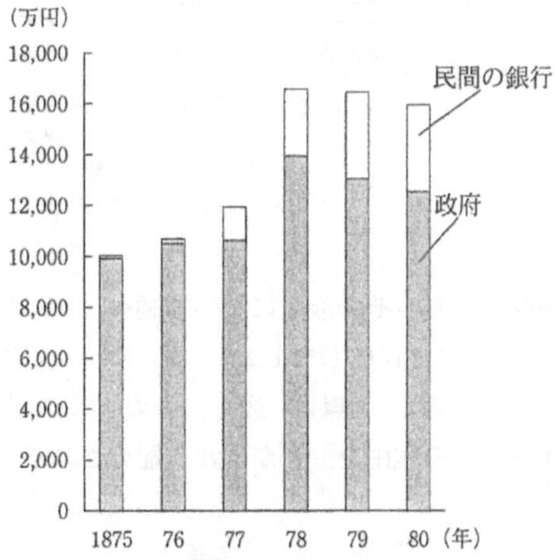

(日本長期統計総覧により作成。)

グラフⅡ

米価の推移

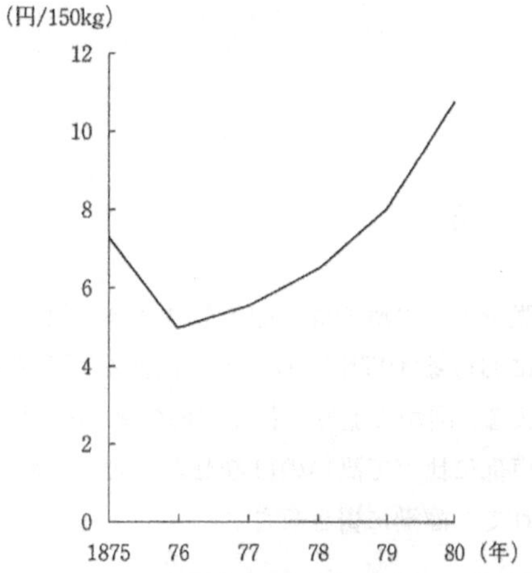

(改訂日本農業基礎統計により作成。)

> **資料**
> 1877年　政府は西南戦争を鎮圧した。
> 1878年　政府は西南戦争の戦費をまかなうための紙幣を発行した。

ア［a　上がった　b　インフレーション］

イ［a　上がった　b　デフレーション］

ウ［a　下がった　b　インフレーション］

エ［a　下がった　b　デフレーション］

3　ある学級の社会科の授業で，「日本の地方自治の現状と課題」というテーマを設定し，班ごとに分かれて学習することにしました。あとの１～５に答えなさい。

1　太郎さんの班では，東京都に人口が集中していることに興味をもち，その理由を説明するために，次のページの表を作成しました。太郎さんの班は，この表を基に，東京都に人口が集中しているのは，東京都の転入超過数が他の道府県と比べて多いからだと考えました。さらに東京都の転入超過数が他の道府県と比べて多い理由を説明するために，資料を集めることにしました。どのような資料が必要だと考えられますか。あとの**ア**～**エ**のうちから，最も適切なものを選び，その記号を書きなさい。

ア 主な都道府県の出生率と死亡率
イ 主な都道府県の企業数と大学数
ウ 主な都道府県の耕地面積
エ 主な都道府県の年平均気温と年平均降水量

主な都道府県の転入超過数(人)
(2015年，2016年)

	2015年	2016年
北海道	-8,862	-6,874
宮城県	-76	-483
東京都	81,696	74,177
愛知県	8,322	6,265
大阪府	2,296	1,794
広島県	-2,856	-2,136
福岡県	3,603	5,732

転入超過数：他の都道府県から住所を移して入ってくる者の数から，出ていく者の数を差し引いた数
(総務省統計局ウェブページにより作成。)

2 咲子さんの班では，地方公共団体の財源に興味をもち，その歳入について調べ，東京都とA県における2017年度の歳入の内訳を示した次のグラフを作成しました。グラフ中のXに当てはまる，国から配分される財源の名称を書きなさい。また，A県は，歳入に占めるXの割合が，東京都に比べて高いのはなぜだと考えられますか。その理由を，Xが国から配分される目的に触れて，簡潔に書きなさい。

東京都
(2017年度)

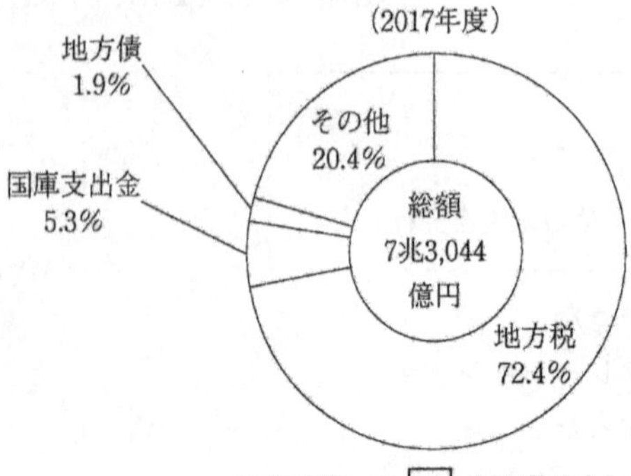

※東京都への X の配分はない。

A県
(2017年度)

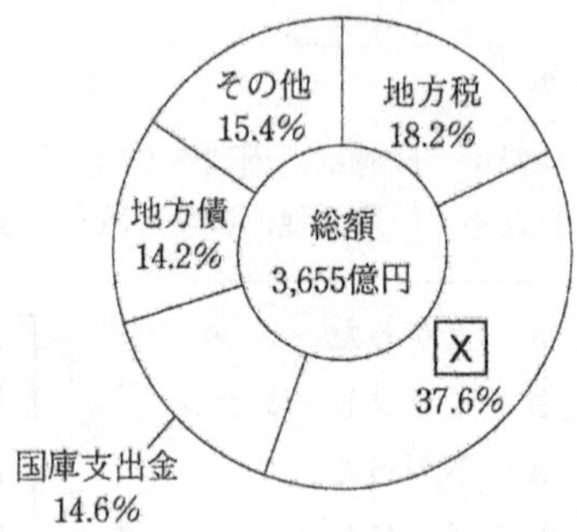

(データでみる県勢 2020年版により作成。)

3 次郎さんの班では，1999年に制定された地方分権一括法に興味をもち，なぜこの法律が制定されたのかを調べ，次のページの資料を見付けました。この資料は地方分権一括法に基づき，地方自治法に加えられた条文の一部を示したものです。次郎さんの班は，この資料を基に，地方分権一括法が制定された理由を次のページのようにまとめました。次郎さんの班のまとめの中の □ に当てはまる適切な内容を書きなさい。

資料

国は，（略）地方公共団体との間で適切に役割を分担するとともに，地方公共団体に関する制度の策定及び施策の実施に当たって地方公共団体の自主性及び自立性が十分に発揮されるようにしなければならない。

次郎さんの班のまとめ

地方分権一括法は，国が地方の行うべき仕事に関わったり，地方が国の行うべき仕事を代わりに行ったりするような状況を改め，地方公共団体が地域の仕事を自主的に行うことができるようにするために，□ことを目指して制定された。

4　京子さんの班では，地方公共団体はどのように仕事を行っているのかについて調べ，日本の地方自治のしくみの一部を示した次の図を作成しました。下の(1)・(2)に答えなさい。

図

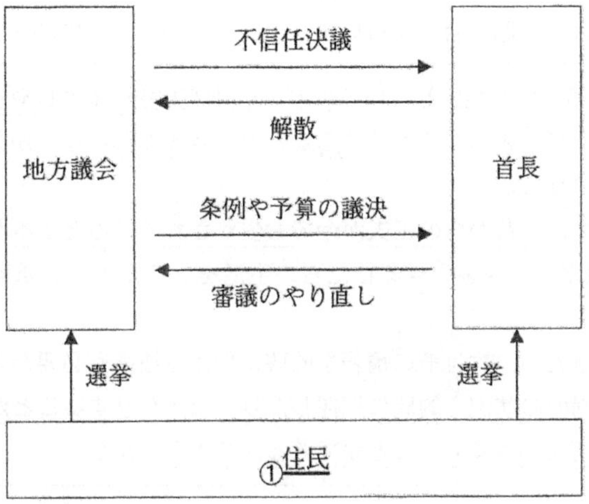

(1)　京子さんの班では，図を基に，地方議会と首長との関係について，次のようにまとめました。京子さんの班のまとめの中の□に当てはまる適切な内容を書きなさい。

京子さんの班のまとめ

地方議会は，条例を制定したり，予算を決定したりしているが，首長は，これに対し審議のやり直しを求めることができる。また，地方議会は，首長が信頼できないとき，首長の不信任決議を行うことができるのに対し，首長は，議会を解散することができる。このようなしくみになっているのは，地方議会と首長の関係が，□ためである。

(2)　下線部①に関して，住民には，選挙権以外にも，条例の制定・改廃，監査，議会の解散，首長や議員の解職を求める権利が保障されています。選挙権以外のこれらの権利をまとめて何といいますか。その名称を書きなさい。

5 三郎さんの班では，地方公共団体の地域の活性化の取り組みについて調べ，次の資料を見付けました。この資料に示された取り組みにより，Ｂ県では，地域の活性化について，どのような成果が期待できると考えられますか。資料を基に簡潔に書きなさい。

資料

Ｂ県の取り組み
・伝統的な製鉄の技術を受け継ぐ世界的な企業と，加工技術で強みを有するＢ県の中小企業グループが，県内の大学，高等専門学校と連携した。
・Ｂ県の大学に研究センターを設置し，そこに世界トップクラスの研究者を迎え，航空エンジンや世界最高峰の高効率モーターに用いる先端金属素材の高度化に向けた共同研究を行い，人材を育成した。

（内閣官房ウェブページにより作成。）

4 ある学級の社会科の授業で，「技術革新によって自然災害における被害を小さくすることができるか」という課題を設定し，次のような話し合いを行いました。あとの１～３に答えなさい。

太郎：日本ではこれまで様々な自然災害が発生しているけど，①自然災害が発生しやすい危険な場所を事前に把握できれば，被害を小さくすることができるんじゃないかな。どのような取り組みがあったのかな。

咲子：②例えば，洪水などに対しては，昔からの工夫が今でも生かされているところがあるみたいだよ。昔の人々の知恵は，今を生きる私たちの生活を守るためにも重要だよね。

太郎：危険な場所の状況を把握できたら，次はその情報を的確に伝える技術も必要だよね。

咲子：③技術革新によって危険な場所の状況を的確に把握したり，伝えたりすることができれば，自然災害における被害を小さくすることができるんじゃないかな。

1 下線部①に関して，太郎さんは，土石流の被害が発生しやすい地形について調べ，次の地図を見付けました。地図の範囲に大雨が降った場合，土石流の被害を受ける危険性が最も高い場所は，地図中の地点ア～エのうち，どこだと考えられますか。最も適切なものを選び，その記号を書きなさい。

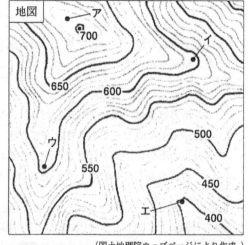

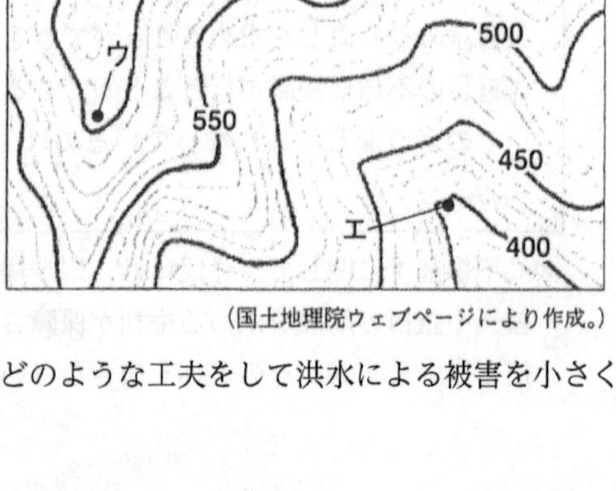

（国土地理院ウェブページにより作成。）

2 下線部②に関して，咲子さんは，昔の人々がどのような工夫をして洪水による被害を小さくしたかを調べ，次の地形図を見付け，これを基に下のレポートをまとめました。レポート中のX～Zの図は，「通常時」，「氾濫時」，「氾濫後」のいずれかの河川の様子について模式的に示したものです。X～Zの図を，「通常時」，「氾濫時」，「氾濫後」の順に並べるとどうなりますか。その記号を書きなさい。

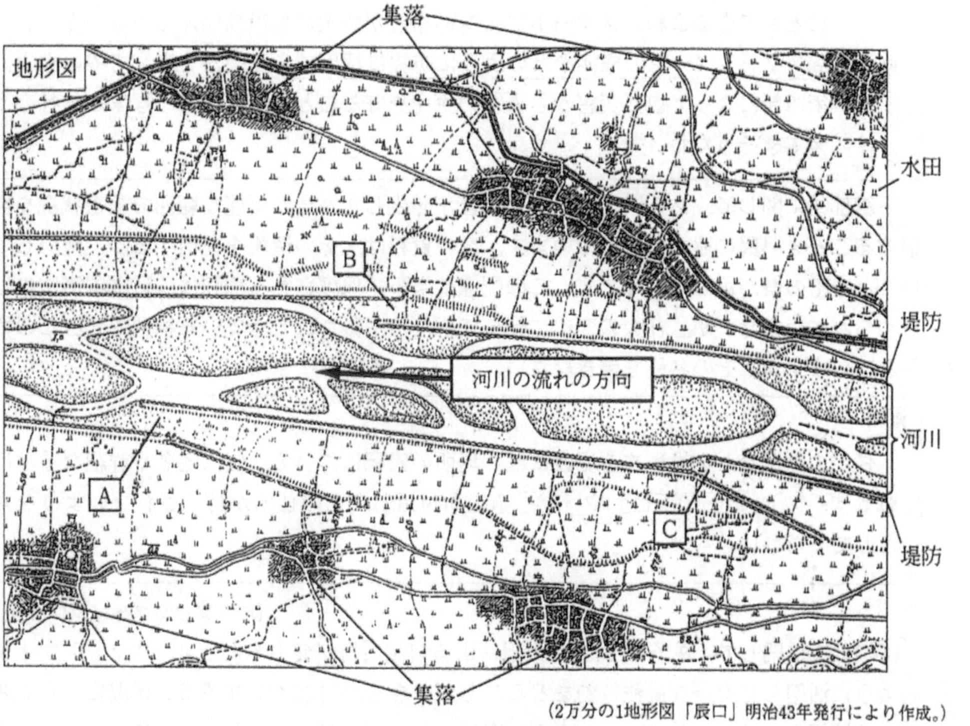

(2万分の1地形図「辰口」明治43年発行により作成。)

咲子さんのレポート

　地形図中の河川をよく見ると，地点A～Cのように，堤防が切れてつながっていない部分が複数あることが分かる。このような堤防は，中世に開発された治水の技術を利用したものである。このような工夫によって，右の図のように，「通常時」は，水は河川の外に出ず，「氾濫時」にも，複数の決まった堤防の切れ目から水を分散させてあふれさせ，下流に流れる水の流量を減少させることができる。そして，「氾濫後」には，それらの切れ目から水が河川に戻るしくみになっている。

　今と違って，堤防をつくる技術が十分でなかった時代にも，現在の防災につながる工夫があったことが分かる。

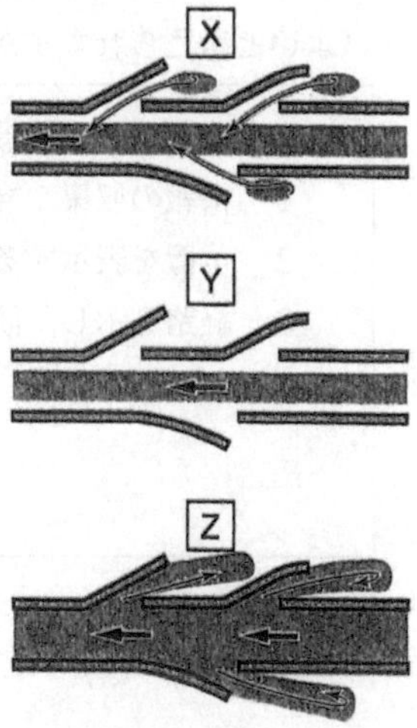

(国土交通省ウェブページによる。)

3　下線部③に関して，太郎さんと咲子さんは，防災に活用できる技術としてスマートフォンに着目し，さらに話し合いを行いました。次の会話はそのときのものです。下の(1)・(2)に答えなさい。

太郎：スマートフォンには通話や電子メール以外にも，④写真などの情報を投稿して発信したり，自分が今いる場所や，そこから目的地までの経路を地図上に示したりすることもできるよね。スマートフォンの機能が防災にも役立つんじゃないかな。

咲子：⑤スマートフォンの機能をどのように防災に活用できるのかを考えてみようよ。技術革新によって自然災害から人々の生命を守ることができるような未来の社会がみえてきそうだね。

(1) 下線部④に関して，ある県では，自然災害が発生したとき，可能な範囲で被害状況を情報発信することを県民に協力依頼しています。次の資料は，その情報を発信する際，配慮してほしいことをその県が示したものです。この配慮によって保護される権利は，日本国憲法には直接定められていませんが，社会の変化に伴って新たに主張されてきている権利です。この権利を何といいますか。その名称を書きなさい。

資料

住宅の倒壊などを投稿する場合には，場所の表記について，個人宅名や詳細な番地は掲載せず，「○○町○○丁目」や「○○市役所付近」などの住所が特定されないような表現としてください。

（埼玉県ウェブページにより作成。）

(2) 下線部⑤に関して，咲子さんは，「大雨による自然災害が発生したとき，スマートフォンをどのように活用して安全な避難行動をとることができるか。」について考え，状況によって変化していく情報を，スマートフォンの画面に表示したハザードマップ上に示すことができれば，安全な避難行動に有効ではないかと考えました。次に示したスマートフォンの機能を参考に，自分が今いる場所から安全な場所まで避難するには，どのような情報をハザードマップ上に示せばよいと考えられますか。考えられる情報の例を二つ，簡潔に書きなさい。

［スマートフォンの機能］
1 情報の収集や発信をする機能
2 位置を表示する機能
3 経路を示し，誘導する機能

(例) 下記のハガキ用紙にご記入の上、切り取って投函《とうかん》してください。→下のハガキに書いてください。そして、切り取って郵便ポストに入れてください。
・あいまいな表現は避ける。
(例) 午前八時過ぎに来てください。→午前八時十分に来てください。
・カタカナ語、外来語はなるべく使わない。
(例) ライフライン。→生活に必要な電気、ガス、水道など。

(資料1・2は「福岡市ウェブページ」などにより作成。)

〔問い〕森下さんは、「生徒会だより」に、「やさしい日本語」を紹介し、地域の避難訓練での受付・誘導係をする際に使用することを呼びかける文章を書くことにしました。あなたならどのように書きますか。次の条件1～3に従って書きなさい。

条件1　【生徒の会話】・【資料1】のそれぞれの内容を踏まえて書くこと。

条件2　受付・誘導係として使用する「やさしい日本語」については具体的な例を挙げて書くこと。その際には、【メモ】の中の役割について書かれた記述を取り上げ、【資料2】を参考にして「やさしい日本語」に作り替えて書くこと。

条件3　解答用紙に示している書き出しに続くように書き、内容に応じて段落を変え、二百五十字以内で書くこと。ただし、解答用紙に示している書き出しの部分は字数に含まないものとする。

※左の枠は、下書きに使っても構いません。解答は必ず解答用紙に書きなさい。

私たち青空中学校の生徒は、今年度、地域で行われる避難訓練で受付・誘導係を体験することになりました。受付・誘導係を体験する際には、「やさしい日本語」を使って情報を伝えましょう。

250

料2】は森下さんが「生徒会だより」を書くために調べて準備したものです。これらを読んで、あとの【問い】に答えなさい。

【生徒の会話】

森下：これから書く「生徒会だより」にはどんなことを書いたらいいかなあ。今度の地域の避難訓練で、僕たちは避難所での受付・誘導係を体験するんだね。避難所の受付・誘導係をするには、どんなことに気を付けるといいのかな。受付・誘導係の役割についてはメモをとって来たのだけど…。これがそのメモだよ。

【メモ】

受付・誘導係の役割

・避難してきた人に氏名の記入を依頼。
・避難所全体の地図の提示、及び休育館、教室への誘導。
・トイレと更衣室の場所を確認。
・廊下や階段の右側通行を徹底。
・立ち入り禁止エリアへの立ち入りは厳禁、喫煙は喫煙所のみ可能であることを確認。
・手洗い、うがいの励行、マスク着用の注意喚起。

松山：地域の避難訓練には、子供からお年寄りまで様々な年代の人が参加するよね。このメモの言葉をそのまま伝えると難しいんじゃないかな。だから、必要な情報を分かりやすく伝えるために、留学生との交流会で使った「やさしい日本語」を使ったらいいんじゃないかと思うんだけど、どうかな。

森下：いい考えだね。でも、その交流会に参加していなかった人達は、「やさしい日本語」について知らないかもしれないね。地域の避難訓練の受付・誘導係をするときに、「やさしい日本語」を使ってもらうために、「生徒会だより」に文章を書いて、載せようよ。

【資料1】

「やさしい日本語」とは

一九九五年一月の阪神淡路大震災では、日本人だけでなく日本にいた多くの外国人も被害を受けました。そこで、外国人が災害発生時に適切な行動をとれるよう、災害情報を「迅速に」「正確に」「簡潔に」伝えるために考え出されたのが「やさしい日本語」の由来です。「やさしい日本語」は、外国人だけではなく、日本人にも分かりやすい日本語です。災害時はもちろん、普段のコミュニケーションにおいても有効です。絵や地図を示したり、筆談や身振りを合わせたりして「やさしい日本語」を使うと、より効果的です。

【資料2】

「やさしい日本語」の作り方

・難しい言葉を避け、簡単な語彙を使う。
（例）河川の増水。→川の水が増える。
こちらにおかけください。→ここに座ってください。
・一つの文を短くし、文の構造を簡単にする。

セージを込めて決めたいよね。決めるための参考になると思って、柳と桜が詠《よ》まれている和歌と、「市の木」として柳や桜を採用している市のウェブページで、「市の木」に採用した理由も調べてみたよ。

坂倉：　ありがとう。文章の内容と【ノート】とを参考にしながら一緒に考えよう。今年の卒業記念樹は中庭に植えるんだよね。中庭には花壇とベンチがあるね。木の種類だけでなく、在校生が見る景色も考えながら決めたいね。

中田：　私もそう思うわ。教室からも中庭が見えるよね。後輩たちが中庭を見て、どんな気持ちになる場所だったらよいかを考えながら選ぼうよ。

島内：　文章の内容と僕のノートを見ながら、柳と桜のどちらを植えたらよいかを一緒に考えてみよう。

【ノート】

新古今和歌集より

うちなびき春に来にけり青柳《あをやぎ》の陰ふむ道に人のやすらふ
藤原高遠

〈現代語訳〉
春は来たのだなあ。青柳が茂って木陰を作っている道に、人が立ち止まって休んでいることよ。

桜咲く遠山鳥のしだり尾のながながし日もあかね色かな
後鳥羽《ごとば》上皇

〈現代語訳〉
桜の咲いている遠山の眺めは、長い長い春の日にも、見飽きない美しさであることよ。

柳や桜を「市の木」に選んだ理由

豊岡市《とよおかし》（兵庫県）…しなやかで耐久力のある柳は、倒れても埋もれても再び芽を出すたくましい生命力を持ちます。雪の多い豊岡で、低湿地にもしっかりと根を張る柳は、豊岡市にとって最もふさわしい木と言えます。

小城市《おぎし》（佐賀県）…市内に日本さくら名所百選に選定された「小城公園」があり、県内有数の桜の名所として多くの観光客で賑《にぎ》わう。「力強さや生命力」、「優しさや美しさ」を感じる木として市民にも広く親しまれ、また、全国にシンボルとしてアピールできる木である。

【下書き】

選んだ木の名前…（　Ⅰ　）
選んだ理由…（　Ⅰ　）の木を選んだ理由は、後輩たちに（　Ⅱ　）というメッセージを伝え、中庭が（　Ⅲ　）場所であってほしいからです。

四　青空中学校の生徒会では、地域で行われる避難訓練に向けて、「生徒会だより」を作成することにしました。次の【生徒の会話】は生徒会役員の森下さんと松山さんが行ったもので、【資料1】・【資

三　次の文章を読んで、あとの問いに答えなさい。

柳は、花《桜の花》よりもなほ風情《ふぜい》に花あり《趣があって美しい》。水にひかれ風にしたがひて《水面に垂れて水の流れにまかせ風に吹かれ》、しかも音なく、夏は[注1]笠《かさ》なうして《なくて》休らふ人を①覆ひ、秋は一葉の水にうかみて風にあゆみ《浮かんで風の吹くままに漂い》、冬は[注2]しぐれにおもしろく《趣があり》、雪にながめ深し《雪の積もった眺めも趣がある》。

桜は、[注3]初花より人の心もうきうきしく、きのふ暮れけふ暮れ、ここかしこ咲きも残らぬ折節は《花が満開のころには》、花もたぬ木の梢々《こずゑこずゑ》もうるはしく《美しく見せ》、暮るればまた、あすも来んと契《ちぎ》り置きしに《来ようと決めていたところが》、雨降るもうたてし《残念なことだ》。とかくして《このようにして》春も末になりゆけば、散りつくす世の有様を見つれど、②また来る春をたのむもはかなし《期待してしまうけれどそれもむなしい》。あるは遠山ざくら《遠い山に咲く桜》、青葉がくれの遅ざくら《青葉に隠れるように咲いている遅咲きの桜》、若葉の花、風情おのおの一様ならず《若葉の季節の桜の花の趣はそれぞれ同じではない》。桜は百華に秀《ひい》でて《多くの花にまさり》、古今もろ人の風雅の中立《なかだち》とす《昔も今も多くの人が趣を感じるきっかけとなっている》。

（「独《ひと》ごと」による。）

（注1）笠＝雨や雪、日光を防ぐために頭に直接かぶるもの。

（注2）しぐれ＝晩秋から初冬にかけて断続的に降る小雨。

（注3）初花＝その年のその木に初めて咲く花。

1　①覆ひの平仮名の部分を、現代仮名遣いで書きなさい。

2　次のア～エの中で、本文の内容に合っているものはどれですか。最も適切なものを選び、その記号を書きなさい。

ア　笠をもっていない旅人が、笠の代わりに柳の枝を手に持って歩く姿は趣があって美しい。

イ　柳は、冬の小雨の中や、雪の積もった風景の中にあっても趣があって美しい。

ウ　花が散った後の桜の青葉が、枝で風になびいている様子も趣があって美しい。

エ　桜は満開の時が美しいが、雨が降る中で花びらが散っている様子も一段と美しい。

3　②また来る春をたのむもはかなしとあるが、何をむなしいといっているのですか。「……のに、……しまうこと。」という形式によって、現代の言葉を用いて書きなさい。

4　島内さんの班では、国語の時間に読んだこの文章の内容を踏まえて、卒業記念樹として植えるのは、柳と桜のどちらの木がよいかを提案するための話し合いを行いました。次の【生徒の会話】はそのときのもので、【ノート】は、島内さんが調べた内容を書いたものです。また、【下書き】は、島内さんが班で話し合った結果を提案するために下書きしたものです。あなたなら、どのように提案しますか。空欄Ⅰに柳か桜のどちらか一つの木の名前を書き、空欄Ⅱ・Ⅲに当てはまる適切な表現を、【ノート】と本文の内容を踏まえて現代の言葉を用いて書きなさい。

【生徒の会話】

島内：　この文章を読むと、柳と桜に対する見方の違いが分かるね。卒業記念樹は、僕たち卒業生から在校生へのメッ

【図】

〈1　作曲家の役割〉
ビジョン・想念・感情などを楽譜に表現する。

←

〈2　指揮者の役割〉
（　Ⅱ　）

←

〈3　オーケストラの役割〉
（　Ⅲ　）

←

〈4　聴衆〉
作曲家のビジョン・想念・感情などを、指揮者・オーケストラを介して深く味わい、自らの人生を無意識に重ね合わせて感動する。

(1)　空欄Ⅱ・Ⅲに当てはまる適切な表現を、それぞれ二十五字以内で書きなさい。

(2)　さらに、この生徒は【図】中の傍線部分について、ベートーヴェンの『交響曲第九番』の演奏を聴いた聴衆が、ベートーヴェンのどのようなビジョン・想念・感情などを味わって感動に至るのかということに興味をもち、次の【ノート】にまとめました。あとの【資料】は【ノート】にまとめるために準備したものです。この【ノート】の空欄Ⅳに当てはまる適切な表現を、本文の内容と【資料】の内容を踏まえて七十五字以内で書きなさい。

【ノート】

ベートーヴェンの（　Ⅳ　）を、指揮者・オーケストラを介して深く味わい、自らの人生を無意識に重ね合わせて感動する。

【資料】

ベートーヴェンの生涯最後の交響曲として、また、合唱が導入されている点においても有名な交響曲第九番。最も知られている第四楽章はドイツの詩人シラー作『歓喜に寄す』に曲をつけたもので、この詩は人類愛を歌い上げており、十代のベートーヴェンはその詩の内容に強く共感し、ずっとその感動を心の中に大切にしまっていた。

その後のベートーヴェンは、作曲家として成功する一方、家族とのもめ事や友人との別離を繰り返し、耳の具合も悪化の一途をたどっていた。不器用ながらも人間関係を大切にしていたベートーヴェンにとっては非常につらい日々だったが、この時期は、作曲の試行錯誤を重ねることができた期間ともなった。そして、ついに五十代で、長年抱いてきた、シラーの詩に対する感動を表現するべく、一心不乱に作曲に打ち込んだ。シラーの詩に出会ってから、三十二年を経て完成した労作である。交響曲第九番こそまさに、ベートーヴェンの哲学そのものである。

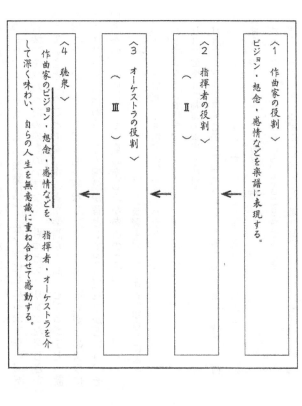

る、ということです。私は、たとえ正しい音符に正しいリズム、美しい音があったとしても、そこに興奮や喜びを感じさせる「何か」がなければ、それは②価値ある演奏とは言えないと考えます。

日本でもよく知られているヘルベルト・フォン・カラヤンという指揮者はピョートル・チャイコフスキーの『交響曲第六番　悲愴《ひそう》』だけで六回の録音を残しました。これは、曲の解釈が時代や指揮者自身の成長・変化によっても㋑コトなることや、オーケストラが違えば同じ曲でも演奏するたびに違う表情をもつということが前提となっています。指揮者が圧倒的な創造意欲というものをもっていれば、同じ演奏が繰り返されることはまずありえないことなのです。

つまり、オーケストラの演奏はルーティン[注5]化したお決まりの演奏（音楽）を味わうためのものではなく、もっとスリリング[注6]な楽しさをもっているということです。指揮者が楽譜から曲のビジョンをどう読み取ったのか、そしてどう曲を解釈したか、さらにそれがどのようにオーケストラに伝わり、その情熱が音としてどう現れたかという、その演奏の一回性[注7]にこそ、真の楽しみがあるのです。

（藤野栄介「指揮者の知恵」による。）

（注1）アンサンブル＝演奏の統一性やバランスのこと。
（注2）ビジョン＝構想。
（注3）醍醐味＝物事の本当の面白さ。
（注4）カタルシス＝心の中に解消されないで残っていたある気持ちが、何かをきっかけにして一気に取り除かれること。
（注5）ルーティン＝いつも行う手順。
（注6）スリリング＝はらはら、どきどきさせるさま。
（注7）一回性＝一回起こったきりで、繰り返すことがない性質。

1　㋐・㋑のカタカナに当たる漢字を書きなさい。

2　□に当てはまる最も適切な語を、次のア～エの中から選び、その記号を書きなさい。

ア　確かに
イ　むしろ
ウ　けれども
エ　なぜなら

3　①クラシック音楽は、決して耳に心地よいだけの音楽ではありませんとあるが、次の文は、このことについて筆者が述べていることをまとめたものです。空欄Ⅰに当てはまる最も適切な表現を、文章中から十字以内で抜き出して書きなさい。

> クラシック音楽では、美しい調和した和音の響きで栄光や自然の美しさを表現するだけではなく、調和せずにぶつかり、強い緊張感と違和感を与える和音によって（　Ⅰ　）を表現することも、人々の人生を音楽で表現する上で重要である。

4　②価値ある演奏とあるが、次のページの【図】は、国語の時間にある生徒が、この文章における筆者の主張を踏まえ、オーケストラの演奏が価値ある演奏に至るまでの流れをまとめたものです。これを読んで、あとの⑴・⑵に答えなさい。

二　次の文章を読んで、あとの問いに答えなさい。

クラシック音楽にあまり興味のない方とお話していると、「クラシック音楽は誤解されているなぁ」と思うことがしばしばあります。

「オーケストラのコンサートって、スター指揮者が大げさに指揮棒を振って、オーケストラは一糸乱れぬようにそれに従って、ひたすら美しい音楽を奏《かな》でることを目指しているんでしょ？」と考えられているようなのです。音楽家やクラショク音楽愛好家にとっては、クラシックがこのように受け止められているとは思いもよらないことでしょう。

□、美しいアンサンブル[注1]はクラシック音楽のもつ大切な要素の一つではありますし、正確で的確な音を演奏するために日々精進し、演奏技術を磨くことは、演奏家にとって非常に重要なことです。そして実際に、この数十年という時間で考えれば、演奏技術は目覚ましく進歩しています。これにより、より正確で美しいサウンドをもつ演奏が実現できるようになりました。オーケストラという、八十人以上もの音楽家が同時に演奏する場において、正確で的確なアンサンブルを奏でることの重要性は、今後も増しこそすれ、減ることはないでしょう。

しかしながら、本来オーケストラコンサートの目指すところを簡単に言えば、作曲家のビジョン[注2]・想念・感情などを、指揮者・オーケストラを介して聴衆に深く味わってもらうことなのです。「正確で的確なアンサンブル」は、そのような演奏に必要な要素と言えるかもしれませんが、それ自体がクラシック音楽の本質なのではありません。そして、自ら楽器をもたない（音を奏でることのできない）指揮者という名の「音楽家」が、いかにして自分の音楽をオーケストラに、味わい深い音楽を奏でさせるのか――その実現と、そこに至るまでの過程こそがオーケストラの醍醐味《だいごみ》[注3]であると、私は考えます。

①クラシック音楽は、決して耳に心地よいだけの音楽ではありません。調和や栄光、自然の美しさを表した曲も数多くありますが、心の葛藤や後悔、別れや悲しみ、そしてあきらめという人間の負の感情に触れるものも少なくありません。耳に優しい和音、いわゆる調和した響きというものは確かに美しく、それだけでも人に生きてきた意味を感じさせることもあります。しかし、音と音が調和せずにぶつかり、強い緊張感とどこへ向かうかわからない違和感を与える和音も、同様に人々の人生を音楽で表現するには重要な要素なのです。

作曲をするとき、優れた作曲家は往々にしてそうした緊張感を伴う和声（和音の流れ）の後、シンプルで美しい和声へと、劇的にその音楽を昇華させるものです。不安を㋐ノり越えた先の満足、ルードヴィヒ・ファン・ベートーヴェンの『交響曲第九番』ではありませんが、苦悩の後の歓喜、そのストーリー自体がカタルシス[注4]を感じさせると言えるでしょう。人は音楽に広い意味での「物語」を感じ、自らの人生を無意識に重ね合わせ、感動するのです。

もちろん、オーケストラの面白さというのは、人によって、また、時によって様々です。そこに込められた意図はわからなくても、ただただ「美しい」と感じさせる演奏もあります。それだけで「これは価値がある演奏だ」と思って興奮するのもよいでしょうし、時として、何かの原因でばらばらになりかけたオーケストラのアンサンブルが、それでもぎりぎりのところで美しさを目指してまとまろうとする姿に興奮するのも、どちらもあなたの人生にとって意味のある楽しみ方なのです。

しかし、一つだけ確かなのは、ステージの上で意味のあることが何も起きていないオーケストラのコンサートは面白味に欠けるものであ

きなさい。

4 ②手を焼いているとあるが、この表現は、どのような様子を表現したものですか。次のア～エの中から最も適切なものを選び、その記号を書きなさい。

ア いい加減な気持ちで対処している様子。
イ 対処や処理に苦労している様子。
ウ 密《ひそ》かに人を使って調べたり、働きかけたりしている様子。
エ 将来を予測して対策が立てられている様子。

5 この作品（戸川幸夫「爪王」）は漫画化されており、下の【資料】は、この文章の続きの場面を描いている漫画の一コマです。この文章の続きの場面を漫画で読んだ生徒と小説で読んだ生徒が、【資料】に書かれている鷹匠のせりふについて会話をしています。あとの【生徒の会話】はそのときのものです。これらを読んで、空欄Ⅰ・Ⅱに当てはまる適切な表現を、それぞれ書きなさい。

【生徒の会話】

西川：僕はこの文章の続きを漫画で読んだよ。吹雪と赤ぎつねの決闘後の一コマがこれだよ。

鈴木：あれ？　僕はこの文章の続きを小説で読んだんだけど、【資料】のせりふは書かれてなかったよ。この一コマは、小説では「吹雪は、激しい息遣いをしながら、赤ぎつねをしっかと押さえ付けて、誇らしげに待っていた。」という描写のみで鷹匠の言葉は書かれていないんだよ。どのようにして、このせりふは生み出されたのかなあ……。僕は、鷹匠が吹雪の足革を解き放して戦いに行かせたときの、鷹匠の決意が関係していると思うなあ。

西川：確かにそうだね。そのことに加えて、これまでの吹雪との関係から生まれた鷹匠の気持ちが、このせりふに表現されているんじゃないかな。僕は、吹雪が（　Ⅰ　）にも関わらず、赤ぎつねを倒して、鷹匠を誇らしげに待っていたところから、鷹匠の吹雪に対する称賛と、（　Ⅱ　）気持ちから生み出されたせりふだと考えたよ。

鈴木：そうだね、僕もそう思うよ。その鷹匠の気持ちが漫画では「おめえってヤツは　おめえってヤツは…」という言葉で表現されたんだね。

【資料】

（矢口高雄「野性伝説　爪王」による。）

中では、①どうか元気でいてくれるようにといのりながら……。
　おいっこは間もなくもどってきて、赤ぎつねはますます老猾《ろうかい》[注6]になり、このごろでは昼間もおおっぴらに現れるようになって、村でも②手を焼いていることを話し、「だども[注7]、『鷹ではもうだめだべ。』と、村長は言うけ。」と報告した。鷹匠は、おいっこにはなんにも言わなかった。老人はだまって鷹部屋に行くと、吹雪をこぶしにすえ、「いいか、吹雪。今度こそだじぇ。」と、吹雪の胸骨をなでた。
　鷹匠は、間もなく、吹雪と安楽城村に行った。家人の心配も、村人の軽蔑も、問題ではなかった。鷹匠は、赤ぎつねの足どりやり口を調べ、翌朝早く、吹雪をこぶしにすえて弁慶山に急いだ。弁慶山は、峰続きの猪ノ鼻岳より百二十メートルほど高い。上から下を襲うという鷹族の習性に従って、鷹匠は弁慶山の頂にたたずんで待った。めずらしく風はなく、死のような静寂が峰を包んでいた。峰の上には、星がこおっていた。そのために、寒さがいっそう厳しく感じられた。
　鷹匠は、吹雪を温めるようにだいて、じっと待ち続けた。やがて東の空に、青白い朝の気配が動き始めた。鷹匠と鷹は更に待った。時がたった。日はまだ出ないが、周囲は白く明るくなった。雪の㋒反射が視界を広げた。と、魚止森と猪ノ鼻岳の間の相沢川を渡って、ちらっと動く黒点が見られた。吹雪のひとみが鋭く光った。鷹匠は双眼鏡を取り出し、目に当てた。黒点は、まぎれもないあの赤ぎつねだった。が、赤ぎつねも、この三年間に見違えるほどたけだけしくなっていた。彼は、今朝も口に獲物をくわえていた。赤ぎつねは、一度川べりの林の中に姿を消したが、しばらくするとまた出てきた。そして、今度は尾根に登り始めた。
　鷹匠は、まだ吹雪を放さなかった。彼はふり返って、吹雪の様子を見た。もし吹雪が羽毛をふくらませているのであったら、この鷹はおそれを感じている。だが、吹雪は、静かに時の来るのを待っている。この前のような興奮した荒々しさは見られなかった。
　うん、これなら大丈夫だ——と、鷹匠は自信を持った。赤ぎつねは、猪ノ鼻岳の山頂に近いこんもりと茂った森に入ろうと急いだ。そこに彼の家があるらしかった。鷹匠は、吹雪の脚に付けてあった足革[注8]を解き放した。そのことは吹雪に全くの自由を、野生さえも許したことだった。吹雪が野生にもどろうと思えば、そのまま野生に帰り得るのだ。だが、鷹匠は、吹雪がこれから行う死を賭《と》した決闘に、少しでもさまたげになるものは除かねばならぬと思った。赤ぎつねのにくにくしげな姿が、レンズいっぱいに広がった。その顔には、この前の戦いで吹雪が付けた爪跡が、まだ黒く残っていた。鷹匠は、こぶしを静かに引いた。吹雪は、冠羽を逆立て、身をしずめた。「それっ!」鷹匠のこぶしが気合いをこめて前方に突き出されると、吹雪の体は軽々と飛んだ。

(戸川幸夫「爪王」による。)

(注1) 鷹匠＝鷹を飼育、訓練して、狩りをする人。
(注2) ねぐら入り＝鳥が巣ごもりする四、五月の繁殖期。
(注3) 苦悶＝苦しみもだえること。
(注4) 「詰め」＝絶食させること。
(注5) 精悍＝動作や顔つきが鋭く、力強いこと。
(注6) 老猾＝経験を積んでいて、悪賢いこと。
(注7) だども＝けれども。
(注8) 足革＝狩りのときに鷹の脚に付ける革ひも。

1　㋐～㋒の漢字の読みを書きなさい。
2　□に当てはまる適切な語を書きなさい。
3　①どうか元気でいてくれるようにといのりながら……とあるが、鷹匠が、このようにいのっているのはなぜですか。四十字以内で書

＜国語＞

時間　五〇分　　満点　五〇点

一　次の文章を読んで、あとの問いに答えなさい。

　鷹匠《たかじょう》[注1]である老人は、優れた若鷹を手に入れ、「吹雪」と名付けて育て上げた。ある日、安楽城村《あらきむら》（現在の山形県真室川町）の村長に赤ぎつねの退治を依頼され、退治に向かった。赤ぎつねとの戦いは壮絶で、激しい攻防の中、鷹匠は吹雪を見失い、吹雪の行方は分からなくなってしまった。吹雪がその後どうなったのか、手掛かりのないまま四日目が過ぎようとしていたその日の夜、吹雪は鷹匠の家にもどってきた。

　吹雪は弱りきっていた。左の翼はだらりと下がり、羽は折れ、爪ははれ上がって止まり木に止まることすらできなかった。ただその刺すようなまなざしが、「失敗はしたが、負けたのではない。」とうったえていた。

　鷹匠は椀《わん》に水をくみ、傷ついた親友に与えた。吹雪は少しだけ飲んだ。折れた羽を切り、肉と皮の間に出来た気泡をしぼって空気を押し出し、青木の葉をすって酢にとかした汁を傷口に付けた。鷹匠は眠らずにみとった。この傷で、野生にももどらず、自分のふところにもどってきた吹雪がいとしくてならなかった。手当ては順調に進み、吹雪の傷はぐんぐんとよくなった。春、ねぐら入り[注2]の季節が来るころには、いちばん重かった足指のはれもほとんど引いていた。吹雪は戸外の鷹小屋に移され、また太った。

　しかし、鷹匠にはおそれが残った。吹雪の闘魂が、負傷と同時に傷つけられてしまったのではなかろうかという心配だった。□の傷は治しえても、気性の傷は治すことが困難である。おびえのきた鷹は救いがたい。

　鷹匠は、吹雪がきつねをおそれることをおそれた。一匹のきつねをとる、とらないは、収穫の上ではたいした問題ではなかった。しかし、鷹匠としての、また優れた鷹としての誇りからいえば大問題だった。獲物をおそれる鷹は、名鷹《めいよう》とはいえない。同時に、そんな鷹を作り上げた鷹匠も、名匠とはいえないのだ。鷹匠が六十余年の生活の最後を飾るものとして探し出した吹雪、そして、長くない全生命をかけているこの吹雪が、あの赤ぎつねをおそれるとしたら、すべての希望は足下からくずれ去るのだ。鷹匠は苦悩と苦悶《くもん》[注3]の日を重ねた。そして得た結論は、死か名誉かであった。愛するものを失うか、誇りを守るかであった。すべてを得るか、すべてを無にするかであった。鷹匠は、もう一度吹雪をあの猪ノ鼻岳《いのはなだけ》の赤ぎつねと戦わせようと決心した。今度こそあの赤ぎつねを倒すか、吹雪を失うかなのだ。

　鷹匠は準備に取りかかった。再び、「詰め」[注4]の季節が来た。吹雪は精《せい》悍《かん》[注5]にやせた。狩りの冬、鷹匠は、もううさぎや山鳥を追わせなかった。野犬にかからせ、ねこを襲わせた。飼いぎつねを求めて、それをもねらわせた。ふくろうやお鷹も訓練の犠牲に供した。爪ときばをもって㋐抵抗する生き物は、次々と吹雪の前にほうり出され、吹雪の爪とくちばしとを鋭く㋑研いだ。これが、その後三年間の鷹匠と吹雪の生活だった。

　いよいよ戦いの時が来た。鷹匠は慎重に詰めた。例年ならば野生にもどるのをおそれて体力を落とすのだったが、鷹匠は吹雪に勝敗のみをかけた。十分に戦えるためには、やはり強い体力を与えねばならない。「詰め」は早めに切り上げられた。吹雪は七歳。羽毛は黒褐色となり、闘志と充実した体力とがみなぎった。鷹匠は、おいっこを安楽城村の村長のもとにやり、猪ノ鼻岳の赤ぎつねの消息を尋ねた。心の

2021年度

解　答　と　解　説

《2021年度の配点は解答用紙集に掲載してあります。》

＜数学解答＞

$\boxed{1}$ (1) 3　(2) 8　(3) $5\sqrt{3}$　(4) $x=-6,\ 1$　(5) 15π　(6) $\sqrt{29}$
(7) ① イ　② ア　③ ウ　(8) $\frac{1}{4}$

$\boxed{2}$ (1) 17，18　(2) 解説参照　(3) 800　$\boxed{3}$ 35：4

$\boxed{4}$ (1) 4　(2) 15　$\boxed{5}$ (1) ウ　(2) 解説参照

$\boxed{6}$ (1) 解説参照　(2) ア B　イ BI　ウ C　エ CI［ア C，イ CI，ウ B，エ BI］　(3) オ $90°-\frac{1}{2}\angle x$　カ 0　キ 90

＜数学解説＞

$\boxed{1}$ **(数・式の計算，式の値，平方根，二次方程式，体積，2点間の距離，関数$y=ax^2$，確率)**

(1) **正の数・負の数をひくには，符号を変えた数をたせばよい。**$6-5-(-2)=6-5+(+2)=6-5+2=1+2=3$

(2) $a=4$のとき，$6a^2\div 3a=\frac{6a^2}{3a}=2a=2\times 4=8$

(3) $\sqrt{2}\times\sqrt{6}=\sqrt{2\times 6}=\sqrt{2\times 2\times 3}=2\sqrt{3}$，$\frac{9}{\sqrt{3}}=\frac{9\times\sqrt{3}}{\sqrt{3}\times\sqrt{3}}=\frac{9\sqrt{3}}{3}=3\sqrt{3}$だから，$\sqrt{2}\times\sqrt{6}+\frac{9}{\sqrt{3}}=2\sqrt{3}+3\sqrt{3}=(2+3)\sqrt{3}=5\sqrt{3}$

(4) $x^2+5x-6=0$　たして$+5$，かけて-6になる2つの数は，$(+6)+(-1)=+5$，$(+6)\times(-1)=-6$より，$+6$と-1だから$x^2+5x-6=\{x+(+6)\}\{x+(-1)\}=(x+6)(x-1)=0$　$x=-6$，$x=1$

(5) できる立体は，底面の円の半径が3cm，高さが5cmの円錐だから，その体積は$\frac{1}{3}\pi\times 3^2\times 5=15\pi\ (\mathrm{cm}^3)$

(6) 2点A，Bの座標は，A(1，7)，B(3，2)だから，**三平方の定理**より，線分ABの長さ＝2点AB間の距離$=\sqrt{(1-3)^2+(7-2)^2}=\sqrt{4+25}=\sqrt{29}$

(7) 関数$y=ax^2$のグラフは，$a>0$のとき上に開き，$a<0$のとき下に開いている。これより，③の放物線はウの$y=-x^2$である。また，aの絶対値が大きいほど，グラフの開きぐあいは小さくなるから，$\frac{1}{3}<2$より，①の放物線がイの$y=\frac{1}{3}x^2$で，②の放物線がアの$y=2x^2$である。

(8) それぞれの袋からカードを1枚ずつ取り出すとき，すべての取り出し方は，(袋A，袋B)＝($\boxed{1}$，$\boxed{1}$)，($\boxed{1}$，$\boxed{2}$)，($\boxed{1}$，$\boxed{3}$)，($\boxed{2}$，$\boxed{1}$)，($\boxed{2}$，$\boxed{2}$)，($\boxed{2}$，$\boxed{3}$)，($\boxed{3}$，$\boxed{1}$)，($\boxed{3}$，$\boxed{2}$)，($\boxed{3}$，$\boxed{3}$)，($\boxed{4}$，$\boxed{1}$)，($\boxed{4}$，$\boxed{2}$)，($\boxed{4}$，$\boxed{3}$)の12通り。このうち，その2枚のカードに書いてある数の和が6以上になるのは，～～を付けた3通り。よって，求める確率は$\frac{3}{12}=\frac{1}{4}$

$\boxed{2}$ **(平方根，式による証明，関数とグラフ)**

(1) $4=\sqrt{16}$，$\frac{13}{3}=\sqrt{\frac{169}{9}}$より，$4<\sqrt{a}<\frac{13}{3}$は，$\sqrt{16}<\sqrt{a}<\sqrt{\frac{169}{9}}$であるから，$16<a<\frac{169}{9}\left(=18\frac{7}{9}\right)$である。よって，これを満足する整数$a$は，$a=17$，18

(2)　(説明)　(例)APを1辺とする正方形の面積はx^2cm^2…①　PBを1辺とする正方形の面積は$(6-x)^2=x^2-12x+36$(cm^2)…②　①，②より，APを1辺とする正方形の面積とPBを1辺とする正方形の面積の和は$x^2+x^2-12x+36=2x^2-12x+36$…③　PCを1辺とする正方形の面積は$(3-x)^2=x^2-6x+9$(cm^2)…④　CBを1辺とする正方形の面積は9cm^2…⑤　④，⑤より，PCを1辺とする正方形の面積とCBを1辺とする正方形の面積の和の2倍は$(x^2-6x+9+9)\times 2=2x^2-12x+36$…⑥　③，⑥より，APを1辺とする正方形の面積とPBを1辺とする正方形の面積の和は，PCを1辺とする正方形の面積とCBを1辺とする正方形の面積の和の2倍に等しくなる。

(3)　問題の条件より，$10 \leqq x \leqq 19$におけるAさんのグラフのxとyの関係は$y=40x+280$…①　と表されるから，これより，$x=10$のとき$y=40\times 10+280=680$，$x=19$のとき$y=40\times 19+280=1040$である。よって，駅から図書館までの距離は1040mである。Bさんは，Aさんが駅を出発した8分後に駅を出発し，分速160mで図書館に行ったから，駅から図書館までにかかった時間は，1040(m)÷(分速)160(m)＝6.5(分)　Bさんのグラフは右図のように2点(8，0)，(14.5，1040)を結んだ直線となり，グラフの傾きは速さに等しく160だから，xとyの関係は$y=160x+b$と表され，点(8，0)を通るから$0=160\times 8+b$　$b=-1280$　Bさんのグラフのxとyの関係は$y=160x-1280$…②　と表される。BさんがAさんに追いついたのは，グラフ上でAさんとBさんのグラフが交わるところであり，その座標は①と②の連立方程式の解。②を①に代入して，$160x-1280=40x+280$　これを解いて，$x=13$　これを①に代入して，$y=40\times 13+280=800$　したがって，BさんがAさんに追いついたのは，駅から800mのところである。

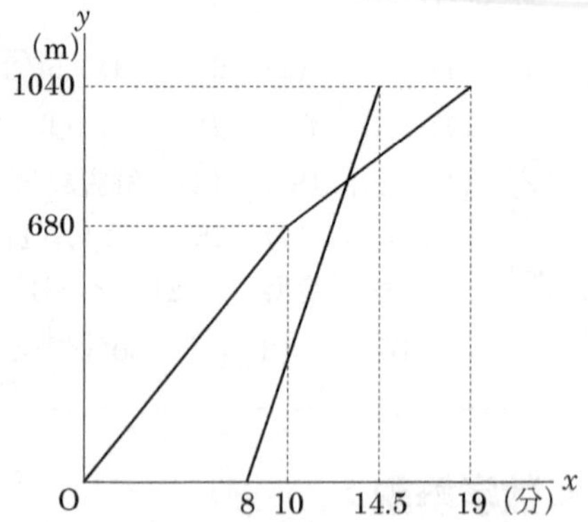

3　(相似の利用，面積比)

AD//BCで，平行線と面積の関係より，△DBE＝△ABE＝S…①　△DBE＝△GEB＋△GDB…②　△GEBと△GEFで，高さが等しい三角形の面積比は，底辺の長さの比に等しいから，△GEB：△GEF＝BG：GF＝5：2　△GEB＝$\frac{5}{2}$△GEF＝$\frac{5}{2}T$…③　BD//EFより，平行線の錯角は等しいから，∠GBD＝∠GFE…④　∠GDB＝∠GEF…⑤　④，⑤より，2組の角がそれぞれ等しいから，△GDB∽△GEF　相似比は，BG：FG＝5：2　相似な図形では，面積比は相似比の2乗に等しいから，△GDB：△GEF＝$5^2:2^2=25:4$　△GDB＝$\frac{25}{4}$△GEF＝$\frac{25}{4}T$…⑥　①，②，③，⑥より，$S=\frac{5}{2}T+\frac{25}{4}T=\frac{35}{4}T$　よって，$S:T=\frac{35}{4}T:T=35:4$

4　(図形と関数・グラフ)

(1)　点Cの座標をC(c，2)とすると，点Cは$y=\frac{8}{x}$上にあるから，$2=\frac{8}{c}$　よって，点Cのx座標は，$c=\frac{8}{2}=4$

(2)　(1)と同様に考えて，点Cのx座標は$\frac{a}{2}$　これより，点Eのx座標も$\frac{a}{2}$であるから，点Dのx座標は$\frac{a}{2}$－DE＝$\frac{a}{2}-9$　よって，D$\left(\frac{a}{2}-9,\ 0\right)$　また，問題の条件よりA(0，5)　問題の条件のDA＝ABより，点Aは線分BDの中点である。2点$(x_1,\ y_1)$，$(x_2,\ y_2)$の中点の座標は，$\left(\frac{x_1+x_2}{2},\ \frac{y_1+y_2}{2}\right)$

で求められるので，点Bのy座標をtとすると，$\frac{0+t}{2}=5$より，$t=10$　よって，点Bのx座標は$\frac{a}{10}$
線分BDの中点のx座標に関して，$\left\{\left(\frac{a}{2}-9\right)+\frac{a}{10}\right\}\div 2=0$より，$\left(\frac{a}{2}-9\right)+\frac{a}{10}=0$　これを解いて，
$a=15$

5　**（資料の散らばり・代表値）**

(1)　再生回数の**範囲**は，資料の最大の値と最小の値の差だから，Xさんの再生回数の範囲は，22.6－10.2＝12.4万(回)

(2)　(Yさんに依頼する場合)　(例)再生回数の**最頻値**に着目すると，Yさんは23万回，Zさんは19万回なので，Yさんが作成する動画の方が，Zさんが作成する動画より再生回数が多くなりそうである。だから，Yさんに依頼する。　(Zさんに依頼する場合)　(例)再生回数が18万回以上の**階級**の**度数**の合計に着目すると，Yさんは26本，Zさんは33本なので，Zさんが作成する動画の方が，Yさんが作成する動画より再生回数が多くなりそうである。だから，Zさんに依頼する。

6　**（図形の証明，作図の手順，円の性質）**

(1)　(証明)　(例)点Pと点R，点Qと点Rをそれぞれ結ぶ。△PORと△QORにおいて，OP＝OQ…①　PR＝QR…②　共通な辺であるからOR＝OR…③　①，②，③より，3組の辺がそれぞれ等しいから△POR≡△QOR　合同な図形の対応する角は等しいから∠POR＝∠QOR　したがって，ORは∠XOYの二等分線である。

(2)　(BC⊥IJであることの証明)　△BICと△BJCについてBI＝BJ…①　CI＝CJ…②　BC共通…③　①，②，③より，3組の辺がそれぞれ等しいから，△BIC≡△BJC　よって，∠IBC＝∠JBC　したがって，線分BCはBI＝BJの**二等辺三角形BIJの頂角の二等分線であるから，底辺IJを垂直に2等分する。**ゆえに，BC⊥IJ

(3)　【航平さんの説明】　∠BAC＝$\angle x$とするとき，IE⊥CA，IF⊥ABより，∠IEA＝∠IFA＝90°だから，四角形IEAFの内角の和が360°であることより，∠FIE＝360°－∠IEA－∠IFA－∠BAC＝360°－90°－90°－$\angle x$＝180°－$\angle x$　よって，点Dを含まない方の弧EFに対する**中心角と円周角の関係**から，∠FDE＝$\frac{1}{2}$∠FIE＝$\frac{1}{2}(180°-\angle x)=90°-\frac{1}{2}\angle x$…オ　と表せる。ここで，$0°<\angle x<180°$であることより，$0°<\frac{1}{2}\angle x<90°$であり，$0°<90°-\frac{1}{2}\angle x<90°$だから，∠FDEは，0°…カ　より大きく，90°…キ　より小さいことがいえる。つまり，鋭角である。同じようにして，∠DEF，∠EFDも鋭角である。よって，△ABCがどのような三角形でも，△DEFは**鋭角三角形**になる。

＜英語解答＞

1　問題A　No. 1　イ　No. 2　エ　No. 3　ウ　No. 4　ウ　問題B　(例) I don't agree. It is more exciting to go to stadiums because I can enjoy watching sports with many other fans.

2　1　65.8　2　too　3　イ　4　(1)　(例)beautiful　a　イ　b　ウ　(2)　(例)good　5　(例)I agree. I think it will be hard for us to live without plastic bottles. However, everyone should reduce using them to make the sea clean.

3　1　(例)(1)　He played the guitar.　(2)　No, it was not.　2　ア
3　(例)concert　4　who wants to learn about culture　5　ウ，エ
6　(例)(1)　I think you are great because you learned many things and create your own music　(2)　What is the most important thing when you play the *biwa*

4　(例)A　I won the game　B　make many friends and enjoy our school life together　C　you should visit some of them

＜英語解説＞

1　(リスニング)

放送台本の和訳は，53ページに掲載。

2　(会話文問題：グラフを用いた問題，語句補充，文の挿入，メモを用いた問題，自由・条件英作文)

(全訳)

雄太　　　　：それでは，オーストラリアと日本の海洋ごみ問題について話しましょう。僕たちの町には美しい浜辺がありましたが，今ではそこに多くのごみを目にします。あなたたちの町ではどうですか？

スチュワード：僕たちの町の浜辺にもたくさんのごみがあります。オーストラリアでは，海岸沿いのごみの約75%がプラスチック製品です。

彩花　　　　：ええと，グラフ1によると，日本の海岸沿いのごみのA 65.8%はプラスチック製品です。

ジェシー　　：2050年までに魚よりもプラスチックのごみの方が多くなるだろうという人たちもいますね。

雄太　　　　：本当に？　僕たちの生活の中にはとてもたくさんのプラスチック製品があります。例えば，僕たちはプラスチックボトル，食品の容器，そして袋を使います。それらは1度だけ使われて捨てられるのです。そして，海へ流れこむプラスチック製品もあります。

スチュワード：その通りです。それらのプラスチック製品は長い間海にとどまり粉々に砕けます。それらを集めようとする人たちもいますが，ごみの中には小さB すぎて集められないものもあります。

ジェシー　　：私もごみが魚やそのほかの海の生き物の体の中に入り，とどまる可能性があると聞きました。私たちがそのような魚を食べたら，健康問題を抱えるかもしれません。

彩花　　　　：それでは，プラスチックごみを減らすために何をすればよいでしょう？

雄太　　　　：海岸沿いのプラスチックごみの48.1%はプラスチックボトルなので，それについて考えましょう。海に流れ込むプラスチックボトルの数を減らす方法をいくつか見つけた方が良いと思います。

ジェシー　　：C 私は再生利用がいちばん良い方法だと思います。プラスチックボトルを再生利用すれば，海へは流れ込みません。そうすれば，私たちの町の浜辺でごみを目にすることはなくなるでしょう。

スチュワード：でも再生利用しない人たちもいます。彼らは水やジュースを飲んだ後すぐに捨ててしまいます。彼らは海洋ごみの問題を理解しないので，再生利用ではプラスチック

ボトルの数を減らすのに十分ではありません。

彩花　：私はインターネットで興味深いアイディアを見つけました。いくつかの会社がプラスチックボトルの代わりに環境に優しい製品を選択し始めています。例えば，イギリスでは，ある会社が海藻から作られた小さな容器で水を売っています。

スチュワード：それはいいアイディアですね。僕たちの国ではある町が有名になりました，すべての商店がプラスチックボトルで水を販売するのをやめたからです。僕はこれは良いアイディアだと思います。皆さんはどう思いますか？

彩花　：①私は私たちの町でも同じことをした方がいいと思います。

ジェシー　：私はすべての商店でそれをやるといくつか問題が起こると思います。私たちは他にも方法を考えられます。

雄太　：そうですね，プラスチックボトルの数を減らす方法はたくさんあります。もっと学んで僕たち独自の方法を見つけましょう。

1　全訳及びグラフ1参照。

2　全訳参照。　**too ～ to … ＝…するには～すぎる　あまりに～で…できない**

3　全訳参照。　recycle ＝再生利用する　空所直後のジェシーの発言に注目。

4　(問題文訳)

> オーストラリアと日本の海洋ごみ問題
>
> 1. 状況
> - 私たちの浜辺はごみのせいで(1)美しくない。
> - 多くのプラスチック製品が海洋ごみとして発見された。
> - 私たちは生活の中でとてもたくさんのプラスチック製品をa使用している。
>
> 2. プラスチックごみの問題
> - 多くのプラスチック製品は一度だけb使われて捨てられる。
> - プラスチック製品は海の中で粉々に砕けるので，それを集めることは難しい。
> - 魚やその他の海の生き物たちはプラスチックごみを食べる。
> - それらの魚を食べることは私たちの健康に(2)良くないだろう。
>
> ↓
>
> 私たちはどうすればよいか？

全訳及び小問4の問題訳参照。　(1)　雄太とスチュワードの1番目の発言に注目。clean（きれいな，清潔な）でもよいだろう。　a　we が主語なので，イ「使う」が適当。　b　**< be 動詞＋過去分詞～>で「～される」(受け身)を表す。**　空所bを含む文内の thrown は throw の過去分詞。　(2)　ジェシーの2番目の発言に注目。

5　(解答例訳)　私は賛成です。私たちがプラスチックボトルなしに生活するのは大変なことだと思います。でも，海をきれいにするためにひとりひとりがプラスチックボトルの使用を減らす方がよいのです。

3 (長文読解問題・エッセイ：英問英答，内容真偽，語句補充，語句の並べ換え，条件・自由英作文)

(全訳)　【ダニエル】

私は32年前に日本に来ました，大学で日本語を勉強したいと思ったからです。ある日，私の友だちが日本の音楽のコンサートに招待してくれました。私は伝統的な日本の楽器である琵琶の音色に感動し，レッスンを受けることに決めました。琵琶はギターに似ています。私はよくギターを弾いていましたので，琵琶を弾くのは簡単だろうと思っていました。

しかし，私はたくさんのことを学ばなければいけませんでした。琵琶を弾いている時には，よく歌を歌います。だから私は日本語での歌い方も学ぶ必要がありました。その歌詞は古い日本の物語です。ひとつひとつのお話の状況や登場人物の感情を理解することは，私にとってとても難しいことでした。私の師匠は私に琵琶を何度も教えてくれました。琵琶を学ぶことは楽しく，私は毎日一生懸命練習しました。

3年後，私は師匠に頼みました，「今年先生とコンサートをやってもいいですか？」 彼女は答えました，「いいえ，できません。」私はたずねました，「なぜですか？」 彼女はこう答えました，①「今では，あなたは音楽家として優れた技巧をもち合わせています。でもあなたは音楽を通して人々に何を伝えたいですか？」私は彼女の言葉を理解しませんでした。

その後，私は日本の多くの場所を訪れ，たくさんの人々と話をしました。それらの経験のおかげで，私は日本の歴史，文化，そして人々の考え方を学びました。そして，それぞれの物語の状況や登場人物の感情を理解できたのです。琵琶を学んで24年後，私はやっと師匠が言った言葉を理解しました。ある日，彼女は言いました，「あなたはより良い音楽家になりましたね。今こそあなた自身の音楽を創る時です。」 私の音楽を通して，私は人生はすばらしいということを人々に感じてほしいです。

【明子】

ダニエルが私のレッスンを初めて受けた時，彼は日本語を少ししか話せず，私は英語を少ししか話せませんでした。私が彼に琵琶を教えることはとても難しいことでした。

しかし，彼はとても熱心に練習しました。私は彼に簡単な日本語で歌詞を教え，英語が話せる私の生徒たちと彼に歌詞の意味を伝えました。私はまた，彼に日本の人たちがどのように感じたりふるまったりするのかを教えました，彼に日本の文化について学んでほしかったからです。彼はすぐに上手に演奏し歌い始めました。しかし，私は彼が歌詞の意味を本当に理解しているとは思いませんでした。だから彼が私に一緒にコンサートをやりたいと頼んだときに，「できません」と答えました。私は彼にはより良い音楽家になるためにもっと時間が必要だと思ったのです。彼には音楽のメッセージを表現することが必要だったのです。琵琶は常に人々の生活や文化とつながりがあります。彼がそのことを理解した時，より良い音楽家になりました。彼に琵琶を教える一方で，私は日本の文化は日本の人々のためだけのものではないということを理解し始めました。②文化について学びたいと思う人は誰でもそれを学ぶことができるのです。

今では，多くの日本の人たちと外国からの人たちが彼のコンサートに来ます。私はそれをとても嬉しく思います。私は，ダニエルは琵琶を通して人々に日本の文化について伝え，また彼自身の音楽を創り出すこともしているのだと思います。

1 (1) ダニエルは琵琶のレッスンを受ける前，何の楽器をよく弾いていましたか？／彼はギターを弾いていました。ダニエルについての記事の第1段落最後の文参照。 (2) 明子がダニエルに琵琶を教えるのは簡単なことでしたか？／いいえ。 明子についての記事の第1段落最後の文参照。

2 全訳参照。 ア なぜなら明子はダニエルには音楽のメッセージを表現することが必要だと思ったから。(○) 明子についての記事の第2段落8文目参照。 イ なぜなら明子はダニエルが琵琶を弾いて歌った時，彼が歌詞の意味を本当に理解していると思ったから。 ウ なぜなら明子はダニエルは彼のコンサートで琵琶を弾いて歌いたいと思っていると思ったから。 エ なぜなら明子はダニエルが日本の文化についてたくさん知っていると思ったから。

3　全訳参照。明子についての記事のこの部分は，ダニエルについての記事の第3段落と内容的に一致する。ダニエルについての記事の第3段落1文目に注目。

4　関係代名詞 who を使って Anyone を後ろから修飾する英文を作ればよい。全訳参照。

5　全訳参照。　ア　ダニエルが日本に来たのは琵琶のレッスンを受けたかったからだ。イ　ダニエルはたくさんの国々でコンサートを開きたいと思っている。　ウ　明子はダニエルに琵琶を教えた時，いろいろな方法で彼を手助けした。(○)　明子についての記事の第2段落参照。
エ　明子は，多くの人たちがダニエルのコンサートに来てくれて嬉しく思っている。(○)　明子についての記事の第3段落参照。

6　(問題文・解答例訳)　琵琶のコンサート　私たちの学校に来てくださってありがとうございます。(1)私はあなたは素晴らしいと思います。なぜならたくさんのことを学びあなた自身の音楽を創っているからです。さて，質問があります。(2)あなたが琵琶を弾く時，一番大切なことは何ですか？

4　(自由・条件英作文)

(問題文・解答例訳)

①　カイト，今日はとても嬉しそうね。何があったの？　②　A昨日試合に勝ったんだ。だから嬉しいんだよ。　③　それはすごいわね！私は日本の部活動に興味があるの。部活動の良いところは何？　be interested in ～＝～に興味がある　④　たくさん良い点はあると思うよ。例えば，Bたくさん友だちをつくることができて一緒に学校生活を楽しめるよ。　⑤　ああ，なるほどね。もっと知りたいわ。　⑥　僕たちの学校にはたくさんクラブがあるから，Cそのうちのいくつかに行ってみるといいよ。　「～する方がよい」の意味で助動詞 **should** を使うことができる。相手の気持ちに配慮してやわらかく言う時に使われる。

2021年度英語　聞き取り検査

〔放送台本〕

英語の検査を開始します。1番の問題に入ります。はじめに，1番の問題についての説明を行いますから，よく聞きなさい。1番の問題には，問題Aと問題Bの2種類の問いがあります。まず問題Aについては，英語による対話を放送し，その内容について英語で質問をしますから，質問に対する答えとして最も適切なものを，問題用紙のア～エの中から選んで，その記号を書きなさい。次に問題Bについては，問題Aが終了したあとに，英文を放送しますから，それに基づいてあなたの答えを英文で書きなさい。対話，英文及び質問はすべて2回ずつ放送します。メモをとっても構いません。では，問題Aを始めます。

問題A

これから，No. 1～No. 4まで，対話を4つ放送します。それぞれの対話を聞き，そのあとに続く質問の答えとして最も適切なものを，ア～エの中から選んで，その記号を書きなさい。

No. 1　A: Bob, look at this picture! My younger sister drew it for me yesterday.
B: Oh! The cat is very cute.
A: I think so too. I also like the many stars around the cat.

B: She can draw pictures very well.

Question No. 1: Which picture are they talking about?

No. 2 A: Dad, you have a big box. What's in it?

B: There are eleven apples. I got them from my friend, Mr. Tanaka.

A: Really? Mom and I have just bought three apples at the store.

B: Now we have so many apples! Jane, why don't you make an apple pie?

A: That's a good idea.

Question No. 2: How many apples does Jane's family have?

No. 3 A: Shota, you're going to talk about your dream in the English class on Friday. It's already Wednesday. Are you ready?

B: No, Ms. Brown. Can I ask you some questions about it?

A: Yes, but it's 5 o'clock now. I'm sorry. I have to leave school. Can you come and see me after school tomorrow?

B: Yes. Thank you, Ms. Brown.

A: You're welcome.

Question No. 3: When should Shota visit Ms. Brown?

No. 4 A: Masato, did you watch TV last night? Your favorite singer sang a new song! It was so exciting.

B: Oh, I didn't watch it. I usually do my homework before dinner and then enjoy watching TV, but I was busy last night.

A: What happened?

B: Well, when I got home yesterday, my mother looked busy. So I cooked dinner with her and did my homework after dinner.

A: I see. Do you often cook dinner?

B: No, I don't. But I enjoyed it very much.

Question No. 4: Why did Masato do his homework after dinner last night?

〔英文の訳〕

No. 1 A：ボブ，この絵を見て！私の妹が昨日書いたの。

B：わあ！ネコがすごくかわいいね。

A：私もそう思うわ。ネコの周りのたくさんの星も好きよ。

B：彼女は絵がとても上手だね。

質問1：彼らはどの絵について話していますか？

No. 2 A：お父さん，大きな箱を持っているね。中に何が入っているの？

B：11個のリンゴだよ。友だちのタナカさんにもらったんだ。

A：本当に？　お母さんと私がお店でリンゴを3つ買ったばかりよ。

B：それじゃあ，うちにはたくさんリンゴがあるね！ジェーン，アップルパイを作るのはどうかな？

A：それはいいアイディアね。

質問2：ジェーンの家には何個リンゴがありますか？

No. 3 A：ショウタ，金曜日の英語の授業で君の夢について話すことになっているよ。もう水曜日だよ。準備はできているかな？

B：いいえ，ブラウン先生。そのことについていくつか質問してもいいですか？

A：いいですよ，でも今は5時です。ごめんなさい。私は学校を出なければいけません。明日の放課後私に会いに来てくれますか？

B：はい。ありがとうございます，ブラウン先生。

A：どういたしまして。

質問3：ショウタはいつブラウン先生を訪ねることになっていますか？

No. 4 A：マサト，昨日の夜テレビを見た？　君の好きな歌手が新曲を歌ったよ。すごく面白かったよ。

B：わあ，見なかったよ。たいてい夕食前に宿題をやって，それからテレビを見て楽しむんだけど，昨日の夜は忙しかったんだ。

A：何があったの？

B：あのね，昨日家に帰った時，お母さんが忙しそうだったんだ。だから僕は彼女と料理をして，夕食後に宿題をやったんだ。

A：なるほどね。よく料理をするの？

B：いや，しないよ。でもとても楽しかったよ。

質問4：なぜマサトは昨日の夜夕食後に宿題をしたのですか？

〔放送台本〕

次に問題Bに入ります。これから放送する英文は，英語の授業で，先生がクラスの生徒に対して話したときのものです。先生の質問に対して，あなたならどのように答えますか。あなたの答えを英文で書きなさい。なお，2文以上になっても構いません。

問題B

I like to watch sports. I often go to stadiums to watch my favorite teams' games. However, some of my friends say that it is better to watch sports on TV. What do you think about this idea? And why do you think so?

〔英文の訳〕

私はスポーツを見るのが好きです。よくスタジアムに行って好きなチームの試合を見ます。でも，友だちの中にはテレビでスポーツを見る方が良いという人もいます。この考えについてどう思いますか？

<理科解答>

1　1　ウ　2　H_2　3　(1)　72.5[72.4，72.6]　(2)　(例)体積の測定値が，空気の泡の分だけ大きくなったこと　4　(1)　40　(2)　小片A　イ　小片B　ウ　小片C　ア　a　(例)小片Bの密度が水の密度よりも小さい　b　(例)小片Bの密度が混合液Xの密度よりも大きい

2　1　(1)　ア，エ　(2)　ウ　(3)　カ→イ→エ→ウ→オ　2　A　(例)3日後には茎の先端に近いほど広がっている　B　ア　3　(1)　a　ヨウ素液[ヨウ素溶液]　b　(例)青紫色になる　(2)　C　(例)子葉を残す　D　(例)子葉を取り除く

3　1　(例)容器内の水に，温度の差ができるため。
2　右図1　3　(例)電熱線が消費する電力が大きいほど，電流による発熱量は大きい。　4　(1)　24　(2)　a　2　b　4　c　8　d　1
5　右図2[fとgが入れ替わってもよい]

図1

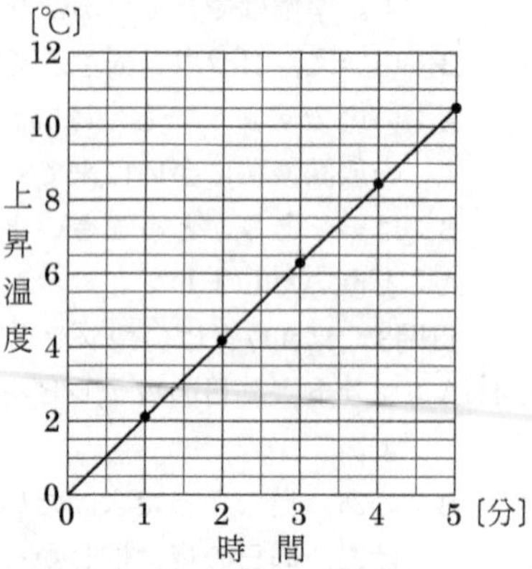

図2

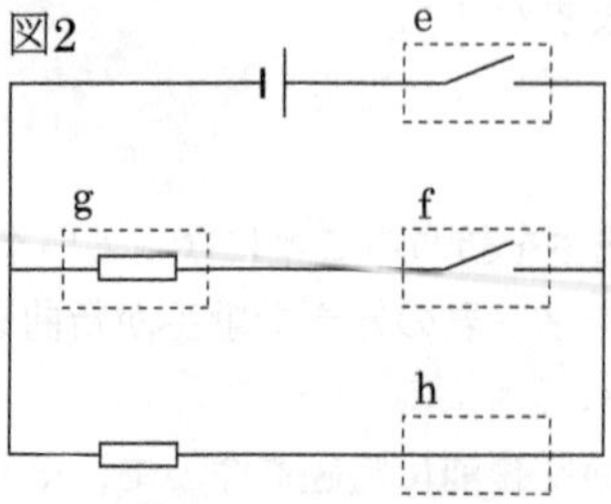

4　1　露点　2　エ　3　ウ　4　(例)温暖前線の前線面は，温暖前線から遠ざかるほど高度が高くなり，高度が高いほど気温が低くなるため。　5　a　(例)あたたまりやすく，冷めやすい　記号　イ
6　(例)日本海の上を通る間に大量の水蒸気を含んでいく

<理科解説>

1　(物質の性質，密度)

1　金属のもつたたくと薄く広がる性質を展性という。引っ張るとのびる性質は延性という。

2　鉄などの金属に塩酸を加えると，水素が発生する。

3　(1)　メスシリンダーで目盛りを読み取るときは，液面の最も低いところを最小目盛りの10分の1まで目分量で読む。　(2)　泡がついていると，その分体積が大きくなり，誤って測定されてしまう。密度$〔g/cm^3〕=\frac{物質の質量〔g〕}{物質の体積〔cm^3〕}$より，質量が一定の場合，体積が大きくなるほど密度は小さくなることがわかる。

4　(1)　質量パーセント濃度$〔\%〕=\frac{溶質の質量〔g〕}{溶液の質量〔g〕}\times 100$より，$\frac{100〔g〕}{100+150〔g〕}\times 100=40〔\%〕$
(2)　液体よりも密度が大きい固体は液体に沈み，密度が小さい固体は液体に浮く。Ⅱでは，小片Cのみ水に沈んだので，最も密度が大きい。よって，小片Cはポリエチレンテレフタラートとなる。Ⅲでは，水にエタノールを加えて徐々に密度を小さくしていくと，小片Bが沈み，小片Aは浮いたままであったことから，密度の大きさは，小片A＜小片Bとなる。よって，小片Aがポリプロピレン，小片Bがポリエチレンである。

2　(植物のからだのつくりと分類，生物と成長)

1　(1)　被子植物の双子葉類に分類される植物の根は，主根と側根からなる。ユリとトウモロコシは単子葉類である。　(2)　倍率を高くすると，さらに小さい範囲を大きく拡大するために視野はせまくなり明るさは暗くなる。また，観察できる細胞の数は少なくなる。　(3)　核の中に染色体が現れ，染色体が中央に集まったあと，細胞の両端に分かれる。その後，細胞質が2つに分かれ，2個の新しい細胞となる。

2　根では先端に近いところに成長点があるが，図より，茎でも同様とわかる。成長点に近いところほど，のびる長さが大きくなる。

3　(1)　デンプンは，ヨウ素液を用いると青紫色になることで検出ができる。　(2)　子葉の中の養分が必要かどうかを確かめるには，子葉を残したものと，子葉を取り去ったもので結果を比べる。子葉内の養分を使っている場合，子葉を取り去ったものでは成長しないと考えられる。

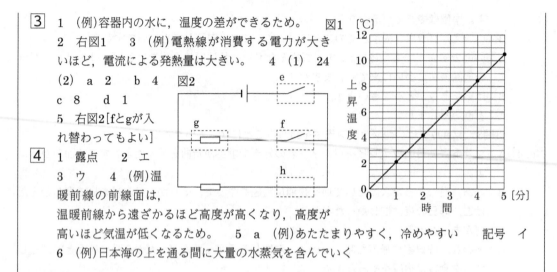

3　**(電流とそのはたらき)**

1　温度計の目盛りを読み取るときは，水の温度が均一になるようにしておく必要がある。

2　測定値の位置に点を打つと，各点が原点を通る直線状に並ぶ。線を引くときは，原点を通り，それぞれの測定値が線の上下に等しく散らばるようにして引く。

3　**電力〔W〕＝電圧〔V〕×電流〔A〕**より，それぞれの電力は，電熱線Pが6.0〔V〕×3.02〔A〕＝18.12〔W〕，電熱線Qが6.0〔V〕×1.54〔A〕＝9.24〔W〕，電熱線Rが6.0〔V〕×1.03〔A〕＝6.18〔W〕　よって，同じ時間で比べると，水の上昇温度(発熱量)は電力が大きくなるほど大きくなるといえる。

4　(1)　**電力量〔Wh〕＝電力〔W〕×時間〔h〕**より，800〔W〕×30〔h〕＝24000〔Wh〕　よって，24kWhとなる。　(2)　a　オームの法則より，8〔V〕÷(2＋2)〔Ω〕＝2〔A〕　b　**直列回路の全抵抗は，各抵抗の和に等しい。**　c　それぞれの抵抗に流れる電流は，8〔V〕÷2〔Ω〕＝4〔A〕　よって，回路全体に流れる電流の大きさは，4＋4＝8〔A〕　d　回路全体に加わる電圧と回路全体を流れる電流により求める。8〔V〕÷8〔A〕＝1〔Ω〕

5　電熱線XとYの切り替えができることから，2つの電熱線は並列つなぎになる。特に電熱線Yは，回路がつながっているときスイッチの切り替えができるようにするために，並列部分にスイッチを入れる必要がある。また，回路全体のスイッチを同時に切ることができるように，eにはスイッチを入れる。

4　**(気象)**

1　空気の温度が露点以下になると，含み切れなくなった水蒸気が水滴となる。

2　積乱雲は縦に長く成長するために，雨粒が大きく成長しやすく，強い雨となりやすい。

3　寒冷前線が通過すると，**気温が低下し，風向が南寄りから北(西)寄りに変化する。**

4　前線は地表に位置するため，前線から離れ，上空の高いところにできた雲であるほど温度が低く，氷の結晶ができやすい。

5　夏はあたたまりやすい陸が高温になるため，陸上に低気圧が発達する。その結果，夏は気圧の高い南の海上から気圧の低い大陸へ風が吹く。冬はその逆で，陸は温度が上がりにくくすぐに冷めてしまうため，温度が高い海上に上昇気流ができて気圧が低くなる。そのため，気圧の高い陸上から南の海上へ風が吹く。

6　日本海には暖流が見られるため，暖流の上を通ったユーラシア大陸からの風は，大量の水蒸気を含むようになる。この水蒸気がもとになって，冬の日本海側には大きな雲ができ，降水をもたらす。

＜社会解答＞

1　1　(1)　う　　(2)　エ　　2　(1)　ア　　(2)　(例)自動車が進入することを規制する取り組み。　3　X　(例)衣服　　訪れる場所　〈1〉　ウ　　暮らしの特色　〔1〕　(例)高緯度で低温な地域なので，毛皮でつくられた防寒着を着た人々の生活が見られる。
訪れる場所　〈2〉　カ　　暮らしの特色　〔2〕　(例)標高が高く気温が低いので，寒さを防ぐために毛織物の服装を着た人々の生活が見られる。

2　1　(1)　ウ　　(2)　イ　　2　勘合　　3　イ，エ　　4　記号　ウ　　c　(例)紙幣の発行高を管理し，物価の安定

3　1　イ　　2　X　地方交付税交付金　　理由　(例)東京都に比べて歳入に占める地方税の割

合が低いA県に対して，不足分を補い，地方公共団体間に財政の格差が生じないようにするため。　3　(例)国と地方公共団体の役割分担を明確にし，多くの権限を地方に移す

4　(1)　(例)互いに抑制し合い，均衡を保つようにする　　(2)　直接請求権

5　(例)B県では，企業と大学などが連携することによって，地元の若者の雇用が生まれ，人口の流出を防ぐことが期待できる。

4　1　エ　　2　Y→Z→X　　3　(1)　プライバシーの権利　　(2)　(例)自然災害が発生している場所の情報。災害の状況に応じた避難経路の情報。

＜社会解説＞

1　**(地理的分野―日本―日本の国土・地形・気候，世界―人々のくらし，地形・気候)**

1　(1)　問題文中の「草原地帯」とは，熱帯草原の**サバナ**のこと。サバナ気候とは，年中気温が高く雨季と乾季がある気候。あは砂漠気候(乾燥帯)，いは熱帯雨林気候(熱帯)，えは地中海性気候(温帯)。　(2)　アフリカ大陸北部一帯には，世界最大の**サハラ砂漠**が広がっている。**ナイル川**は赤道直下のビクトリア湖からエジプトに向かって流れており，地中海に注ぐ。

2　(1)　北海道などの冷帯(亜寒帯)地域では，室内の熱をもれにくくするため二重窓にしている住居が多い。イ・ウは乾燥帯地域にくらす人々の住居の様子。エは頻繁に台風が通過する沖縄の住居の様子。　(2)　資料Ⅴには自動車やバスの往来が見られるが，資料Ⅵには一切見られないことから判断する。

3　Xに「住居」を選んだ場合：訪れる場所〈1〉・〈2〉にはイ・オを選択し，イの暮らしの特徴として「夏の日差しが強いため，白い壁の住居が多く見られる」，オの暮らしの特徴として「年中蒸し暑いので，風通しが良い高床式の住居が多く見られる」旨を記述する。また，Xに「宗教」を選んだ場合：訪れる場所〈1〉・〈2〉にはア・エを選択し，アの暮らしの特徴として「キリスト教徒が多く，日曜には教会に礼拝に行く」，エの暮らしの特徴として「仏教徒が多く，寺院や僧侶が数多く見られる」旨を記述する。

2　**(歴史的分野―日本史―時代別―古墳時代から平安時代，鎌倉・室町時代，安土桃山・江戸時代，明治時代から現代，日本史―テーマ別―政治・法律，経済・社会・技術，外交)**

1　(1)　和同開珎が**平城京**で流通したことから判断する。平城京は唐の都長安をモデルに造成された。　(2)　和同開珎が発行されたのは飛鳥時代末期。アが弥生時代，イが奈良時代，ウが鎌倉時代，エが室町時代のころの様子。

2　**倭寇**とよばれる日本人の海賊が私貿易を行うことを防ぎ，倭寇の船と正式な貿易船とを区別するために**勘合(符)**が用いられた。

3　イの文中の**千歯こき**や田を深く耕せる**備中ぐわ**などの農具の改良やエの文中の干鰯などの肥料の使用によって，農業生産の増大につながった。ア・ウは鎌倉時代の様子。

4　グラフⅠ・Ⅱから，西南戦争以後に政府だけでなく民間の銀行による紙幣の発行も相次いでおり，また，米価の上昇が続いていることが読み取れる。これらの問題を解決するために日本銀行が設立されたと考える。

3　**(公民的分野―地方自治)**

1　問題文中の「東京都の転入超過数が他の道府県と比べて多い」に着眼し，通勤・通学のために東京都に移住する人々が多いことを説明できる資料が必要だと考える。

2　歳入に占める地方税の割合について，東京都が72.4％であるのに対して，A県は18.2％であることが読み取れる。**地方交付税交付金**は，地方税収入などの不均衡を是正するために国から交付されるため，使い道が指定されていない。

3　地方分権一括法は，**地方分権**を推進することを目指して制定された。

4　(1)　地方議会が議決機関，首長が行政機関の役割を果たしており，いずれか一方の権限が強くならないためのしくみと考えることができる。　(2)　条例の制定・改廃請求と監査請求については，有権者の**50分の1以上**の署名が必要となる。また，議会の解散請求と首長・議員の解職請求については，有権者の**3分の1以上**の署名が必要となる。

5　地元企業が県内の大学や高等専門学校と連携したことで，学生の就職先のあっせんができる。そこで伝統と最先端の双方の技術に触れることができる学びの特色を打ち出せることで，地域の新たな魅力を発信することもできる。

4　**(地理的分野―日本―地形図の見方，公民的分野―憲法の原理・基本的人権)**

1　谷や扇状地の扇頂など，標高が高いところに向かってV字型に食い込んだような等高線で表される地形の地域で土石流が起こりやすい。

2　問題文中の「水は河川の外に出ず」がY,「切れ目から水を分散させてあふれさせ」がZ,「切れ目から水が河川に戻る」がXの様子を表している。

3　(1)　資料中の「住所が特定されないような表現」などから判断する。　(2)　スマートフォンの機能の「情報の収集」「位置表示」「経路」のいずれかに該当する情報を記す。

＜国語解答＞

一　1　㋐ ていこう　㋑ と　㋒ はんしゃ　2　(例)肉体　3　(例)吹雪に思い残すことなく赤ぎつねと戦わせてやり，誇りを取り戻させてやりたいから。　4　イ
5　Ⅰ　(例)三年前に赤ぎつねと戦ったとき，深い傷を負い弱りきった経験がある
Ⅱ　(例)心からいとしいと思う

二　1　㋐ 乗　㋑ 異　2　ア　3　人間の負の感情　4　(1)　Ⅱ　(例)曲を解釈し，その解釈をオーケストラに伝える。　Ⅲ　(例)指揮者の曲の解釈を理解し，音にして表現する。　(2)　(例)シラーの詩の人類愛への強い共感を，音楽で表現したいという思いを長年抱き続け，様々なつらい経験を乗り越え，ついに曲を完成させたという，苦悩の後の歓喜

三　1　い　2　イ　3　(例)春が終われば桜は散ってしまう(のに,)また次の年に桜が咲くことを期待して(しまうこと。)　4　Ⅱ　(Ⅰが柳の場合)　(例)いつも柳のように強く，しなやかに物事に対処してほしい　(Ⅰが桜の場合)　(例)桜のように力強く，人への優しさを大切にしてほしい　Ⅲ　(Ⅰが柳の場合)　(例)四季を通じて，安らぎを感じられる
(Ⅰが桜の場合)　(例)春にみんなで集まって，桜の美しさを感じられる

四　(例)「やさしい日本語」は，災害時などに外国人に情報を迅速に，正確に，簡潔に伝えるために始められたものです。そして，普段のコミュニケーションでも役立つものです。
　今回の地域の避難訓練には子供も参加します。受付・誘導係をする際には，例えば，地図を示しながら，立ち入り禁止エリアを「ここは入れません。」と説明したり，「厳禁」という言葉を，「絶対にしないでください。」と言い換えたりして伝えるなど、「やさしい日本語」で伝えることを心がけましょう。そうすれば，子供にも情報が分かりやすく伝えられるはずです。

＜国語解説＞

一　(小説―情景・心情，文脈把握，脱文・脱語補充，漢字の読み，ことわざ・慣用句)

1　㋐　負けまいと張り合うこと。　㋑　磨いて，よく切れるようにする。　㋒　何かの表面に当たって跳ね返ること。

2　治せる傷と対比するものが，治せない気性の傷だ。したがって**気性と相対する肉体や身体**である。

3　赤ぎつねに元気でいてほしいのは，**吹雪に赤ぎつねともう一度戦わせてやりたいから**だ。以前の赤ぎつねとの壮絶な戦いで，心身ともにひどく傷ついた吹雪は，傷を負いながらも「負けたのではない」という闘志を鷹匠に見せていた。誇りが傷ついたのだ。身体の傷は鷹匠が治せても，**気性(心)の傷は簡単には癒せず，治す道はただ一つ“再び吹雪を赤ぎつねと闘わせて勝ち，誇りを取り戻すこと”**だ。吹雪に再び赤ぎつねと戦わせて勝たせるためには，赤ぎつねに元気でいてもらわねばならないのである。

4　「手を焼く」は，**自分の能力以上のことにぶつかり，持て余すこと**を意味する。ここは，赤ぎつねの行動が村の対応能力以上なので，対処しきれず困っているのである。

5　(Ⅰ)には，赤ぎつねをしとめた吹雪は，どんな状態だったのかを補う。**「～にも関わらず」という表現をヒントにして，どんな条件や状態であるにもかかわらず，それらを乗り越えて赤ぎつねに勝利したのかを考える**のだ。吹雪は単なる赤ぎつね狩りをしていたのではない。**その相手は三年前に戦った相手で，身体はもちろん，誇りの喪失という深いこころの傷を負わされた恐ろしい赤ぎつね**なのだ。にも関わらず，しとめたのである。

(Ⅱ)　鷹匠にとって吹雪は「愛するもの」である。**鷹匠が吹雪に対して抱く感情は，すばらしい鷹を賞賛する気持ちと，すばらしい鷹を愛しく感じる気持ち**だ。

二　(説明文―大意・要旨，内容吟味，文脈把握，接続語の問題，脱文・脱語補充，漢字の読み，熟語)

1　㋐　総画数は九画。余分な横画を入れぬよう，正確に覚えよう。　㋑　違いがあること。

2　□の後には，一般的な「オーケストラのコンサートって……目指しているんでしょ？」という考え方を持ち出して，それを**確認する内容が記述**されている。

3　傍線①のあとに，傍線部の内容の詳しい記述がある。そこに，クラシック音楽が調和・栄光・自然の美に加えて，**「人間の負の感情」に触れるものでもあること**が書かれている。

4　(1)　傍線②「価値ある演奏」とは，最終段落の「指揮者が楽譜から……その情熱が音としてどう現れたか」という一回性のある演奏である。ここから指揮者の役割とオーケストラの役割を見いだせる。まず**指揮者の役割は，楽譜を通して曲のビジョンを読み取り，曲を解釈して，それをオーケストラに伝えること**だ。そして**オーケストラの役割は，伝達された指揮者の曲の解釈を受け取って，ふさわしい音として表現すること**である。それぞれ指定字数でまとめよう。

(2)　『交響曲第九番』の聴衆が感動する対象をまとめればよい。【資料】を参考にすると，この曲は**ベートーヴェンが深い共感を抱いたシラーの人類愛を歌った詩に曲を付けたもの**だ。ベートーヴェンは様々なつらい経験を味わうことになる人生においても，試行錯誤を重ねる曲作りにおいても苦悩する時期が続いたが，それらを乗り越えてこの曲を完成させ，歓喜の境地に達した。聴衆は，**この曲に表現された“苦悩の後に訪れる歓喜”**に自分の人生を重ねて感動するのだ。

三　(古文―大意・要旨，文脈把握，脱文・脱語補充，仮名遣い)

【現代語訳】　柳は，桜の花よりもさらに趣があって美しい。水面に垂れて水の流れにまかせ風に吹かれ，それなのに音もなくて，夏は笠がなくて，(柳の木の下で)休憩する人を覆い，秋は落ち葉が水に浮かんで風の吹くままに漂い，冬は(柳に)小雨が降りそぼる様子も趣があり，雪の積もった眺めも趣がある。

桜は，咲き始めから人の心が浮き立ち，昨日が過ぎ今日が過ぎていくうちに，ここかしこに花が咲いて満開のころには，花が咲かない木々の梢も美しく見せ，日が暮れたので，また明日も来ようと決めていたところが，雨が降ったりするのが残念なことだ。このようにして，春も終わりになっていくと，花が散りつくす世の中の様子を見てみるのだが，またやってくる春を期待してしまうけれど，それもむなしい。あるいは遠い山に咲く桜，青葉に隠れるように咲いている遅咲きの桜，若葉の季節の桜の花の趣は，それぞれ同じではない。桜は多くの花にまさり，昔も今も多くの人が趣を感じるきっかけとなっている。

1　語中・語尾の「は・ひ・ふ・へ・ほ」は，現代仮名遣いでは「ワ・イ・ウ・エ・オ」にする。

2　「冬やしぐれにおもしろく，雪にながめ深し」の現代語訳をすれば，選択肢を答えられよう。

3　桜は，満開の時期を過ぎると散るというのが常識である。**必ず散るとわかっているのに，その年の桜が散ると，また来年に咲くのを期待してしまうことをむなしい**と言っている。

4　(Ⅱ)には，卒業生から在校生へのメッセージの内容を入れる。(Ⅲ)には，中庭をどのような場にしたいかという内容を入れる。まず，選んだ木が「柳」ならば，(Ⅱ)には**柳のしなやかさとたくましさ**を含めた内容を入れる。しなやかに物事に対応し，決してあきらめない耐久性・たくましさをもってほしいといった内容がよいだろう。(Ⅲ)は，和歌の訳から人が**立ち止まって休めるような憩いの場**であってほしいとまとめられる。次に，選んだ木が「桜」ならば，(Ⅱ)には**桜の力強い生命力と優しさや美しさ**を含めた内容を入れる。どんなことがあっても前進する力強さと他者への優しさを持つことや，美しいこころを持って過ごしていってほしいといった内容になるだろう。(Ⅲ)には，桜の名所に人々が集うことから，**皆が仲良く集まって，桜の美しさを感じる場**であってほしいとまとめよう。

四　(会話・議論・発表―作文)

書き出しに“やさしい日本語を使いましょう”と呼びかけているので，**「やさしい日本語」とはどのようなものかを，初めに説明しておく方がわかりやすい**。読み手も，「やさしい日本語」について理解した上で「生徒会だより」を読み進めてくれるはずだ。そして，条件2に即して具体的に○○の場合は△△と言うとよいことなどを示す。**具体例は多すぎず少なすぎず，2・3個を目安**とするとよい。そして最後に，**「やさしい日本語」の有用性**を述べて避難訓練がスムーズに行えるようにするための「生徒会だより」にしよう。

MEMO

大切なことはメモしておこうネ！

広島県公立高等学校

2020年度

★★★★★★★★★★★★★★★★★★★★★★★★

入　試　問　題

2020
年
度

●くわしい解説……49ページ

＜数学＞

時間　50分　　満点　50点

1 次の(1)～(8)に答えなさい。

(1) $4+6\div(-3)$ を計算しなさい。

(2) $4(2x-y)-(7x-3y)$ を計算しなさい。

(3) $x^2+3x-28$ を因数分解しなさい。

(4) $(\sqrt{2}+\sqrt{7})^2$ を計算しなさい。

(5) 方程式 $4x^2+7x+1=0$ を解きなさい。

(6) 右の図は，ある立体の投影図です。この立体の展開図として適切なものを，下の①～④の中から選び，その番号を書きなさい。

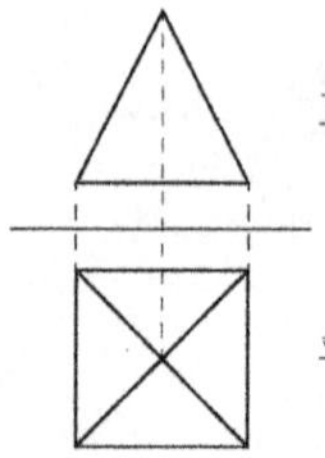

立面図

平面図

①

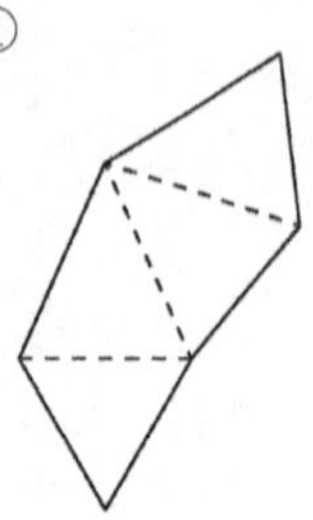

②

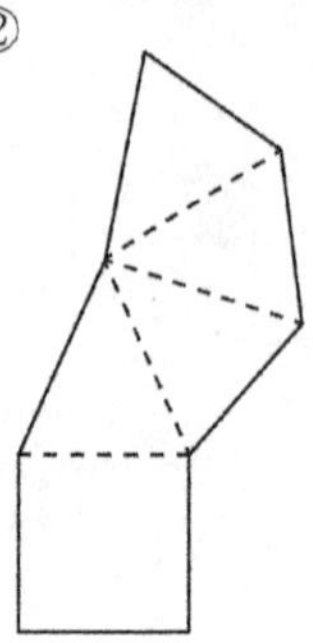

③

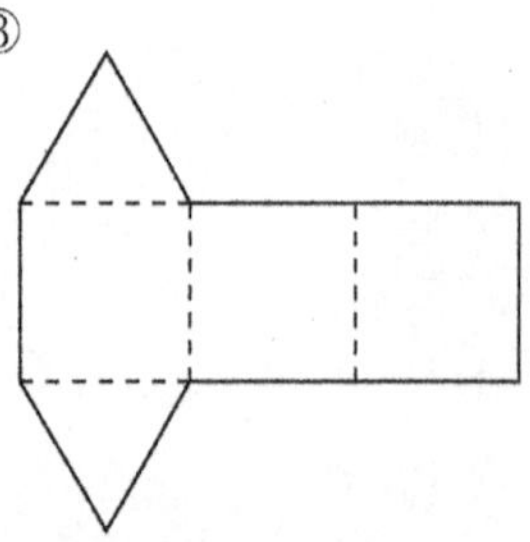

④

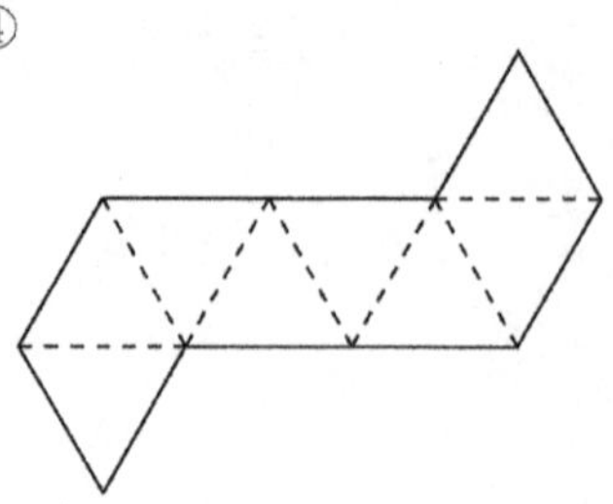

(7) 1辺の長さが x cmの正三角形があります。この正三角形の周の長さを y cmとすると，y は x に比例します。その比例定数を答えなさい。

(8) 正しく作られた大小2つのさいころを同時に1回投げるとき，出る目の数の和が10になる確率を求めなさい。

2 次の(1)～(3)に答えなさい。

(1) ある国語辞典があります。右の図は，この国語辞典において，見出し語が掲載されているページの一部です。Aさんは，この国語辞典に掲載されている見出し語の総数を，下の【手順】で標本調査をして調べました。

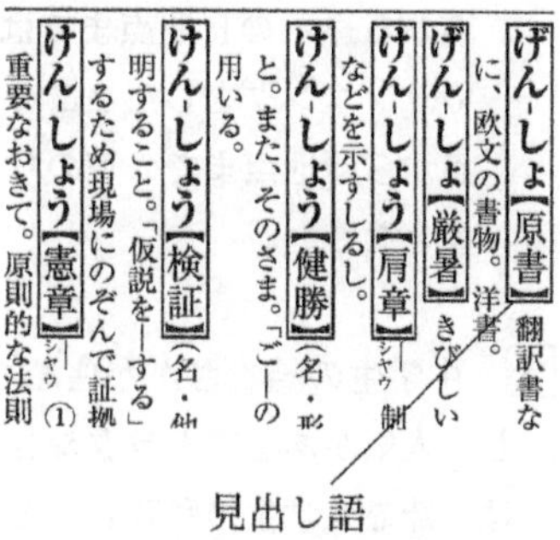

【手順】

［1］ 見出し語が掲載されている総ページ数を調べる。
［2］ コンピュータの表計算ソフトを用いて無作為に10ページを選び，選んだページに掲載されている見出し語の数を調べる。
［3］［2］で調べた各ページに掲載されている見出し語の数の平均値を求める。
［4］［1］と［3］から，この国語辞典に掲載されている見出し語の総数を推測する。

Aさんが，上の【手順】において，［1］で調べた結果は，1452ページでした。また，［2］で調べた結果は，下の表のようになりました。

選んだページ	763	176	417	727	896	90	691	573	1321	647
見出し語の数	57	43	58	54	55	58	53	55	67	60

Aさんは，［3］で求めた見出し語の数の平均値を，この国語辞典の1ページあたりに掲載されている見出し語の数と考え，この国語辞典の見出し語の総数を，およそ □ 語と推測しました。

□ に当てはまる数として適切なものを，下の①～④の中から選び，その番号を書きなさい。

①　65000　　②　73000　　③　81000　　④　89000

(2) 下の図のように，1辺の長さが3㎝の正方形ABCDと，1辺の長さが5㎝の正方形ECFGがあり，点Dは辺EC上にあります。7つの点A，B，C，D，E，F，Gから2点を選び，その2点を結んでできる線分の中で，長さが$\sqrt{73}$㎝になるものを答えなさい。

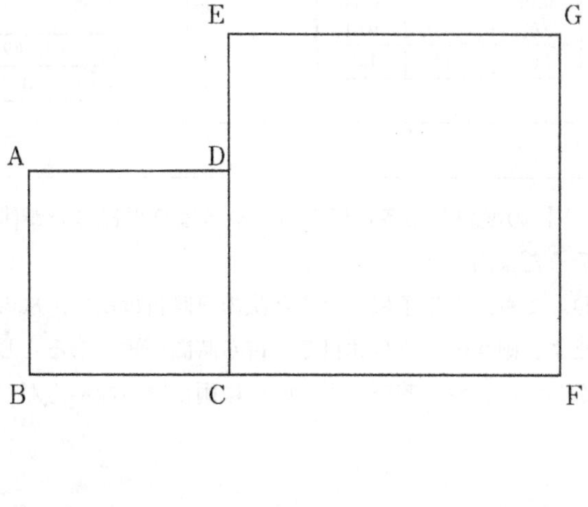

⑶　Ａさんは，Ｐ地点から5200m離れたＱ地点までウォーキングとランニングをしました。Ｐ地点から途中のＲ地点までは分速80mでウォーキングをし，Ｒ地点からＱ地点までは分速200mでランニングをしたところ，全体で35分かかりました。Ｐ地点からＲ地点までの道のりとＲ地点からＱ地点までの道のりは，それぞれ何mですか。なお，答えを求める過程も分かるように書きなさい。

3　中学生の結衣さんが住んでいる町には，遊園地があります。その遊園地には多くの人が来場し，人気があるアトラクション（遊園地の遊戯設備）にはいつも行列ができています。結衣さんは，姉で大学生の彩花さんと，次の日曜日又は学校行事の振替休日である次の月曜日のどちらかに，その遊園地に一緒に遊びに行くことについて話をしています。

結衣さん「遊園地に遊びに行くのは，日曜日と月曜日のどちらがいいかな？」
彩花さん「私はどちらでもいいよ。」
結衣さん「できるだけ多くの人気アトラクションを楽しみたいから，待ち時間が少しでも短い方がいいな。だから平日の月曜日の方がいいんじゃないかな。」
彩花さん「そうだね。休日の方が遊園地に来場している人の数が多そうだから，平日の方が待ち時間が短そうだね。実際にどうなのか調べてみたらいいと思うよ。」

結衣さんは，遊園地についての情報が掲載されているウェブページから，過去１年間の休日と平日における人気アトラクションの平均待ち時間について調べ，下のように【まとめⅠ】を作成しました。

【まとめⅠ】過去１年間の休日と平日における人気アトラクションの平均待ち時間について

度数分布表

階級(分)	休日		平日	
	度数(日)	相対度数	度数(日)	相対度数
以上　未満 0 ～ 20	1	0.01	2	0.01
20 ～ 40	8	0.07	65	0.27
40 ～ 60	29	0.24	108	0.44
60 ～ 80	30	0.25	40	0.16
80 ～ 100	38	0.31	18	0.07
100 ～ 120	12	0.10	9	0.04
120 ～ 140	3	0.02	2	0.01
計	121	1.00	244	1.00

度数分布多角形(度数折れ線)

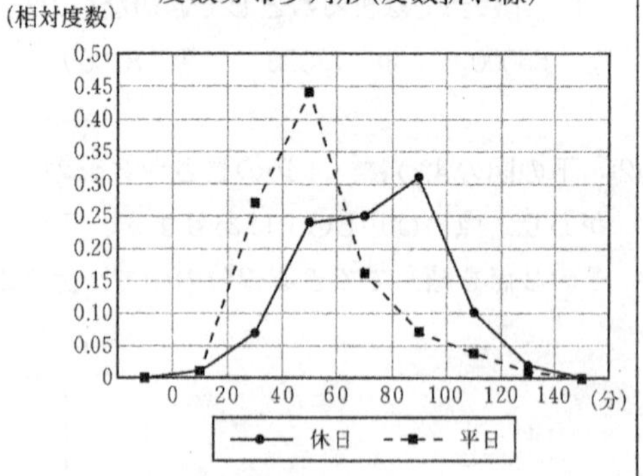

結衣さん「【まとめⅠ】の度数分布多角形から，やっぱり平日の方が休日に比べると待ち時間が短そうだよ。」
彩花さん「そうだね。でも，天気予報によると次の日曜日は雨で，次の月曜日は雨が降らないようだよ。雨が降ったら休日でも待ち時間が短くなるんじゃない？」
結衣さん「そうかもしれないね。遊びに行くのには雨が降らない方がいいけれど，私は待ち時間が少しでも短くなるのなら雨でもいいわ。」
彩花さん「だったら，雨が降った休日と雨が降らなかった平日の平均待ち時間についても同じように調べた上で，どうするかを考えたらいいと思うよ。」

結衣さんは，過去１年間の雨が降った休日と雨が降らなかった平日における人気アトラクションの平均待ち時間についても同じように調べ，下のように【まとめⅡ】を作成しました。

【まとめⅡ】過去１年間の雨が降った休日と雨が降らなかった平日における人気アトラクションの平均待ち時間について

度数分布表

階級(分)	雨が降った休日		雨が降らなかった平日	
	度数(日)	相対度数	度数(日)	相対度数
以上　未満				
0 ～ 20	1	0.03	0	0.00
20 ～ 40	8	0.26	31	0.17
40 ～ 60	14	0.45	91	0.49
60 ～ 80	4	0.13	37	0.20
80 ～ 100	3	0.10	15	0.08
100 ～ 120	1	0.03	9	0.05
120 ～ 140	0	0.00	2	0.01
計	31	1.00	185	1.00

度数分布多角形(度数折れ線)

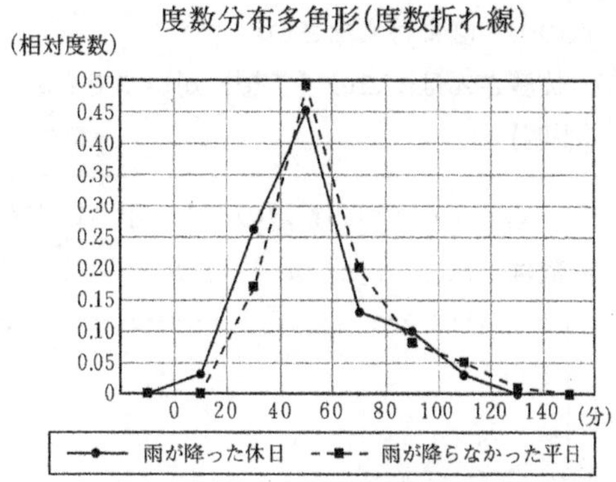

次の⑴・⑵に答えなさい。

⑴　前のページの【まとめⅠ】において，過去１年間の休日における人気アトラクションの平均待ち時間の最頻値は何分ですか。

⑵　結衣さんは，【まとめⅡ】の度数分布多角形からは，はっきりとした違いが分からないと判断しました。そこで，人気アトラクションの平均待ち時間が40分未満の２つの階級の相対度数に着目し，下のように考えました。

【結衣さんが考えたこと】

人気アトラクションの平均待ち時間が40分未満の２つの階級の相対度数の合計を求めると，雨が降った休日は［ア］で，雨が降らなかった平日は［イ］であるから，天気予報どおりなら，次の［ウ］の方が人気アトラクションの待ち時間が短くなりそうである。

【結衣さんが考えたこと】の［ア］・［イ］に当てはまる数をそれぞれ求めなさい。また，［ウ］に当てはまる言葉を，下の①・②の中から選び，その番号を書きなさい。

①　日曜日　　②　月曜日

4　佐藤さんは，数学の授業で，連続する２つの整数や連続する３つの整数について成り立つ性質を学習し，そのことをきっかけに，連続する４つの整数についても何か性質が成り立つのではないかと考え，調べています。

2，3，4，5について，$5\times4-2\times3=14$，$2+3+4+5=14$

7，8，9，10について，$10\times9-7\times8=34$，$7+8+9+10=34$

13，14，15，16について，$16\times15-13\times14=58$，$13+14+15+16=58$

佐藤さんは，これらの結果から下のことを予想しました。

【予想】

> 連続する４つの整数について，大きい方から１番目の数と大きい方から２番目の数の積から，小さい方から１番目の数と小さい方から２番目の数の積を引いたときの差は，その連続する４つの整数の和に等しくなる。

次の(1)・(2)に答えなさい。

(1) 佐藤さんは，この【予想】がいつでも成り立つことを，下のように説明しました。

【説明】

> 連続する４つの整数のうち，小さい方から１番目の数を n とすると，連続する４つの整数は，n，$n+1$，$n+2$，$n+3$ と表される。
>
> ［　　　　　　　　　　　　　　　　　　　　］
>
> したがって，連続する４つの整数について，大きい方から１番目の数と大きい方から２番目の数の積から，小さい方から１番目の数と小さい方から２番目の数の積を引いたときの差は，その連続する４つの整数の和に等しくなる。

【説明】の［　　］に説明の続きを書き，説明を完成させなさい。

(2) 佐藤さんは，連続する４つの整数について，ほかにも成り立つ性質がないかを調べたところ，下の【性質Ⅰ】が成り立つことが分かりました。

【性質Ⅰ】

> 連続する４つの整数について，小さい方から２番目の数と大きい方から１番目の数の積から，小さい方から１番目の数と大きい方から２番目の数の積を引いたときの差は，［　　　　　　　　］の和に等しくなる。

さらに，佐藤さんは，連続する５つの整数についても，小さい方から２番目の数と大きい方から１番目の数の積から，小さい方から１番目の数と大きい方から２番目の数の積を引いたときの差がどうなるのかを調べたところ，次のページの【性質Ⅱ】が成り立つことが分かりました。

【性質Ⅱ】

> 連続する５つの整数について，小さい方から２番目の数と大きい方から１番目の数の積から，小さい方から１番目の数と大きい方から２番目の数の積を引いたときの差は，□の和に等しくなる。

【性質Ⅰ】・【性質Ⅱ】の□には同じ言葉が当てはまります。□に当てはまる言葉を書きなさい。

5　右の図のように，半径OA，OBと$\overset{\frown}{\mathrm{AB}}$で囲まれたおうぎ形があり，∠AOB＝90°です。$\overset{\frown}{\mathrm{AB}}$上に，２点C，Dを$\overset{\frown}{\mathrm{AC}}=\overset{\frown}{\mathrm{BD}}$となるようにとります。点C，Dから半径OAに垂線CE，DFをそれぞれ引きます。このとき，△COE≡△ODF であることを証明しなさい。

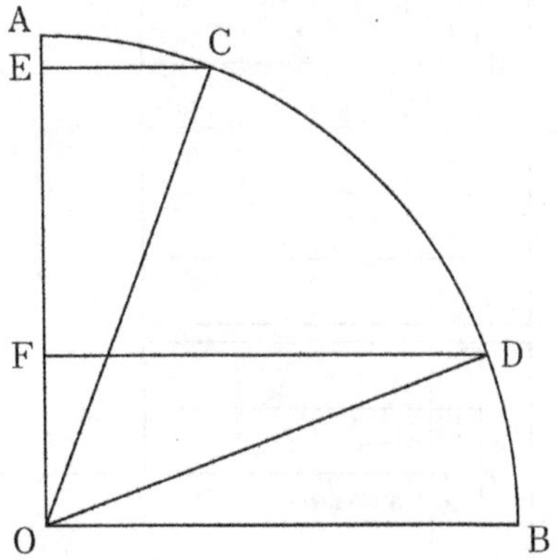

6　下の図のように，関数 $y=x^2$ のグラフ上に点A（2，4），y 軸上に y 座標が４より大きい範囲で動く点Bがあります。点Bを通り x 軸に平行な直線と，関数 $y=x^2$ のグラフとの２つの交点のうち，x 座標が小さい方をC，大きい方をDとします。また，直線CAと x 軸との交点をEとします。

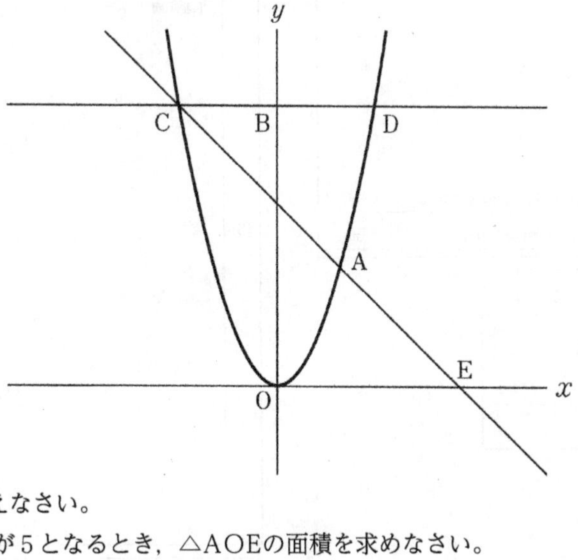

次の⑴・⑵に答えなさい。

⑴　点Eの x 座標が５となるとき，△AOEの面積を求めなさい。

⑵　CA＝AE となるとき，直線DEの傾きを求めなさい。

受検番号 第　　番

数　学　解答用紙

得点

1

(1)

(2)

(3)

(4)

(5)

(6)

(7)

(8)

2

(1)

(2)

(3) (求める過程)

(答) P地点からR地点までの道のり　　m,

R地点からQ地点までの道のり　　m

3

(1)　　分

(2) ア

イ

ウ

4

(1) 連続する4つの整数のうち，小さい方から1番目の数を n とすると，連続する4つの整数は，n, $n+1$, $n+2$, $n+3$ と表される。

したがって，連続する4つの整数について，大きい方から1番目の数と大きい方から2番目の数の積から，小さい方から1番目の数と小さい方から2番目の数の積を引いたときの差は，その連続する4つの整数の和に等しくなる。

(2)

5

〔仮　定〕 図において，∠AOB ＝ 90°，$\overset{\frown}{AC} = \overset{\frown}{BD}$，CE⊥OA，DF⊥OA

〔結　論〕 △COE ≡ △ODF

〔証　明〕

6

(1)

(2)

※この解答用紙は185％に拡大していただきますと，実物大になります。

＜英語＞

時間　50分　　満点　50点

1　放送を聞いて答えなさい。

問題A　これから，No. 1 ～No. 4 まで，対話を４つ放送します。それぞれの対話を聞き，そのあとに続く質問の答えとして最も適切なものを，ア～エの中から選んで，その記号を書きなさい。

No.1

ア

イ

ウ

エ

No.2

ア

1	理科
2	英語
3	体育
4	国語
	昼休み
5	数学
6	音楽

イ

1	体育
2	英語
3	数学
4	音楽
	昼休み
5	国語
6	理科

ウ

1	数学
2	英語
3	国語
4	音楽
	昼休み
5	体育
6	理科

エ

1	国語
2	英語
3	数学
4	理科
	昼休み
5	体育
6	音楽

No.3

ア　Two days.
イ　Three days.
ウ　Four days.
エ　Five days.

No.4

ア　To do volunteer work.
イ　To meet Ryoma.
ウ　To play baseball.
エ　To read some books.

問題B これから放送する英文は，英語の授業で，先生がクラスの生徒に対して話したときのものです。先生の質問に対して，あなたならどのように答えますか。あなたの答えを英文で書きなさい。なお，2文以上になっても構いません。

2 次の会話は，高校生の香里，ポール，翔太が，地域で開催される国際交流イベントの企画委員として，その内容について話し合ったときのものです。また，グラフ1～3は，そのとき香里たちが用いたものの一部です。これらに関して，あとの1～5に答えなさい。

Kaori : We are going to have the Tokyo Olympics and Paralympics soon. I can't wait!

Paul : Many people will come to Japan from abroad, so Japanese people will have a chance to introduce Japanese culture to the people who will visit Japan.

Shota : Next month, our town will also hold an international sports event. Local people and people from other countries will join the event. Our town asked us to decide what food to serve at the food stand to the people at the event.

Paul : That's right, Shota. We have some information about what food to serve.

Shota : Do you know that the main purpose of foreign people visiting Japan is to eat Japanese food? Look at Graph 1. About [A] % of the foreign people answered "I wanted to eat Japanese food before coming to Japan."

Paul : Now Japanese food is very popular around the world. I hear that the number of Japanese restaurants around the world doubled in five years after traditional Japanese cuisine was registered as a UNESCO's Intangible Cultural Heritage in 2013.

Kaori : That means [B]. I hope we can tell foreign people at the event about Japanese culture through the food we'll serve.

Paul : I agree with you, Kaori. Let's choose the food from popular Japanese food.

Shota : Yes. But what Japanese food is popular among foreign people visiting Japan? Is it *sushi* or *tempura*?

Kaori : I've brought Graph 2 and Graph 3. In Graph 2, we can see that the meat dishes are the most popular and *ramen* is also very popular among the foreign people.

Shota : *Ramen*? I thought *ramen* was Chinese food.

Kaori : In many places in Japan, there are many kinds of special *ramen* with local ingredients. I hear that we can enjoy local food culture when we eat *ramen*.

Paul : My American friends and I think *ramen* is Japanese food. *Ramen* is one of my favorite Japanese foods.

Shota : I see. Then, ① I think (call can food Japanese *ramen* we).

Paul : Graph 2 shows that *sushi* is also very popular among the foreign people.

Kaori : Oh, now I remember! I got a letter from the town. It says that we can't serve raw food.

Paul : Then, we can't serve *sushi* for the event, right?

Kaori : That's right, Paul.

Shota : I like *okonomiyaki*. Is *okonomiyaki* popular among the foreign people?

Kaori : *Okonomiyaki* is a flour dish, so from Graph 2, I don't think it is very popular.

Paul : What does Graph 3 show about the flour dishes, Shota?

Shota : Well, the foreign people who liked the flour dishes were asked why they liked those dishes. About 40% of the answers are that they are traditional and unique to Japan. We can think about that point when we decide what food we'll serve.

Paul : OK. Then, ② what food should we choose for the people joining the event?

Shota : Let's talk about it more.

(注) local 地元の　serve (料理を) 出す　stand 屋台　purpose 目的
double ２倍になる　cuisine 料理　register 登録する
UNESCO's Intangible Cultural Heritage ユネスコ無形文化遺産　meat 肉
ingredient 材料　raw 生の　flour 小麦粉　unique 特有の

グラフ１

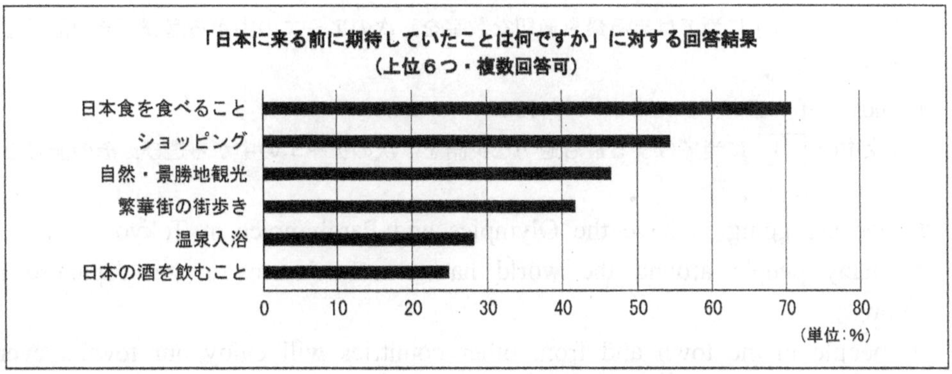

グラフ２

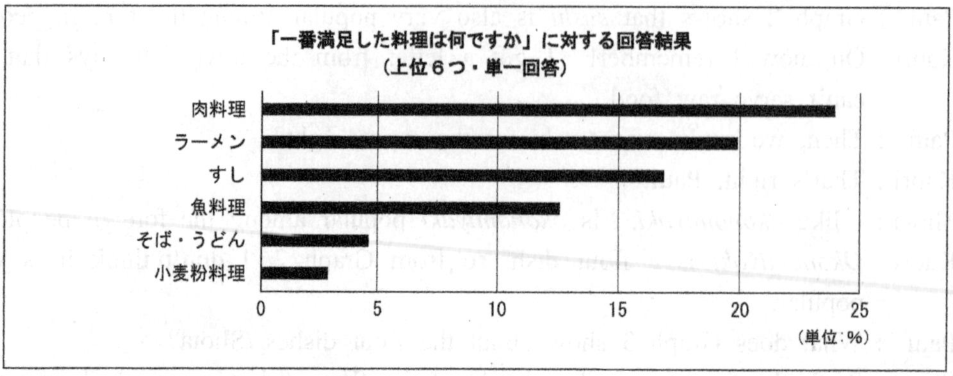

グラフ３

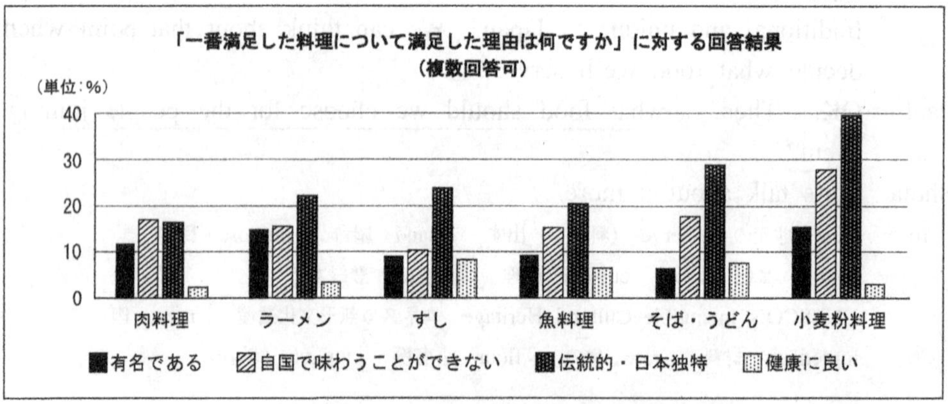

（グラフ１～３　観光庁「訪日外国人の消費動向　2018年　年次報告書」による。）

1　本文中の A に当てはまる最も適切な数字を，次のア～エの中から選び，その記号を書きなさい。

ア 40　イ 45　ウ 55　エ 70

2　本文中の B に当てはまる最も適切な英語を，次のア～エの中から選び，その記号を書きなさい。

ア　we are going to have the Olympics and Paralympics in Tokyo

イ　many people around the world have more chances to eat Japanese food now

ウ　people in the town and from other countries will enjoy our town's event

エ　*sushi* and *tempura* are the most popular Japanese foods among foreign people

3　本文中の下線部①が意味の通る英語になるように，(　) 内の語を並べかえて，英語を完成しなさい。

4　次のページのメモ１は，本文で示されている話し合いをするために，ポールが事前に準備したものの一部です。このメモ１中の (1) に適切な語を２語補って，メモ１を完成しなさい。また，メモ２は，本文で示されている話し合いの内容をポールがまとめたものの一部です。このメモ2中の (2) ～ (5) に当てはまる最も適切な英語を，あとのア～カの中からそれぞれ選び，その記号を書きなさい。ただし，文頭に来る語も小文字で示されています。

メモ1

・Traditional Japanese cuisine : Registered as a UNESCO's Intangible Cultural Heritage in 2013

・The number of (1) around the world : About 55,000 in 2013
↓
About 118,000 in 2017

メモ2

・ (2) : My favorite food
It is (3) among the foreign people visiting Japan.

・ (4) : Shota's favorite food
It is (5) among the foreign people visiting Japan.

ア *okonomiyaki*　イ *ramen*　ウ *sushi*
エ not very popular　オ the most popular　カ very popular

5 本文中の下線部②について，このイベントが，現在あなたが住んでいる町で開催されるとしたら，あなたはどのような料理を選ぶべきだと考えますか。本文の内容に基づいて，具体的な料理を1つ挙げ，それを挙げた理由を含めて，あなたの考えを25語程度の英文で書きなさい。なお，2文以上になっても構いません。

3 次の英文は，アフリカで活躍する実業家の美紀について，国際協力に関わる組織の広報誌に掲載された記事の一部です。これに関して，あとの1～6に答えなさい。

When you create something new and wonderful, what do you need? Many of us think we need a great idea. Then, what else do we need? Miki Yamamoto said, "I also need people I can trust and get to the same goal together." She is successful in business and now lives in Nigeria. How did she create great products in Nigeria?

【 あ 】Miki studied about problems in Africa in her university days. She always thought about how to help poor people there. After university, she started working in Nigeria for people who needed help.

In Nigeria, she often went to markets and enjoyed seeing new things. At a market, she became interested in African fabric. There were many beautiful patterns, and she never saw such patterns in Japan. When she saw it, she thought, "I can use this fabric to help [　　　　] in Nigeria!"

【 い 】 Miki saw many kinds of clothes made of African fabric in the markets in Nigeria, but she couldn't find any clothes designs Japanese people liked. She thought, "Then, I will make and sell clothes Japanese people want to buy!" However, she didn't have any skills to make clothes, so she decided to hire people in Nigeria.

Miki started working with two women in Nigeria. The women had to work and make money for their children. Miki was glad to give them a place to work because she thought it was one way to solve problems in Africa. Miki wanted to make this business successful for the two women. Miki told them, "Let's make clothes for Japanese people with beautiful African fabric together."

【 う 】 Miki and the two women started making clothes for Japanese people. At first, Miki couldn't pay them enough money. Miki said, "I am sorry that I can't pay you enough." Then, one woman said, "Miki, we are proud of our work. African fabric is a symbol of our culture. We really want Japanese people to wear clothes made of it." The two women smiled at Miki. ①Miki was very happy to know that they were working for the same goal.

【 え 】 Miki kept asking her Japanese friends for advice about the clothes they were making. The two women studied popular Japanese clothes designs. Finally, Miki and the two women created beautiful clothes.

【 お 】Miki opened a small store in Nigeria to sell their products. She also made a website to introduce and sell their clothes on the Internet. Soon, Japanese people became interested in their clothes through the Internet.

Now this business is successful, and Miki and the two women are very proud of their business. When Miki was asked why her business was successful, she answered. "It was successful because I saw beautiful African fabric and got a great idea to make clothes for Japanese people. But the most important thing is that I could meet people who worked very hard with me for the same goal." Miki and the two women are now very excited to think about creating new products for the people around the world.

(注) trust 信頼する　goal 目標　successful 成功した　business 事業
Nigeria ナイジェリア（アフリカ西部の国）　product 製品　university 大学
market 市場　fabric 布　pattern 模様，柄　design デザイン　skill 技術
hire 雇う　solve 解決する　pay 支払う　be proud of ～ ～を誇りに思う
symbol 象徴

1 次の(1)・(2)に対する答えを，英文で書きなさい。

(1) What did Miki study about when she was a university student?

(2) Where did Miki open a small store to sell her products?

2　本文中の[　　]に適切な語を1語補って，英文を完成しなさい。

3　本文中の下線部①について，その理由を表している最も適切な英文を，次のア～エの中から選び，その記号を書きなさい。

ア　Miki knew that the two women could make enough money for their children.

イ　Miki knew that African fabric was a symbol of the two women's culture.

ウ　Miki knew that the two women wanted Japanese people to wear clothes made of African fabric.

エ　Miki knew that the two women studied popular Japanese clothes designs to create clothes made of African fabric.

4　次の英文は，本文中から抜き出したものです。この英文を入れる最も適切なところを本文中の【あ】～【お】の中から選び，その記号を書きなさい。

Miki and the two women tried to create new clothes designs every day.

5　次のア～エの中で，本文の内容に合っているものを全て選び，その記号を書きなさい。

ア　Miki saw many beautiful patterns of African fabric when she was in Japan.

イ　Miki didn't find any clothes designs Japanese people liked at the markets in Nigeria.

ウ　Miki asked her Japanese friends for advice to make beautiful clothes with African fabric.

エ　Miki thought her business was successful because she had the skill to make clothes.

6　次の対話は，英語の授業で，生徒がペアになって本文の内容について話したときのものです。詩織からの質問に対して，あなたが圭太ならどのように答えますか。この対話中の[(1)]・[(2)]に，あなたの答えをそれぞれ英文で書いて，対話を完成しなさい。なお，それぞれ2文以上になっても構いません。

Shiori: Miki said that there were two things she needed to create great products. What else do you need to create something new? Please tell me your own ideas.

Keita : [　　(1)　　]

Shiori: I see. Why do you think so?

Keita : [　　(2)　　]

4　次のページのイラストと英文は，高校生の恵と留学生のボブが，家庭での時間の過ごし方について話したときのものです。①～⑥の順に対話が自然につながるように，[A]～[C]に英語を書いて，対話を完成しなさい。ただし，[C]については，15語程度で書きなさい。

Last night ...
① Megumi, you look very sad. What happened to you?
② Oh, Bob. Last night, my mother [A] because [B].
③ When I entered high school, I made rules with my family about how to spend time at home. How about making your own rules?
④ Well, ...
⑤ I have a good idea! I will [C].
⑥ That sounds nice!

(注) rule ルール

受検番号	第　　番

英　語　解答用紙

得点	

1	問題A	No.1	
		No.2	
		No.3	
		No.4	
	問題B		

2	1				
	2				
	3	I think (　　　)			
	4	(1)			
		(2)	(3)	(4)	(5)
	5				

3	1	(1)	
		(2)	
	2		
	3		
	4		
	5		
	6	(1)	
		(2)	

4	A	
	B	
	C	

※この解答用紙は182%に拡大していただきますと，実物大になります。

＜理科＞　時間　50分　満点　50点

1　ある学級の理科の授業で，成美さんたちは，小球を斜面から転がし，木片に当てて，木片が移動する距離を調べる実験をして，それぞれでレポートにまとめました。次に示した【レポート】は，成美さんのレポートの一部です。あとの１～５に答えなさい。

【レポート】

《装置》

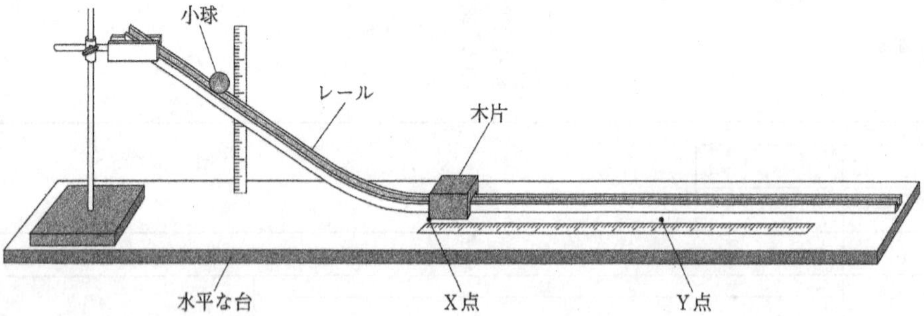

〔方法〕

Ⅰ　上の図のように装置を組み立て，水平な台の上に置く。

Ⅱ　この装置を用いて，質量が20.0 g と50.0 g の小球を，10.0㎝，20.0㎝，30.0㎝の高さからそれぞれ静かに転がし，X点に置いた木片に当てる。

Ⅲ　小球が木片に当たり，木片が移動した距離をはかる。

Ⅳ　小球の高さと，木片が移動した距離との関係を表に整理し，グラフに表す。

〔結果〕

小球の質量が 20.0 g のとき

小球の高さ〔cm〕	10.0	20.0	30.0
木片が移動した距離〔cm〕	3.6	8.3	12.0

小球の質量が 50.0 g のとき

小球の高さ〔cm〕	10.0	20.0	30.0
木片が移動した距離〔cm〕	13.3	26.7	40.0

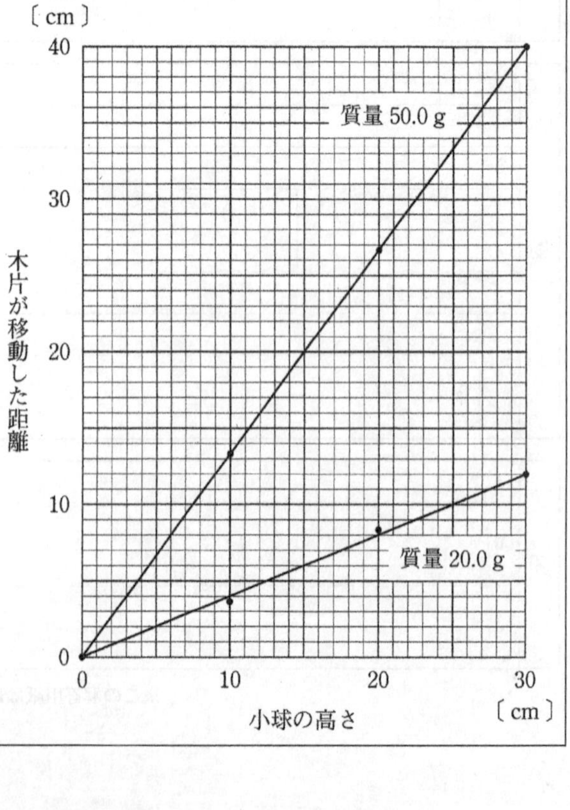

1　〔方法〕の下線部について，質量50.0gの小球の重さは何Nですか。また，水平な台の上にある質量50.0gの小球を，水平な台の上から20.0㎝の高さまで持ち上げる仕事の量は何Jですか。ただし，質量100gの物体に働く重力の大きさを1Nとします。

2　右の図は，この装置を用いて実験したときの，小球と木片の様子を模式的に示したものです。右の図中の矢印は，小球が当たった後の木片の移動の向きを示しています。木片が右の図中の矢印の方向へ移動しているとき，木片に働く水平方向の力を矢印で表すとどうなりますか。次のア～エの中から適切なものを選び，その記号を書きなさい。

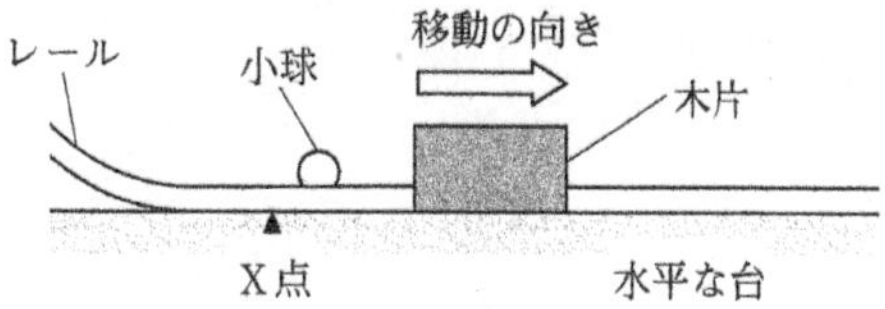

ア

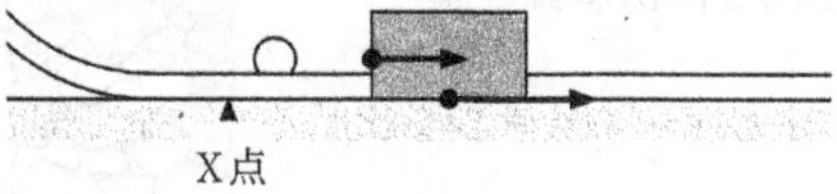

イ

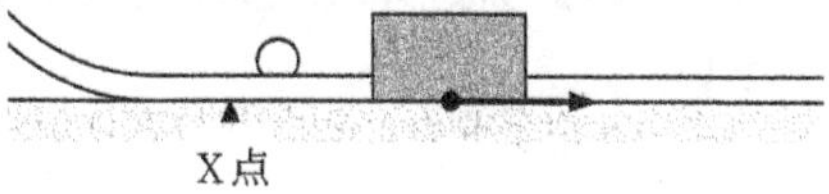

ウ

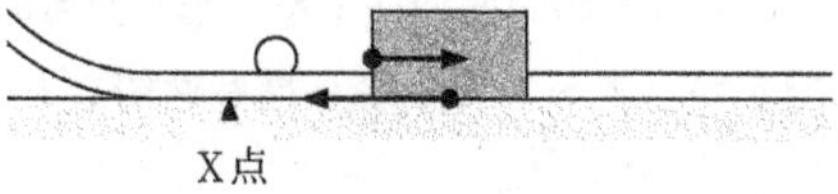

エ

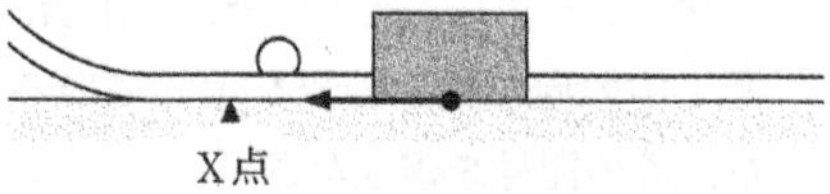

3　〔結果〕のグラフから，質量20.0gの小球を30.0㎝の高さから静かに転がしたときの木片の移動距離と同じ距離だけ木片を移動させるためには，質量50.0gの小球を何㎝の高さから静かに転がせばよいと考えられますか。その値を書きなさい。

4　成美さんたちは，木片を置く位置を《装置》のX点からY点に変えて，質量20.0gの小球を10.0㎝の高さから静かに転がし，Y点に置いた木片に当てる実験をしました。このとき，木片が移動した距離は，X点に木片を置いて実験したときの3.6㎝よりも小さくなりました。それはなぜですか。その理由を簡潔に書きなさい。

5　成美さんたちは，授業で学んだことを基に，ふりこについて考えることにしました。右の図は，ふりこのおもりを，糸がたるまないようにa点まで持ち上げ静かに手を離し，おもりがb点を通り，a点と同じ高さのc点まで上がった運動の様子を模式的に示したものです。次のア～オの中で，図中のおもりがもつエネルギーの大きさについて説明している文として適切なものはどれですか。その記号を全て書きなさい。ただし，糸は伸び縮みしないものとし，おもりがもつ位置エネルギーと運動エネルギーはそれらのエネルギー以外には移り変わらないものとします。

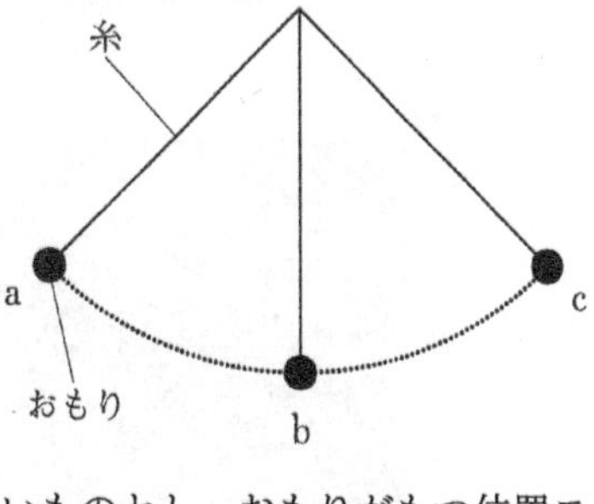

ア　a点とb点のおもりがもつ運動エネルギーの大きさを比べると，b点の方が大きい。
イ　b点とc点のおもりがもつ運動エネルギーの大きさを比べると，同じである。
ウ　b点とc点のおもりがもつ位置エネルギーの大きさを比べると，b点の方が大きい。
エ　a点とc点のおもりがもつ位置エネルギーの大きさを比べると，同じである。
オ　a点とb点とc点のおもりがもつ力学的エネルギーの大きさを比べると，全て同じである。

2 図1は，あるがけに見られる地層の様子を模式的に示したものです。あとの1～5に答えなさい。

図1

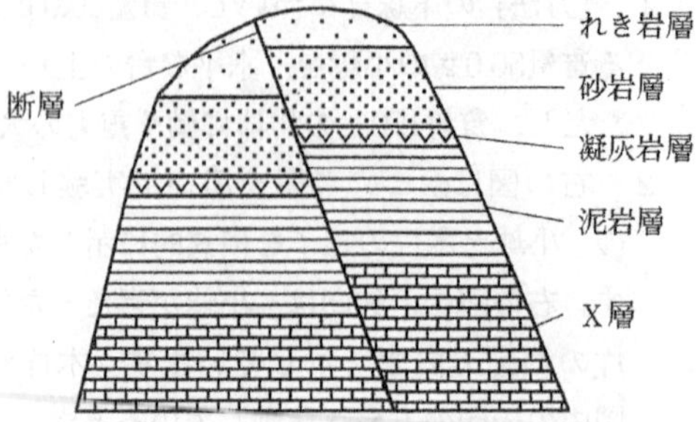

1 図2は，図1のれき岩層を観察し，スケッチしたものです。このスケッチに示された粒の形には，丸みを帯びたものが多く見られます。このような形になるのはなぜですか。その理由を簡潔に書きなさい。

図2

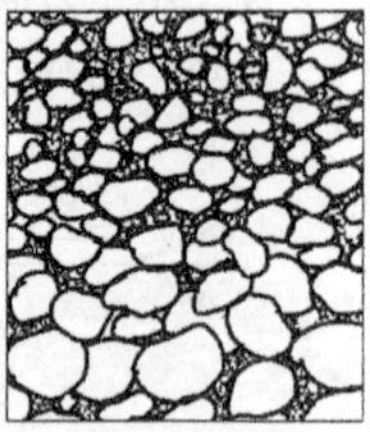

2 次のア～エは，花こう岩，安山岩，砂岩，泥岩のいずれかの表面の様子を撮影したものです。図1中の砂岩層の砂岩を示しているものはどれですか。ア～エの中から最も適切なものを選び，その記号を書きなさい。

ア

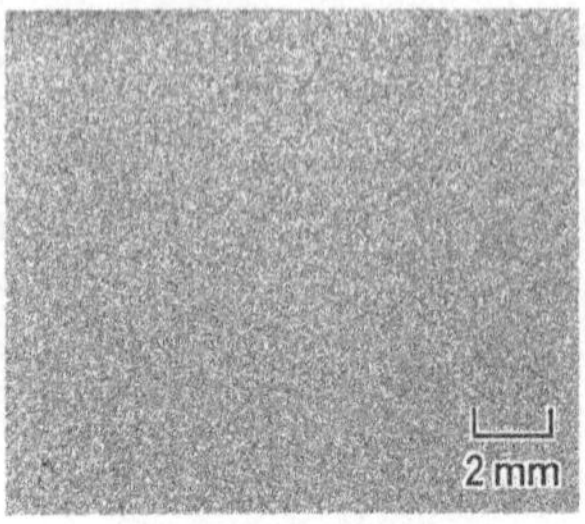

イ

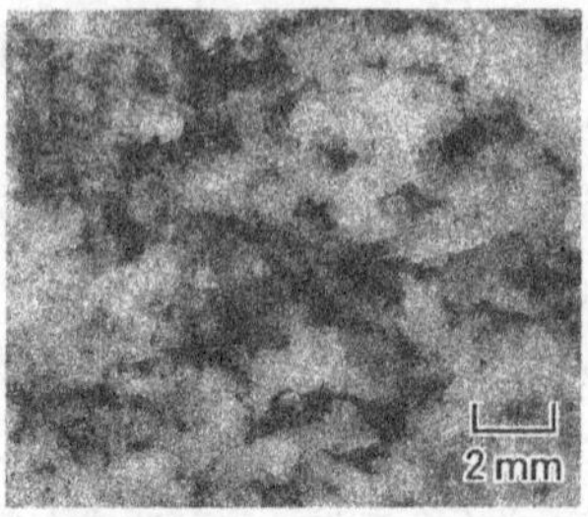

ウ

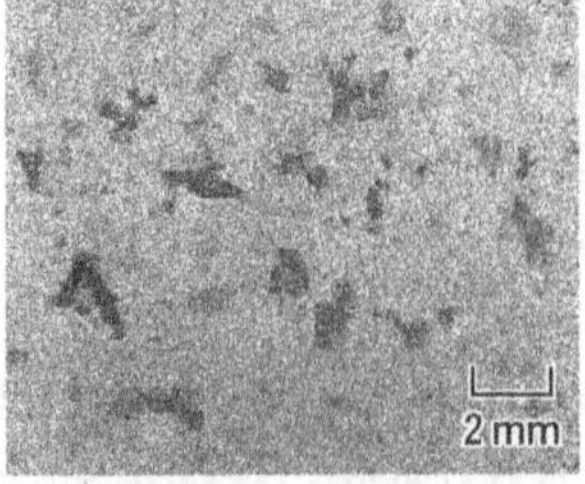

エ

3 図1中のX層の岩石には，砂岩や泥岩などに見られる特徴が観察されなかったため，「X層の岩石は石灰岩である」という予想を立てました。そして，この予想を確かめるために，X層の岩石にうすい塩酸を2，3滴かける実験を行いました。この予想が正しい場合，この実験はどのような結果になりますか。簡潔に書きなさい。

4 図1の断層は，図1中のそれぞれの層ができた後に生じたものと考えられます。そのように考えられる理由として適切なものを，次のページのア～エの中から2つ選び，その記号を書きなさい。

ア　断層の右と左で，れき岩層の厚さが異なっている。

イ　断層の右と左で，それぞれの層の下からの順番が同じである。

ウ　断層の右と左のどちらも，それぞれの層の境目がはっきりと分かれている。

エ　断層の右と左で，砂岩層，凝灰岩層，泥岩層のそれぞれの層の厚さが同じである。

5　次の文章は，先生と生徒が図１を見ながら話したときの会話の一部です。下の⑴・⑵に答えなさい。

先生：図１は，あるがけに見られる地層の様子を模式的に示したものです。この地層の中に，離れた地域の地層を比較するのに役立つかぎ層があります。それはどの層でしょうか。

美子：［A］層です。

先生：なぜ，その岩石の層は，離れた地域の地層を比較することに役立つのでしょうか。

美子：［A］は［B］からできており，［B］は［C］にわたって降り積もるので，地層の広がりを知る手がかりになります。

先生：その通りです。

海斗：先生，そのほかに，図１を見て不思議に思うことがあります。

先生：何ですか。

海斗：図１の地層全体をみると，下になるほど小さい粒でできている層になっています。普通は，下になるほど粒が大きくなるはずなのに，なぜですか。

先生：よく気が付きましたね。その疑問を解決するためには，図１の地層ができた場所の環境の変化に着目して考えるといいですよ。

海斗：そうか。泥岩層が下側にあって，れき岩層が上側にあることから，泥岩層の方が［D］，図１の地層ができた場所は水深がだんだんと［E］なってきたと考えられるね。その理由は，粒の大きさが大きいほど，河口から［F］ところに堆積するからだよね。

先生：そうです。地層の見方が分かれば，大地の歴史が分かりますね。

⑴　会話中の［A］に当てはまる岩石の種類は何ですか。その名称を書きなさい。また，［B］・［C］に当てはまる語句をそれぞれ書きなさい。

⑵　会話中の［D］～［F］に当てはまる語として適切なものを，それぞれ右のア・イから選び，その記号を書きなさい。

D	ア　新しく	イ　古く
E	ア　浅く	イ　深く
F	ア　近い	イ　遠い

3　科学部の翔太さんたちは，山へ野外観察に行き，見たことがない生物を見付けて観察しました。右の図は，そのとき翔太さんがスケッチしたものです。次のページに示した【会話】は，このときの先生と生徒の会話の一部です。あとの１～４に答えなさい。

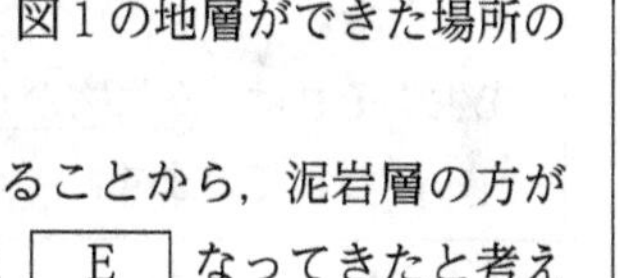

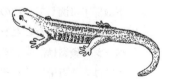

【会話】

翔太：この生物って，どの動物の仲間なのかな。
先生：しっかりと観察して，その結果をノートにまとめて，みんなで考えてみましょう。

ノートのまとめ

・背骨がある。
・あしがある。
・うろこがない。
・体長は約12㎝である。
・体表の温度が気温とほぼ同じである。

先生：このノートのまとめを見て，皆さんはどの動物の仲間だと思いますか。
翔太：背骨があるということは①無セキツイ動物ではなくセキツイ動物ですね。
希実：見た目がトカゲに似ているから，私はハチュウ類だと思うわ。
翔太：僕はノートのまとめから考えて，②この生物はハチュウ類ではないと思うよ。両生類じゃないかな。
希実：この生物が両生類であるとすると，ほかにどんな特徴が観察できるかな。
翔太：③子のうまれ方も特徴の一つだよね。
先生：そうですね。では，図鑑を使ってこの生物を何というのか調べてみましょう。
希実：図鑑から，きっとブチサンショウウオだと思うわ。今まで，このような生物なんて見たことがなかったわ。私たちの周りにはたくさんの種類の生物がいるよね。なぜかな。
先生：それは，④生物が長い年月をかけて，さまざまな環境の中で進化してきたからだといわれています。

1　下線部①について，無セキツイ動物の仲間には，軟体動物がいます。軟体動物の体の特徴を次の（ア）・（イ）から選び，その記号を書きなさい。また，次の（ウ）～（キ）の中で，軟体動物はどれですか。その記号を全て書きなさい。

体の特徴	（ア）外骨格	（イ）外とう膜			
生物名	（ウ）バッタ	（エ）アサリ	（オ）クモ	（カ）イカ	（キ）メダカ

2　下線部②について，翔太さんがこの生物はハチュウ類ではないと考えた理由を，ノートのまとめを基に，簡潔に書きなさい。

3　下線部③について，次の（ア）～（オ）のセキツイ動物の仲間の中で，殻のない卵をうむ仲間はどれですか。その記号を全て書きなさい。

（ア）ホニュウ類　（イ）鳥類　（ウ）ハチュウ類　（エ）両生類　（オ）魚類

4　下線部④に関して，次の⑴～⑶に答えなさい。

⑴　生物が進化したことを示す証拠として，重要な役割を果たすものに化石があります。次のページの資料は，シソチョウの化石についてまとめたものです。資料中の［A］～［D］に当てはまる特徴はそれぞれ何ですか。資料中の［特徴］のア～エの中からそれぞれ選び，その記号を書きなさい。

［シソチョウの化石］

［特徴］ ア　口には歯がある
イ　体全体が羽毛でおおわれている
ウ　前あしが翼になっている
エ　前あしの先にはつめがある

［シソチョウの化石が進化の証拠だと考えられる理由］

[A] という特徴と [B] という特徴は現在のハチュウ類の特徴で，[C] という特徴と [D] という特徴は現在の鳥類の特徴であり，ハチュウ類と鳥類の両方の特徴をもつことから，シソチョウの化石は進化の証拠であると考えられる。

⑵　生物が進化したことを示す証拠は，現存する生物にも見られます。右の資料は，ホニュウ類の前あしの骨格を比べたものです。これらは相同器官と呼ばれ，進化の証拠だと考えられています。次の文章は，このことについて説明したものです。文章中の [X] ・ [Y] に当てはまる語をそれぞれ書きなさい。また，[Z] に当てはまる内容として適切なものを，下のア～エの中から選び，その記号を書きなさい。

ホニュウ類の前あしの骨格の比較

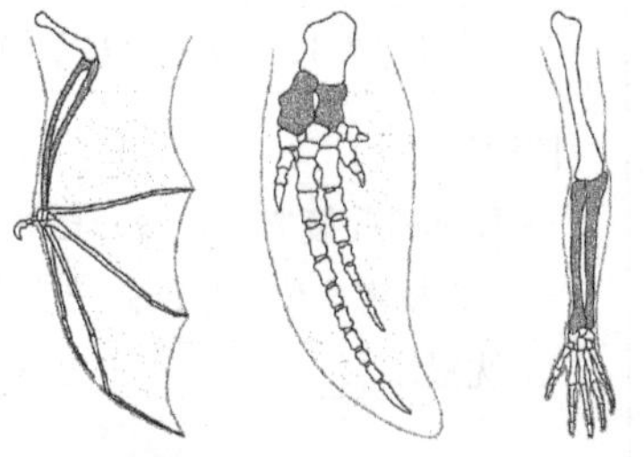

コウモリの翼　　クジラのひれ　　ヒトの腕

資料中のホニュウ類の前あしを比べてみると，形やはたらきは [X] のに，骨格の基本的なつくりは [Y] ことから，これらはもとは同じ器官であったと推測できる。このような器官のことを相同器官といい，相同器官の存在から，現在のホニュウ類は，[Z] といえる。

ア　地球上にほぼ同じころ出現した　　　イ　どのような環境でも生活することができる
ウ　陸上での生活に適した形をしている　エ　共通の祖先が変化して生じたものである

⑶　生物は環境と密接な関係の中で生きています。ある生物が生きていた場所の当時の環境を推定することができる化石を示相化石といい，その例としてサンゴの化石があります。ある場所でサンゴの化石が見付かったとき，そのサンゴが生きていた場所の当時の環境は，どのような環境だったと推定できますか。簡潔に書きなさい。

4　ある学級の理科の授業で，雅人さんたちは，化学変化の前後における物質の質量の変化を調べる実験をして，それぞれでレポートにまとめました。次に示した【レポート】は，雅人さんのレポートの一部です。あとの1～5に答えなさい。

【レポート】

◆実験1

〔方法〕

Ⅰ　うすい硫酸20cm^3とうすい水酸化バリウム水溶液20cm^3を別々のビーカーに入れ，その

2つのビーカーの質量をまとめて電子てんびんではかる（図1）。

Ⅱ　うすい硫酸が入っているビーカーにうすい水酸化バリウム水溶液を加え，反応の様子を観察する。

Ⅲ　反応後，2つのビーカーの質量をまとめて電子てんびんではかる（図2）。

図1

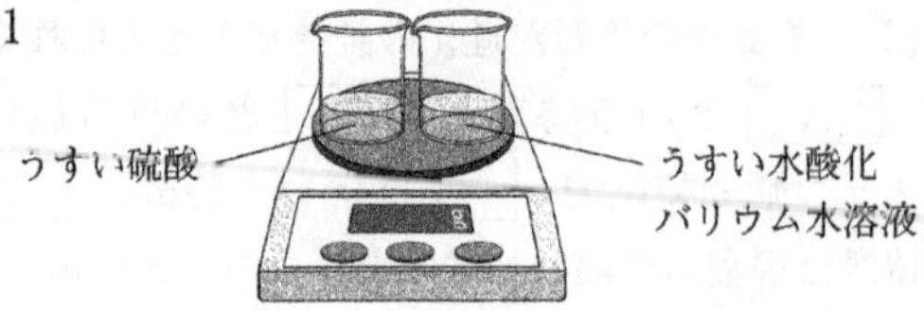

図2

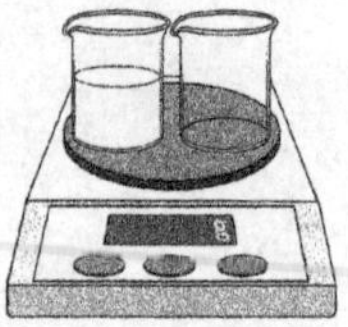

〔結果〕

・2つの水溶液を混合すると，白い沈殿ができた。

	反応前	反応後
2つのビーカーの質量の合計	100.94 g	100.94 g

〔考察〕

・反応の前後で，2つのビーカーの質量の合計は変化しなかった。

・この反応を化学反応式で表すと，$H_2SO_4 + Ba(OH)_2 \rightarrow BaSO_4 + 2H_2O$ となり，白い沈殿は［　A　］だと考えられる。

◆実験2

〔方法〕

Ⅰ　プラスチック容器の中にうすい塩酸15cm^3が入った試験管と，炭酸水素ナトリウム0.50 g を入れて，ふたをしっかりと閉め，容器全体の質量を電子てんびんではかる（図3）。

Ⅱ　プラスチック容器を傾けて，うすい塩酸と炭酸水素ナトリウムを混ぜ合わせ，反応させる。

Ⅲ　反応後，プラスチック容器全体の質量を電子てんびんではかる（図4）。

図3

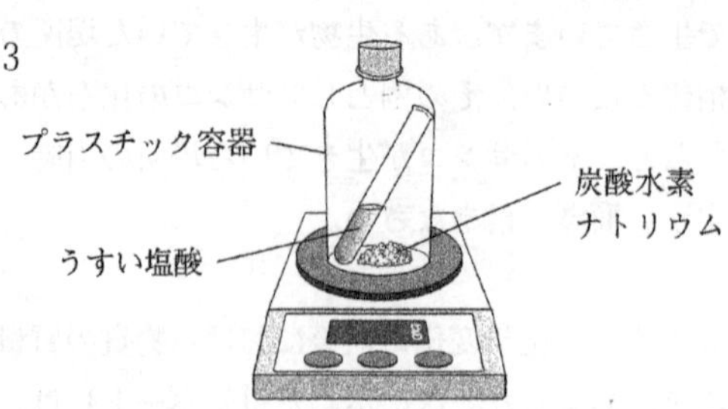

図4

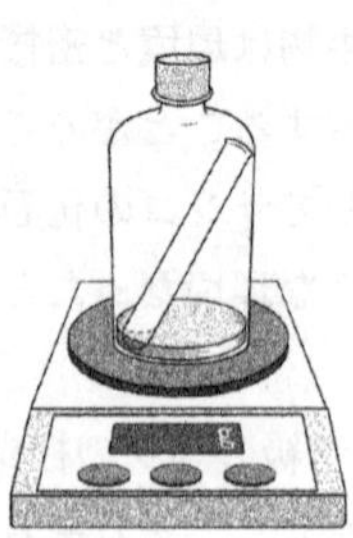

〔結果〕

・炭酸水素ナトリウムとうすい塩酸を混合すると，気体が発生した。

	反応前	反応後
プラスチック容器全体の質量	81.88 g	81.88 g

〔考察〕

・反応の前後で，プラスチック容器全体の質量は変化しなかった。

・この反応を化学反応式で表すと，$NaHCO_3+HCl \rightarrow$ [　B　] $+H_2O+CO_2$ となり，発生した気体は二酸化炭素だと考えられる。

1　実験1の〔方法〕の下線部について，この2つの水溶液を混合すると，互いの性質を打ち消し合う反応が起こります。このような反応を何といいますか。その名称を書きなさい。

2　実験1の〔考察〕の [A] に当てはまる物質は何ですか。その物質の名称を書きなさい。また，実験2の〔考察〕の [B] に当てはまる物質は何ですか。その物質の化学式を書きなさい。

3　実験1・2の結果から分かるように，化学変化の前後で物質全体の質量は変わりません。この法則を何といいますか。その名称を書きなさい。また，次の文章は，この法則が成り立つことについて雅人さんと博史さんが話したときの会話の一部です。会話中の [X] ・ [Y] に当てはまる語をそれぞれ書きなさい。

雅人：以前，化学反応式のつくり方を学んだよね。そのとき，化学反応式は反応前の物質と反応後の物質を矢印で結び，その矢印の左側と右側で，原子の [　X　] と [　Y　] は同じにしたよね。

博史：そうか。化学変化の前後で，原子の組み合わせは変わるけど，原子の [　X　] と [　Y　] が変わらないから，化学変化の前後で物質全体の質量は変化しないんだね。

4　実験2の〔方法〕Ⅲの後，プラスチック容器のふたをゆっくりと開けて，もう一度ふたを閉めてからプラスチック容器全体の質量を再びはかると，質量はどうなりますか。次のア～ウの中から適切なものを選び，その記号を書きなさい。また，その記号が答えとなる理由を簡潔に書きなさい。

ア　増加する　　イ　減少する　　ウ　変わらない

5　雅人さんたちは，その後の理科の授業で，金属を空気中で熱して酸素と化合させたとき，加熱後の物質の質量がどのように変化するのかを調べる実験をしました。次に示したものは，その方法と結果です。あとの(1)～(3)に答えなさい。

〔方法〕

Ⅰ　ステンレス皿の質量をはかった後，銅の粉末 1.00 g をステンレス皿に入れる。

Ⅱ　右の写真のように，ステンレス皿に入っている銅の粉末をガスバーナーで5分間加熱する。

Ⅲ　よく冷ました後，ステンレス皿全体の質量をはかる。

Ⅳ　Ⅱ・Ⅲの操作を6回繰り返す。

Ⅴ　結果をグラフ（次のページ）に表す。

〔結果〕

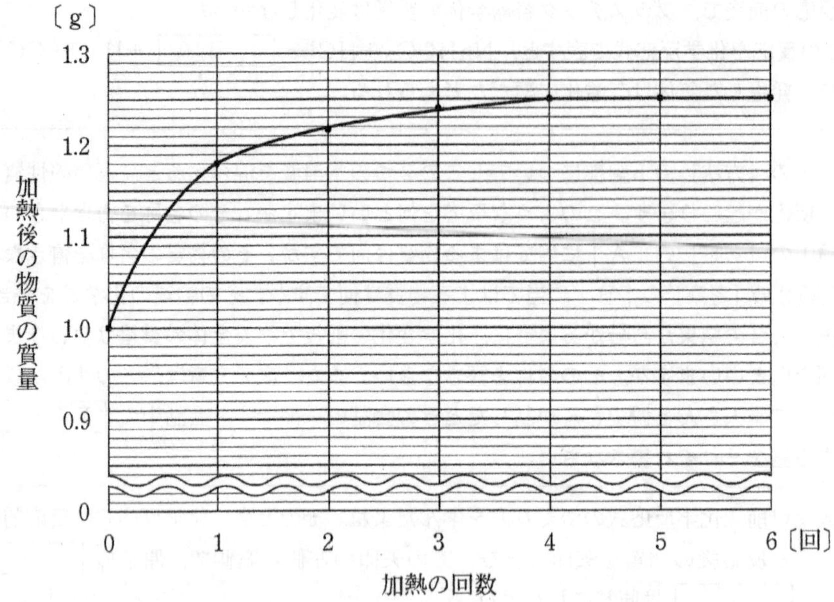

(1)　〔結果〕のグラフから，１回目の加熱で，銅に化合した酸素の質量は何 g だと考えられますか。次のア～エの中から適切なものを選び，その記号を書きなさい。

ア　0.18　　イ　0.25　　ウ　1.18　　エ　1.25

(2)　〔結果〕のグラフについて，加熱を繰り返すと，ある加熱の回数から，加熱後の物質の質量が変化しなくなりました。加熱後の物質の質量が変化しなくなった理由を，簡潔に書きなさい。

(3)　雅人さんたちは，この実験を，銅の粉末の質量を1.00 g から0.80 g に変えて行いました。その結果，1.00 g のときと同じように，ある加熱の回数から，加熱後の物質の質量が変化しなくなりました。このとき，銅に化合した酸素の質量は何 g だと考えられますか。〔結果〕のグラフを基に求め，その値を書きなさい。

受検番号	第　　　番

理　科　解答用紙

得点	

1	1		小球の重さ	仕事の量
			N	J
	2			
	3		cm	
	4			
	5			

2	1				
	2				
	3				
	4				
	5	(1)	A	B	C
		(2)	D	E	F

3	1		体の特徴	生物名		
	2					
	3					
	4	(1)	A	B	C	D
		(2)	X	Y	Z	
		(3)				

4	1				
	2		A	B	
	3		名称	X	Y
	4	記号			
		理由			
	5	(1)			
		(2)			
		(3)	g		

※この解答用紙は175％に拡大していただきますと，実物大になります。

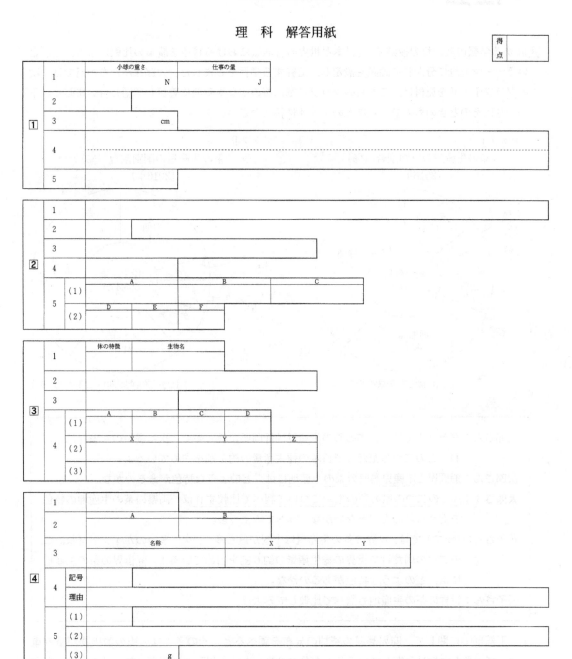

＜社会＞

時間　50分　　満点　50点

1　ある学級の社会科の授業で，「日本と世界の各地域における特色を農業の比較から考える」というテーマで班に分かれて課題を設定し，追究する学習をしました。太郎さんたちの班では，次のグラフⅠ・Ⅱを見付け，これらのグラフを基に茶の主な生産地に着目して話し合いました。下の会話はそのときのものです。あとの１～４に答えなさい。

グラフⅠ

茶の生産量の県別割合（%）

（2016年）

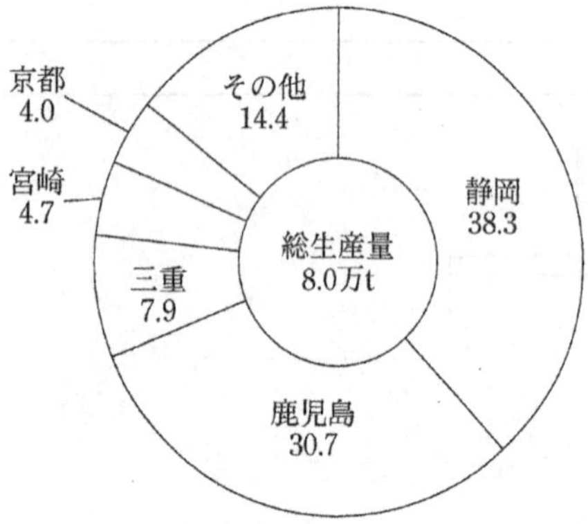

（作物統計 平成28年産による。）

グラフⅡ

茶の生産量の国別割合（%）

（2016年）

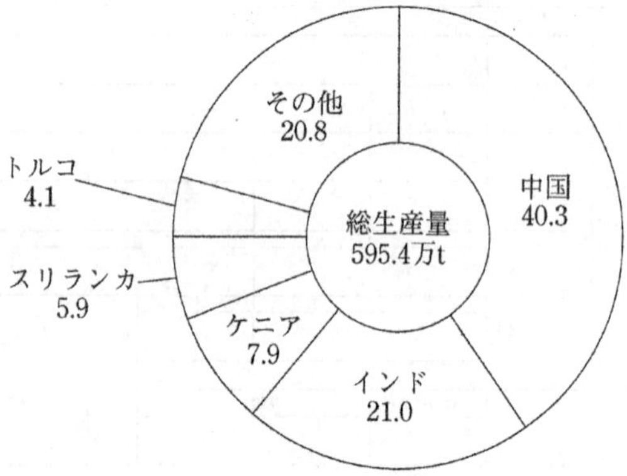

（世界国勢図会 2018/19年版による。）

太郎さん：グラフⅠでは，日本の茶の生産量は静岡県が最も多く，次に多いのが鹿児島県だね。この二つの県だけで日本の総生産量の約７割を占めているよ。

次郎さん：静岡県と①鹿児島県の茶の生産地には，どのような特色があるのかな。

太郎さん：②この二つの県の茶の生産について調べて比較すれば，両県の茶の生産地の特色を捉えられるんじゃないかな。調べてみようよ。

花子さん：グラフⅡでは，世界の茶の生産量は中国が最も多く，次に多いのがインドだね。この二つの国だけで世界の総生産量の約６割を占めているよ。③世界の茶の生産地には，どのような特色があるのかな。

咲子さん：世界の茶の生産地も調べて比較してみよう。

1　下線部①に関して，鹿児島県の茶畑の分布を調べると，その多くは火山の噴出物が積み重なってできた台地に分布していることが分かりました。九州南部に広がっているこのような台地を何といいますか。その名称を書きなさい。

2　下線部②に関して，太郎さんたちの班では，静岡県と鹿児島県の茶の生産について調べたことを次のページの表Ⅰにまとめ，両県の茶の生産について比較することにしました。あとの⑴・⑵に答えなさい。

表Ⅰ

県	茶の栽培面積（ha）	茶の収穫用の乗用大型機械の導入面積（ha）
静岡	17,100	10,194
鹿児島	8,430	8,024

茶の収穫用の乗用大型機械の導入面積：茶の栽培面積のうち乗用大型機械を使用して収穫した面積

（「かごしま茶」未来創造プラン 平成31年による。）

⑴　太郎さんは，表Ⅰを見て，鹿児島県の方が静岡県よりも茶の栽培面積に対する茶の収穫用の乗用大型機械の導入面積の割合が高く，機械化が進んでいることに気付きました。機械化が進むと茶の生産にどのような利点があると考えられますか。「労働力」の語を用いて簡潔に書きなさい。

⑵　太郎さんは，「静岡県が鹿児島県ほど乗用大型機械による機械化が進んでいないのはなぜだろう。」という疑問をもち，その理由について調べ，次の地形図Ⅰ・Ⅱを見付けました。地形図Ⅰ・Ⅱはそれぞれ静岡県と鹿児島県において，茶畑が分布している地域の主な地形を示しています。太郎さんは地形図Ⅰ・Ⅱを基に，静岡県が鹿児島県ほど乗用大型機械による機械化が進んでいない理由を下のようにまとめました。太郎さんのまとめはどのようなものだと考えられますか。太郎さんのまとめの中の □ に当てはまるように，適切な内容を書きなさい。

※編集の都合により90％に縮小してあります。

地形図Ⅰ（静岡県）

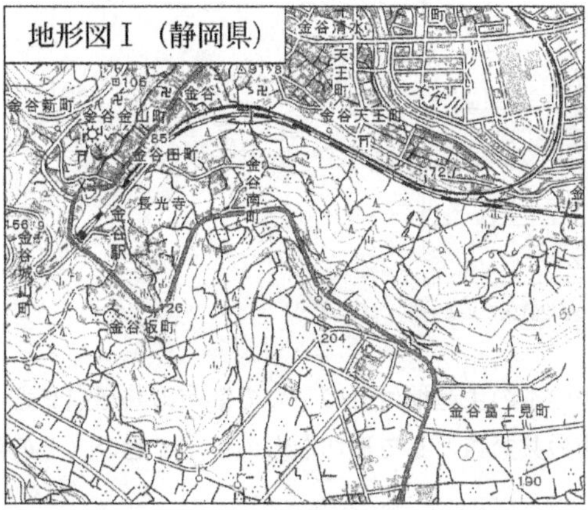

（国土地理院2万5千分の1地形図「島田」平成28年発行による。）

地形図Ⅱ（鹿児島県）

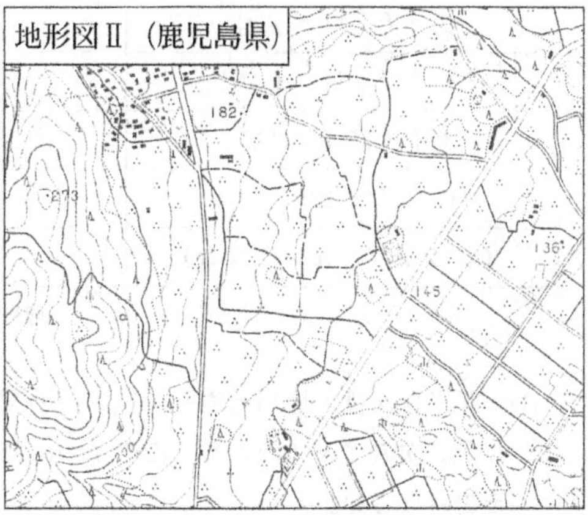

（国土地理院2万5千分の1地形図「枕崎」平成15年発行による。）

太郎さんのまとめ

鹿児島県よりも静岡県の茶畑の方が，主に □ ので，乗用大型機械の導入は難しいと考えられる。

3　下線部③に関して，太郎さんたちの班では，世界の茶の生産地の特色について調べました。花子さんは，世界の茶の生産上位国と日本について，茶の主な生産地付近の都市の位置と気温を調べ，次のページの地図と下の表Ⅱを作成しました。地図は，それらの都市を示しています。また，表Ⅱは，それらの都市の年平均気温を示しています。あとの⑴・⑵に答えなさい。

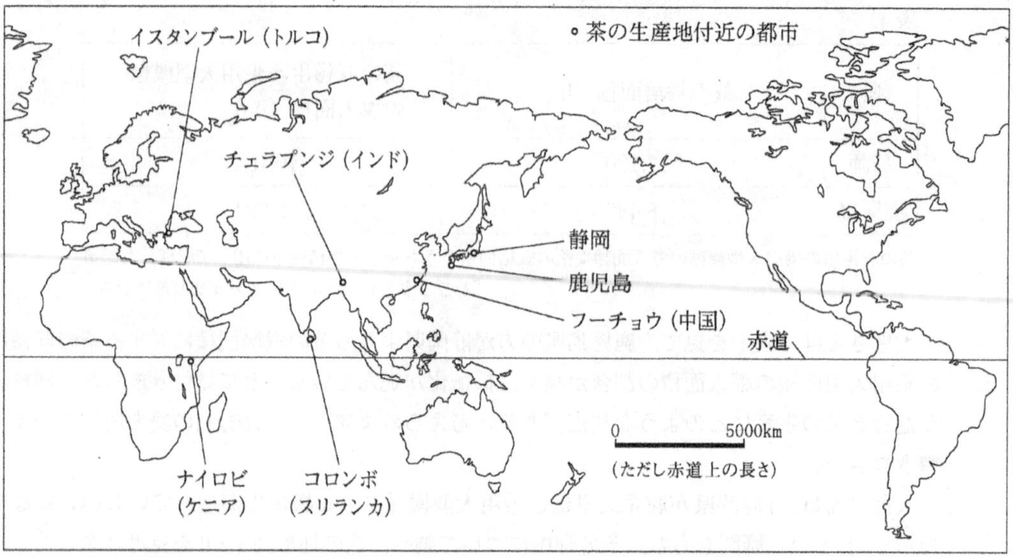

表Ⅱ

茶の生産地付近の都市	年平均気温（℃）
静岡	16.5
鹿児島	18.6
フーチョウ（中国）	20.2
チェラプンジ（インド）	17.5
ナイロビ（ケニア）	19.6
コロンボ（スリランカ）	27.7
イスタンブール（トルコ）	14.7

（理科年表 2019による。）

⑴　花子さんは，地図と表Ⅱを見て，地図中の茶の生産地付近の７つの都市の共通点を考えました。次のア～エのうち，この７つの都市の共通点として適切なものを全て選び，その記号を書きなさい。

ア　北緯50度から南緯50度の間にある。

イ　本初子午線から東経135度の間にある。

ウ　冷帯と寒帯のどちらの地域にも含まれない。

エ　砂漠の広がる地域に含まれる。

⑵　咲子さんは地図と表Ⅱを見て，ケニアのナイロビは，スリランカのコロンボより赤道に近いのに，コロンボより年平均気温が低いことに疑問をもちました。ナイロビがコロンボより年平均気温が低いのはなぜだと考えられますか。その理由を，簡潔に書きなさい。

4　次郎さんは，世界の茶の生産と消費のかかわりについて興味をもち，世界の茶の消費量を上位５か国まで調べ，次のページの表Ⅲを作成しました。次郎さんはグラフⅡと表Ⅲを見て，ケニアは，茶の生産量は３位で多いが，消費量が５位までに入っていないことに疑問をもちました。ケニアは，茶の生産量は多いのに，消費量が少ないのはなぜだと考えられますか。その理由を，「商品作物」の語を用い，ケニアの経済の特徴に触れて簡潔に書きなさい。

表Ⅲ

茶の消費量（2014～2016年の平均値）

順位	国	消費量（万ｔ）
1	中国	179.1
2	インド	94.7
3	ロシア	25.7
4	トルコ	24.7
5	アメリカ	13.0

（静岡県茶業の現状，データブック オブ・ザ・ワールド 2019年版による。）

2　ある学級の社会科の授業で，「税と政治とのかかわり」に注目して時代の特色を考える学習を行いました。このとき太郎さんたちの班では，各時代の納税と政治とのかかわりについて調べ，次のメモⅠ～Ⅴを作成しました。あとの１～５に答えなさい。

メモⅠ

飛鳥時代には，天皇を中心とした政治が目指され，大宝律令が定められた。人々は①口分田を利用した生活を営み，大宝律令に規定された租・調・庸という税や②防人などの兵役の義務が課された。

メモⅡ

鎌倉時代や室町時代には，国ごとに守護が，荘園や公領ごとに地頭が置かれ，守護は次第に守護大名として一国を支配するようになった。③惣と呼ばれる自治組織が作られ，団結した農民が守護大名や荘園領主と交渉して年貢を下げさせることがあった。

メモⅢ

江戸時代には，幕府と藩が全国を支配するようになった。幕府と藩は，農民の納める年貢米を主な財源としていたが，米の値段が安くなったことなどにより，財政難に直面した。18世紀には商工業者は，④株仲間という同業者組合を作った。

メモⅣ

明治時代には，大日本帝国憲法で天皇は国の元首とされ，衆議院と貴族院で構成される帝国議会が開かれることとなり，⑤国民の選挙により衆議院議員が初めて選ばれた。人々は地租改正により地価の３％の地租を現金で納め，この地租が政府の歳入の多くを占めるようになった。

メモⅤ

> 第二次世界大戦後には，国民主権を柱の一つとする日本国憲法が公布され，天皇は日本国と日本国民統合の象徴となった。治安維持法が廃止され，国民には政治活動の自由が認められ，選挙権が満20歳以上の男女に与えられた。また，⑥現在の税金の基本となる法律が整えられた。

1　次の⑴・⑵に答えなさい。

⑴　下線部①について，次のア～エのうち，古代の土地と税との関係について述べた文として最も適切なものはどれですか。その記号を書きなさい。

ア　地主の土地が小作人に安く売り渡され，自分の土地で税を納められる者が増加した。

イ　自分が耕作する土地の価値や面積，税額などを記した地券を所持していた。

ウ　人々は国から農地を与えられ，そこからの収穫物で税を納め，死後は国に返した。

エ　自分の土地を持つ本百姓から村役人が選ばれ，年貢の納入に責任を負った。

⑵　下線部②に関して，太郎さんは，防人が九州に置かれた理由について，次の資料を基に，下のようにまとめました。太郎さんのまとめはどのようなものだと考えられますか。太郎さんのまとめの中の □ に当てはまるように，適切な内容を書きなさい。

> 資料
>
> 7世紀半ばの朝鮮半島でのできごと
>
> ・660年：唐と新羅が連合して百済を滅ぼした。
>
> ・663年：日本は，親交のあった百済の復興を助けるために大軍を送ったが，敗れた。

> 太郎さんのまとめ
>
> 資料のできごとの後の日本では，□ことが予想されたため，防人が九州に置かれた。

2　下線部③に関して，自治の広まりを背景に，複数の村が共通の目的のために団結し，武装した農民が，酒屋や土倉を襲い，借金の帳消しなどを求めました。このような動きを何といいますか。その名称を書きなさい。

3　下線部④について，花子さんは，株仲間について調べ，株仲間は幕府と商工業者のそれぞれの立場にとって利点があることが分かり，次の表Ⅰを作成しました。株仲間による利点はそれぞれどのようなものだと考えられますか。表Ⅰ中の A と B に当てはまるように，適切な内容をそれぞれ書きなさい。

表Ⅰ

幕府の立場	商工業者の立場
商工業者が株仲間を作ることを認めることにより， A ことができ，収入を増やすことができる。	株仲間を作ることを幕府に認められることにより， B ことができ，利益を増やすことができる。

4　下線部⑤に関して，次郎さんは，広島県で実施された第15回と第16回の衆議院議員総選挙について調べ，次の表Ⅱを作成しました。広島県で実施された第15回と第16回の衆議院議員総選挙の議員一人当たりの有権者の数が表Ⅱのように変化したのは，この二つの選挙の間で選挙権が与えられる資格に変更があったからです。それは，どのような変更ですか。第15回と第16回のそれぞれの衆議院議員総選挙において選挙権が与えられた資格の違いに触れて，簡潔に書きなさい。

表Ⅱ

	実施年 （年）	人口 （人）	議員一人当たりの 有権者（人）	議員 （人）
第15回	1924（大正13）	1,584,100	7,760	14
第16回	1928（昭和３）	1,665,600	27,227	13

（日本帝国統計年鑑による。）

5　下線部⑥に関して，太郎さんたちの班では，自分たちの生活に身近な消費税について調べ，消費税は1989年（平成元年）に新たな税として日本に導入されたことが分かりました。太郎さんたちの班では，「消費税が導入されたのはなぜだろう。」という疑問をもち，その理由を調べました。次のグラフⅠ・Ⅱ（次のページ）はそのとき見付けたものです。消費税が導入されたのはなぜだと考えられますか。その理由を，グラフⅠ・Ⅱを基に簡潔に書きなさい。

グラフⅠ

日本の社会保障給付費の推移

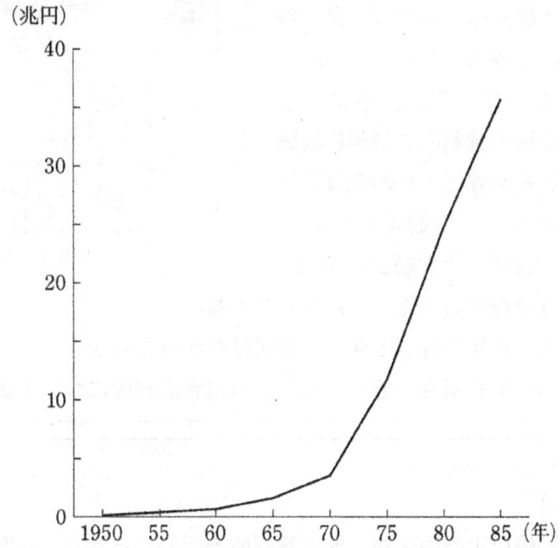

（国立社会保障・人口問題研究所資料による。）

グラフⅡ

日本の人口と人口構成の変化

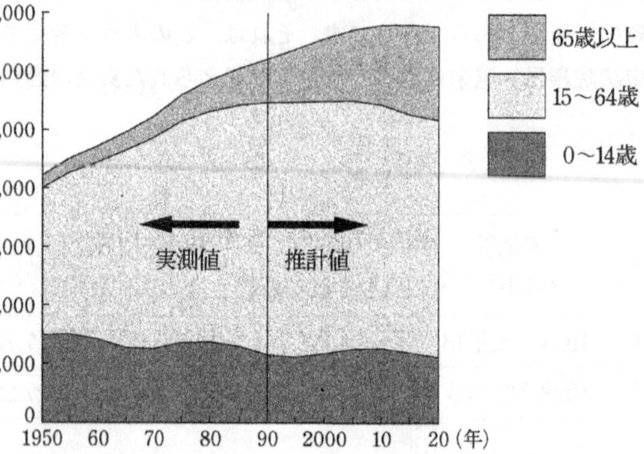

(厚生白書（平成元年版）による。)

3　ある学級の社会科の授業で，「裁判と国民とのかかわり」というテーマで班に分かれて学習しました。次の会話は，太郎さんたちの班が，裁判員制度に関する新聞記事の一部を見ながら話したときのものです。下の資料Ⅰは，この班が裁判員制度について調べた内容の一部です。あとの1～3に答えなさい。

太郎さん：①公正な裁判を行うために日本では様々な制度が整えられているよね。

次郎さん：こんな新聞記事を見付けたよ。裁判員制度が導入されて10年が経過したんだって。この記事によると，福島地方裁判所で裁判員経験者と裁判官や弁護士らの意見交換会があって，この制度について「有意義な経験」と評価しているよ。

「裁判員 有意義な経験」
制度10年 経験者ら意見交換

(2019年5月22日付　朝日新聞による。)

花子さん：どのような点が有意義だったんだろうね。

咲子さん：この制度を10年間行ってきて，課題はなかったのかな。

太郎さん：国民が参加する制度が導入されたこの裁判員制度について調べてみようよ。

資料Ⅰ

〔裁判員制度の内容〕

・くじで選ばれた20歳以上の国民が，地方裁判所で行われる特定の②刑事裁判に参加し，被告人が有罪か無罪か，有罪の場合はどのような刑にするのかを裁判官と一緒に決める制度である。

〔③裁判員制度導入の意義〕

・裁判の内容に国民の視点，感覚が反映され，司法に対する国民の理解が深まる。

1　下線部①に関して，次の⑴・⑵に答えなさい。

⑴　次の資料Ⅱは，司法権の独立に関する日本国憲法第76条の一部を示しています。この資料Ⅱの中の a と b に当てはまる語をそれぞれ書きなさい。

資料Ⅱ

すべて裁判官は，その a に従ひ独立してその職権を行ひ，この憲法及び b にのみ拘束される。

⑵　日本の裁判では，一つの事件について３回まで裁判を受けられる三審制がとられています。それはなぜですか。その理由を，簡潔に書きなさい。

2　下線部②に関して，次のア～エのうち，日本国憲法に基づき保障されている被疑者・被告人の権利として適切なものを全て選び，その記号を書きなさい。

ア　どのような場合でも，裁判官の出す令状がなければ逮捕されない。

イ　どのような場合でも，自己に不利益な供述を強要されない。

ウ　どのような場合でも，拷問による自白は証拠とならない。

エ　どのような場合でも，弁護人を依頼することができる。

3　下線部③に関して，次の⑴・⑵に答えなさい。

⑴　花子さんは，最高裁判所のウェブページに掲載されている報告書を基に，裁判官裁判（裁判官のみで判決を決める裁判）と裁判員裁判のそれぞれの判決内容を調べ，次の表Ⅰ・Ⅱ（次のページ）を作成しました。花子さんは，資料Ⅰと表Ⅰ・Ⅱを基に，裁判員制度の導入の成果をあとのようにまとめました。次のページの花子さんのまとめの中の A と B に当てはまる語はそれぞれ何ですか。表１・Ⅱを基に，あとのア～エの組み合わせのうちから最も適切なものを選び，その記号を書きなさい。また，花子さんのまとめの中の C には，どのような内容が当てはまると考えられますか。資料Ⅰを基に適切な内容を書きなさい。

表Ⅰ

執行猶予がつく割合

犯罪の種類	裁判官裁判（%）	裁判員裁判（%）
殺人既遂	5.0	8.2
殺人未遂	30.1	34.5
傷害致死	10.8	10.2
強盗致傷	8.2	12.8
放火既遂	24.7	31.8

執行猶予：刑罰が言い渡された者に対し，事情に応じて一定期間刑罰を執行せず，その期間罪を犯さず過ごせば実刑を科さないことにする制度。

表Ⅱ

実刑のうち最も多い人数の刑期

犯罪の種類	裁判官裁判	裁判員裁判
殺人既遂	11年より長く13年以下	11年より長く13年以下
殺人未遂	3年より長く5年以下	5年より長く7年以下
傷害致死	3年より長く5年以下	5年より長く7年以下
強盗致傷	3年より長く5年以下	5年より長く7年以下
放火既遂	3年より長く5年以下	3年より長く5年以下

（最高裁判所ウェブページによる。）

花子さんのまとめ

裁判員裁判は，裁判官裁判に比べて，執行猶予がつく割合は［　A　］傾向がみられ，実刑のうち最も多い人数の刑期は［　B　］傾向がみられる。これらのことから，裁判員裁判の方が軽重の双方向で判断の幅が広くなっていることがうかがえる。このことは，国民が判決を裁判官と一緒に決めることで［　C　］ことによる結果であると考えられ，裁判員制度を導入した成果であるといえる。

ア［A　高くなる　B　短くなる］　イ［A　高くなる　B　長くなる］　ウ［A　低くなる　B　短くなる］　エ［A　低くなる　B　長くなる］

⑵　咲子さんは，裁判員制度に対する国民の意識について調べ，次のグラフⅠを見付けました。咲子さんはグラフⅠを基に，裁判員候補者の辞退率の上昇傾向が続いていることが裁判員制度の課題の一つであると考えました。この課題を解決するためにさらに調べ，次のページのグラフⅡ・Ⅲを見付けました。グラフⅡ・Ⅲは，裁判員を経験した人に，裁判員に選ばれる前の気持ちと裁判員として裁判に参加した感想を聞いた結果をそれぞれまとめたものです。咲子さんはグラフⅡ・Ⅲを踏まえて，この課題を解決するための提案をすることにしました。あなたならどのような提案をしますか。条件1・2に従って書きなさい。

条件1　グラフⅡ・Ⅲを踏まえて書くこと。

条件2　この課題を解決するために実施する具体的な方法を挙げて書くこと。

グラフⅠ

裁判員候補者の辞退率の推移

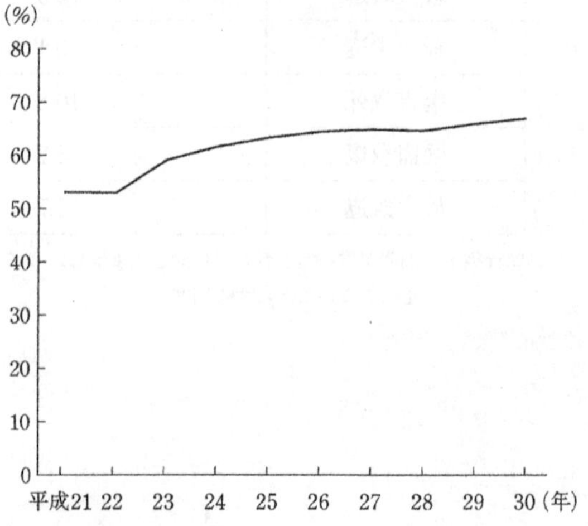

グラフⅡ
裁判員に選ばれる前の気持ち（%）
（平成30年）

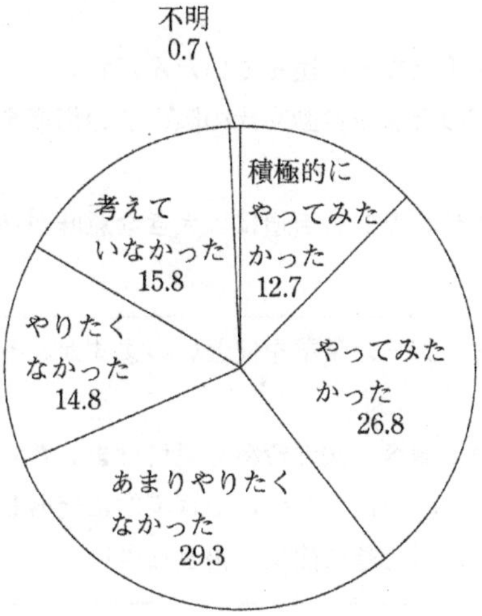

グラフⅢ
裁判員として裁判に参加した感想（%）
（平成30年）

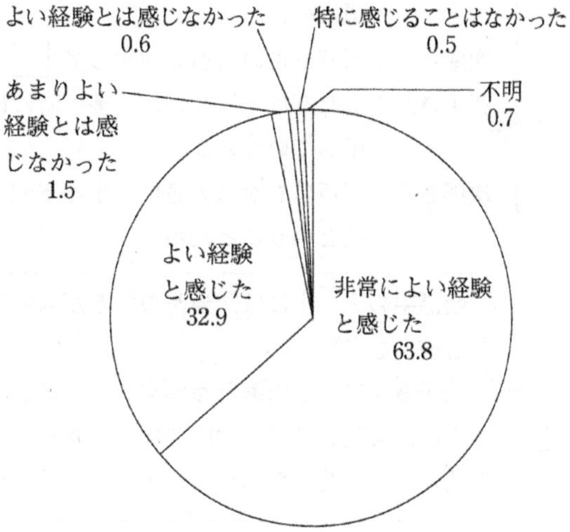

（最高裁判所ウェブページによる。）

4　ある学級の社会科の授業で，班に分かれて，先生が提示した地方公共団体のうちから一つ選び，現状を調べ，活性化の具体策を提案する学習を行いました。太郎さんたちの班は，岐阜県中津川市を選び，はじめに市の現状について調べ，次のメモを作成しました。あとの１～３に答えなさい。

メモ

岐阜県中津川市について
- ①人口は，約79,000人（平成27年）で岐阜県内では８番目であり，減少傾向にある。
- 男女とも65～69歳の年齢層の人口が最も多く，高齢化が進んでいる。
- ②中山道の宿場（宿駅）であった馬籠宿《まごめじゅく》，落合宿《じゅく》，中津川宿《じゅく》の古い町並みが残る。
- 馬籠宿は，詩人で小説家の島崎藤村の出身地である。
- 特産品にトマト，なす，栗《くり》，茶，そばなどがある。
- 主要道路に設けた休憩施設である「道の駅」が５か所ある。
- 2027年開業予定のリニア中央新幹線の駅が設置され，東京と約58分で結ばれる。

1　下線部①に関して，太郎さんは，中津川市の昼間人口と夜間人口について調べ，次の表を作成しました。この表のように，昼間人口と夜間人口に差が生じるのはなぜだと考えられますか。その理由を，簡潔に書きなさい。

中津川市の昼間人口と夜間人口（平成27年）

昼間人口（人）	夜間人口（人）
77,807	78,883

（中津川市統計書による。）

2　下線部②に関して，花子さんは，中山道の歴史について調べ，そのことについて次郎さんと話しました。次の会話はそのときのものです。あとの⑴・⑵に答えなさい。

花子さん：中山道は，江戸時代の五街道の一つで，江戸から京都までを結ぶ約530kmの街道なのよ。
次郎さん：当時はこの街道を利用して □ が手紙などを運んでいたんだね。
花子さん：それだけではないの。多い時には30ほどの大名が参勤交代の際にこの街道を利用していたのよ。
次郎さん：江戸幕府が諸大名に対する支配を安定させる点でも街道には大きな意味があったということだね。

⑴　会話中の □ には，当時の職業が当てはまります。その職業を何といいますか。その名称を書きなさい。

⑵　花子さんは，中山道と参勤交代のかかわりについて調べ，次の資料を見付けました。花子さんは，資料を基に，中山道などに置かれた宿場は参勤交代のおかげで経済的に発展したと考えました。花子さんがそのように考えた理由を，資料を基に簡潔に書きなさい。

資料

加賀藩前田家の参勤交代
・加賀藩（石川県金沢市）から江戸までの距離と日数：約480km，約12泊13日
・１回の参勤交代で移動する人数：2,000～4,000人
・江戸との往復には，五街道のうち主に中山道を利用した。

3　太郎さんたちの班では，「岐阜県中津川市について」のメモを基に，この市を活性化するための提案をすることにしました。あなたならどのような提案をしますか。次の条件１・２に従って書きなさい。

条件１　メモを基に中津川市の魅力を挙げて書くこと。
条件２　この提案が，中津川市のどのような人々に対して，どのような効果をもたらすのかを，具体的に書くこと。

受検番号	第　　　　番

社　会　解答用紙

得点	

1	1		
	2	(1)	
		(2)	
	3	(1)	
		(2)	
	4		
2	1	(1)	
		(2)	
	2		
	3		A / B
	4		
	5		
3	1	(1)	a / b
		(2)	
	2		
	3	(1)	記　号（AとB） / 内　容（C）
		(2)	
4	1		
	2	(1)	
		(2)	
	3		

※この解答用紙は189％に拡大していただきますと，実物大になります。

国語　解答用紙

受検番号　第　　番

得点

一
1　①　②　み　③　めて
2
3
4　ところや、
ところから、
母親として描かれていると考えられる。
5　(1)
(2)　ことで、
になっている

二
1　①　る　②　③　めて
2
3
4
5

三
1
2
3　訴
4　Ⅰ
Ⅱ

四
200

※この解答用紙は185%に拡大していただきますと、実物大になります。

※　左の枠は、下書きに使っても構いません。解答は必ず解答用紙に書きなさい。

200

【作文】

私の夢

中井　良子

私は理科の授業が好きだ。特に、実験をした後に考察し、「なぜ？」と思っていた疑問を追究することは本当に楽しい。だから、将来に大学で自然科学に関する研究をし、エジソンのように生活に役立つものを発明したいという夢を持っている。

エジソンは白熱電球や蓄音機などを発明した。私は、エジソンについて書かれた本に出会うまで、エジソンは発明家になるために大学でいろいろな研究をし、研究の中でひらめいたことを基に発明に至った人物だと思っていた。

しかし、エジソンに関する本を読み、エジソンは大学での研究の中で発明に至ったわけではないと分かった。エジソンがたくさんのものを発明できたのは、「なぜ水をかけると火は消えるのか」「なぜチョウは飛べるのか」というような、私が「当たり前だ」と思っていることを、小学生の頃から疑問に感じ、疑問に感じたことを自分の実験室でとことん研究していたからだ。日常の中で自分から疑問を持ち、追究し続ける姿勢に感動した。

私が日々の学習で、疑問を見いだし追及することを楽しいと感じているところは、エジソンと共通していると思う。だから、発明家になるという目標に向かって、これからも「なぜ？」と感じたことを、途中であきらめず、追究する姿勢を大切にしたい。

【生徒の会話】

中井：小島さん、私の書いた作文を読んでみてどうだった？題名は適切だったかなあ。

小島：そうねえ……。私は、題名をもっと工夫したらいいんじゃないかと思ったわ。授業で、自分が一番伝えたいことの中心となる言葉を考えて題名やタイトルを付けるとよいと学習したよね。だから、中井さんの伝えたいことがもっと明確に伝わるような題名がいいんじゃないかな。今、話したことと、中井さんの作文を基にアドバイスを書いてみるわね。

〔問い〕　小島さんは、中井さんが書いた作文の題名についてのアドバイスを書いて伝えることにしました。あなたならどのように書きますか。次の条件１～３に従って、あなたの考えを書きなさい。

条件１　二段落構成とし、第一段落は、題名の案を挙げて書き、第二段落には、その題名がよいと考えた理由を書くこと。

条件２　【作文】と【生徒の会話】の内容を踏まえて書くこと。

条件３　二百字以内で書くこと。

代の言葉を用いて二十字以内で書きなさい。

山田：大しうの両親はこの後どうなったのかなあ。この文章の続きが気になるなあ。
大谷：僕もそのことが気になって「御伽草子集」を図書館で借りて続きを現代語訳で読んでみたよ。すると、こんな話だったよ。

【大谷さんが読んだ続きの要約】

> 大しうは、帝釈天王から伝授された通りに、七種類の野草で薬を作り、両親に与えた。すると、両親は二十歳くらいの姿になり、大しうは大変に喜んだ。七草という七種類の野草を正月七日にみかどに差し上げるのは、この出来事がきっかけであるとされている。

山田：大しうの願いがかなっているね。大しうが（　Ⅰ　）から願いがかなったんだね。
田中：この出来事が、みかどに七種類の野草を差し上げるきっかけになったんだね。七種類の野草を差し上げることで、みかどに（　Ⅱ　）という気持ちを伝えるためなのだろうね。
山田：そうだね。そしてこのことが、現在、僕たちが一月七日に「七草がゆ」を食べる行事とも関係しているのかもしれないね。調べてみようよ。

ア　中国の楚の国に何度も行った
イ　神仏に熱心に祈り続けた
ウ　自分の病を治すために薬を作った
エ　努力して健康を保ち続けた

四　小島さんの学級では、国語の時間に、それぞれが書いた作文の題名についてアドバイスをし合う活動をしています。次の【メモ】は、中井さんが作文を書くときに準備したもので、【作文】は中井さんがメモを基に書いた作文です。また、【生徒の会話】はこの活動の過程で小島さんと中井さんが行ったものです。これらを読んで、あとの【問い】に答えなさい。

【メモ】

作文のテーマ　自分の尊敬する人物を例に挙げて、自分の目指す生き方を相手に伝える
自分の目標　自然科学の研究をして、発明家になる
例に挙げる、尊敬する人　エジソン
　エジソンは、幼いころから身のまわりの様々なことに「なぜ？」という疑問を持っていた。小学校の授業でも、自分が「なぜ？」と感じたことはすぐに追究しないと気が済まないため、授業内容に関係のない、見当違いな発言や行動が目立ち、小学校を三か月で退学になってしまった。しかし　エジソンは図書館などで独学し、「なぜ？」と感じたことを追究し続けた。さらに、新聞の販売員として働いて得たお金で、自分の実験室を作り、様々な物を発明した。生涯、学び続ける姿勢を大切にし、最終的には、アメリカで千九十三件もの発明に関する特許を得た。

び、その記号を書きなさい。

ア　秘められた本心　イ　家族との別離

ウ　定められた運命　エ　報われない努力

⑵　空欄Ⅲに当てはまる適切な表現を「……ことで、……になっている」という形式によって書きなさい。

二　※問題に使用された作品の著作権者が二次使用の許可を出していないため、問題を掲載しておりません。

三　次の文章を読んで、あとの問いに答えなさい。

そもそも正月七日に、野に出《い》でて、七草を摘みて、みかどへ注1供御《ぐご》に供ふるといふなる由来を尋ぬるに、唐土楚国《もろこしそこく》の傍らに（中国の楚の国の片隅に）、注2大しうといふ者あり。かれは□なり。すでに、はや（もう）百歳《ももとせ》に及ぶ父母あり、腰などもかがみ、目などもかすみ、言ふことも聞こえず。さるほどに（そのように）、老いければ、大しうこの朽ちはてたる（すっかり衰えてしまった）御姿を見参らする度に（拝見するたびに）、1嘆き悲しむこと限りなし。

大しう思ふやうは、二人の親の御姿をふたたび若くなさまほしく思ひて（若返らせてほしいと）、明け暮れ天道《てんたう》に（一日中、天の神に）祈りけるは、「わが親の御姿、ふたたび若くなしてたび給《たま》へ（ください）」と、仏神注3三宝《さんぽう》に2訴へ、「これかなはぬものならば、わが姿に転じかへて（入れ替えて）たび給へ。わが身は老《おい》となりて朽ちはつるとも、二人の親を若くなし給へ」と、あたり近きとうこう山《せん》に（近くの「とうこうせん」という山に）よぢ登りて、注4三七日が間、爪先を爪立てて、肝胆を砕き祈りける（心を込めて祈った）。さても、諸天諸仏は（多くの神仏）、これをあはれみ給ひ、三七日満ずる暮れ方に、かたじけなくも（ありがたいことに）注5帝釈天王《たいしゃくてんわう》は天降《あまくだ》り給ひ、大しうに向かつてのたまふやうは（おっしゃることには）、「なんぢ、浅からず親をあはれみ、ひとへに（ひたすら）天道に訴ゆること、納受《なふじゅ》を垂れ給ふによつて（願いを聞き入れなさったので）、われ、これまで来るなり。いでいで（さあさあ）、なんぢが親を若くなさん（若くしよう）」とて、薬を与へ給ふ（薬の作り方を伝授して下さったのは）ぞありがたき。

（「御伽草子集」による。）

（注1）供御＝天皇の飲食物。

（注2）大しう＝人の名前。

（注3）三宝＝仏教で信仰の対象となる、仏・法・僧の三つ。

（注4）三七日が間＝仏に祈願をする二十一日間。

（注5）帝釈天王＝仏法を守護する神。

1　□に当てはまる最も適切な表現を、次のア～エの中から選び、その記号を書きなさい。

ア　親に孝ある者　イ　子に頼る者

ウ　親を欺く者　エ　子を案ずる者

2　1嘆き悲しむこと限りなしとあるが、大しうは何を嘆き悲しんでいるのですか。現代の言葉を用いて二十字以内で書きなさい。

3　2訴への平仮名の部分を、現代仮名遣いで書きなさい。

4　この文章について、生徒が次のような話し合いをしました。空欄Ⅰに当てはまる最も適切な表現を、あとのア～エの中から選び、その記号を書きなさい。また、空欄Ⅱに当てはまる適切な表現を、現

2　1笑いを浮かばせようと骨折った大きな口の曲線が、幾度も書き直されてある　とあるが、次の文は、吉がこのような行動をとった理由について述べたものです。空欄Ⅰに当てはまる適切な表現を、十字以内で書きなさい。

吉は、習字の時間も（　Ⅰ　）のことが気になっていたから。

3　2ずっと吉は毎日同じことをした　とあるが、吉は毎日どこで何をしていたのですか。十五字以内で書きなさい。

4　文章中で、母はどのような母親として描かれていると考えられますか。本文の内容を根拠に挙げ、「……ところや、……ところから、……母親として描かれていると考えられる。」という形式によって、あなたの考えを書きなさい。

5　※1から※2までの部分について、国語の時間に、生徒が話し合いをしました。次の【生徒の会話】はそのときのものです。これを読んで、あとの⑴・⑵に答えなさい。

【生徒の会話】

大野：吉はある日、久しぶりに仮面を見たら、腹が立ってきて仮面を引きずり降ろして割ったのよね。でも、その後、吉が割れた仮面で立派な下駄が出来そうな気がして、もとのように満足そうに表情が和らいでいるのはなぜなのかな。

長野：確か、吉が引きずり降ろして割った仮面は、吉を下駄屋にするという父の決断の大きなきっかけになっていたよね。

小川：なるほど。だから吉は、「貴様のお蔭で俺は下駄屋になったのだ！」と言っているんだね。ということは、仮面は吉の（　Ⅱ　）を象徴していると考えられない？　吉は自分が下駄屋として生きてきたことに不満があるのかなあ。

大野：吉は二十五年間、下駄屋を続けてきたんだね。でも、ある日、久しぶりに鴨居の上の仮面を見たら、二十五年間、下駄屋を続けてきた自分の人生を、仮面が馬鹿にして笑ったように感じたんだよね。だから、腹が立って、悲しくなって、また腹が立って仮面を引きずり降ろして割ったのだと思うよ。

長野：でも、吉は腹を立てて仮面を割ったけれど、本文の最後では、またもとのように満足そうにぼんやりと表情が和らいでいるよ。腹を立てていたのに、どうして最後に表情が満足そうにぼんやりと和らいだのかなあ。

小川：腹を立てて仮面を割った後、暫くして、持ち馴れた下駄の台木を眺めるように、割れた仮面を手にとって眺めて、ふと何だかそれで立派な下駄が出来そうだと感じているよね。吉は強く意識しているわけではないかもしれないけれど、この吉の行動は、吉が（　Ⅲ　）ということの表れだと思うなあ。だから、腹が立っていたけれど、暫くすると、もとのように満足そうに表情が和らいだんじゃないかな。

大野：そうだね。「ぼんやりと和らぎだした」という表現に、吉の性格も表れているなあと思ったよ。

⑴　空欄Ⅱに当てはまる最も適切な表現を、次のア～エの中から選

てその間も時々家の者らは晩飯の後の話のついでに吉の職業を選び合った。が、話は一向にまとまらなかった。ある日、注6昼餉《ひるげ》を終えると父は顎を撫でながら剃刀を取り出した。吉は湯を飲んでいた。「誰だ、この剃刀をぼろぼろにしたのは。」父は剃刀の刃をすかして見てから、紙の端を二つに折って切ってみた。が、少し引っかかった。父の顔は険しくなった。吉は飲みかけた湯を暫く口へ溜《た》めて黙っていた。「吉がこの間研いでいましたよ。」と姉は言った。「吉、お前どうした。」やはり吉は黙って湯をごくりと咽喉《のど》へ落とし込んだ。「うむ、どうした?」吉が何時までも黙っていると、「ははア分かった。吉は屋根裏へばかり上っていたから、何かしていたに決まってる。」と姉は言って庭へ降りた。「いやだい。」と吉は鋭く叫んだ。「いよいよ怪しい。」姉は注7梁《はり》の端に吊《つ》り下がっている梯子《はしご》を昇りかけた。すると吉は裸足《はだし》のまま庭へ飛び降りて梯子を下から揺すぶり出した。「恐《こわ》いよう、これ、吉ってば。」肩を③チヂめている姉はちょっと黙ると、口をとがらせて唾《つば》を吐きかける真似《まね》をした。「吉ッ!」と父は叱った。暫くして屋根裏の奥の方で、「まアこんなところに仮面《めん》が作《こしら》えてあるわ。」という姉の声がした。吉は姉が仮面を持って降りて来るのを待ち構えていて飛びかかった。姉は古を突き除《の》けて素早く仮面を父に渡した。父はそれを高く捧《ささ》げるようにして暫く黙って眺めていたが、「こりゃ好く出来とるな。」またちょっと黙って、「うむ、こりゃ好く出来とる。」と言ってから頭を左へ傾け変えた。仮面は父を見下して馬鹿にしたような顔でにやりと笑っていた。その夜、納戸《なんど》で父と母とは寝ながら相談をした。「吉を下駄屋《げたや》にさそう。」最初にそう父が言い出した。母はただ黙ってきいていた。「道路に向いた小屋の壁をとって、そこで店を出さそう、それに村には下駄屋が一軒もないし。」ここまで父が言うと、今まで心配そうに黙っていた母は、「それが好い。あの子は身体が弱いから遠くへやりたくない。」と言った。

※1間もなく吉は下駄屋になった。吉の作った仮面は、その後、彼の店の注8鴨居《かもい》の上で絶えず笑っていた。無論何を笑っているのか誰も知らなかった。吉は二十五年仮面の下で下駄をいじり続けて貧乏した。無論、父も母も亡くなっていた。ある日、吉は久しぶりでその仮面を仰いで見た。すると仮面は、鴨居の上から馬鹿にしたような顔をしてにやりと笑った。吉は腹が立った。次には悲しくなった。が、また腹が立って来た。「貴様のお蔭《かげ》で俺《おれ》は下駄屋になったのだ!」吉は仮面を引きずり降ろすと、鉈《なた》を振るってその場で仮面を二つに割った。暫くして、彼は持ち馴《な》れた下駄の台木を眺めるように、割れた仮面を手にとって眺めていた。が、ふと何だかそれで立派な下駄が出来そうな気がして来た。すると間もなく、吉の顔はまたもとのように満足そうにぼんやりと和らぎだした。※2

(横光利一「笑われた子」による。)

(注1) 暖簾を分ける=長年よく勤めた店員などに新しく店を出させ、同じ店名を名乗ることを許す。
(注2) 手工が甲=図画工作の成績が良いこと。
(注3) 信楽=滋賀県の地名。信楽焼《しがらきやき》という陶器の産地。
(注4) 高麗狗=神社の社殿の前に置いてある獅子に似た獣の像。
(注5) 跳ね釣瓶=竿《さお》の先につけた桶《おけ》を石などの重みで跳ね上げ、井戸の水を汲《く》むようにしたもの。
(注6) 昼餉=昼食。
(注7) 梁=屋根の重みを支えるために柱の上部に架け渡した材木。
(注8) 鴨居=ふすまや障子などをはめ込むために、部屋と部屋の間や出入り口の上部に渡した溝のある横木。

1 ①~③のカタカナに当たる漢字を書きなさい。

＜国語＞

時間　五〇分　満点　五〇点

一　次の文章を読んで、あとの問いに答えなさい。

吉をどのような人間に仕立てるかということについて、吉の家では晩餐《ばんさん》後毎夜のように論議せられた。またその話が始まった。吉は牛にやる雑炊を煮《た》きながら、ひとり柴《しば》の切れ目からぶくぶく出る泡を面白そうに眺めていた。「やはり吉を大阪へやる方が好《よ》い。十五年も辛抱したなら、注1暖簾《のれん》が分けてもらえるし、そうすりゃあそこだから直《す》ぐに金も儲《もう》かるし。」そう父が言うのに母はこう言った。「大阪は水が悪いというから駄目駄目。幾らお金を儲けても、早く死んだら何もならない。」「百姓させせば好い、百姓を。」と兄は言った。「吉は注2手工が甲だから注3信楽《しがらき》へお茶碗造《ちゃわんづく》りにやるといいのよ。あの職人さんほどいいお金儲けをする人はないって言うし。」そう口を入れたのはませた姉である。「そうだ、それも好いな。」と父は言った。母だけはいつまでも黙っていた。

その夜である。吉は真っ暗な果てしのない野の中で、口が耳まで裂けた大きな顔に笑われた。その顔は何処《どこ》か正月に見た獅子舞《ししま》いの獅子の顔に似ているところもあったが、吉を見て笑う時の頰の肉や殊に鼻のふくらぎまでが、人間《ひと》のようにびくびくと動いていた。吉は必死に逃げようとするのに足がどちらへでも折れ曲がって、ただ汗が流れるばかりで[1]ケッキョク身体《からだ》はもとの道の上から動いていなかった。けれどもその大きな顔は、だんだん吉の方へ近よって来るのは来るが、さて吉をどうしようともせず、何時《いつ》までたってもただにやりにやりと笑っていた。何を笑っているのか吉にも分からなかった。が、とにかく彼を馬鹿にしたような笑顔であった。

翌朝、蒲団《ふとん》の上に座って薄暗い壁を見詰めていた吉は、昨夜夢の中で逃げようとしてもがいたときの汗を、まだかいていた。その日、吉は学校で三度教師に叱られた。最初は算術の時間で、仮分数を帯分数に直した分子の数を聞かれた時に黙っていると、「そうれ見よ。お前はさっきから窓ばかり眺めていたのだ。」と教師に睨《にら》まれた。二度目の時は習字の時間である。その時の吉の草紙の上には、字が一字も見あたらないで、宮の前の注4高麗狗《こまいぬ》の顔にも似ていれば、また人間の顔にも似つかわしい三つの顔が書いてあった。そのどの顔も、[1]笑いを浮かばせようと骨折った大きな口の曲線が、幾度も書き直されてあるために、真っ黒くなっていた。三度目の時は学校の退《ひ》けるときで、皆の学童が包《つつみ》を仕上げて礼をしてから出ようとすると、教師は吉を呼び止めた。そして、もう一度礼をし直せと叱った。

家へ走り帰ると直ぐ吉は、鏡台の引き出しから油紙に包んだ剃刀《かみそり》を取り出して人目につかない小屋の中でそれを研いだ。研ぎ終わると軒へ回って、積み上げてある割木を眺めていた。それからまた庭へ入って、餅搗《つ》き用の杵《きね》を撫《な》でてみた。が、またぶらぶら流し元まで戻って来るとまな板を裏返してみたが急に彼は井戸傍《いどばた》の注5跳《は》ね釣瓶《つるべ》の下へ駆け出した。「これはうまいぞ、うまいぞ。」そう言いながら吉は釣瓶の尻の重りに縛り付けられた欅《けやき》の丸太を取りはずして、その代わりに石を縛り付けた。暫《しばら》くして吉は、その丸太を三、四寸も[2]アツみのある幅広い長方形のものにしてから、それと一緒に鉛筆と剃刀とを持って屋根裏へ昇っていった。次の日もまたその次の日も、そしてそれから[2]ずっと吉は毎日同じことをした。

ひと月もたつと四月が来て、吉は学校を卒業した。しかし、少し顔色の青くなった彼は、まだ剃刀を研いでは屋根裏へ通い続けた。そし

MEMO

大切なことはメモしておこうネ！

2020年度

解答と解説

《2020年度の配点は解答用紙集に掲載してあります。》

＜数学解答＞

1　(1)　2　(2)　$x-y$　(3)　$(x+7)(x-4)$　(4)　$9+2\sqrt{14}$　(5)　$x=\dfrac{-7\pm\sqrt{33}}{8}$

(6)　②　(7)　3　(8)　$\dfrac{1}{12}$

2　(1)　③　(2)　線分AF

(3)　P地点からR地点までの道のり 1200m／R地点からQ地点までの道のり 4000m　(求める過程は解説参照)

3　(1)　90　(2)　ア　0.29　イ　0.17　ウ　①

4　(1)　解説参照　(2)　小さい方から1番目の数と大きい方から1番目の数

5　解説参照　6　(1)　10　(2)　-2

＜数学解説＞

1　(数・式の計算，因数分解，平方根，二次方程式，投影図と展開図，比例関数，確率)

(1)　**四則をふくむ式の計算の順序は，乗法・除法→加法・減法**　となる。$4+6\div(-3)=4+(-2)=(+4)+(-2)=+(4-2)=2$

(2)　**分配法則**を使って，$4(2x-y)=4\times2x-4\times y=8x-4y$　だから，$4(2x-y)-(7x-3y)=(8x-4y)-(7x-3y)=8x-4y-7x+3y=8x-7x-4y+3y=x-y$

(3)　たして$+3$，かけて-28になる2つの数は，$(+7)+(-4)=+3$，$(+7)\times(-4)=-28$より，$+7$と-4だから　$x^2+3x-28=\{x+(+7)\}\{x+(-4)\}=(x+7)(x-4)$

(4)　**乗法公式$(a+b)^2=a^2+2ab+b^2$**より，$(\sqrt{2}+\sqrt{7})^2=(\sqrt{2})^2+2\times\sqrt{2}\times\sqrt{7}+(\sqrt{7})^2=2+2\sqrt{14}+7=9+2\sqrt{14}$

(5)　**2次方程式$ax^2+bx+c=0$の解は，$x=\dfrac{-b\pm\sqrt{b^2-4ac}}{2a}$**で求められる。問題の2次方程式は，$a=4$，$b=7$，$c=1$の場合だから，$x=\dfrac{-7\pm\sqrt{7^2-4\times4\times1}}{2\times4}=\dfrac{-7\pm\sqrt{49-16}}{8}=\dfrac{-7\pm\sqrt{33}}{8}$

(6)　問題の立体は，**平面図**が四角形だから，底面は四角形。**立面図**が三角形だから，錐体。よって，この立体は四角錐である。また，①は三角錐の展開図，②は四角錐の展開図，③は三角柱の展開図，④は正八面体の展開図である。以上より，問題の立体の展開図として適切なものは②である。

(7)　1辺の長さが$x$cmの正三角形の周の長さを$y$cmとするから，xとyの関係は　$y=x\times3$　つまり$y=3x$　よって，**比例定数**は3

(8)　大小2つのさいころを同時に1回投げるとき，全ての目の出方は　$6\times6=36$通り。このうち，出る目の数の和が10になるのは，大きいさいころの出た目の数をa，小さいさいころの出た目の数をbとしたとき，$(a,\ b)=(4,\ 6)$，$(5,\ 5)$，$(6,\ 4)$の3通り。よって，求める確率は　$\dfrac{3}{36}=\dfrac{1}{12}$

2　(標本調査，場合の数，三平方の定理，方程式の応用)

(1)　Aさんが，〔3〕で求めた見出し語の数の**平均値**は　(57＋43＋58＋54＋55＋58＋53＋55＋67＋60)語÷10ページ＝560÷10＝56語　よって，この国語辞典の見出し語の総数は　56語×1452ページ＝81312語　より，およそ81000語と推測できる。

(2)　7つの点A，B，C，D，E，F，Gから2点を選び，その2点を結んでできる線分は，AB，AC，AD，AE，AF，AG，BC，BD，BE，BF，BG，CD，CE，CF，CG，DE，DF，DG，EF，EG，FGの21本。それぞれの線分の長さは，$DE=2=\sqrt{4}$ cm　$AB=AD=BC=CD=3=\sqrt{9}$ cm　$CE=CF=EG=FG=5=\sqrt{25}$cm　$BF=BC+CF=8=\sqrt{64}$cm　**三平方の定理**より，**直角二等辺三角形の3辺の比は1：1：$\sqrt{2}$** だから，$AC=BD=AB\times\sqrt{2}=3\sqrt{2}=\sqrt{18}$cm　$CG=EF=CE\times\sqrt{2}=5\sqrt{2}=\sqrt{50}$cm　三平方の定理を用いて，$AE=\sqrt{AD^2+DE^2}=\sqrt{3^2+2^2}=\sqrt{13}$cm　$DG=\sqrt{EG^2+DE^2}=\sqrt{5^2+2^2}=\sqrt{29}$cm　$BE=DF=\sqrt{BC^2+CE^2}=\sqrt{3^2+5^2}=\sqrt{34}$cm　$AG=\sqrt{BF^2+DE^2}=\sqrt{8^2+2^2}=\sqrt{68}$cm　$AF=\sqrt{BF^2+AB^2}=\sqrt{8^2+3^2}=\sqrt{73}$cm　$BG=\sqrt{BF^2+FG^2}=\sqrt{8^2+5^2}=\sqrt{89}$cm　以上より，長さが$\sqrt{73}$cmになるものは，線分AFである。

(3)　(求める過程)　(例)P地点からR地点までの道のりをxm，R地点からQ地点までの道のりをymとすると，$\begin{cases} x+y=5200 \\ \dfrac{x}{80}+\dfrac{y}{200}=35 \end{cases}$　これを解くと，$x=1200$，$y=4000$　$x=1200$，$y=4000$は問題に適している。

3 (資料の散らばり・代表値)

(1)　**度数分布表**の中で**度数**の最も多い**階級**の**階級値**が**最頻値**。【まとめⅠ】において，過去1年間の休日における人気アトラクションの平均待ち時間で，度数の最も多い階級は，度数が38日の80分以上100分未満の階級だから，最頻値はその階級の階級値$\dfrac{80+100}{2}=90$分

(2)　人気アトラクションの平均待ち時間が40分未満の2つの階級の**相対度数**の合計を求めると，雨が降った休日は0.03＋0.26＝0.29…ア　で，雨が降らなかった平日は0.00＋0.17＝0.17…イ　であるから，天気予報どおりなら，平均待ち時間が短い40分未満の相対度数は雨が降った休日の方が大きいのから，次の日曜日…ウ　の方が人気アトラクションの待ち時間が短くなりそうである。

4 (式による証明)

(1)　(説明)　(例)大きい方から1番目の数と大きい方から2番目の数の積から，小さい方から1番目の数と小さい方から2番目の数の積を引いたときの差は，$(n+3)(n+2)-n(n+1)=n^2+5n+6-n^2-n=4n+6$　連続する4つの整数の和は，$n+(n+1)+(n+2)+(n+3)=4n+6$

(2)　【性質Ⅰ】　連続する4つの整数のうち，小さい方から1番目の数をnとすると，連続する4つの整数は，n，$n+1$，$n+2$，$n+3$と表される。連続する4つの整数について，小さい方から2番目の数と大きい方から1番目の数の積から，小さい方から1番目の数と大きい方から2番目の数の積を引いたときの差は，$(n+1)(n+3)-n(n+2)=n^2+4n+3-n^2-2n=2n+3=n+(n+3)$より，小さい方から1番目の数と大きい方から1番目の数の和に等しくなる。　【性質Ⅱ】　連続する5つの整数のうち，小さい方から1番目の数をnとすると，連続する5つの整数は，n，$n+1$，$n+2$，$n+3$，$n+4$と表される。連続する5つの整数について，小さい方から2番目の数と大きい方から1番目の数の積から，小さい方から1番目の数と大きい方から2番目の数の積を引いたときの差は，$(n+1)(n+4)-n(n+3)=n^2+5n+4-n^2-3n=2n+4=n+(n+4)$より，小さい方から1番目の数と大きい方から1番目の数の和に等しくなる。

5 (合同の証明，円の性質)

(証明) (例)△COEと△ODFにおいて　CO＝OD…①　∠CEO＝∠OFD＝90°…②　等しい弧に対する中心角は等しいから　∠AOC＝∠BOD…③　②より，∠OCE＝90°－∠AOC…④　∠AOB＝90°であるから　∠DOF＝90°－∠BOD…⑤　③，④，⑤より，∠OCE＝∠DOF…⑥　①，②，⑥より，直角三角形の斜辺と1つの鋭角がそれぞれ等しいから　△COE≡△ODF

6 (図形と関数・グラフ)

(1)　△AOE＝$\frac{1}{2}$×OE×(点Aのy座標)＝$\frac{1}{2}$×5×4＝10

(2)　点A，Cからx軸へそれぞれ垂線AP，CQを引く。AP//CQで，平行線と線分の比の定理より，AP：CQ＝AE：CE＝1：(1＋1)＝1：2　よって，(点Cのy座標)＝(点Aのy座標)×2＝4×2＝8　点Cは$y=x^2$上にあるから，そのx座標は　$8=x^2$　より，$x<0$であることを考慮すると，$x=-\sqrt{8}=-2\sqrt{2}$　これより，C($-2\sqrt{2}$，8)　また，放物線はy軸に関して線対称であることから，D($2\sqrt{2}$，8)　平行線と線分の比の定理より，QP：PE＝CA：AE＝1：1　PE＝QP＝$2-(-2\sqrt{2})=2+2\sqrt{2}$　よって，(点Eのx座標)＝(点Aのx座標)＋PE＝$2+(2+2\sqrt{2})=4+2\sqrt{2}$　E($4+2\sqrt{2}$，0)　以上より，直線DEの傾きは　$\dfrac{0-8}{4+2\sqrt{2}-2\sqrt{2}}=\dfrac{-8}{4}=-2$

＜英語解答＞

1　問題A　No. 1　イ　　No. 2　エ　　No. 3　ウ　　No. 4　ア
問題B　(例) I don't agree.　I can study better with my friends because I can ask them questions when I have something I don't understand.

2　1　エ　　2　イ　　3　we can call *ramen* Japanese food　　4　(1)　Japanese restaurants　　(2)　イ　　(3)　カ　　(4)　ア　　(5)　エ　　5　(例) I think *okonomiyaki* is good.　Hiroshima is famous for *okonomiyaki*, so people joining the event will learn about the food culture of Hiroshima by eating *okonomiyaki*.

3　1　(例)(1)　She studied about problems in Africa.　　(2)　She opened it in Nigeria.　　2　people　　3　ウ　　4　え　　5　イ，ウ　　6　(例)(1) I think I need time.　　(2)　I have to think of some good ideas to create something new.

4　(例) A　was angry at me　　B　I was listening to music late at night without studying　　C　decide what time I start to study and what time I go to bed

＜英語解説＞

1　(リスニング)

放送台本の和訳は，55ページに掲載。

2　(会話文問題：グラフを用いた問題，語句補充・選択，語句の並べ換え，自由・条件英作文)

(全訳)

香里　：東京オリンピック・パラリンピックがもうすぐ開催ね。待ちきれないわ。
ポール：たくさんの人たちが海外から日本にやってくるよ，だから日本の人たちは日本を訪れる人たちに日本の文化を紹介する機会をもつことになるね。
翔太　：来月，僕たちの町でも国際的なスポーツイベントが行われるよ。地元の人たちと他の国の人たちがそのイベントに参加するんだ。町は僕たちにそのイベントで来る人たちに屋台でどんな食べ物を出せばいいかを決めるように依頼したんだ。
ポール：そうだった，翔太。僕たちは，どんな食べ物を出せばいいかについていくらか情報をもっているよね。
翔太　：日本を訪れる外国の人たちの主な目的は，日本の食べ物を食べることだって知ってる？　グラフ1を見て。外国の人たちの約A70％が“日本に来るより前に日本食を食べたいと思っていた”と答えたんだよ。
ポール：今や日本食は世界中でとても人気があるよ。世界中の日本食レストランの数は，5年で2倍になったそうだよ，2013年に伝統的な日本料理がユネスコ無形文化遺産として登録されてからね。
香里　：つまりB世界中のたくさんの人たちが，今は日本食を食べる機会をより多くもっているということね。イベントで私たちが出す食べ物を通して外国の人たちに日本の文化について伝えられるといいと思うわ。
ポール：君に賛成だよ，香里。人気のある日本食から(イベントで出す)食べ物を選ぼう。
翔太　：そうだね。でもどんな日本食が日本に来る外国の人たちの間で人気なんだろう？　寿司やてんぷらかな？
香里　：私はグラフ2とグラフ3を持ってきたわ。グラフ2では，外国の人たちの間では肉料理が一番人気があって，ラーメンもとても人気があることが分かるわね。
翔太　：ラーメン？　ラーメンは中国の食べ物だと思っていたよ。
香里　：日本の多くの地域では，地元の材料を使った特別なラーメンがいろいろあるのよ。ラーメンを食べれば，地元の食文化を楽しむことができるそうよ。
ポール：アメリカ人の友だちと僕は，ラーメンは日本食だと思っているよ。ラーメンは僕の好きな日本の食べ物のひとつだよ。
翔太　：なるほど。それじゃあ，①ラーメンは日本食と呼んでいいと思うな。
ポール：グラフ2は，寿司も外国の人たちの間でとても人気があることを示しているね。
香里　：ああ，今思い出したわ！町から手紙をもらっていたんだった。そこには生の食べ物は出すことができないと書いてあるわ。
ポール：それじゃあ，そのイベントでは寿司は出せないね？
香里　：その通りね，ポール。
翔太　：僕はお好み焼きが好きだよ。お好み焼きは外国の人たちの間で人気があるのかな？
香里　：お好み焼きは小麦粉料理だから，グラフ2によると，そんなに人気があるとは思わないわ。
ポール：グラフ3は小麦粉料理についてどんなことを示しているかい，翔太？
翔太　：ええと，小麦粉料理が好きな外国の人たちは，なぜそれらの料理が好きかを聞かれたんだ。回答の約40％が，伝統的で日本独特のものだという答えだよ。どんな料理を出すか決める時には，この点について考えることができるね。
ポール：分かった。それでは，②イベントに参加する人たちのためにどんな食べ物を選ぶのがいいかな？

翔太　：もっと話し合おう。

1　全訳及びグラフ1参照。

2　全訳参照。直前のポールの発言に注目。

3　(I think)we can call *ramen* Japanese food (.)　**call A B** = A を B と呼ぶ

4　(問題文訳)

メモ1

・伝統的な日本料理：2013年にユネスコ無形文化遺産として登録
・世界中の(1)日本食レストランの数：2013年　約55.000　→　2017年　約118.000

メモ2

・(2)*ラーメン*　：僕の好きな食べ物
日本を訪れる外国の人たちの間で(3)とても人気がある。
・(4)*お好み焼き*：翔太の好きな食べ物
日本を訪れる外国の人たちの間で(5)あまり(それほど)人気はない。

全訳及びグラフ1，2，3参照。　(1)　ポールの3番目の発言2文目に注目　(2)　ポールの5番目の発言に注目。　(3)　香里の3番目の発言からポールの5番目の発言の会話の内容に注目。　(4)　翔太の6番目の発言に注目。　(5)　香里の7番目の発言に注目。

5　(解答例訳)　私はお好み焼きがいいと思います。広島はお好み焼きで有名なので，イベントに参加する人たちはお好み焼きを食べることで広島の食文化を学ぶことになるのです。

3　(長文読解問題・エッセイ：英問英答，語句補充，語句の解釈，文の挿入，内容真偽，条件・自由英作文)

(全訳)　何か新しくて素敵なものを創り出す時，何が必要ですか？　私たちの多くは，素晴らしいアイディアが必要だと考えます。では，他には何が必要でしょうか。ヤマモト美紀さんはこう言いました,「信頼でき，一緒に同じ目標に到達できる人たちも必要です」。彼女は事業で成功し，今はナイジェリアに住んでいます。彼女はどのようにしてナイジェリアで素晴らしい製品を創り出したのでしょう？

【あ】美紀は大学時代にアフリカの問題について勉強しました。彼女はいつもそこに住む貧しい人々をどのように助ければよいのかを考えていました。大学卒業後，彼女はナイジェリアで援助が必要な人々のために働き始めました。

ナイジェリアでは，彼女はよく市場に行き新しいものを見ることを楽しみました。市場で，彼女はアフリカの布に興味をもつようになりました。たくさんの美しい模様があり，彼女は日本でそのような模様を目にすることはありませんでした。彼女はそれを見た時，こう思いました,「この布を使ってナイジェリアの人たちを助けることができる！」

【い】美紀はナイジェリアの市場でアフリカの布で作られたいろいろな洋服を目にしましたが，日本の人たちが好む洋服のデザインはひとつも見つけることはできませんでした。彼女はこう思いました,「それじゃあ，日本の人たちが買いたくなるような洋服を作って売ろう！」　しかし，彼女は洋服を作る技術は全く持っていませんでした，そこで彼女はナイジェリアで人を雇うことに決めました。

美紀はナイジェリアで2人の女性たちと働き始めました。その女性たちは子どもたちのために働いてお金を稼がなくてはなりませんでした。美紀は彼女たちに働く場所を与えることができて嬉しく思いました，そのことがアフリカの問題を解決する1つの方法だと考えたからです。美紀はこの2人の女性たちのためにこの事業を成功させたいと思いました。美紀は彼女たちに言いました，「アフリカの美しい布で日本の人たちのための洋服を一緒に作りましょう」。

【う】美紀と2人の女性たちは日本の人々向けの洋服を作り始めました。最初は，美紀は彼女たちに十分なお金を払うことができませんでした。美紀は言いました，「十分にお支払いができなくてごめんなさい」。すると，一人の女性が言いました，「美紀，私たちは私たちの仕事に誇りをもっています。アフリカの布は私たちの文化の象徴です。私たちは，日本の人たちにアフリカの布で作った洋服を着てほしいと本当に思っているのです」。2人の女性たちは美紀に微笑みかけました。①美紀は彼女たちが同じ目標に向かって働いていると分かり①とても嬉しく思いました。

【え　美紀と2人の女性たちは毎日のように新しい洋服のデザインを作ろうと努力しました。】美紀は日本の友だちに，製作している洋服についてアドバイスをくれるよう頼み続けました。2人の女性たちは人気のある日本の洋服のデザインを勉強しました。ついに，美紀と2人の女性たちは美しい洋服を創りました。

【お】美紀はナイジェリアに小さな店を開店し彼女たちの製品を売りました。彼女はまた，ウェブサイトを作りインターネットで彼女たちの洋服を紹介して売りました。すぐに，日本の人々はインターネットを通じて彼女たちの洋服に興味をもつようになりました。

現在この事業は成功し，美紀と2人の女性たちは自分たちの仕事にとても誇りをもっています。美紀は，彼女の事業がなぜ成功したのかと聞かれるとこう答えます，「事業が成功したのは私が美しいアフリカの布を見て日本の人たち向けの洋服を作るという素晴らしいアイディアを思いついたからです。でもいちばん大切なことは，同じ目標に向かってとても熱心に働いてくれる人たちに出会えたことです」。美紀と2人の女性たちは，今度は世界中の人たちに向けた新しい製品を創ることについて考えるのをとても楽しみにしています(嬉しく思っています)。

1　(1)　美紀は大学生の時，何について勉強していましたか？／彼女はアフリカの問題について勉強していました。第2段落1文目参照。　(2)　美紀は彼女の製品を売るためにどこに小さな店を開きましたか？／彼女はお店をナイジェリアに開きました。第7段落1文目参照。

2　(I can use this fabric to help)people (in Nigeria.)全訳参照。第2段落2文目に注目。

3　美紀は，2人の女性たちは日本の人々にアフリカの布で作った洋服を着てほしいと思っているということが分かった。全訳参照。下線部①を含む文の the same goal の具体的な内容は，第3段落2文目と第5段落最後から3文目参照。美紀と2人の女性たちが同じ目標をもっていたことが分かる。

4　全訳参照。第6段落最後の一文で，この段落で新しい洋服の作製について書かれていることが分かる。　**try to ～＝～しようとする，～しようと努力する**

5　全訳参照。　ア　美紀は日本にいた時に，アフリカの布のたくさんの美しい模様を目にしていた。　イ　美紀はナイジェリアの市場で，日本の人たちが好きな洋服のデザインをひとつも見つけなかった。(○)　第3段落1文目参照　ウ　美紀は彼女の日本人の友だちに，アフリカの布で美しい洋服を作るためのアドバイスを求めた。(○)　第6段落2文目(空所【え】直後の一文)参照　エ　美紀は，彼女の事業が成功したのは彼女に洋服を創る技術があったからだと思っていた。

6　(問題文・解答例訳)　詩織：美紀は，素晴らしい製品を創るために必要だったことが2つあったと言っていたわ。新しいものを創り出すために必要なことは他に何があるかしら？　あなたの考えを教えて。／圭太：(1)僕は時間が必要だと思うよ。／詩織：なるほどね。なぜそう思うの？／圭太：(2)何か新しいものを創り出すための良いアイディアをいくつか考えつかなければいけないからだよ。　**think of ～＝～を考えつく，思いつく，～のことを(よく)考える**

4 (自由・条件英作文)

(問題文・解答例訳) ① 恵，とても悲しそうだね。何があったの？　② ああ，ボブ。昨日の夜，$_A$お母さんに叱られたの，$_B$勉強をしないで夜遅くに音楽を聴いていたから。 ③ 僕は高校に入学した時，家でどんな風に過ごすかについて家族とルールを決めたよ。自分自身のルールを作ってみるのはどうかな？　④ そうねえ…　⑤ いい考えがあるわ。$_C$何時に勉強を始めて何時に寝るかを決めることにするわ。 ⑥ それは良さそうだね！　angry at ～＝～に対して怒る　without ～ing ＝～しないで

2020年度英語　聞き取り検査

〔放送台本〕

英語の検査を開始します。1番の問題に入ります。はじめに，1番の問題についての説明を行いますから，よく聞きなさい。1番の問題には，問題Aと問題Bの2種類の問いがあります。まず問題Aについては，英語による対話を放送し，その内容について英語で質問をしますから，質問に対する答えとして最も適切なものを，問題用紙のア～エの中から選んで，その記号を書きなさい。次に問題Bについては，問題Aが終了したあとに，英文を放送しますから，それに基づいてあなたの答えを英文で書きなさい。対話，英文及び質問はすべて2回ずつ放送します。メモをとっても構いません。では，問題Aを始めます。

問題A

これから，No. 1～No. 4まで，対話を4つ放送します。それぞれの対話を聞き，そのあとに続く質問の答えとして最も適切なものを，ア～エの中から選んで，その記号を書きなさい。

No. 1　A: How was your birthday party, Nanako?
B: It was great, Yom. My mother made a cake for me. It was very good.
A: That's nice. What did you get for your birthday?
B: I got some flowers from my sister, and my brother gave me a cup.
A: I think you had a wonderful time.
B: Of course.
Question No. 1: What did Nanako get from her sister?

No. 2　A: We've just finished the English class. I enjoyed it very much.
B: What is the next class, Daiki? Is it P.E.?
A: No, Sarah. It's math. P.E. is in the afternoon. We'll play soccer today.
B: Sounds exciting.
Question No. 2: Which schedule are Daiki and Sarah talking about?

No. 3　A: Hello, Mr. Davis. Are you interested in playing table tennis?
B: Yes, but I've never played it. Is it fun, Momoka?
A: Yes, but I'm in the table tennis club. Would-you like to join us?
B: Sure. Where do you practice?
A: We practice in the school gym. We always practice from Tuesday to Friday.

B: OK. I'll join you this Friday.

Question No. 3: How many days does the table tennis club practice in a week?

No. 4 A: What will you do on Sunday, Emily?

B: I'll go to the library in the morning, and after that I'll go to the park near our school.

A: What will you do in the park?

B: I'll do volunteer work with my friends. We'll clean the park. Will you join us, Ryoma?

A: I'd like to join, but I'm going to play baseball with my friends on Sunday.

B: Oh, I see. Maybe next time.

Question No. 4: Why will Emily go to the park on Sunday?

〔英文の訳〕

No. 1 A：誕生日パーティーはどうだった，ナナコ？

B：とても楽しかったわ，トム。お母さんが私のためにケーキを作ってくれたの。とても美味しかったわ。

A：それは良かったね。誕生日に何かもらったの？

B：姉(妹)からお花をもらって，兄(弟)はカップをくれたわ。

A：楽しい時間だったんだね。

B：もちろんよ。

質問1：ナナコは姉(妹)から何をもらいましたか？

No. 2 A：英語の授業が終わったね。すごく楽しかったよ。

B：次の授業は何，ダイキ？　体育かしら？

A：違うよ，サラ。数学だよ。体育は午後だよ。今日はサッカーをすることになっているよ。

B：楽しそうね。

質問2：どの時間割についてダイキとサラは話していますか？

No. 3 A：こんにちは，デイビスさん。卓球に興味はありますか？

B：はい，でもやったことはありません。卓球は楽しいですか，モモカ？

A：はい。私は卓球部に入っています。一緒にやりませんか？

B：もちろんです。どこで練習しているのですか？

A：私たちは学校の体育館で練習します。火曜日から金曜日までいつも練習しています。

B：分かりました。今度の金曜日に参加します。

質問3：卓球部は週に何回練習していますか？

No. 4 A：日曜日には何をするつもり，エミリー？

B：午前中に図書館に行って，その後学校の近くの公園に行くつもりよ。

A：公園で何をするの？

B：友だちと一緒にボランティア活動をするのよ。公園を掃除するの。一緒に参加する，リョウマ？

A：一緒に参加したいけど，日曜日には友だちと野球をすることになっているんだ。

B：そう，分かったわ。また今度ね。

質問4：なぜエミリーは日曜日に公園へ行くのですか？

〔放送台本〕

次に問題Bに入ります。これから放送する英文は，英語の授業で，先生がクラスの生徒に対して話したときのものです。先生の質問に対して，あなたならどのように答えますか。あなたの答えを英文で書きなさい。なお，2文以上になっても構いません。

問題B

When I came to this classroom after school yesterday, I saw many students studying here with their friends for the next week's test. However, some people say that it is better to study without friends when they study for a test. What do you think about this idea? And why do you think so?

〔英文の訳〕

昨日放課後にこの教室に来た時，ここで友だちと来週のテストに向けて勉強をしている多くの生徒たちの姿を目にしました。でも，テストのための勉強をする時は友だちと一緒にではない方がいいという人たちもいます。この考えについてあなたはどう思いますか？　そしてなぜそう思うのですか？

(解答例訳)　私は賛成しません。私は友だちと一緒の方がよく勉強できます，なぜなら分からないことがあったら友だちに聞けるからです。

これで，1番の問題の放送を全て終わります。

<理科解答>

[1]　1　(小球の重さ)　0.5　(仕事の量)　0.1　2　エ　3　9.0[9]　4　小球とレールとの間に働く摩擦力などにより，X点とY点の間で小球がもつエネルギーが失われるため。
5　ア，エ，オ

[2]　1　流水で運ばれながら，岩石の角がけずられるため。　2　エ　3　気体が発生する。
4　イ，エ　5　(1)　A　凝灰岩　B　火山灰　C　広い範囲
(2)　D　イ　E　ア　F　ア

[3]　1　体の特徴　(イ)　生物名　(エ)，(カ)　2　この生物にはうろこがないため。
3　(エ)，(オ)　4　(1)　A　ア　B　エ　C　イ　D　ウ　(2)　X　異なる
Y　同じである　Z　エ　(3)　あたたかくて浅い海であった。

[4]　1　中和　2　A　硫酸バリウム　B　NaCl　3　(名称)　質量保存の法則　X　数
Y　種類　4　(記号)　イ　(理由)　容器内の気体が，空気中に出ていくため。
5　(1)　ア　(2)　一定量の銅に化合する酸素の質量には限界があるため。[銅が，全て酸素と化合したため。]　(3)　0.20[0.2]

<理科解説>

[1]　(運動とエネルギー，仕事)

1　仕事〔J〕＝力の大きさ〔N〕×力の向きに移動した距離〔m〕より，0.5〔N〕×0.2〔m〕＝0.1〔J〕

2　木片がしばらく動いてから止まるのは，木片とレールとの間に摩擦力が働いているためであ

る。木片は水平方向に動いているので，摩擦力は，この木片の動きに対して反対向きに働く。また，小球が木片から離れたあとは，木片の進行方向には力は働いていない。

3　グラフから，質量20.0gの小球を高さ30.0cmから転がすと，木片は12.0cm移動する。木片が12.0cm動くときの質量50.0gの小球の高さを読み取ると，9.0cmの高さから転がせばよいことがわかる。

4　水平な台に達してからの運動中に生じる摩擦などによって，小球が持っていたエネルギーが一部失われている。

5　高さが高くなるほど位置エネルギーが大きくなり，高さが低くなると運動エネルギーが大きくなるが，**全体を通して位置エネルギーと運動エネルギーの和(力学的エネルギー)の大きさは変わらない。**

2 **(地層)**

1　岩石は，水のはたらきによって上流から下流に向かって運搬される間に，角がぶつかるなどしてけずられる。そのため，水の運搬によって運ばれた岩石や土砂の粒は，角がとれて丸みを帯びている。

2　砂岩は，粒の大きさが0.06～2mmのものが集まって押し固められてできている。

3　石灰岩は炭酸カルシウムを多くふくむため，うすい塩酸を加えると，二酸化炭素を発生する。

4　層が堆積している順番と厚さが同じであることから，断層の左右の地層は，もとはひとつながりになっていたことが考えられる。

5　(1)　かぎ層には，短い期間に同じ成分の火山灰を広範囲に堆積させる火山灰の層が用いられることが多い。　(2)　地層は，下に堆積しているものほど年代が古い。また，粒の大きいものほど河口に近い所に，粒の小さいものほど沖合の海底などに堆積する。

3 **(動物の分類，化石)**

1　軟体動物は骨格をもたず，内臓を外とう膜で保護しているだけのつくりとなっている。

2　ノートのまとめの項目のうち，両生類とハチュウ類で異なっているものは，「うろこがない」点である。両生類の体表は湿った皮膚，ハチュウ類の体表はうろこでおおわれている。

3　魚類と両生類は，卵を水中に産むため，卵には殻が見られない。

4　(1)　鳥類に歯は見られず，体表が羽毛でおおわれている。また，前あしは翼になっており，翼につめは見られない。　(2)　ホニュウ類の中でも，前あしは「飛ぶ」「泳ぐ」「ものをつかむ」などさまざまに発達しているが，どの生物においても，その基本的骨格は似通っている。このことから，ホニュウ類は，もとは同じ生物が変化したものであると考えられている。　(3)　サンゴは，温かな浅い海にのみ生息できる生物である。サンゴの化石は**示相化石**として，その地層が堆積したときの当時の環境を推測するために役立つ。

4 **(中和，化学変化と質量)**

1　酸性の硫酸とアルカリ性の水酸化バリウムが反応し，中性の水と塩(硫酸バリウム)ができる。この反応を中和という。

2　実験1では，**硫酸＋水酸化バリウム→硫酸バリウム＋水**の反応が起こる。実験2では，**炭酸水素ナトリウム＋塩酸→塩化ナトリウム＋二酸化炭素＋水**の反応が起こる。

3　化学変化の前後で，原子の組み合わせは変化するが，反応に関わる原子の種類と数は変化しない。このため，**質量保存の法則**が成り立つ。

4　この反応では，気体の二酸化炭素が発生している。容器のふたを開けると容器内に発生した気体が外へ出ていくため，全体の質量は小さくなる。

5　(1)　1.00gの質量が1.18gに増加していることから，1.18−1.00＝0.18〔g〕の酸素が銅に化合したことがわかる。　(2)　物質どうしが反応する質量の割合は決まっているので，加熱による質量の変化がなくなったことから，銅がすべて酸化したことがわかる。　(3)　1.00gの銅を用いると，1.25gの酸化銅が生じることから，結合した酸素の質量は，1.25−1.00＝0.25〔g〕　0.80gの銅に反応する酸素の質量をxgとすると，1.00：0.25＝0.80：x　x＝0.20〔g〕

<社会解答>

[1]　1　シラス台地　　2　(1)　(例)少ない労働力で効率よく生産できる。　(2)　(例)急な斜面に分布している　　3　(1)　ア・ウ　　(2)　(例)ナイロビは，コロンボよりも標高が高いため。　4　(例)商品作物の輸出による収入に頼る経済となっているため。

[2]　1　(1)　ウ　　(2)　(例)唐や新羅が攻めてくる　　2　土一揆　　3　A　(例)株仲間に税を納めさせる　　B　(例)営業を独占する　　4　(例)第15回衆議院議員総選挙で選挙権が与えられる資格には，納税額による制限があったが，第16回では納税額による制限が廃止された。　5　(例)当時は社会保障給付費が増え続けてきており，少子高齢化がさらに進むと推計されていることから，新たな財源が必要となったため。

[3]　1　(1)　a　良心　　b　法律　　(2)　(例)慎重に判断して，間違いをなくすため。
2　イ・ウ・エ　　3　(1)　(記号)　イ　　(内容)　(例)裁判の内容に国民の視点，感覚が反映された　　(2)　(例)裁判員を経験する前は裁判員制度に対する関心が低いが，実際に経験してみたらよかったと感じている人が多いことから，裁判員経験者によかったと感じた経験を話してもらう講演会を開く。

[4]　1　(例)昼間は，通勤や通学のために，市内に入ってくる人よりも，市外へ出ていく人の方が多いため。　2　(1)　飛脚　　(2)　(例)参勤交代において，中山道の宿場で宿泊や飲食などに多くのお金が使われることにより，中山道沿いの人々が大きな利益を得ることができたため。　3　(例)有名な島崎藤村の出身地である中山道の馬籠宿を紹介して観光客を呼び，リニア中央新幹線の開業後は，東京に集まる多くの外国人にも来てもらい，古い町並みを歩いたり，そば打ちの体験をしたりしてもらう。この提案は，観光地で働く人々や特産品を生産する人々の収入を増加させる効果をもたらすと考える。

<社会解説>

[1]　(地理的分野—日本—地形図の見方，日本の国土・地形・気候，農林水産業，地理的分野—世界—地形・気候，交通・貿易)

1　九州南部には桜島や霧島山などの活火山が多い。火山灰土は水もちが悪いため，稲作には不向き。

2　(1)　農業の機械化が進むことにより，耕地面積に対する労働力が少なくて済み，生産性も上がるため，農業の効率化につながる。　(2)　地形図Ⅰに茶畑が分布する地域は，地形図Ⅱ中の茶畑が分布する地域に比べて**等高線の間隔が狭い**ことが読み取れる。

3　(1)　茶は比較的温暖で降水量が多い地域で栽培される。イ…東経135度線が**兵庫県明石市**を通ることから，それより東に位置する静岡は条件に合致しないと判断する。　(2)　ナイロビは標高1600mに位置するため，赤道直下に位置するにもかかわらず温帯気候となっている。

4　商品作物とは，輸出により外貨を得るために栽培される作物のこと。少ない種類の農作物や鉱産資源の輸出に頼る経済を，**モノカルチャー経済**という。

2 (歴史的分野―日本史―時代別―古墳時代から平安時代，鎌倉・室町時代，安土桃山・江戸時代，明治時代から現代，歴史的分野―日本史―テーマ別―政治・法律，経済・社会・技術)

1　(1)　6歳以上の男女に口分田を与えるしくみを**班田収授**という。アは農地改革の内容なので現代，イは地租改正の内容なので近代，エは江戸時代の内容なので近世のようす。　(2)　資料中の663年のできごとは，わが国が唐や新羅の連合軍に大敗した**白村江の戦い**。この後，これらの国々の侵攻があった場合に備えて，大野城や水城を築いた。

2　1428年には，近江国(滋賀)の馬借が中心となって**正長の土一揆**がおこった。

3　**株仲間**とは商工業者の同業者組合のことで，**田沼意次**が結成を奨励し，**水野忠邦**によって解散させられた。田沼が結成を奨励したのは商工業者に税を納めさせるため，水野が解散を命じたのは物価の上昇を抑えるため。

4　1925年に普通選挙法が制定され，それまでの納税額による制限が撤廃され，**満25歳以上の全ての男子**に選挙権が与えられた。

5　わが国の歳出の3割以上を占める**社会保障関係費**は，本来は国民が支払う保険料で賄うものだが，高齢化が進むにつれて働く世代への負担が増加した。これ以上の負担の集中を避けるため，全世代で負担を分担するために**消費税**が導入された。

3 (公民的分野―三権分立・国の政治と仕組み)

1　(1)　裁判官の独立については，日本国憲法第78条にも，裁判官が「公の弾劾」によらなければ罷免されないことが明記されている。　(2)　裁判の判決が確定した後であっても，重大なあやまちが判明したり，新たな証拠が発見された場合などには，裁判をやり直すことがある。これを**再審**という。

2　被疑者・被告人は，有罪が確定するまでは罪を犯していない人として扱われなければならない。これを，**推定無罪の原則**という。ア…現行犯の場合は，令状がなくても逮捕できる。

3　(1)　裁判員裁判を裁判官裁判と比較したとき，執行猶予がつく割合は，表Ⅰより，傷害致死以外の犯罪において，高くなっていることが読み取れる。また，表Ⅱより，実刑のうち最も多い人数の刑期は，殺人未遂，傷害致死，強盗致傷において，長くなっていることが読み取れる。

(2)　グラフⅡ・Ⅲより，裁判員に選ばれる前は消極的な姿勢がみられる割合が高いのに対して，裁判員として裁判に参加した後ではよい経験になったとの回答の割合が高いことが読み取れる。

4 (地理的分野―日本―人口・都市，歴史的分野―日本史―時代別―安土桃山・江戸時代，歴史的分野―日本史―テーマ別―経済・社会・技術)

1　**都心部は昼間人口が多く，郊外は夜間人口が多い**特徴がみられる。岐阜県南東部に位置する中津川市は岐阜市や愛知県にも近く，これらの地域に通勤・通学する人々が多いことが予想される。

2　(1)　「江戸時代」「手紙などを運ぶ」から判断する。　(2)　江戸時代に整備された五街道沿いの都市は，**宿場町**として経済的に発展した。**参勤交代**とは，大名に1年おきに江戸と領国を往復させる制度。

3　条件1の内容として，メモ中の「古い街並みが残る」「島崎藤村の出身地」「特産品」「5か所の道の駅」「リニア新幹線開通予定」があてはまることから，これらの観光資源を生かしたプランを考える。また，条件2について，観光業がさかんになることでもたらされる，地域の経済効果などについて考える。

＜国語解答＞

一　1　①　結局　②　厚　③　縮　2　(例)夢に出てきた顔　3　(例)屋根裏で仮面を作っていた。　4　(例)就職先を考える時も吉の身体のことを心配しているところや，吉を遠くに行かさず下駄屋にさそうという父の言葉に賛成するところから，心配性な面のある母親として描かれていると考えられる。　5　(1)　ウ　(2)　(例)下駄を作る仕事を二十五年間続けてきたことで，下駄作りの技能が身に付いた職人になっている

二　1　①　めぐ　②　ぼっとう　③　きわ　2　(例)いたって地味だが，誰にも「あの画家はいい」といわしめる普遍的な「何か」を持ち合わせている　3　ア　4　エ
5　(例)小さな差異を生み出すことに価値を見いだし，研ぎ澄まされた感覚で，ひたむきに同じものを描き続けている

三　1　ア　2　(例)父母がすっかり衰えてしまったこと。　3　え　4　Ⅰ　イ
Ⅱ　いつまでも若く，健康でいてほしい

四　(例)　私は，「疑問に対する追究」という題名がよいと考える。
　なぜなら，中井さんがこの作文で最も伝えたいことが明確に伝わるからだ。中井さんは発明家になるという夢の実現のために，疑問に対して追究し続けるエジソンのような人になりたいと主張している。つまり，一番伝えたいことの中心となる言葉は「追究」である。だから，中井さんの伝えたいことが端的に表現できているこの題名がよいと考える。

＜国語解説＞

一　**(小説―情景・心情，文脈把握，脱文・脱語補充，漢字の書き取り)**

1　①　途中のさまざまな経緯の末に最終的な結末に至ることを表す。　②　同音異義語に注意する。意味は，層をなして見えること。対義語は「薄い」。　③　「縮」は，いとへん。

2　吉は，習字の時間に三つの顔を書いていた。昨夜，夢に見た顔が気になっていたのである。

3　傍線2の前で「鉛筆と剃刀とを持って屋根裏へ昇っていった」とあるので，**行く場所は屋根裏**である。そして，姉の「まァこんなところに仮面が作えてあるわ」という言葉から，**仮面を作っていた**ことがわかる。

4　根拠は，母の行動を追えばよい。母は「大阪は水が悪い」「あの子は身体が弱い」と，**吉の身体を心配**している。また，父の数々の提案にも賛成しないのは「**遠くにやりたくない**」からだ。こういうところから，**心配性な母親**として描かれている。

5　(1)　吉が作った仮面が上手にできていたことで，父は吉を下駄屋にさせることにした。仮面が吉を下駄屋にしたと考えると，**仮面は吉の運命を定めたもの**なのだ。　(2)　壊れた仮面を見て，立派な仮面ができそうだと思えるほどになったのだから，**吉は下駄屋としての技術が十分に身に付いている**のだ。**ここまでになれたのは本文中にもあるように「二十五年間仮面の下で下駄**

をいじり続けて」いたからにほかならない。従って，解答は下駄作りを二十五年間続けてきたことで，下駄屋としての十分な技量が備わった職人になっている，となる。

二　(説明文―大意・要旨，内容吟味，文脈把握，接続語の問題，脱文・脱語補充，漢字の読み，熟語)

1　①　あることに関連する。　②　他のことを忘れて，そのひとつのことに熱中すること。
③　可能な限度まで達する。

2　(　　)には，「ジョルジュ・モランディ」という画家の説明が入る。「このエピソード」で始まる段落に，「いたって地味な画家である」「誰にも『あの画家はいい』といわしめる普遍的な『何か』を，モランディは持ち合わせている」とあるので，この内容を指定字数でまとめればよい。

3　「公言」は，“公に言う”となり，**上の語が下の語の修飾語になっている熟語**だ。選択肢はそれぞれ，ア「常備」は上の語が下の語の修飾語になっている熟語，イ「読書」は下の語が上の修飾語になっている熟語，ウ「樹木」は似た意味の語を組み合わせた熟語，エ「善悪」は反対の意味の語を組み合わせた熟語。

4　□の前は，同じモティーフが繰り返し作品に登場すると述べている。そして，後には背景も視点も変わらないとある。**変わらないということは“同じ”ということ**で，□の前後は同じ内容を述べている。従って，**並立の接続詞**が適切である。

5　(　Ⅱ　)は，モランディがどのような画家だったかを補えばよい。筆者は，本文でモランディを「同じものばかり描き続けた」のに「不思議と情熱が感じられる」画家だと述べている。その情熱の理由は【資料】にある。**モランディは「あからさまに変わるのではなくて，微妙な差異，小さな変化のうちに積極的な価値を見いだす」画家**だった。そして，その小さな微妙な差異を扱うためには**「感覚を研ぎ澄まし」て，同じものを描き続けた画家**だったのだ。これらを指定字数でまとめる。

三　(古文―大意・要旨，文脈把握，脱文・脱語補充，仮名遣い)

【現代語訳】　そもそも一月七日に，野に出て，七草を摘んで，帝の御飲食物としてお供えすることの由来を尋ねたところ，中国の楚の国の片隅に，大しうという者がいた。彼は親孝行者だった。すでにもう百歳にもなる父と母がいて，腰なども曲がり，眼もかすみ，言っていることも(耳が遠くて)聞こえない。そのように老いたので，大しうはこのすっかり衰えてしまった両親の姿を拝見するたびに，嘆き悲しむことはこの上なかった。

大しうが思うことに，二人の親のお姿を再び若返らせてほしいと思い，一日中，天の神に祈ったことには「私の親のお姿を，再び若返らせてください」と，仏法僧に訴え，「これが叶わないならば，私の姿に入れ替えてください。私の身が老いて朽ち果てようとも，二人の親を若返らせてください」と，近くの「とうこうせん」という山によじ登って，二十一日もの間爪先を爪立てて，心を込めて祈った。そうすると，多くの神仏は，この大しうをあわれにお思いなさり，二十一日間が終わる日の夕暮れ時に，ありがたいことに帝釈天が天から降りなさって，大しうに向かっておっしゃることに，「おまえは，深く親を憐れみ，ひたすら天道へ訴えたことで，その願いを聞き入れなさったので，私がここまでやって来た。さあさあ，おまえの親を若返らせよう」と，薬の作り方を伝授してくださったのはありがたいことである。

1　大しうは，年老いた両親を心配する親孝行である。

2　大しうが嘆き悲しむのは，両親が「朽ちはてたる御姿」になったからだ。ここを訳してまとめる。

3 語中・語尾の「は・ひ・ふ・へ・ほ」は，現代仮名遣いでは「ワ・イ・ウ・エ・オ」にする。

4 (Ⅰ)は，「あたり近きとうこう山……祈りける」という記述をふまえて選択肢を選ぶ。(Ⅱ)には，大しうがどのような思いを持っていたかをふまえて解答すればよい。大しうは，両親に**いつまでも若々しく健康であってほしい**と思っていたのだ。従って，帝に対しても同様の思いで七草を献上すると解釈できる。

四 **(会話・議論・発表―作文)**

作文のポイントは「題名についてのアドバイス」だ。小島さんは会話の中で「中井さんの伝えたいことがもっと明確に伝わるような題名がいい」と述べている。中井さんの伝えたいことは，作文の最後にあるように，**「なぜ」と感じた疑問を追求する姿勢を大切にすること**だ。この中井さんの主張をもとにして題名の案を第一段落に挙げよう。そして，**中井さんの作文の大意を読み取って，そう考えた理由を説明**すればよい。中井さんの作文の内容に沿っていくことを忘れずに書き進めよう。

MEMO

大切なことはメモしておこうネ！

広島県公立高等学校

2019年度

★★★★★★★★★★★★★★★★★★★★★★★

入　試　問　題

●くわしい解説…… 47ページ

＜数学＞

時間　50分　　満点　50点

1　次の(1)～(8)に答えなさい。

(1)　$-7+9-8$ を計算しなさい。

(2)　$8x^2 \div 4x$ を計算しなさい。

(3)　下の連立方程式を解きなさい。

$$\begin{cases} 2x-y=1 \\ -3x+y=2 \end{cases}$$

(4)　$\dfrac{4}{\sqrt{2}}+\sqrt{18}$ を計算しなさい。

(5)　半径$\dfrac{1}{3}$cmの球の表面積は何cm^{2}ですか。ただし，円周率はπとします。

(6)　正五角形の1つの内角の大きさは何度ですか。

(7)　yはxに反比例し，$x=-4$のとき$y=5$です。yをxの式で表しなさい。

(8)　3枚の硬貨を同時に投げるとき，1枚が表で2枚が裏になる確率を求めなさい。

2　次の(1)～(3)に答えなさい。

(1)　下の図のように，円周上に4点A，B，C，Dがあり，$\overset{\frown}{BC}=\overset{\frown}{CD}$です。線分ACと線分BDの交点をEとします。∠ACB=76°，∠AED=80°のとき，∠ABEの大きさは何度ですか。

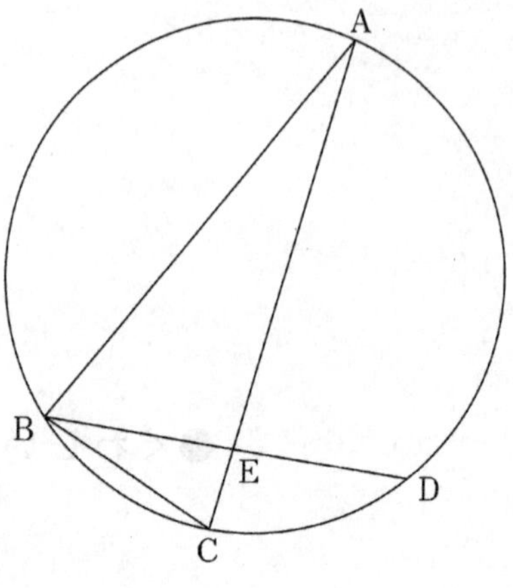

⑵　下の図のように，関数 $y = ax^2$ のグラフ上に２点Ａ，Ｂがあり，関数 $y = -ax^2$ のグラフ上に点Ｃがあります。線分ABは x 軸に平行，線分BCは y 軸に平行です。点Ｂの x 座標が１，AB＋BC＝$\frac{16}{3}$ のとき，a の値を求めなさい。ただし，$a > 0$ とします。

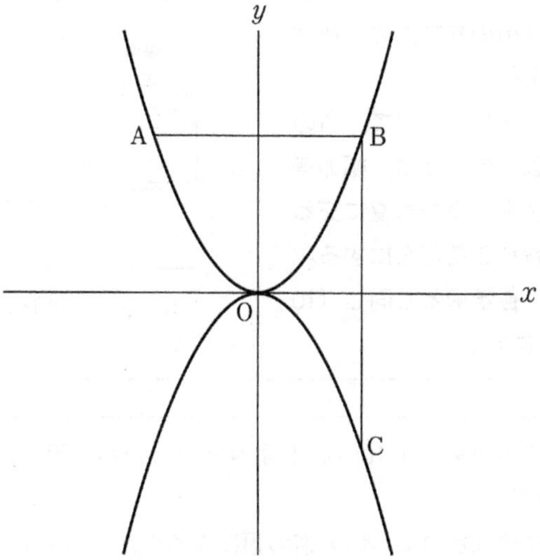

⑶　右の表は，ある中学校のソフトテニス部の10人の部員Ａ～Ｊのうち，欠席したＣさん以外の９人について，握力を測定し，小数第１位を四捨五入した記録を示したものです。後日，Ｃさんの握力を測定し，小数第１位を四捨五入した記録をこの表に加えたところ，10人の記録の中央値は，Ｃさんの記録を加える前の９人の記録の中央値から１kg増加しました。表に加えたＣさんの記録は何kgですか。

部員	記録（kg）
A	31
B	52
C	―
D	29
E	32
F	31
G	35
H	30
I	48
J	36

3　ある中学校で，花いっぱい運動の取組として，生徒玄関の近くの場所に新しく花だんを作ることになりました。美化委員長の小川さんと副委員長の山根さんは，美化委員会で決めたことを次のページのようにまとめ，それを見ながら教室で話をしています。

新しく作る花だんについて

●花だんを作る場所。

・縦が6m，横が9mの長方形の場所①

・縦が6m，横が8mの長方形の場所②

●花だんを作る際の条件

・場所①，②のそれぞれについて，右の〔完成イメージ図〕のように，幅の等しいまっすぐな2本の道を垂直に交わるように作り，残りを花だんにする。

・花だんの面積は，各学級とも同じ（10m²）になるようにする。

〔完成イメージ図〕

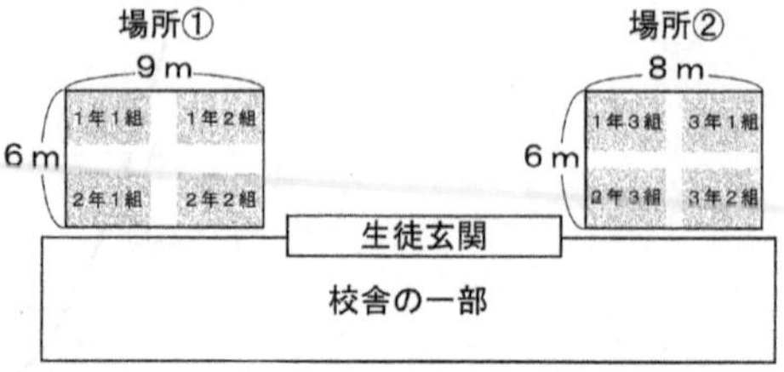

（注） の部分が花だん

小川「花だんの面積を各学級とも10m²にしようと思ったら，場所①と場所②では道の幅が違ってきそうだね。」

山根「そうだね。それぞれどのくらいの道の幅になるのか，考えてみようよ。」

2人は，はじめに場所①の道の幅について考えることにしました。山根さんは，下のような図とその説明をかきました。

【図と説明】

・四角形ABCDは，長方形の場所①で，AB＝6m，AD＝9mである。

・四角形EFGHと四角形IJKLは，2本の道で，それぞれ長方形である。

・線分EFと線分ILの長さは道の幅で，EF＝ILである。

・それぞれの花だんの面積は10m²で，場所①の花だんの面積の合計は40m²である。

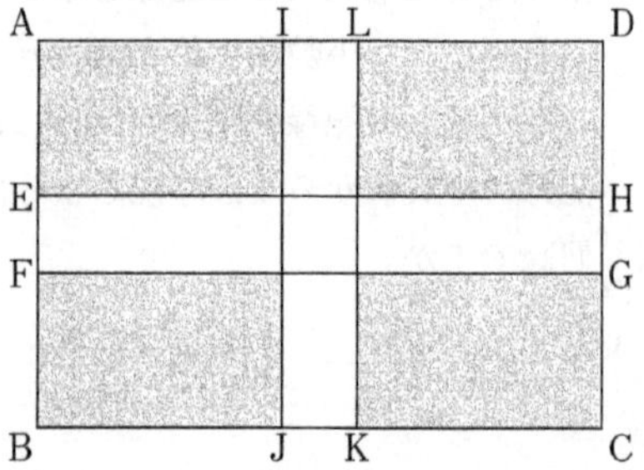

2人は，【図と説明】を参考に，場所①の道の幅が何mになるのかを，方程式をつくって考えることにしました。

山根「場所①の道の幅を x mとしたら，x^2- ア $x+$ イ $=0$ という方程式をつくることができるね。」

小川「そうだね。この方程式を解くと，2つの解が出てくるけれど，場所①の道の幅は6m未満でなければいけないから ウ mになることが分かるね。」

2人は，次に，場所②の道の幅について考えることにしました。小川さんは，場所①の道の幅を求めた考え方と同じようにして場所②の道の幅を求めました。

小川「場所②の道の幅を求めると，（$7-\sqrt{41}$）mになるわ。」
山根「（$7-\sqrt{41}$）mって，実際に測るにはイメージしにくいよね。$\sqrt{41}$は6より大きく，7より小さい数だけど，このことだけでは場所②の道の幅はよく分からないね。」
小川「$\sqrt{41}$を小数で表してみたらいいんじゃないかしら。」

2人は，$\sqrt{41}$を小数で表すとどんな値になるのかを調べていきました。

山根「$\sqrt{41}$の小数第1位は[エ]だね。」
小川「小数第2位も求めると0になったよ。」
山根「だったら，$\sqrt{41}=6.$[エ]として考えてよさそうだね。」
小川「そうだね。この小数で表した値を使うと場所②の道の幅は[オ]mになるわ。」
山根「場所①と場所②では道の幅が意外と違ってくるんだね」
小川「そうね。でも，場所②の道の幅を[オ]mとして花だんの面積の合計を求めると40m^2にかなり近くなったから，この道の幅で花だんを作っていけばよいと思うわ。」

次の⑴・⑵に答えなさい。

⑴　会話文の[ア]～[ウ]に当てはまる数をそれぞれ求めなさい。

⑵　会話文の[エ]・[オ]に当てはまる数をそれぞれ求めなさい。なお，[エ]については，答えを求める過程も分かるように書きなさい。

4　ある学級の数学の授業で，先生から下の【課題】が提示されました。上田さんたちは，この【課題】について各自で考えた後，グループで自分たちの考えたことを話し合いました。

【課題】

△ABCの辺BC上にBD＝2CDとなる点Dをとります。辺ABと線分ADの中点をそれぞれE，Fとします。このとき，四角形EDCFはどんな形になるでしょうか。

この【課題】に対して，上田さんと高橋さんは，自分のノートに下のような図をそれぞれかきました。

上田さんがかいた図

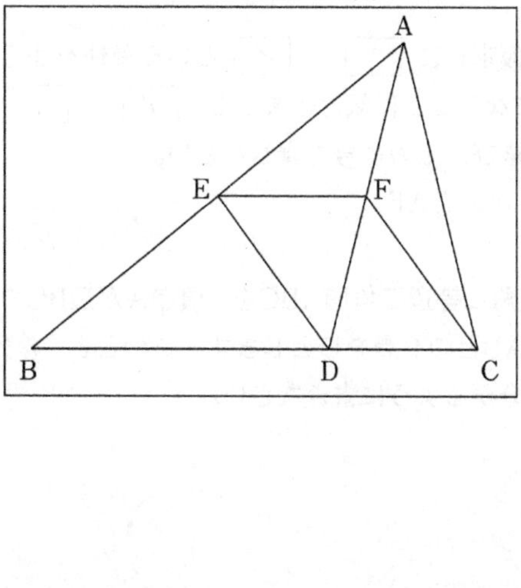

高橋さんがかいた図

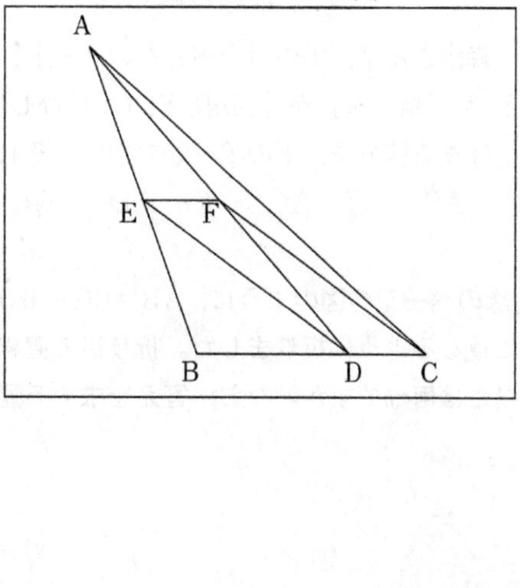

上田さんたちは，自分たちがかいた図から，四角形EDCFはどんな形になるのかを考えることにしました。

> 上田「僕と高橋さんがかいた図を見ると，四角形EDCFはどちらも平行四辺形になっているように見えるね。」
> 高橋「本当だね。中村さんと森山さんのかいた図はどんなふうになったの？」
> 中村「私がかいた図でも，上田さんや高橋さんと同じように四角形EDCFは平行四辺形のようになったわ。」
> 森山「私のかいた図では，四角形EDCFはひし形のようになったわ。」
> 高橋「ひし形は平行四辺形の特別な場合だよね。」
> 上田「そうだったね。みんなの図から，△ABCがどのような三角形でも，四角形EDCFは平行四辺形になると予想できるね。」
> 森山「そうだね。それにしても，どんな条件を加えれば，四角形EDCFがひし形になるのかな。」

次の⑴・⑵に答えなさい。

⑴　上田さんは，自分が予想した「△ABCがどのような三角形でも，四角形EDCFは平行四辺形」が成り立つことを明らかにしたいと考えました。そこで上田さんは，四角形EDCFが平行四辺形になることの証明を，下のようにノートに書きました。

【上田さんのノート】

> 〔仮　定〕 図において，ＢＤ＝２ＣＤ，点Ｅは辺ＡＢの中点，点Ｆは線分ＡＤの中点
> 〔結　論〕 四角形ＥＤＣＦは平行四辺形
> 〔証　明〕
> 点Ｅは辺ＡＢの中点，点Ｆは線分ＡＤの中点だから，
>
> ［　　　　　　　　　　　　　　　　　　　　　　　　　　］

【上田さんのノート】の［　］に〔証　明〕の続きを書き，〔証　明〕を完成させなさい。

⑵　森山さんは，⑴の【上田さんのノート】の〔仮定〕に［ア］＝［イ］という条件を加えることで，〔結　論〕が「四角形EDCFはひし形」になることに気付きました。［ア］・［イ］に当てはまる線分を，下の①～⑤の中からそれぞれ選び，その番号を書きなさい。

①　AB　　②　AC　　③　AD　　④　AE　　⑤　AF

5　次のページの図のように，AB＝BC＝６㎝の直角二等辺三角形ABCを，頂点Aが辺BCの中点Mに重なるように折りました。折り目の直線と辺ABとの交点をDとします。このとき，線分BDの長さは何㎝ですか。なお，答えを求める過程も分かるように書きなさい。

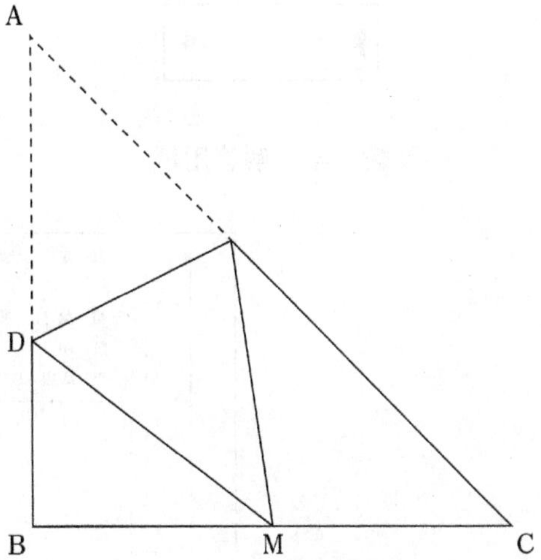

6　下の図のように，関数 $y = ax$…①のグラフと，関数 $y = -\frac{2}{3}x + 4$…②のグラフがあります。関数①，②のグラフの交点をAとします。また，関数②のグラフと y 軸との交点をBとします。ただし，$a > 0$ とします。

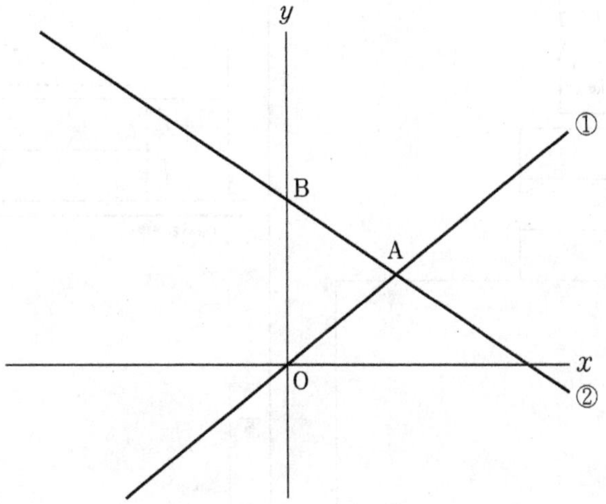

次の(1)・(2)に答えなさい。

(1)　点Bの y 座標を求めなさい。

(2)　線分OA上の点で x 座標と y 座標がともに整数である点が，原点以外に1個となるような a の値のうち，最も小さいものを求めなさい。

受検番号	第	番

数 学 解答用紙

得点	

1	(1)	
	(2)	
	(3)	
	(4)	
	(5)	cm^2
	(6)	度
	(7)	
	(8)	

2	(1)	度
	(2)	
	(3)	kg

3	(1)	ア	
		イ	
		ウ	
	(2)	エ	(求める過程) (答) エ に当てはまる数は
		オ	

4

(1)

〔仮 定〕 図において，BD ＝ 2CD，点Eは辺ABの中点，点Fは線分ADの中点

〔結 論〕 四角形EDCFは平行四辺形

〔証 明〕

点Eは辺ABの中点，点Fは線分ADの中点だから，

(2)	ア	
	イ	

5

(求める過程)

(答) BD ＝ cm

6	(1)	
	(2)	

※この解答用紙は175％に拡大していただきますと，実物大になります。

<英語> 時間 50分 満点 50点

1 放送を聞いて答えなさい。

問題A これから，No. 1 ～No. 4 まで，対話を4つ放送します。それぞれの対話を聞き，そのあとに続く質問の答えとして最も適切なものを，ア～エの中から選んで，その記号を書きなさい。

No. 1

ア
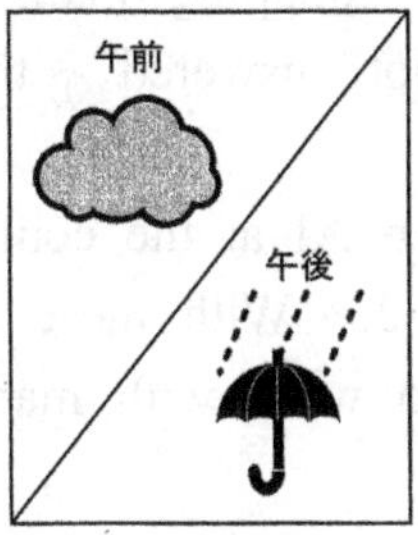

イ
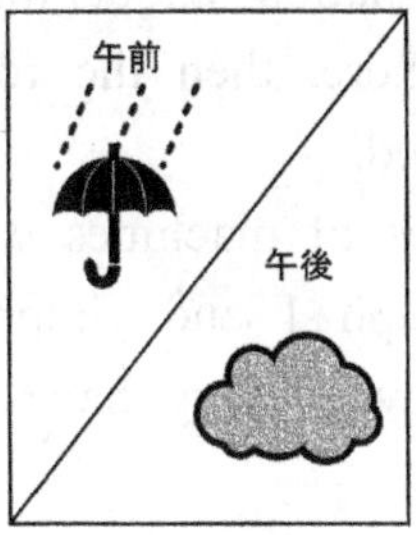

ウ
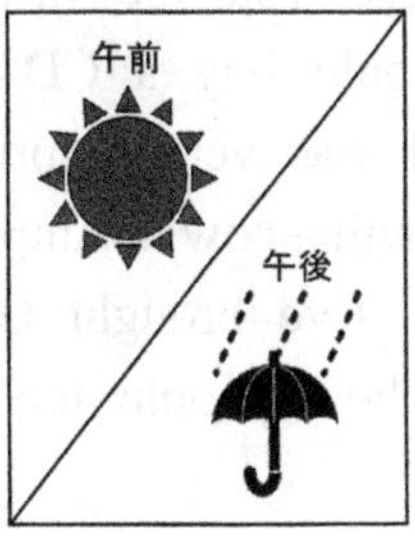

エ
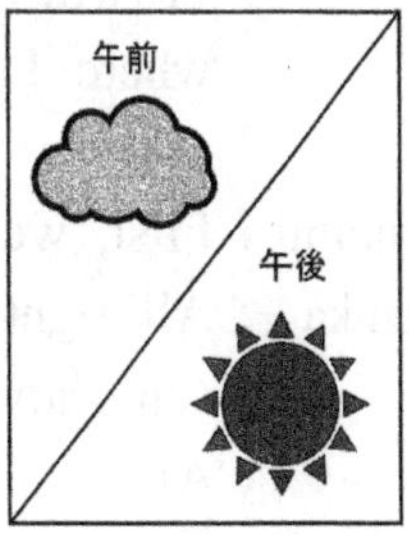

No. 2

ア
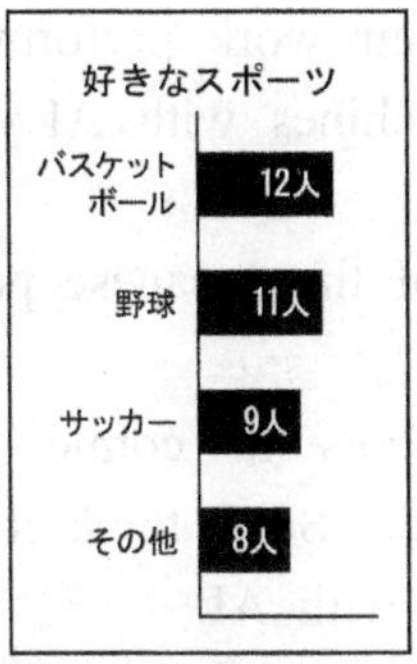

イ
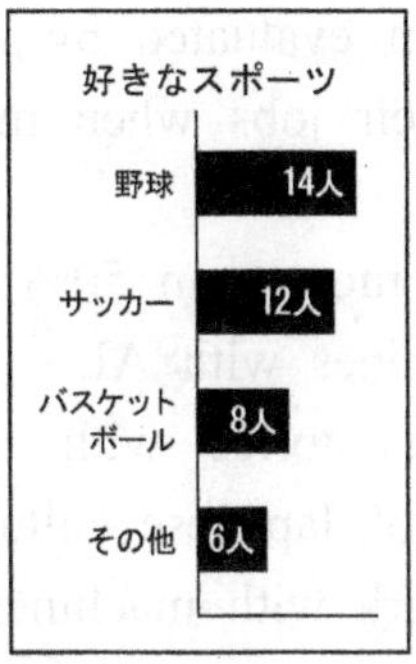

ウ
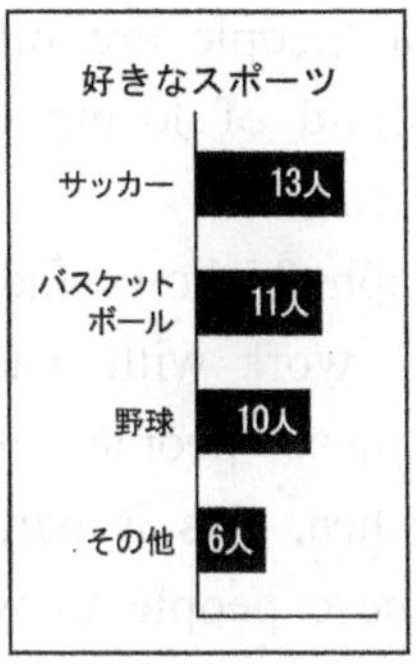

エ
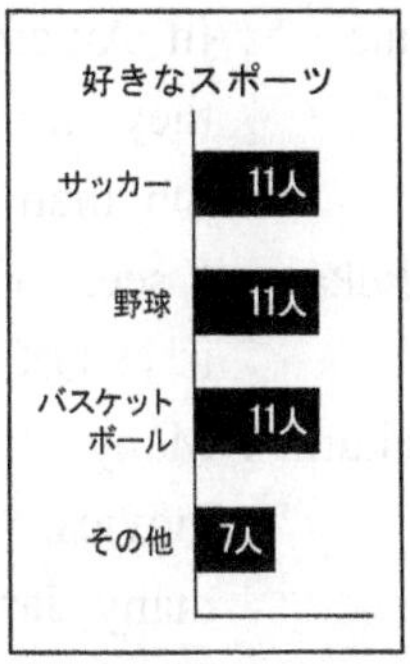

No. 3

ア At 3:00 p.m.
イ At 3:10 p.m.
ウ At 3:20 p.m.
エ At 3:30 p.m.

No. 4

ア Because he enjoyed reading very much.
イ Because the books he wanted were borrowed.
ウ Because there were too many people.
エ Because he was very hungry.

問題B これから放送する英文は，英語の授業で，先生がクラスの生徒に対して話したときのものです。先生の質問に対して，あなたならどのように答えますか。あなたの答えを英文で書きなさい。なお，2文以上になっても構いません。

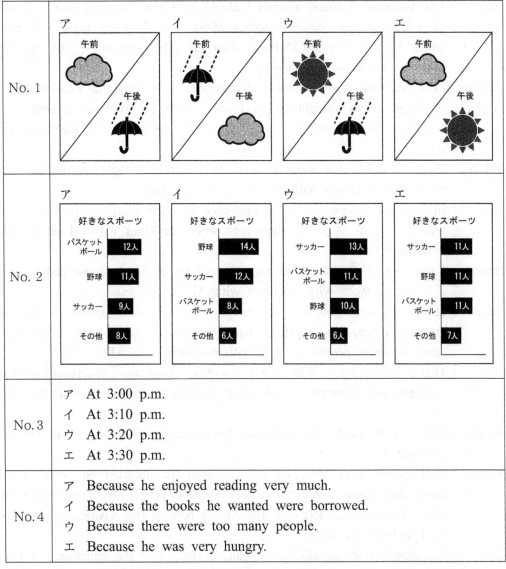

2 拓海，明日香，ジェーンは，「科学技術と人々の生活」をテーマとした，高校生による国際会議の発表者として選ばれました。次の会話は，拓海たちが発表する内容について事前に話し合ったときのものです。また，グラフ1～3は，そのとき拓海たちが用いたものの一部です。これらに関して，あとの1～5に答えなさい。

Takumi : We've already decided to talk about AI in our lives at the international conference. AI is like a brain in a machine, right?

Asuka : Yes. In our lives, we can see many kinds of machines with AI, like smartphones, robot cleaners, and air conditioners.

Jane : Last weekend, I found a robot with AI at a new shopping mall. It said, "I will give you the information about this shopping mall." I asked where I could buy a CD there, then the robot answered ① the question quickly. I was very surprised.

Takumi : First, we will show examples of machines with AI at the conference.

Asuka : All right. I've brought Graph 1 and Graph 2. With these graphs, we can show how people feel when they have to work with machines with AI.

Takumi : Graph 1 shows that about 75% of the American people are not happy to work with machines with AI. Why is that, Jane?

Jane : In America, people are often evaluated by their work performance. So, they are afraid of losing their jobs when machines with AI do a better job than them.

Asuka : I see. Graph 2 shows that more than 50% of the Japanese people think it is OK to work with machines with AI.

Takumi : Many Japanese people like stories with robots in comic books and movies. I hear this is part of Japanese culture. So, I think it is OK for many Japanese people to work with machines with AI.

Jane : That's interesting. Why don't we talk about this difference between Japanese and American people after showing examples of machines with AI?

Asuka : That sounds good. Takumi, you have brought Graph 3. Will you tell us about it?

Takumi : Well, people over 20 years old answered the question on Graph 3. It shows that about [A] % of the Japanese people say there aren't any skills they want to learn to use AI. I believe the Japanese people will need to learn the skills.

Jane : We should find something we can do to [B] the situation. I think Japanese people should be ready to live with machines with AI.

Asuka : You're right. But from Graph 3, we can also see that some of the Japanese people want to understand AI and think about how to use it.

I'm sure a lot of Japanese high school students are interested in AI.

Takumi : I think so, too. Machines with AI are part of our lives. We should think about how to improve our lives by using AI.

Jane : Then, shall we ask questions about living with AI to the students at the conference?

Takumi : OK. Let's talk about ② what questions we will ask at the conference now!

（注） AI 人工知能（artificial intelligence の略） conference 会議 brain 頭脳 machine 機械 smartphone スマートフォン robot cleaner ロボット掃除機 air conditioner エアコン shopping mall ショッピングモール evaluate 評価する performance 成果 skill 技能

グラフ1

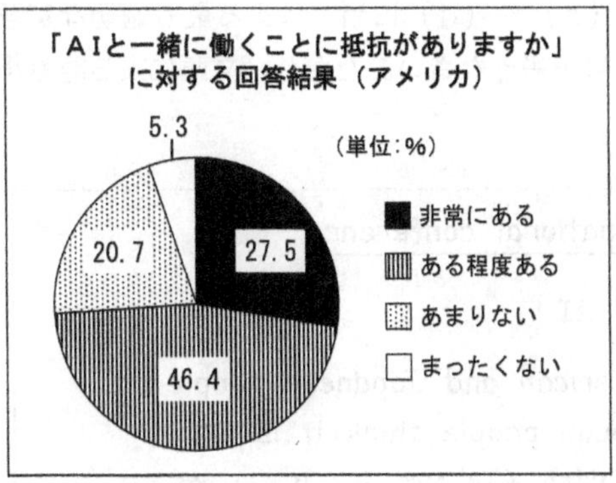

グラフ2

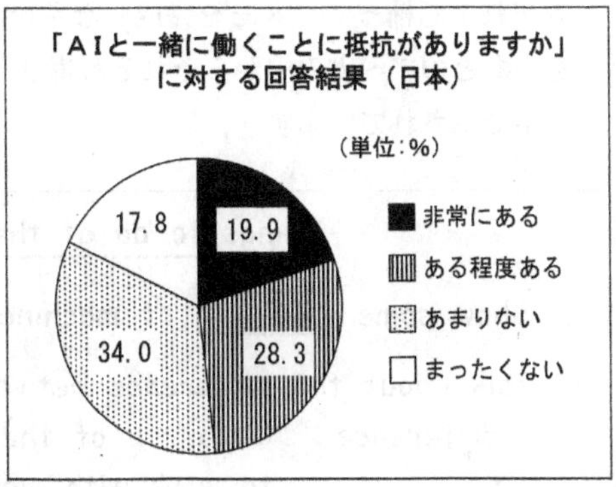

グラフ3

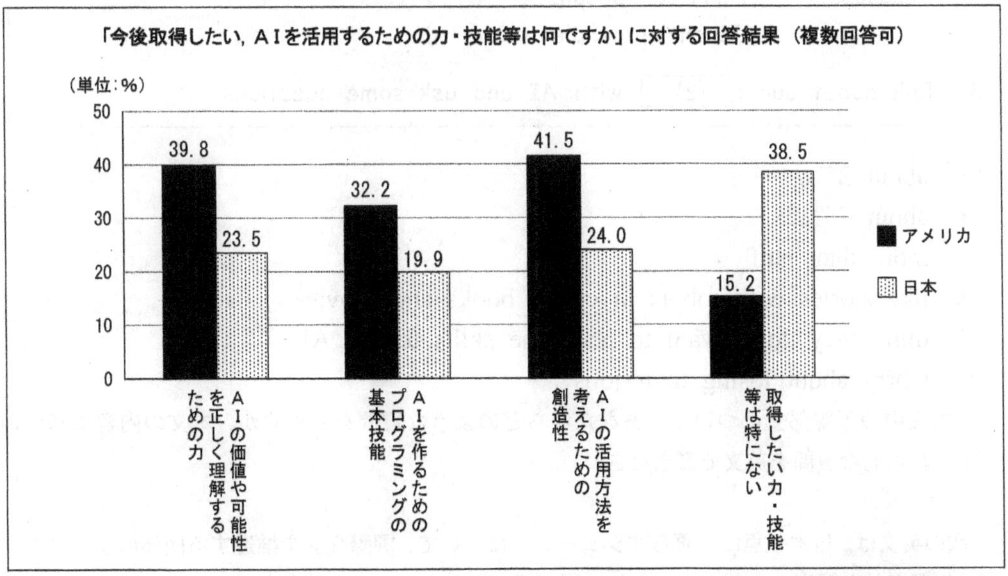

（グラフ1～3　総務省「平成28年度版　情報通信白書」による。）

1 本文中の下線部①について，その内容を表している最も適切な英文を，次のア～エの中から選び，その記号を書きなさい。

ア "How can I go to the shopping mall?"

イ "When will you give me the information?"

ウ "Where can I buy a CD in this shopping mall?"

エ "Why are you surprised?"

2 本文中の A に当てはまる最も適切な数字を，次のア～エの中から選び，その記号を書きなさい。

ア 15 イ 20 ウ 30 エ 40

3 本文中の B に適切な語を１語補って，英文を完成しなさい。

4 次のメモは，本文で示されている話し合いに基づいて，国際会議での発表の流れやそこで話す内容を，ジェーンがまとめたものの一部です。このメモ中の (1) ・ (2) に適切な語をそれぞれ１語補って，メモを完成しなさい。また，（a）～（d）に当てはまる最も適切な英語を，あとのア～カの中からそれぞれ選び，その記号を書きなさい。ただし，文頭に来る語も小文字で示されています。

Things to do at the international conference

1. Show some (1) of machines with AI
2. Talk about the difference between American and Japanese people
   * difference : (a) of the American people think it is OK to work with machines with AI, but (b) of the Japanese people think so.
   * reasons : American people (c).
     Japanese people (d).
3. Talk about our (2) with AI and ask some questions

ア about 25%

イ about 75%

ウ more than half

エ like stories with robots in comic books and movies

オ think they don't want to learn the skills to use AI

カ worry about losing their jobs

5 本文中の下線部②について，あなたならどのような質問をしますか。本文の内容に基づいて，具体的な質問を英文で書きなさい。

3 次の英文は，日本の里山で暮らすジェームズについて，国際交流を推進する団体のウェブページに掲載された記事の一部です。これに関して，あとの１～６に答えなさい。

James Johnson is a Canadian who has lived in Japan for fifteen years. He is married to a Japanese woman named Yuri and now they have two young sons. When James visited Yuri's parents in Japan for the first time, he fell in love with the town. James and Yuri thought they should bring up their children in this beautiful town, so they decided to live there.

James and Yuri's dream was to run a cafe in an old Japanese traditional house. They found a nice house in the town. James told Yuri, "I think this will be a good place for our cafe. I hope everyone will have a wonderful time here." Then they bought the house and opened their cafe. 【 あ 】

Soon, many people in the town began to come to the cafe. James and Yuri always enjoyed talking with the people at their cafe. One day, James and his friends were talking about their town. His friends said, "Many people are leaving our town because they think it is better to live in the city. This is a big problem for our town." When James heard that, he was sad. "We have a lot of good things in this town, but many people don't know that." James said to his friends. James asked Yuri, "What can we do to solve this problem in our town?"

① James and Yuri (know wanted people many to) the great things in their town, so they tried to make a website about the town. James collected information about popular places in the town and made a map for the website. He also joined many traditional events in the town and met a lot of people there. He learned the histories and traditions about the events. James and Yuri wrote about them in English and Japanese, and they put the stories on the website. 【 い 】

A few months later, people from other towns and countries began to come to the town because they saw James and Yuri's website. James's friends were excited because people from other places were interested in the town. They thanked James and Yuri a lot. They said to James, "Is there anything we can do to help you?" James told them, "I want to make some tour programs. Will you be the tour guides for the programs?"

James, his friends, and some of the people in the town became the tour guides and made ② some interesting tour programs. Many people from other places in Japan and from other countries around the world visited the town and had a great time during the tour programs. For example, they could visit the popular places on James's map, join a town festival, or harvest rice with people in the town. After the tours, the visitors went to James and Yuri's cafe. They talked about the great charm of the town. People in the town were very glad to hear that. 【 う 】

James said, “Now people in the town know there are many beautiful things here. They are proud of their town, and they want to tell visitors about it.” Yuri said, “Sometimes, our sons help us with the tour programs. We hope more young people will understand the charm of our town and live here in the future.” 【 え 】

（注） Canadian カナダ人　be married to ～ ～と結婚している　for the first time 初めて
fell in love with ～ ～が大好きになった　bring up ～ ～を育てる　run 経営する
cafe カフェ　solve 解決する　tradition 伝統　tour program 観光プログラム
harvest 収穫する　visitor 訪問者　charm 魅力　be proud of ～ ～を誇りに思う

1 次の⑴・⑵に対する答えを，英文で書きなさい。

⑴ How long has James lived in Japan?

⑵ What did James and Yuri enjoy at their cafe?

2 本文中の下線部①が意味の通る英語になるように，(　) 内の語を並べかえて，英語を完成しなさい。

3 本文中の下線部②について，その具体的な内容を表している適切な英文を，次のア～エの中から全て選び，その記号を書きなさい。

ア The visitors could become the guides in the tour programs with people in the town.

イ The visitors could make a map about some popular places in the town.

ウ The visitors could go to a festival and enjoy it with people in the town.

エ The visitors could harvest rice with people in the town.

4 次の英文は，本文中から抜き出したものです。この英文を入れる最も適切なところを本文中の【あ】～【え】の中から選び，その記号を書きなさい。

So people all over the world could read them.

5 次のア～エの中で，本文の内容に合っているものを１つ選び，その記号を書きなさい。

ア People in the town built a Japanese traditional house for James and Yuri.

イ James's friends asked James to be a guide for the tour programs.

ウ People in Japan and people from other countries enjoyed the tour programs.

エ James and Yuri's sons sometimes help them with making their website.

6 次の対話は，英語の授業で，生徒がペアになって本文の内容について話したときのものです。優太からの質問に対して，あなたが菜月ならどのように答えますか。この対話中の ⑴ ・ ⑵ に，あなたの答えをそれぞれ英文で書いて，対話を完成しなさい。なお，それぞれ２文以上になっても構いません。

Yuta : James has done several things to try to solve the problem of the town. What should he do next to try to solve it? Please tell me your own ideas.
Natsuki : ⑴
Yuta : I see. Why do you think so?
Natsuki : ⑵

4 中学生の香織の家に，香織の学校を訪れることになっているケイティがホームステイをすることになっています。来日後すぐに実施される職場体験に，ケイティも参加する予定です。香織は，担任の先生から，ケイティに職場を１つ推薦するように頼まれました。次の電子メール①はケイティから香織に送られたものです。また，あとの資料は，先生から渡された参加できる職場のリストです。香織は，資料の中から職場を１つ選び，あとの電子メール②によってケイティに返信しようとしています。あなたが香織なら，どのような返事を書きますか。電子メール①と資料に基づいて，電子メール②中の □ に，推薦する職場とその理由について25語程度の英文を書いて，電子メール②を完成しなさい。なお，２文以上になっても構いません。

電子メール①

件名：About the things I do in my free time

Hi, Kaori.

Thank you for your message.
I am glad to know that you will recommend a place for my internship.
I will write about the things I do in my free time, and I hope this information will be useful.

I have a little brother, and I play with him when I am free. He enjoys it so much.
I have two dogs. I walk them every morning and brush their hair every evening.
I cook dinner for my family on weekends, and they really like it.
I read more than three books every month and talk about the stories with my friends.

I am waiting for your e-mail!

Katy

（注） recommend　推薦する　　internship　職場体験　　brush　ブラシをかける

資料

Bookstore	Japanese restaurant

Nursery school	Zoo

（注） nursery school 保育所

電子メール②

件名：Internship
Hello, Katy. I recommend this place for your internship. I think you will have a good experience there. What do you think? Ask me if you have any questions. Kaori

受検番号	第　　番

英　語　解答用紙

得点	

1	問題A	No.1	
		No.2	
		No.3	
		No.4	
	問題B		

2	1					
	2					
	3					
	4	(1)				
		a	b	c	d	
		(2)				
	5					

3	1	(1)	
		(2)	
	2	James and Yuri (　　　　) the great things in their town	
	3		
	4		
	5		
	6	(1)	
		(2)	

4	

※この解答用紙は181％に拡大していただきますと，実物大になります。

＜理科＞　時間　50分　　満点　50点

1　ある学級の理科の授業で，美咲さんたちは，液体どうしの混合物を加熱して取り出した液体を調べる実験をして，それぞれでノートにまとめました。次に示した【ノート】は，美咲さんのノートの一部です。あとの１～５に答えなさい。

【ノート】

〔方法〕

Ⅰ　右の図のように装置を組み立て，水20cm^{3}とエタノール５cm^{3}の混合物を加熱し，出てきた液体を順に３本の試験管Ａ～Ｃに約３cm^{3}ずつ集めたら①加熱をやめる。１本集めるごとに②出てくる気体の温度を測定する。

Ⅱ　３本の試験管にたまった液体のにおいをそれぞれ調べる。また，３本の試験管にたまった液体にそれぞれ浸したろ紙を蒸発皿に置き，そこにマッチの火を近付けたときの様子を調べる。

《装置》

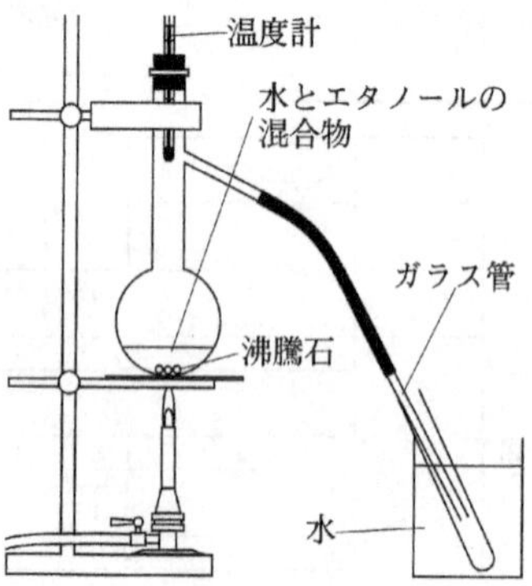

〔結果〕

試験管	Ａ　１本目	Ｂ　２本目	Ｃ　３本目
温度〔℃〕	85.3	89.5	93.0
におい	エタノールのにおいがした	少しエタノールのにおいがした	においはしなかった
火を近付けたときの様子	よく燃えた	燃えるがすぐ消えた	燃えなかった

〔考察〕

〔結果〕から，３本の試験管にたまった液体を比べると，１本目の③試験管Ａはエタノールを最も多く含んでいるが，２本目の試験管Ｂ，３本目の試験管Ｃの順に，次第に水を多く含むようになることが分かる。

1　この実験のように，液体を加熱して沸騰させ，出てくる気体を冷やして再び液体として取り出す方法を何といいますか。その名称を書きなさい。

2　下線部①について，加熱をやめるときには，《装置》のガラス管が，試験管にたまった液体の中に入っていないことを確認する必要があります。これは，ある現象が起こることを防ぐためです。それはどのような現象ですか。簡潔に書きなさい。

3　下線部②について，このとき出てくる気体は，枝つきフラスコの中の液体が状態変化したものです。物質が液体から気体に状態変化するときの，物質をつくる粒子の様子はどのように変化しますか。次のページのア～エの中から最も適切なものを選び，その記号を書きなさい。

ア　粒子の数が増える。　　　　イ　粒子の大きさが大きくなる。

ウ　粒子どうしの間隔が広がる。　エ　粒子の種類が変わる。

4　下線部③について，次の⑴・⑵に答えなさい。

⑴　試験管Aにたまった液体に，エタノールが最も多く含まれるのはなぜですか。その理由を，「沸点」という語を用いて，簡潔に書きなさい。

⑵　美咲さんたちは，試験管Aにたまった液体には，どのくらいエタノールが含まれているのだろうかという疑問をもちました。次のグラフは，疑問を解決するために美咲さんたちが見付けた，水とエタノールの混合物に含まれるエタノールの質量パーセント濃度と20℃における密度の関係を示したものです。また，下の表は，学級の全ての班の試験管Aにたまった液体の残りを集めて，20℃にして体積と質量をはかった結果を示したものです。試験管Aにたまった液体に含まれるエタノールの質量パーセント濃度は何%ですか。

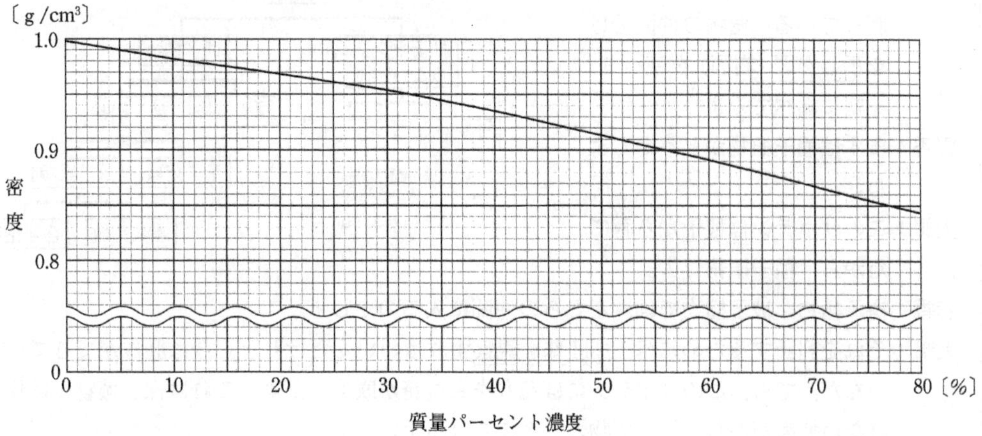

〔液体の体積と質量〕

体積〔cm³〕	質量〔g〕
18.0	15.3

5　エタノールに含まれている原子の種類を調べるために，エタノールを燃焼させて，生じる物質を調べる実験をしました。次に示したものは，その方法と結果です。〔結果〕から，エタノールに含まれていると判断できる原子の種類は何ですか。その原子の記号を全て書きなさい。

〔方法〕

Ⅰ　エタノールを燃焼さじにとり，火をつけ，集気びんに入れる。火が消えたら燃焼さじを集気びんから取り出す。

Ⅱ　集気びんの内側に付いた液体を，塩化コバルト紙につける。

Ⅲ　集気びんに石灰水を入れ，ふたをしてよく振る。

〔結果〕

・塩化コバルト紙が青色から赤色に変化した。

・石灰水が白くにごった。

2　彩香さんが，自宅で植物を育てたいと思っていることを大輝さんに伝えたところ，大輝さんがいろいろな種類の植物を持ってきてくれました。次に示した【会話Ⅰ】・【会話Ⅱ】は，このときの会話の一部です。あとの1～6に答えなさい。

【会話Ⅰ】

大輝：僕が家で育てたホウセンカの苗，ツユクサの苗，サボテンを持ってきたよ。

彩香：ありがとう。でも，サボテンは分かるけれど，他の2つは見分けられないわ。

大輝：ホウセンカは双子葉類，ツユクサは単子葉類なんだ。葉を見てごらん。ツユクサの葉は，葉脈が［　X　］ことから，ホウセンカと区別できるよ。

彩香：植物って葉脈の様子で仲間分けできるのね。あれ？　サボテンには葉がないわ。どうやって仲間分けするのかしら。

大輝：そうだね。理科の教科書に載っている①植物の仲間分けを示した図（右図）を使って，一緒に調べてみよう。

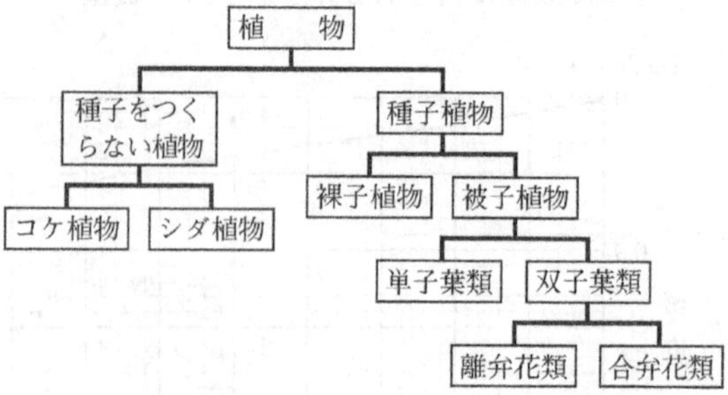

彩香：まずは種子植物かどうかだよね。

大輝：このサボテンは種子から育てたから，種子植物だよ。

彩香：裸子植物，被子植物では，どちらの仲間に入るのかしら。

大輝：それを判断するためには，②胚珠を観察すればいいんだけれど，今は胚珠ができていないんだ。でも，このサボテンには花弁をもつ花が咲くんだよ。これは裸子植物には見られない特徴だから，被子植物だと考えられるよ。

彩香：そうなんだ。じゃあ次に，単子葉類，双子葉類のどちらの仲間に入るかを考えましょう。子葉の枚数を観察したいところだけれど，そのためには③種子発芽させないといけないから，すぐにはできないわね。他の方法はないかしら。

大輝：じゃあ，根の様子を調べてみよう。

《大輝，サボテンを掘り起こす。》

大輝：ひげ根のように見えるね（写真1）。

彩香：もしこれがひげ根だとしたら，［　a　］の仲間に入ると考えられるわね。でも，太い根があるようにも見えるし，ひげ根かどうか分からないな。

大輝：じゃあ，維管束がどのように並んでいるのかを調べてみよう。

写真1

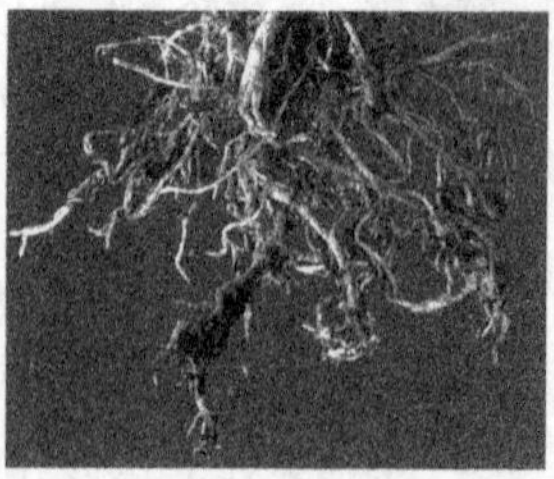

大輝さんたちは，サボテンを色水につけてしばらく置いたあと，サボテンの維管束の並び方を観察し，サボテンの仲間分けについて話し合いました。

【会話Ⅱ】

大輝：色水で染めた茎の横断面の中心部が観察できるようにしたよ（写真２）。
彩香：色水で染まっている部分が維管束よね。
大輝：この維管束の並び方から，サボテンは［b］の仲間に入ることが分かるね。

写真２

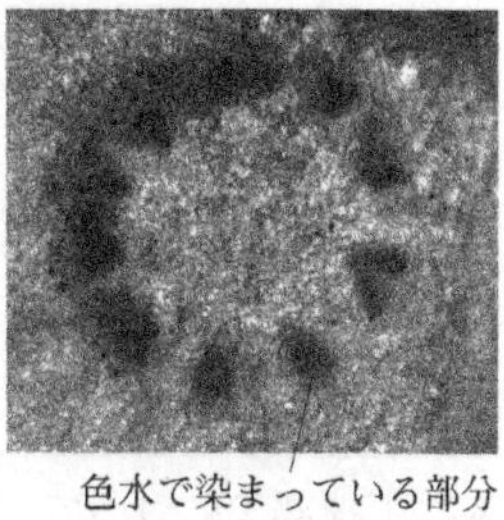

1　下線部①について，図中の植物のうち，シダ植物の特徴を述べているものを，次のア～エの中から全て選び，その記号を書きなさい。
ア　胞子で殖える。　　イ　葉，茎，根の区別がある。
ウ　維管束がある。　　エ　花粉をつくる。

2　下線部②について，裸子植物の胚珠を観察したときに見られる，被子植物の胚珠との違いを，「子房」の語を用いて，簡潔に書きなさい。

3　下線部③について，右の図は，マツの種子を観察した結果をスケッチに表したものです。このスケッチは，適切ではないスケッチの仕方で輪郭の線がかかれています。輪郭の線のどのようなところが適切ではないですか。簡潔に書きなさい。

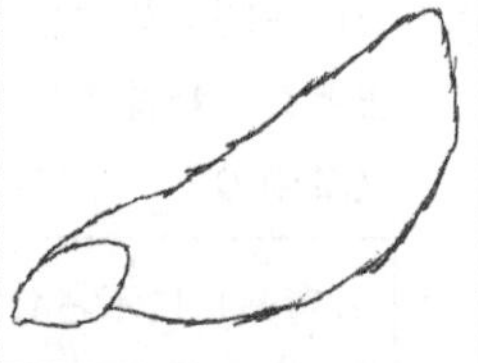

4　【会話Ⅰ】中の［X］に当てはまる内容を簡潔に書きなさい。また，【会話Ⅰ】中の［a］と【会話Ⅱ】中の［b］に当てはまる語として適切なものを，次のア・イからそれぞれ選び，その記号を書きなさい。
ア　単子葉類　　イ　双子葉類

彩香さんは，葉がないサボテンには気孔がないのではないかと考え調べたところ，サボテンの気孔は茎にあることが分かりました。また，サボテンの気孔は，昼間は閉じており，夜間に開くという特徴をもつことが分かりました。彩香さんは，これらのことから新たな課題を見いだし，それを確かめる実験をしてノートにまとめ，大輝さんに見せました。次に示した【ノート】は，このノートの一部です。

【ノート】

〔課題〕

夜間に④気孔を開くサボテンは，夜間に蒸散を行っているのだろうか。

〔方法〕

右の写真のように，密閉した透明な容器の中に，鉢植えのサボテンと，温度計と湿度計が一体となった機器を置いたものを，日没後，屋外に置き，1時間ごとに，容器の中の温度と湿度を記録する。

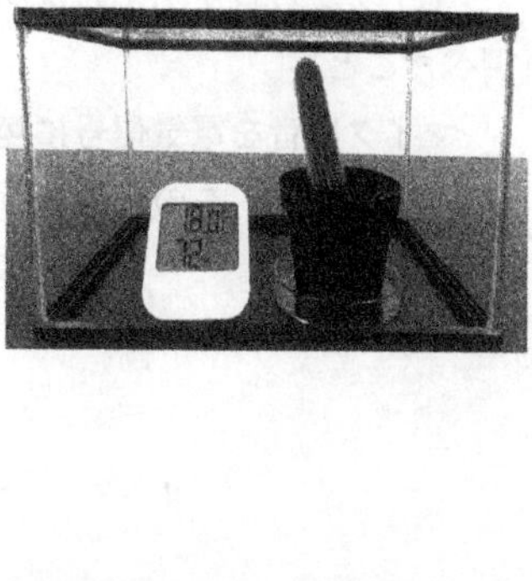

〔結果〕

時間〔時間〕	0	1	2	3	4
温度〔℃〕	18.0	17.0	16.3	15.6	15.1
湿度〔%〕	72	78	83	86	88

〔考察〕

〔結果〕で，容器の中の湿度が上がっていることから，サボテンは夜間に蒸散を行っていることが分かった。

5　下線部④について，蒸散における水蒸気の放出は，主に気孔を通して起こります。右の図は，サボテンの茎の表皮を顕微鏡で観察したときの様子を模式的に示したものです。右の図で，蒸散における水蒸気の主な出口はどの部分ですか。図中のその部分を黒く塗りつぶしなさい。

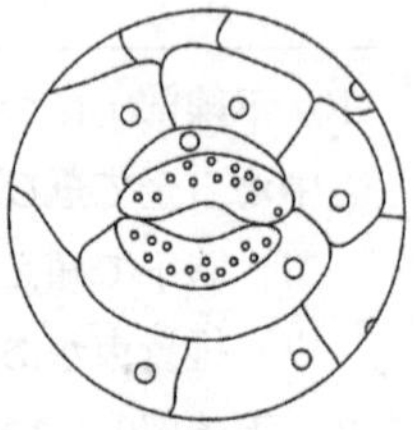

6　【ノート】を見た大輝さんは，この〔方法〕で行った実験では，〔考察〕に示された「サボテンは夜間に蒸散を行っている」ことは判断できないと考えました。そして，そう考えた理由をまとめ，彩香さんに伝えました。次に示した文章は，そのとき大輝さんがまとめたものです。文章中の□に当てはまる内容を，〔結果〕と関連付けて，簡潔に書きなさい。

〔考察〕に示されたことが判断できない理由

・土など，サボテン以外からも水蒸気が出ている可能性があるため。

・サボテンが蒸散を行わず，容器の中の空気に含まれる水蒸気量が変化しなかったとしても，□と考えられるため。

3　翔太さんたちは，マイク，スピーカー，ビデオカメラをつないだノートパソコンを使って，他県の中学校の生徒と，インターネットを介した会議を行いました。翔太さんたちは，会議のはじめ，マイクを間違えてノートパソコンのスピーカーを接続する端子につないでいたにもかかわらず，マイクから相手の生徒の声がかすかに聞こえることに気付きました。マイクを正しくつなぎ直して会議を終えたあとで，なぜマイクから音が出たのか疑問に思い，マイクについて調べたり予想したりしたことをレポートにまとめました。次に示した【レポート】は，このレポートの一部です。あとの1・2に答えなさい。

【レポート】

〔疑問〕

マイクから音が出たのはなぜだろうか。

〔調べたこと〕

マイクは音を電気信号に変える装置であり，その構造を模式的に示すと，右の図のようになる。

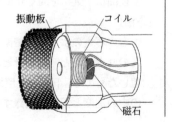

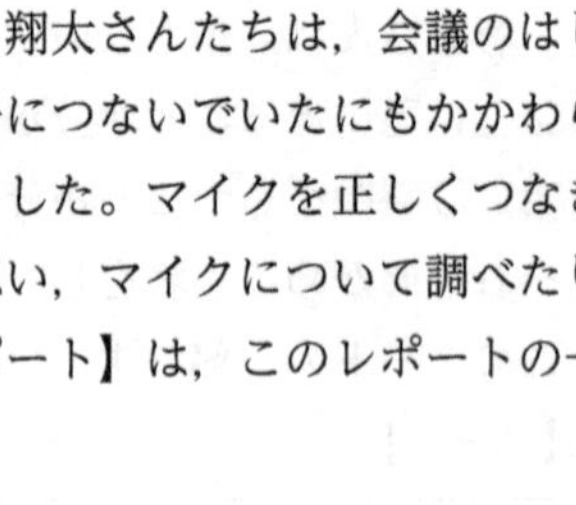

〔予想〕

マイクには，磁石，コイル，振動板が内蔵されており，コイルと振動板はつながっていることから，マイクが音を電気信号に変える仕組みは，次のように考えられる。

空気の振動が振動板を振動させることで，それとつながっているコイルが振動し，①コイルが磁石に近付いたり磁石から遠ざかったりして，電流が発生するのだろう。

マイクから音が出たのは，②コイルが振動したことで，それとつながっている振動板が振動したからだろう。コイルが振動したのは，磁石の近くにあるコイルに電流が流れたからだろう。

1　下線部①について，翔太さんたちは，次の図１に示した装置を用いて，電流が発生するかどうかを調べる実験をしました。表は，この実験の結果を示したものです。あとの⑴～⑶に答えなさい。

図１

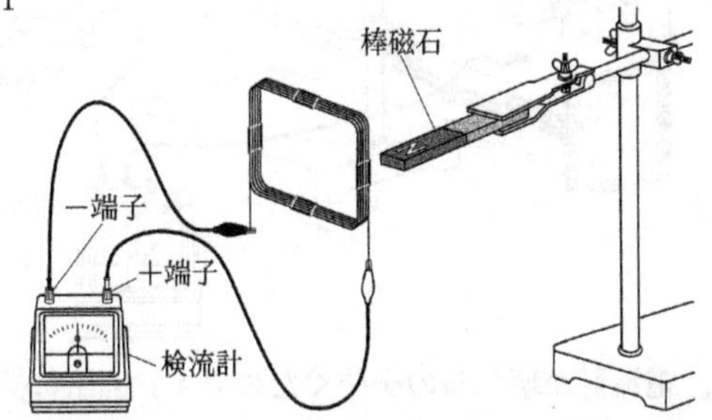

〔結果〕

	検流計の指針
コイルを棒磁石のＮ極に近付ける	右側に振れる
コイルを棒磁石のＮ極に近付けたまま動かさない	振れない
コイルを棒磁石のＮ極から遠ざける	左側に振れる

⑴　〔結果〕から，コイルを棒磁石のＮ極に近付けたまま動かさないときには電流が発生しないことが分かります。コイルを棒磁石のＮ極に近付けたまま動かさないときには電流が発生しないのはなぜですか。その理由を，「磁界」という語を用いて，簡潔に書きなさい。

⑵　翔太さんたちは，図１の実験器具を用いて，次のア～エに示した操作をしました。検流計の指針が右側に振れるものを，ア～エの中から全て選び，その記号を書きなさい。ただし，コイルと検流計は図１と同じでつなぎ変えておらず，コイルや棒磁石はそれぞれの図の位置から矢印の向きに動かすものとします。

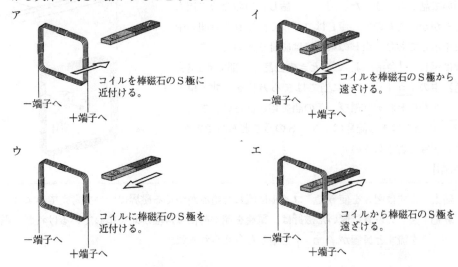

ア

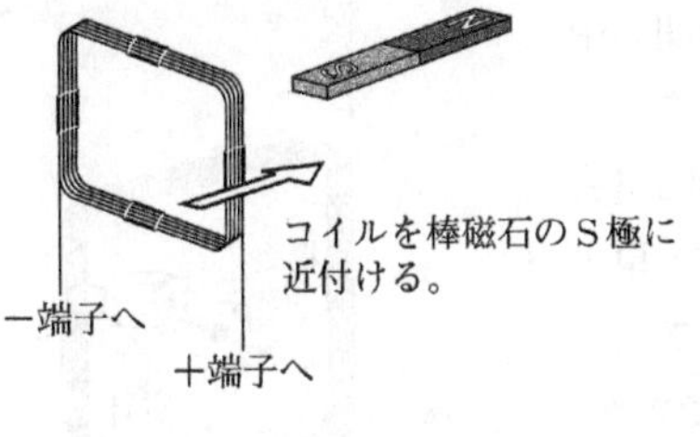

イ

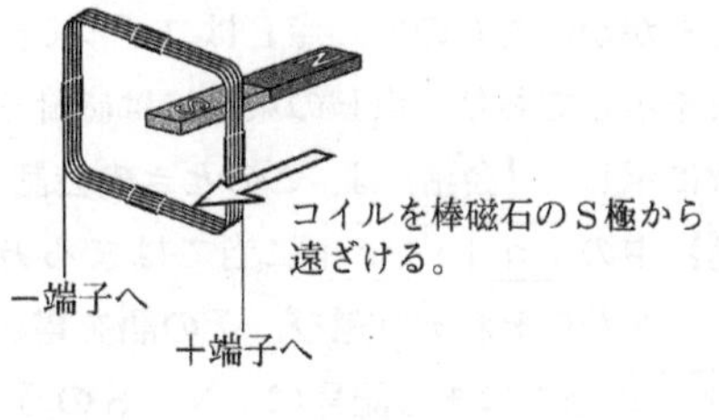

ウ

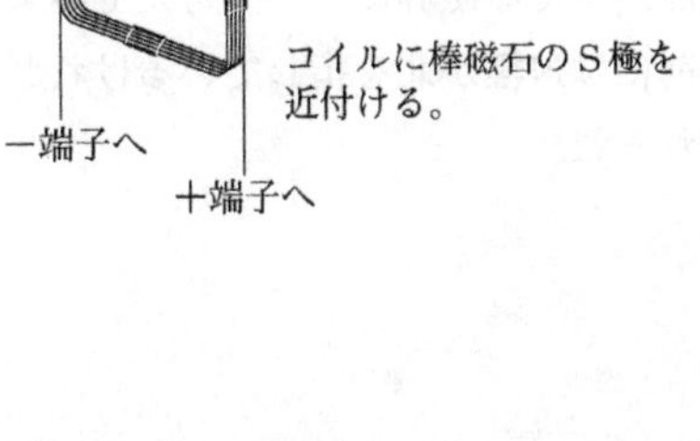

エ

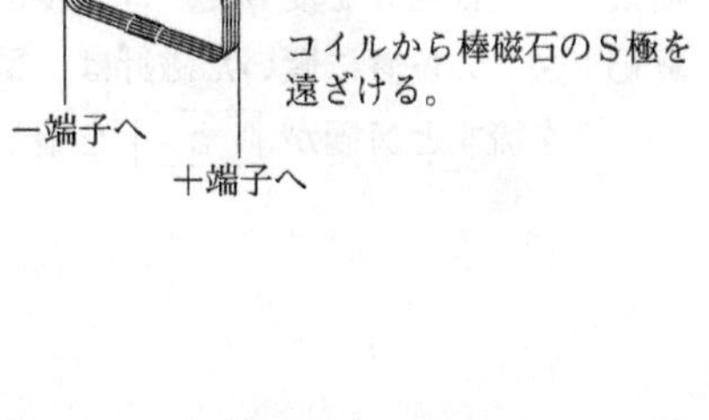

(3)　翔太さんたちは，コイルを棒磁石に近付けたり棒磁石から遠ざけたりしたときに発生する電流を大きくする方法を調べて，次のようにまとめました。□ に当てはまる内容を書きなさい。

> ・コイルの巻き数を多くする。
> ・磁力が強い棒磁石を使う。
> ・□。

2　下線部②について，翔太さんたちは，コイルが振動するのは，コイルの動く向きが変化するからだと考えました。そこで，コイルの動く向きを変えるには，コイルに流す電流の向きを変えればよいと考え，右の図2に示した装置を用いて，コイルに流す電流の向きとコイルの動く向きの関係を調べる実験をすることにしました。あとの(1)～(3)に答えなさい。

図2

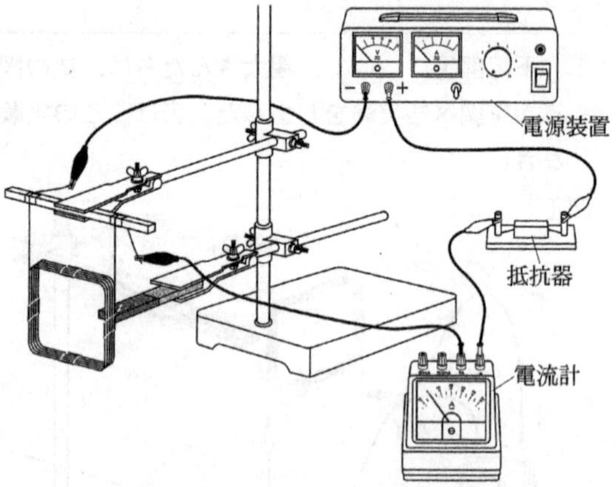

(1)　図2で，回路に抵抗器を入れているのは，電流計が壊れるのを防ぐためです。回路に抵抗器を入れると，電流計が壊れるのを防ぐことができるのはなぜですか。その理由を簡潔に書きなさい。

(2)　次の文は，電流について説明したものです。文中の X に当てはまる記号は，＋・－のうちどちらですか。その記号を書きなさい。また，Y に当てはまる語を書きなさい。

　回路を流れる電流の正体は，X の電気をもった Y の流れである。

(3)　翔太さんたちは，図2に示した装置を用いて実験を行う前に，どのような実験結果になるのかを，右の図3を用いて話し合いました。図3は，話し合いのために翔太さんがかいたもので，点Pはコイルで囲まれた空間の中央を示しており，点Pの東側には磁針を置いています。次に示した【会話】は，このときの会話の一部です。【会話】中の a ・ c に当てはまる方位を，北・東・南・西からそれぞれ選び，その語を書きなさい。また，b に当てはまる記号は，N・Sのうちどちらですか。その記号を書きなさい。

図3

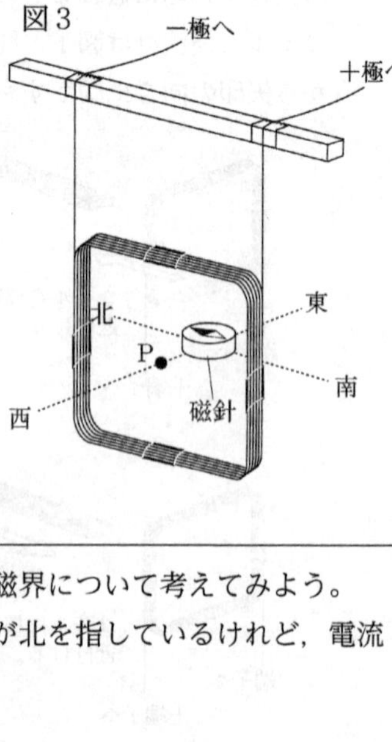

【会話】

> 翔太：まずは図3を使って，コイルに流した電流がつくる磁界について考えてみよう。
> 真紀：図3の位置に置いた磁針は，電流を流す前にはN極が北を指しているけれど，電流を流すとN極が a を指すと考えられるね。

拓也：そうすると，点Pより東側には磁石の [b] 極と同じような磁界ができているから，コイルの東側には，磁石の [b] 極があるのと同じだと考えられるね。

翔太：そうだね。そして，図３の東側に棒磁石のN極を，図２のように置いたとすると，コイルは [c] 側に動くと考えられるよ。

真紀：それが正しければ，電流の向きを反対にすると，コイルも反対に動くと考えられるね。

拓也：そうだとすると，電流の向きを小刻みに変えながらマイクに電流を流せば，コイルと，コイルにつながっている振動板が振動して，マイクから音が出るんじゃないかな。

4　海斗さんと優花さんは，ある日の午後８時頃，広島県のある中学校で行われていた星空の観察会に参加しました。次に示した【会話】は，このとき校庭にいた先生との会話の一部です。図１は，そのとき肉眼で見た惑星を模式的に示したものです。あとの１～５に答えなさい。

【会話】

海斗：南東の山際近くに，赤っぽくて明るい星が輝いていますね。

先生：それは火星です。火星ほど明るくはありませんが，その右上に土星も見えています。これらの星の共通点が分かりますか？

優花：太陽系の惑星です。

海斗：惑星という名は，①星座をつくる星の間をさまようように動いて見えることから付けられているんだよね。

図１

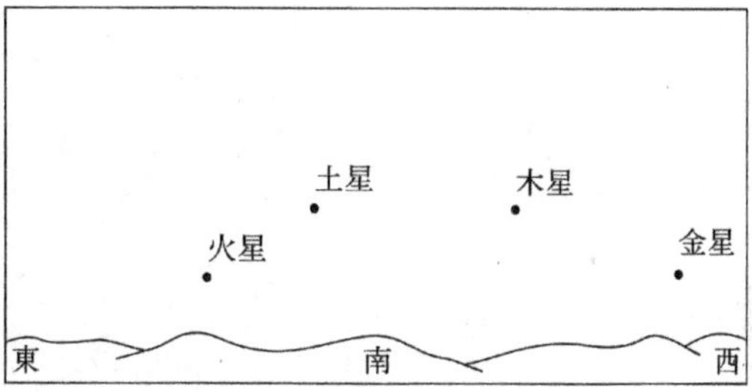

優花：西の山際近くや南西の空にも，明るく目立つ星が見えますね。

先生：西の山際近くに見えている方が金星，もう一方が木星です。金星は他の３つの惑星と違って，地球よりも内側の軌道を公転しているから，真夜中には [X] 。定期的に観測すると，他の３つの惑星との違いが確認できますよ。

海斗：そうなんですね。それにしても，②地球の公転軌道の内側を公転する惑星と，外側を公転する惑星を，同時に観察できるのはどうしてだろう。

先生：惑星の位置関係を，図を用いて考えてみるといいですよ。

１　下線部①について，星座をつくる星は，太陽と同じように自ら光を出して輝いている天体です。このような天体を何といいますか。その名称を書きなさい。

２　【会話】中の [X] に当てはまる内容を書きなさい。

３　次の文章は，図１中の４つの惑星に関して述べたものです。文章中の [a] に当てはまる語を書きなさい。また， [b] に当てはまる説明として最も適切なものを，次のページのア～エの中から選び，その記号を書きなさい。

図１中の４つの惑星のうち，木星型惑星とよばれているのは，木星と [a] である。これ

らは，[b]。

ア 主に岩石と金属でできており，太陽系の惑星の中では比較的半径が大きい

イ 主に岩石と金属でできており，太陽系の惑星の中では比較的半径が小さい

ウ 主に水素やヘリウムでできており，太陽系の惑星の中では比較的半径が大きい

エ 主に水素やヘリウムでできており，太陽系の惑星の中では比較的半径が小さい

4 下線部②について，海斗さんと優花さんは，星空の観察会のときの金星，地球，火星の位置関係を，次に示した図2を用いて考えました。図2は，太陽と公転軌道上の金星，地球，火星の位置関係を模式的に示したもので，は地球の自転の向きを示しています。下の(1)・(2)に答えなさい。

図2

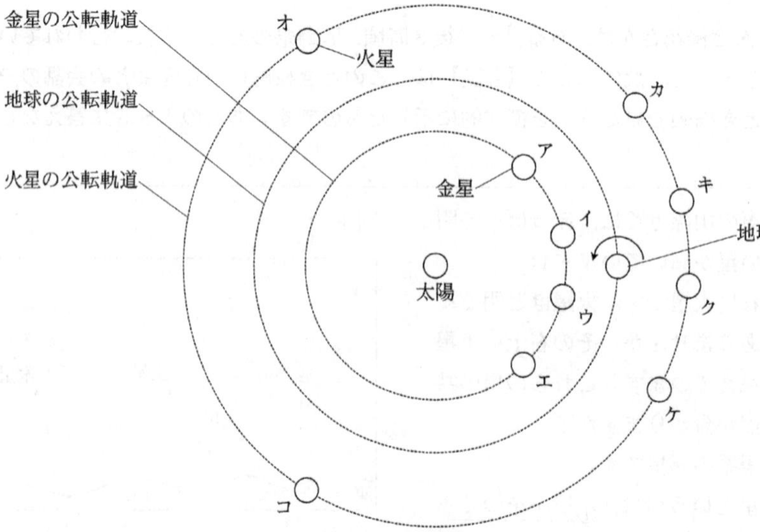

(1) 右の図は，星空の観察会のときに天体望遠鏡で観察して記録した金星の像を肉眼で見たときの向きに直して示したものです。星空の観察会のときの金星の位置は，どこだと考えられますか。図2中のア～エの中から選び，その記号を書きなさい。

(2) 星空の観察会のときの火星の位置は，どこだと考えられますか。図2中のオ～コの中から選び，その記号を書きなさい。

5 海斗さんは，星空の観察会から帰宅後の午後9時頃，天頂付近に夏の大三角をつくる星の一つである，こと座のベガを見付けました。この日から30日後，海斗さんの自宅から見て，ベガが星空の観察会の日の午後9時頃とほぼ同じ位置にあるのは，およそ午後何時だと考えられますか。その時刻を書きなさい。

受検番号	第　　　　番

理　科　解答用紙

得点	

1	1		
	2		
	3		
	4	(1)	
		(2)	%
	5		

2	1			
	2			
	3			
	4	X	a	b
	5	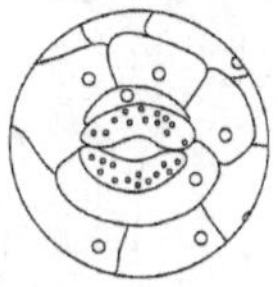		
	6			

3	1	(1)			
		(2)			
		(3)			
	2	(1)			
		(2)	X	Y	
		(3)	a	b	c

4	1			
	2			
	3	a	b	
	4	(1)		
		(2)		
	5	午後　　　　時		

※この解答用紙は175％に拡大していただきますと，実物大になります。

＜社会＞

時間　50分　　満点　50点

1　ある学級の社会科の授業で，「東北地方の特色を産業に注目して考える」というテーマで班に分かれて課題を設定し，追究する学習をしました。あとの１～３に答えなさい。

1　Ａ班では，東北地方の漁業について調べ，右の地図を見付けました。地図中の●は，東北地方で水揚げ量の多い港を示しています。Ａ班では，この地図を基に「東北地方の太平洋側で漁業が盛んなのはなぜだろう。」という課題を設定し，追究しました。次の⑴～⑶に答えなさい。

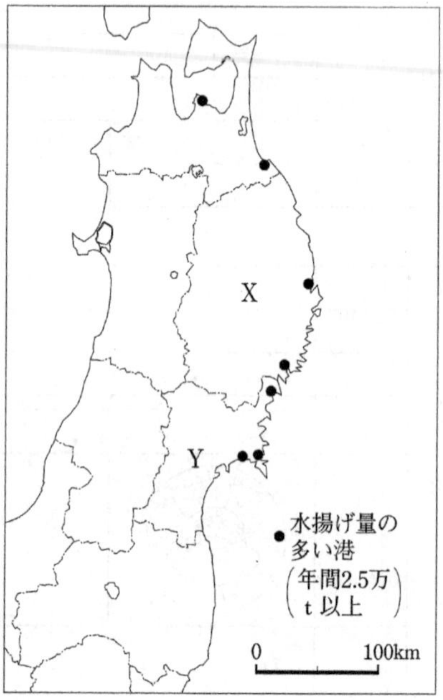

⑴　Ａ班で調べると，太平洋側に位置する三陸海岸の沖は豊かな漁場であり，それは暖流と寒流がぶつかる潮目となっているためであることが分かりました。三陸海岸の沖を流れる寒流を何といいますか。その名称を書きなさい。

⑵　Ａ班で調べると，地図中のＸ・Ｙの県では，リアス海岸の地形を利用して，かきやわかめの養殖が盛んに行われていることが分かりました。Ｘ・Ｙに当たる県を，次のア～カのうちからそれぞれ選び，その記号を書きなさい。

ア　青森県　　イ　秋田県　　ウ　岩手県　　エ　福島県　　オ　宮城県　　カ　山形県

⑶　地図中のＸ・Ｙの県でみられるリアス海岸で，かきやわかめの養殖が盛んに行われているのはなぜだと考えられますか。その理由を，海岸の地形の特徴と関連付けて簡潔に書きなさい。

2　Ｂ班では，次のグラフⅠを基に，東北地方の農業のうち稲作に着目して話し合いました。下の太郎さんたちの会話はそのときのものです。あとの⑴・⑵に答えなさい。

太郎さん：米の生産量の割合は，東北地方が最も高いね。

次郎さん：そうだね。東北地方の米の生産量は日本全体の生産量の４分の１を超えているから，東北地方の農業は稲作が中心だね。

花子さん：そうかしら。グラフⅠから，①東北地方では稲作が盛んなことは分かるけれど，②東北地方の農業は稲作が中心かどうかを確かめるためには，ほかの資料が必要だと思うわ。

グラフⅠ

米の生産量の地方別割合（%）
（2016年）

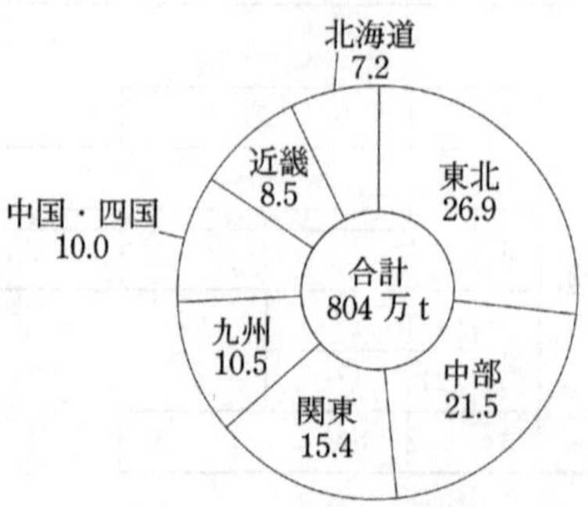

（データでみる県勢 2018年版による。）

⑴　下線部①について，B班では，「東北地方では，稲作についてどのような工夫が行われているのだろう。」という課題を設定し，稲作に関する工夫について調べました。次のア～エのうち，東北地方で行われている稲作に関する工夫として適切なものを全て選び，その記号を書きなさい。

ア　二期作を行っている。　　　　　　　イ　銘柄米を開発し栽培している。

ウ　寒さに強い品種を開発し栽培している。　エ　抑制栽培を行っている。

⑵　下線部②について，どのような資料が必要だと考えられますか。具体的に一つ書きなさい。

3　C班では，東北地方で最もりんごの栽培が盛んな青森県のりんご農家について調べるうちに，右のグラフⅡを見付け，「青森県のりんご農家は，所得の減少に対してどのような取組を行っているのだろう。」という課題を設定しました。下のメモは，C班でこのとき調べたことをまとめたものの一部です。メモに示された取組〔ア〕・〔イ〕が，所得を増やすことにつながるのはなぜだと考えられますか。取組〔ア〕・〔イ〕のうちどちらか一つを選び，その理由を簡潔に書きなさい。なお，選んだ取組の記号も書きなさい。

グラフⅡ

青森県のりんごの栽培面積10 a 当たりの農家の所得

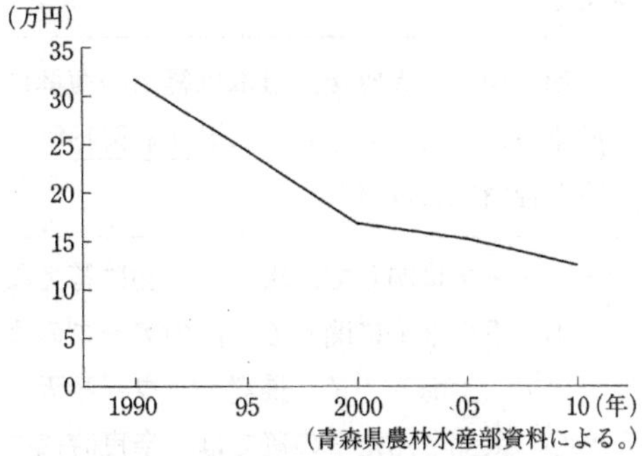

(青森県農林水産部資料による。)

メモ

2011年に始まった青森県のりんご農家の取組 〔ア〕栽培したりんごを，直売所やインターネットを利用して販売している。 〔イ〕栽培したりんごのうち，規格外の大きさのものなどをジュースにしたり，すぐ食べられるようにカットしたりして販売している。

2　ある学級の社会科の授業で，「日本と外国との関わり」に注目して時代の特色を考える学習を行いました。このとき太郎さんたちの班では，各時代のできごとを調べ，次のメモⅠ～Ⅴを作成しました。あとの1～5に答えなさい。

メモⅠ

7世紀後半，日本は唐と新羅の連合軍と戦って敗れた。その後，日本では全国的な戸籍の作成など，改革が進められた。①遣唐使が何度も派遣された奈良時代には，唐の影響を受けた国際色豊かな文化が栄えた。

メモⅡ

14世紀後半，明は朝貢する国と国交を結び貿易を許可するようになった。足利義満は明と国交を結び，勘合貿易を始めた。②勘合貿易では，日本は明から銅銭を大量に輸入し，日本の経済は影響を受けた。

メモⅢ

> 16世紀には，ポルトガルやスペインはアジアに進出するようになった。ポルトガルやスペインの貿易船は日本にも来航した。③貿易船でイエズス会の宣教師も来日し，日本でキリスト教の布教が行われた。

メモⅣ

> 19世紀後半，日本はアジアに進出した欧米諸国と不平等条約を結んだ。日本は条約改正を目指して近代化政策を進めた。④近代化政策は富国強兵をスローガンに，政治や経済など様々な分野に及んだ。

メモⅤ

> 第二次世界大戦後，日本は経済の復興に努めた。日本では1950年代半ばから高度経済成長が始まった。しかし，⑤1973年（昭和48年）の中東戦争をきっかけに日本の経済は打撃を受け，高度経済成長は終わった。

1　メモⅠに関して，次の⑴・⑵に答えなさい。

⑴　下線部①に関して，次のア～エのうち，唐の都はどれですか。その記号を書きなさい。

ア　上海　　イ　長安　　ウ　奉天　　エ　北京

⑵　太郎さんたちの班では，奈良時代に派遣された遣唐使について調べるうちに，日本から中国に派遣された使節の主な目的が，弥生時代と奈良時代では違っていることに気付きました。太郎さんたちの班では，使節の主な目的の違いは，日本の国内の様子の違いと関係があるのではないかと考え，次の表を作成し，表を基に話し合いました。下の会話はそのときのものです。表中の［A］と会話中の［B］には，どのような内容が当てはまると考えられますか。適切な内容をそれぞれ書きなさい。

弥生時代	奈良時代
〔使節の様子〕 ・邪馬台国の女王卑弥呼が使節を魏に送った。使節は，魏の皇帝から卑弥呼への「倭王」の称号や金印，銅鏡などを授かり，帰国した。 〔国内の様子〕 ・倭国（日本）は多くの小国に分かれていて，争いが絶えなかった。邪馬台国の女王卑弥呼は，多くの小国のうち30ほどの小国を従えて政治を行った。 〔使節の主な目的〕 ・魏の皇帝に倭国（日本）の支配権を認めてもらうこと。	〔使節の様子〕 ・朝廷が使節を唐に送った。使節には大使ら役人のほか，多くの留学生や僧も含まれた。留学生や僧は唐に長期間滞在したのち，帰国した。 〔国内の様子〕 ・朝廷は日本の各地を国や郡に分け，役人を派遣して統治した。平城京には寺院や多くの役所が建てられ，役人は律令に基づいて政治を行った。 〔使節の主な目的〕 ・［A］。

太郎さん：時代によって使節の主な目的が違うのは，やはり国内の様子と関係がありそうだね。
花子さん：そうね。こうして比べてみると，奈良時代と弥生時代では国内の様子がずいぶん違うわね。
次郎さん：国内の様子から，奈良時代の使節の主な目的が達成されていることが分かるね。でも，弥生時代は，なぜ国の支配権を認めてもらうことが主な目的だったのかな。
咲子さん：それも国内の様子と関係があるんじゃないかしら。卑弥呼は小国を従えたのちに使節を魏に送ったのよね。それは，魏の皇帝に倭国（日本）の支配権を認めてもらうことで，［　B　］ためだと思うわ。

2　下線部②に関して，太郎さんたちの班では，勘合貿易が行われたころの日本の経済の様子に興味をもち，調べました。次のア～エのうち，勘合貿易が行われたころの日本の経済の様子について述べた文として最も適切なものはどれですか。その記号を書きなさい。

ア　両替商が経済力をもち，三井などの有力商人が大名への貸し付けを行った。
イ　地租改正が行われ，土地所有者が現金で地租を納入した。
ウ　各地で都市が発展し，土倉や酒屋が高利貸しを営んだ。
エ　都の中に市が設けられ，各地から運ばれた庸や調などの産物が取り引きされた。

3　下線部③に関して，太郎さんたちの班では，当時，イエズス会の宣教師が日本を含むアジアでキリスト教の布教を行ったことに疑問をもちました。イエズス会の宣教師が日本を含むアジアでキリスト教の布教を行ったのはなぜだと考えられますか。その理由を，「プロテスタント」の語を用いて簡潔に書きなさい。

4　下線部④に関して，太郎さんたちの班では，明治時代に行われた近代化政策に興味をもち，調べました。次のア～エのうち，明治時代に行われた近代化政策はどれですか。二つ選び，その記号を書きなさい。

ア　帝国議会の開設　　イ　教育基本法の制定
ウ　財閥の解体　　　　エ　官営模範工場の設立

5　下線部⑤に関して，太郎さんたちの班では，「中東戦争が起こったことで，なぜ日本の経済は打撃を受けたのだろう。」という疑問をもち，その理由を調べました。次のグラフは，そのとき見付けたものです。太郎さんたちの班ではこのグラフを見て，日本の経済が打撃を受けたのは，高度経済成長期の日本の主な産業と関係があることに気付きました。中東戦争が起こったことで，日本の経済が打撃を受けたのはなぜだと考えられますか。その理由を，グラフを基に高度経済成長期の日本の主な産業を踏まえて，簡潔に書きなさい。

日本のエネルギー消費量（1973年度）

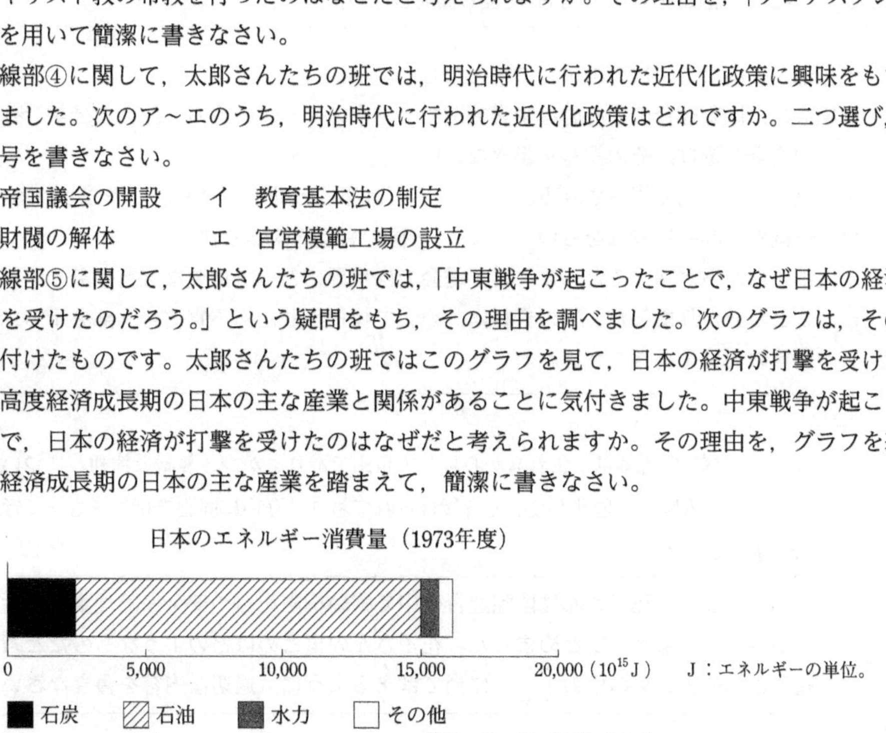

（総合エネルギー統計による。）

3 ある学級の社会科の授業で，「国際連合と国際社会」というテーマで班に分かれて課題を設定し，追究する学習をしました。次の略年表は，この授業のはじめに先生が提示したものです。太郎さんたちの班では，「国際連合の活動は何を目的として行われているのだろう。」という課題を設定しました。あとの１～４に答えなさい。

年	国際連合に関わる主なできごと
1945（昭和20）	国際連合が設立される。
1946（昭和21）	①総会で国際連合の本部をアメリカに置くことが決定される。
1950（昭和25）	朝鮮戦争が始まり，②安全保障理事会の決議に基づき国連軍が派遣される。
1965（昭和40）	ユニセフ（国連児童基金，ＵＮＩＣＥＦ）がノーベル平和賞を受賞する。
1968（昭和43）	総会で核拡散防止条約が採択される。
1972（昭和47）	[A] で世界遺産条約が採択される。
1988（昭和63）	国連平和維持活動（ＰＫＯ）がノーベル平和賞を受賞する。
1992（平成４）	国連環境開発会議が開催される。
1996（平成８）	③国連食糧農業機関（ＦＡＯ）主催の世界食糧サミットが開催される。
2015（平成27）	国連サミットで持続可能な開発目標が採択される。

1 下線部①に関して，次の⑴・⑵に答えなさい。

⑴ 総会は，国際連合の中心的な審議機関です。次のア～エのうち，総会の仕組みとして適切なものを全て選び，その記号を書きなさい。

ア 全ての加盟国で構成される。　イ 常任理事国と非常任理事国で構成される。

ウ 一国が一票の投票権をもつ。　エ 一国でも反対すると決定できない。

⑵ 太郎さんたちが調べると，これまで総会では世界にとって重要な宣言や条約が採択されてきたことが分かりました。次の資料は，総会で採択されたある宣言の一部を示しています。この宣言の名称を書きなさい。

> 資料
>
> 第１条 すべての人間は，生れながらにして自由であり，かつ，尊厳と権利とについて平等である。人間は，理性と良心とを授けられており，互いに同胞の精神をもって行動しなければならない。

2 下線部②に関して，花子さんは国際連合の中で強い権限をもつ安全保障理事会の活動の目的について調べ，次のようにまとめました。花子さんのまとめはどのようなものだと考えられますか。花子さんのまとめの中の □ に当てはまるように，適切な内容を書きなさい。

> 花子さんのまとめ
>
> 安全保障理事会は，侵略など平和を脅かす行動をとる国に対して経済制裁や軍事行動な

どの強制的な措置を決定し，その決定に従うよう加盟国に要求することができる。これは，[　　　] ことを目的としているためである。

3　略年表中の A には，国際連合のある専門機関が当てはまります。次郎さんが調べると，この専門機関は世界の貴重な文化財や自然を人類共通の遺産と位置付け，その保護を図る活動などを行っていることが分かりました。この専門機関の名称を書きなさい。

4　下線部③に関して，咲子さんは国際連合が行っている食料に関する支援に興味をもちました。咲子さんは南スーダンに対する食料に関する支援について調べ，次のメモを作成しました。メモに示された支援〔ア〕・〔イ〕は，どちらも食料不足への対応という点は同じですが，その目的には違いがあります。支援〔ア〕・〔イ〕の目的は，それぞれどのようなものだと考えられますか。メモを基に簡潔に書きなさい。

メモ

南スーダンに対する食料に関する支援

〔ア〕南スーダンでは，干ばつによる被害と国内で起こった紛争により，総人口の25%近くが飢餓状態に陥った。このため，国際連合では，南スーダンの各地に食料を輸送し，人々に配布した。

〔イ〕国際連合では，病気や乾燥に強く比較的少ない肥料で栽培が可能な稲の普及に努めており，非政府組織（NGO）とも連携して，この稲の栽培に必要な知識や技術を南スーダンの稲作普及員に習得させる研修プログラムを実施している。

4　中学生の拓也さんは，姉で大学生の広美さんと繊維製品の取り扱い表示が変わったことに関して技術・家庭科（家庭分野）の教科書を見ながら話をしました。次の会話はそのときのものです。あとの1～4に答えなさい。

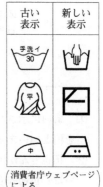

（消費者庁ウェブページによる。）

拓也さん：繊維製品の取り扱い表示に古い表示と新しい表示があるんだって。知ってた？

広美さん：ええ。3年くらい前から新しく変わったのよ。

拓也さん：どうして変わったのかな。

広美さん：日本で使われてきた表示を国際規格に合わせたからよ。私はグローバル化への対応だと思うわ。

拓也さん：グローバル化は聞いたことがあるよ。海外で暮らす日本人や①海外に出ていく日本の企業が増えているよね。でも，グローバル化と繊維製品の取り扱い表示とは何の関係があるの？

広美さん：グローバル化で人や物の移動が活発になっているよね。表示を国際規格に合わせたのは，繊維製品の輸入や輸出が活発になっていることへの対応だと思うわ。

拓也さん：そうか。②表示を国際規格に合わせておくことは，日本の消費者の利便性につながるのかもしれないね。グローバル化の影響は身近なところでもみられるんだね。グローバル化で起こることを調べてみようかな。

広美さん：そうね。③貿易が活発になってさまざまな国が経済的な結び付きを強めたり，④日本で学ぶ外国人留学生が増えたりしているから，いろいろ調べてみると面白いかもしれないわね。

1　下線部①に関して，企業が工場などの生産拠点を海外に移すことで，国内での工業製品の生産が衰退することを何といいますか。次のア～エのうちから最も適切なものを選び，その記号を書きなさい。

ア　貿易の自由化
イ　生産の集中
ウ　技術革新
エ　産業の空洞化

2　下線部②について，繊維製品の取り扱い表示を国際規格に合わせておくことが日本の消費者の利便性につながるのはなぜだと考えられますか。その理由を，簡潔に書きなさい。

3　下線部③に関して，拓也さんは歴史の上でも貿易を通してさまざまな国が結び付きを強めたことがらがあることに気付き，そのうち15世紀から16世紀にかけて貿易で繁栄した琉球王国に興味をもちました。拓也さんは，琉球王国の貿易について調べ，次の資料を見付けました。下の⑴・⑵に答えなさい。

資料

15世紀から16世紀ころの琉球王国の主な貿易相手国と貿易品

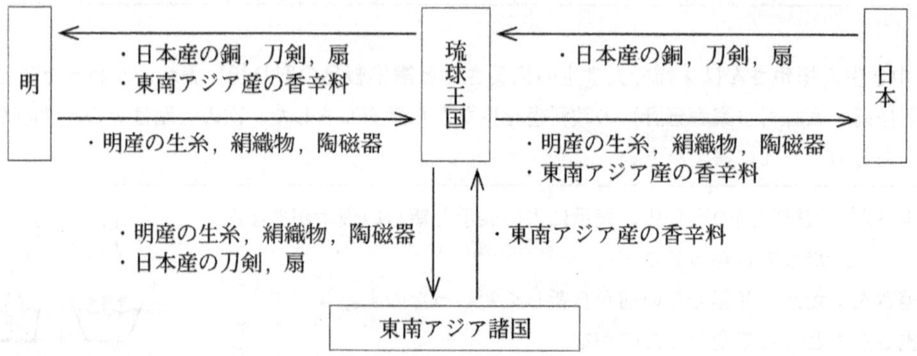

⑴　資料に示されたような，琉球王国が行った，輸入した産物をそのまま輸出する形態の貿易を何といいますか。その名称を書きなさい。

⑵　拓也さんが琉球王国の貿易についてさらに調べると，17世紀初めころには，琉球王国の貿易は15世紀から16世紀ころと比べて振るわなくなっていたことが分かりました。右の地図は，そのとき拓也さんが見付けた資料の一つであり，17世紀初めころの東南アジアにおける主な日本人在住地を示しています。17世紀初めころ，琉球王国の貿易が振るわなくなっていたのはなぜだと考えられますか。その理由を，次のページの地図と上の資料を基に簡潔に書きなさい。

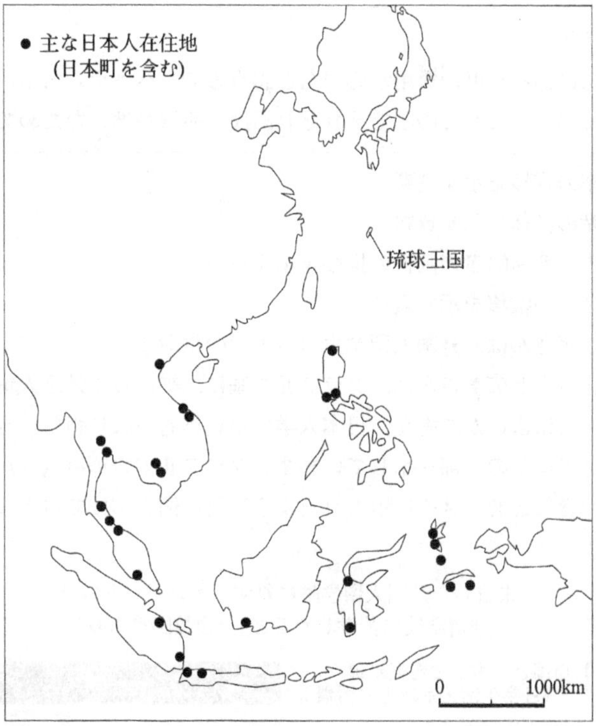

4　下線部④に関して，拓也さんは次のグラフⅠを見付け，来日した外国人留学生について興味をもちました。あとの⑴・⑵に答えなさい。

グラフⅠ

来日した外国人留学生数（大学・短期大学等）

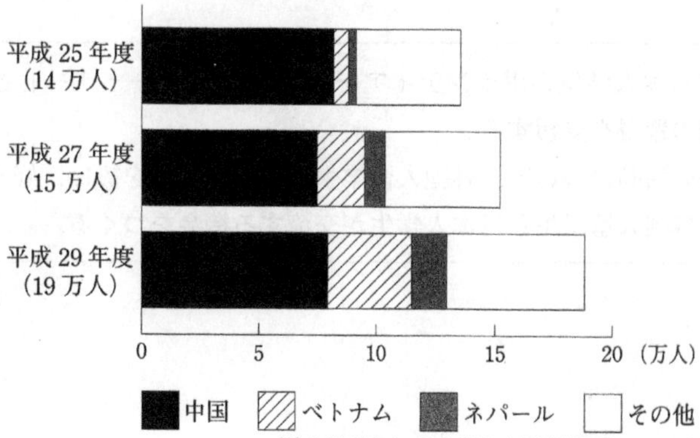

（独立行政法人 日本学生支援機構資料による。）

⑴　拓也さんはグラフⅠを見て，留学生数が増えているベトナムとネパールに注目し，この2か国からの留学生が増えている理由をいくつか予想しました。次の拓也さんの予想はそのうちの一つです。拓也さんは，この予想が正しいかどうかを確かめるためにベトナムとネパールに関する資料を集めました。あとのア～エのうち，拓也さんの予想が正しいかどうかを確かめる資料として最も適切なものはどれですか。その記号を書きなさい。

<table><tr><td>拓也さんの予想
　留学するにはある程度の費用が必要だと思うので，ベトナムとネパールからの留学生が増えているのは，これらの国でそれぞれ国民の所得が増えたためではないか。</td></tr></table>

ア　食料自給率の推移を示す資料

イ　国内総生産の推移を示す資料

ウ　総人口に占める高齢者の割合の推移を示す資料

エ　国内の企業数の推移を示す資料

(2)　拓也さんと広美さんは，外国人留学生の日本での生活について調べ，次のグラフⅡを見付けました。拓也さんと広美さんは，グラフⅡを基に，来日した外国人留学生の苦労を減らすためにはどうすればよいかを考え，日本人学生が具体的に取り組むべきことについてまとめました。下のメモはその一部を示しています。グラフⅡ中の項目【A】について，日本人学生が取り組むべきことを，メモに示されたように具体例を挙げて書きなさい。

グラフⅡ

来日した外国人留学生に対するアンケートの結果
「留学後に苦労したこと」(複数回答あり)

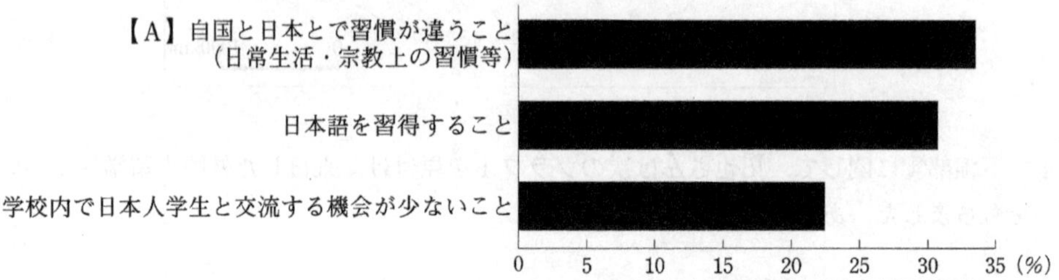

(独立行政法人 日本学生支援機構資料による。)

メモ

<table><tr><td>・学校内で日本人学生のボランティアを募り，「会話パートナー」として外国人留学生の日本語の習得を支援する。
・クラブ等の活動について，外国人留学生対象の説明会を設け，好きなスポーツや趣味を通じて外国人留学生と日本人学生が交流する機会をつくる。</td></tr></table>

受検番号	第　　　　番

社　会　解答用紙

得点	

1	1	(1)	
		(2)	X / Y
		(3)	
	2	(1)	
		(2)	
	3		記号 / 理由
2	1	(1)	
		(2)	A / B
	2		
	3		
	4		
	5		
3	1	(1)	
		(2)	
	2		
	3		
	4		(ア) / (イ)
4	1		
	2		
	3	(1)	
		(2)	
	4	(1)	
		(2)	

※この解答用紙は185%に拡大していただきますと，実物大になります。

受検番号
第　　番

国 語 解答用紙

得点

一

1 ①　なる　②　えた　③　れた

2

3

4

5 　に気付き、　と思った

6 　ところや、　ところから、　人物であると読み取れる。

二

1 ①　い　②　③　ましい

2

3

4

5 Ⅰ　Ⅱ　Ⅲ

三

1

2

3 (1)

(2)　ので、　といえる

四

250

※この解答用紙は189％に拡大していただきますと、実物大になります。

上野：確か前回、場面の様子が聞き手の目に浮かぶような朗読をするために、まずは、登場人物のどのような様子を伝えたらよいかを考えることが大切だと確認したよね。

末広：そうだね。あと、聞き手がこの噺の面白さを感じられるようにするためには何がポイントか、ということについても話し合って、噺の全体の展開からすると、【結末の場面】においては、親父のせりふがポイントだという話になったよね。

田中：確かにそういう話をしたね。では、まず、親父について、この場面を通してどのような様子を伝えたらよいか、各自で意見をまとめて出し合おう。

〔問い〕田中さんは、【話し合い】を踏まえ、この噺の面白さを聞き手が感じられるような朗読をするために、【結末の場面】の親父について、どのような様子を伝えたらよいか、その理由も含めて意見を出すことにしました。あなたならどのような意見を出しますか。次の条件1～3に従って、その意見を書きなさい。

条件1　二段落構成とし、第一段落には親父について、どのような様子を伝えたらよいかを書き、第二段落にはそのように考えた理由を書くこと。

条件2　理由には、この噺の面白さがどのようなところにあるのかについて、【あらすじ】・【結末の場面】のそれぞれの内容を取り上げて述べること。

条件3　二百五十字以内で書くこと。

※　下の枠は、下書きに使っても構いません。解答は必ず解答用紙に書きなさい。

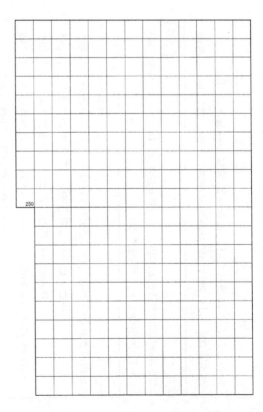

四　田中さんの学級では、国語の時間に、落語の噺《はなし》を班で一つ選び、それを朗読する学習をしています。次の【あらすじ】は、田中さんの班が選んだ噺の結末の部分の前までのあらすじを示したもので、【結末の場面】は、その噺の結末の部分を台本の形式で示したものです。また、【話し合い】は、この学習の過程で田中さんの班が行ったものです。これらを読んで、あとの【問い】に答えなさい。

【あらすじ】

新しい羽織を着て気分よく一人で(注)初天神のお参りに出かけようとしていた親父《おやじ》。息子に見付かり、一緒に連れて行ってくれとせがまれたが、親父は「あれを買って、これを買って。」とねだられるだろうと思って嫌がる。しかし、息子にしつこくせがまれ、何かを買ってくれとねだらないという約束で連れて行くことになった。

出かけると案の定、縁日の出店を前に息子は「アメを買ってくれ。」と駄々をこね出した。最初のうちは、聞き入れなかった親父だが、とうとう根負けしてアメを買わされ、親父は「やっぱりお前を連れてくるんじゃなかった。」とぼやく。その後も団子を買わされ、しまいには高額な凧《たこ》を買わされてしまう。

買ってもらった凧を、息子がすぐにあげようと言い出し、親父は渋々息子と原っぱで凧をあげることにした。

原っぱに着くと、親父は「まず父ちゃんがあげてやろう。」と言って糸を持って凧あげを始める。すると、凧は見事に高くあがった。

(注) 初天神＝天満宮と呼ばれる神社の新年最初の縁日。

【結末の場面】

親父：どうだい、あがったろ。

息子：わあは、あがった！　あがった！　あがった！

親父：こうやって、おめえ、呼吸であげるんだぞ……。しかし上の方が風があると見えて、どんどん糸が出てっちまうなあ。もっとどっさり、糸ォ買っときゃよかったよな……ブーンブーンブーン。どうだい、すげえだろう！

息子：お父《と》っつぁん、あがったい、あがったい！

親父：お父っつぁんの子供の時分なんざあなあ、(注)がんぎりなんてえもんをつけてな、凧同士でけんかさしたもんだよ。お父っつぁんは、いっぺんだって負けたことあねえんだ。

息子：やあっ！　お父っちゃん、あがったから早く持たしとくれよ。ねえ、持たしとくれよ！

親父：うるせえな、ちきしょう！　うるせえってんだようっ！

息子：お父っちゃん！　あたいの凧じゃねえか！

親父：こういうもんは、子供の持つもんじゃねえ！

息子：なんでえ！　こんなことなら、お父っちゃん連れてこなきゃあよかった……。

（落語協会編「古典落語③」による。）

(注) がんぎり＝他の凧の糸を切るために、自分の凧糸に取り付ける仕掛け。

【話し合い】

田中：今日は、前回の授業で考えた部分に続いて、【結末の場面】をどのように朗読するかについて考えるのだったよね。

（書き下し文）

誰が家の玉笛《誰の家で吹く笛だろうか》ぞ　暗に《どこからか》［　　］

散じて《方々に広がり》春風に入りて洛城に満つ

此の夜　曲中に折柳を聞く

何人か故園の情を起こさざらん《いったい誰が故郷を思う気持ちを起こさずにいられようか》

（「春夜洛城聞笛」による。）

（注1）洛城＝洛陽の町のこと。　（注2）折柳＝曲名。

1　［　　］に当てはまる書き下し文を書きなさい。

2　1入リテ二春風ニ一満ツ二洛城ニ一　とあるが、次の文は、これの表す様子について述べたものです。空欄Ⅰに当てはまる適切な表現を、あとの【漢和辞典の記述】を踏まえ、現代の言葉を用いて二十五字以内で書きなさい。

笛の音が、（　　Ⅰ　　）様子を表している。

【漢和辞典の記述】

氵 9画　【満】12画　音 マン　訓 みちる・みたす

〈意味〉①いっぱいになる。いっぱいにする。

②足りる。

③一定の期限・標準に達する。

3　ある生徒が、国語の時間にこの漢詩の鑑賞文を書きました。次の【鑑賞文】は、その生徒が書いたもので、【資料】は【鑑賞文】を書くために準備したものです。これらを読んで、あとの(1)・(2)に答えなさい。

【鑑賞文】

この詩の形式は七言（　Ⅱ　）であり、構成は起承転結になっている。起句、承句までは洛陽の町の情景が詠まれているが、転句を経て結句では旅人である李白の心情が詠まれている。

この詩の巧みさは、字数が限られている中で、転句に「折柳」という語を詠むことによって、詩の内容を情景から心情へと一気に転換させているところにある。「折柳」との関連に着目して結句の李白の心情を解釈すると、「折柳」は、（　　Ⅲ　　）。このように、「折柳」は結句の心情につながっており、わずか二字だが、この詩の中の重要な語だといえる。

【資料】

中国では、むかし、柳の枝を折って旅立つ人におくる風習があった。したがって折柳は旅立つ人との別れの曲とされており、哀調をおびるものであったという。

（高木正一「唐詩選（中）」による。）

(1)【鑑賞文】中の空欄Ⅱに当てはまる適切な語を、漢字二字で書きなさい。

(2)【鑑賞文】中の空欄Ⅲに当てはまる適切な表現を、漢詩と【資料】の内容を踏まえ、「……ので、……といえる」という形式によって、現代の言葉で書きなさい。

争に弱い雑草にとっては、それこそが生存のチャンスなのである。

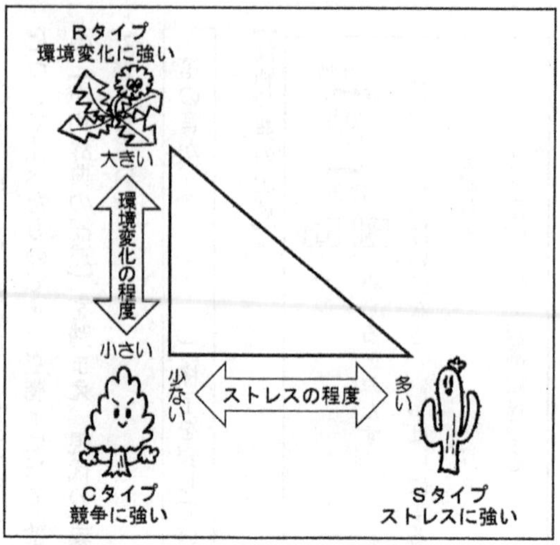

C－S－R三角形理論

（稲垣栄洋「雑草はなぜそこに生えているのか」による。）

1 ①～③のカタカナに当たる漢字を書きなさい。

2 □ に当てはまる最も適切な語を、次のア～エの中から選び、その記号を書きなさい。

ア たとえば　イ また　ウ しかし　エ さらに

3 [1]この競争 とあるが、それは具体的にどのような競争ですか。二十字以内で書きなさい。

4 [2]明らかに繁栄している成功者である とあるが、雑草が「競争に弱い」植物でありながら、成功できるのはなぜですか。この文章における筆者の主張を踏まえ、「撹乱」という語を用いて、七十字以内で書きなさい。

5 この文章における、論を進める上での工夫とその効果について、ある生徒が、文章中のⓐ・ⓑの部分を取り上げ、次の表にまとめました。表中の空欄Ⅰ～Ⅲに当てはまる適切な表現を書きなさい。

工夫のみられる部分	工夫	効果
ⓐ	あえて（　Ⅰ　）とは異なりそうなことを述べる。	（　Ⅱ　）。
ⓑ	（　Ⅲ　）を述べる。	読み手を納得させ、論に説得力をもたせる。
	具体的な例を挙げて説明する。	読み手により分かりやすくなるようにして、論の説得力を高める。

三 次の漢詩は、李白《りはく》が、旅の途中で洛陽《らくよう》の町に滞在したときに詠《よ》んだものです。これを読んで、あとの問いに答えなさい。

誰《た》ガ家ノ玉笛暗ニ飛バスレ声ヲ
散ジテ[1]入リテ二春風一ニ満ツ二洛[注1]城一ニ
此《こ》ノ夜曲中ニ聞ク二折[注2]柳一ヲ
何人カ不《ざ》ランレ起コサ二故園ノ情一ヲ

て、激しい争いが繰り広げられているのである。雑草と呼ばれる植物は、1この競争に弱いのである。

どこにでも生えるように見える雑草だが、じつは多くの植物が生える森の中には生えることができない。豊かな森の環境は、植物が生存するのには適した場所である。しかし同時に、そこは激しい競争の場でもある。そのため、競争に弱い雑草は①フカい森の中に生えることができないのである。

雑草は、競争を挑んだところで、強い植物に勝つことはできない。そこで、雑草は強い植物が力を発揮することができないような場所を選んで生えているのである。

それが、道ばたや畑のような人間がいる特殊な場所なのだ。ⓑ森の中にも雑草が生えているのを見たことがある、という意見もあるかもしれないが、それはハイキングコースやキャンプ場など、人間が管理をしている場所である。雑草は、競争に強い植物がある場所には生えずに、そうした強い植物が生えない場所に生えるのである。言ってしまえば、競争社会から逃げてきた脱落者だ。

しかし、私たちの周りにはびこる雑草は、2明らかに繁栄している成功者である。雑草は勝負を逃げているわけではない。土の少ない道ばたに生えることは、雑草にとっては戦いだし、耕されたり、草取りされたりする畑に生えることも雑草にとっては戦いだ。確かに、強い植物との競争は避けているけれども、生きるためにちゃんと勝負に挑んでいるのである。どこかでは勝負をしなければならない。ただ、勝負の場所を心得ているのだ。

そうしてみると、植物にとって、強さとは何なのだろうか。

イギリスの生態学者であるジョン・フィリップ・グライムは、植物の成功要素を三つに分類した。それが、「C－S－R三角形理論」と呼ばれるものである。この理論では、植物の戦略はCタイプ、Sタイプ、Rタイプという三つに分類できるとされている。

Cタイプは競合型と呼ばれている。このCタイプは他の植物との競争に強い。いわゆる強い植物である。自然界では激しい生存競争が繰り広げられている。しかし、Cタイプが、必ずしも成功するとは限らないところが自然界の面白いところでもある。自然界には、他の成功戦略もあるのだ。

Sタイプはストレス耐性型と呼ばれている。ストレスとは生育に対する不適な状況である。［　　］、植物にとっては乾燥や、日昭不足、低温などが生存を脅《おびや》かすストレスとなる。Sタイプは、このようなストレスに強いのである。

三つ目のRタイプは撹乱《かくらん》依存型と呼ばれている。撹乱とは文字通り、環境が掻《か》き乱《みだ》されることである。いつ何が起こるかわからない「撹乱」は、植物の生存に適しているとは言えない。しかし、撹乱があるところでは、競争やストレスに強い植物が必ずしも有利ではない。そうした強い植物が生えないということは、弱い植物にとっては、チャンスのある場所なのである。Rタイプはこの撹乱という②ヨソク不能な環境の変化に強い。つまり、臨機応変に変化を乗り越える強さがRタイプの特徴なのである。

CとSとRの要素は、すべての植物にとって不可欠なものである。そのため、この三つのタイプは、植物が種類ごとにどれかに当てはまるということではなく、すべての植物がこの三つの要素のバランスを変えながら、それぞれの戦略を発達させていると考えられている。

雑草と呼ばれる植物は、このうちのRタイプの要素が特に強いとされているのである。踏まれたり、耕されたり、草取りをされたりすることは、植物の生存にとって③コノましいことではない。しかし、競の空欄Ⅰに当てはまる適切な表現を、十字以内で書きなさい。

老婆の近くに腰を掛けている乗客たちが、老婆に席を譲ることもなく（ Ⅰ ）から。

4 ⓐ～ⓓの代名詞「かれ」のうち、示す人物が他の三つと異なるものを選び、その記号を書きなさい。

5 3絶望的な驚きを感じた とあるが、この描写について、国語の時間に生徒が話し合いをしました。次の【生徒の会話】はそのときのものです。空欄Ⅱに当てはまる適切な表現を、かれが老婆の行動を見て気付いた事実に触れて、「……に気付き、……と思った」という形式によって書きなさい。

【生徒の会話】

早川：「絶望的な驚きを感じた」とあるけれど、どのようなことを感じたのだろう。「絶望的」というのだから、かれにとっては、かなりショックだったということかな。

山田：そうだね。直前には「自分が作っておいた落とし穴の中へ落ち込んだように」とあるから、うっかりしていて自滅してしまったという感じのショックだと思うよ。

早川：具体的にはどういうことかしら？

山田：「絶望的な驚き」のきっかけは、具体的にいうと、愴惶として席にすがりつく老婆を見たことだよね。

石原：そう考えていくと……「絶望的な驚き」とは、当初は老婆のことで周囲の乗客を軽蔑していたかれが、老婆の行動を見て、（ Ⅱ ）ことで受けたショックだといえるね。自分が老婆に、席を奪う競争者だと思われたかもしれないと感じたのも、そうしたショックに伴ったものだと思うよ。

早川：なるほど。確かにかれにとっては自滅という感じね。

6 ※1から※2までの部分における、かれの内面についての描写から、かれは、どのような人物であると読み取れますか。本文の内容を取り上げて読み取りの根拠を明確にし、「……ところや、……ところから、……人物であると読み取れる。」という形式によって、あなたの考えを書きなさい。

二 次の文章を読んで、あとの問いに答えなさい。

ⓐ雑草と呼ばれる植物には、さまざまな共通した特徴がある。その中でも、もっとも基本的な特徴は、「弱い植物である」ということだ。もしかすると、意外な感じに思えるかも知れない。私たちの周りを見回すと、雑草は強い植物であるような感じがする。「雑草のように強く」という言葉もあるくらいだ。

「雑草が弱い」というのは、「競争に弱い」ということである。自然界は、激しい生存競争が行われている。弱肉強食、適者生存が、自然界の厳しい掟《おきて》なのだ。それは植物の世界も同じである。光を奪い合って、植物は競い合って上へ上へと伸びていく。そして、枝葉を広げて、遮蔽し合うのである。もし、この競争に敗れ去れば、他の植物の陰で光を受けられずに枯れてしまうことだろう。戦いは地面の上だけではない。地面の下では、水や栄養分を奪い合って、さらに熾烈《しれつ》な戦いが繰り広げられている。植物は穏やかに生きているように見えるかも知れないが、激しく争い合っているのだ。植物は、太陽の光と水と土さえあれば生きられると言われるが、その光と水と土を奪い合っかれは老婆が不当に立たされていることを、電車が須田町から本石町辺まで走る間、憤慨し続けていた。婦人が立っている間は、男子はひとりも席に着かないという外国人の習慣などを思い出しながら、かれは老婆の付近に腰を掛けている乗客を、思う存分さげすんでいた。ことに二十四、五歳の男と、五十かっこうの男とが、かれの憤慨の第一の的であった。

そのうちに、かれは憤慨に疲③れたとみえ、少しぼんやりした気持ちになりかけていた。そのときであった、電車は急に速度をゆるめたかと思うと、日本橋の停留場に止まった。電車が止まると、車内が急に動揺した。ふと、気がついてみると、例の三人の女連れは、いっせいに立ち上がって降りようとしている。かれは「席はあいたな」と、思った。そう思うと、かれはそこへ腰掛けたいと思って、つり皮を持っている手を離して、そのほうへ動こうとした。そのときに、かれは自分よりも先に、さっきの老婆が注5惝惶《そうこう》として、飛びつくように、そのあいた座席にすがりついているのを見たのである。

それを見ると、かれは自分が作っておいた落とし穴の中へ落ち込んだように、絶望的な驚きを感じた3。かれはいつの間にか自分自身、老婆の存在を忘れていたのである。老婆に対する周囲の冷淡さ、無情さを憤慨しているうちに、その憤慨のもとである老婆のことは、いつの間にかおるすになっていたのである。あれほど、老婆のために席がないことを悲しんでいたかれは、老婆のために席が作られたせつな注6、老婆のことはいつの間にか忘れていて、自分がそこへすわろうとしたのである。おそらく老婆が、惝惶として席に着いたのは、かれを競争者として、座席を奪われることを恐れたためであったかもしれなかった。

※1 そのとき、かれの良心は、明らかにべそをかいていた。かれは不快な注7蕭条《しょうじょう》たる気持ちにならずにはいなかった。かれの負け惜しみは、老婆のために、憤慨していたほうが、かれの心の第一義的な状態で、席があいたせつな、そこへすわろうとした心は、それは発作的なでき心だと解しようとした。が、そうした解釈でもって、かれの心は少しも慰まなかった。

二十四、五の男や、五十かっこうの男が、席を譲らないことを憤慨したのが、かれらに対してあいすまぬように思われてしかたがなかった。

老婆に対して席を譲らないことを、憤慨したのも、それは老婆そのもののためではなくして、自分の道徳的意識がその事実によって、傷つけられたことによっての憤慨であって、まったく利己的なものであるかもわからないと思った。

かれはすっかりしょげてしまっていた。かれの行動が、だれに見あらわされたわけでもなく、だれから非難されたわけでもなかったが、それはすました顔をしながら、何か悪事をしようとしたところをうまくしっぽをつかまれた感じと、少しも異なっていなかった。※2

（菊池　寛「我鬼」による。）

（注1）あさましい＝品がなくて見苦しい。
（注2）一間＝約一・八メートル。
（注3）恬然＝周りを意識せず平気でいるさま。
（注4）屈竟＝きわめて都合の良いこと。　（注5）惝惶＝慌てるさま。
（注6）せつな＝瞬間。　（注7）蕭条＝ものさびしいさま。

1　①～③の漢字の読みを書きなさい。

2　動揺1と熟語の構成が同じものを、次のア～エの中から選び、その記号を書きなさい。

ア　左右　　イ　中央　　ウ　視線　　エ　不当

3　かれは心から憎みはじめたのである2とあるが、かれが、このような気持ちを抱いたのはなぜですか。その理由について述べた次の文

＜国語＞

時間　五〇分　　満点　五〇点

一　次の文章を読んで、あとの問いに答えなさい。

電車が1動揺するごとに、老婆のからだは痛々しげに揺れていた。席を譲るか、譲らぬかは、まったく個人の自由であって、譲らぬことが必ずしも罪悪でないにしても、七十の老婆が――しなびきってつり皮にすがる力さえ、じゅうぶんではないかと思われるほどの老婆が、東京の大通りの電車の中で、席を譲られずにいるということは、それは決して①愉快なる光景ではなかった。かれの感情を少しく誇張していえば、それは文明の汚辱であった。注1あさましく思わずにはいられなかった。かれは老婆の前後左右注2一間ばかりの間に、注3恬然《てんぜん》として腰を掛けている乗客を、心からいやしまずにはいられなかった。これほどあさましいことが、行われているにもかかわらず、否《いな》自分たちが行っているのにもかかわらず、老婆の存在にはほとんど気のつかぬように、平然として納まり返っている乗客の一群を、2かれは心から憎みはじめたのである。

老婆の立っていることに対して、最も責任のある乗客は、老婆がそれに面して立っている、運転手台に向かって右側の座席の乗客でなければならなかった。かれは、かなり熱した目つきをしながら、その辺の乗客を、いちいち点検した。老婆のすぐ前にいる三人は、女連れの乗客であった。そして、まん中にいる女が、ちょうどものを言いはじめたくらいの子をひざの上に抱いている。その女の子を、左右のふたりの女が、かわりがわりにあやしていた。この女の三人連れに老婆に席を譲らない責任を負わせるのは、少しく酷であった。中央にいるこどもを抱いている女に、席を譲ることを求めるのは、もとより無理であった。こどもをあやすという無邪気な仕事のために、老婆の存在に気のつかない左右の女をとがめるわけにもいかなかった。ⓐかれは、この三人の女を、心のうちで放免して、女たちの両側を点検した。位置からⓑかれに近い側にいるのは、二十四、五ばかりの男であった。位置からいっても、年輩からいっても、この男が最初に老婆に対して、席を譲らなければならないにもかかわらず、ⓒかれは老婆の存在などは、てんで眼中にないごとく、視線を固定したままで何やら考えている。女たちの向こう側にいる男は、もう五十に近い男だが、老婆に席を譲るべき注4屈竟《くっきょう》の位置にあるにかかわらず両足をふんぞり伸ばしたまま、平然とすわっている。ⓓかれは、このふたりの男を最も多く軽蔑したが、このふたりの男の右と左とにも、かれの軽蔑に価《あたい》する屈強な――つり皮につかまって立つ能力のある男が、幾人も並んでいるのだ。

また、たとえ老婆が背を向けて、立っていようとも、その向こう側の座席の人たちも、老婆に席を譲るべき責任を、忌避すべきはずのものではなかった。しかも、向こう側の席にいる乗客は、どの男もどの男もみな、つり皮につかまるには、少しの故障ももっていない人たちばかりであった。

もっとも、老婆の周囲には、乗客がごたごたと、立ちこんでいるので、老婆の存在が、かれらのすべてに意識されているかどうかは疑問であったが。

が、とにかく席を譲る資格――立っているかれには、その資格は絶対になかった――をもっている十人に余る乗客が、ひとりもこの②衰えた老年の婦人に席を譲らないということが、かれの心をかなり痛々しく傷つけた。かれは、自分の座席をもっていないことを、どれほど残念に思ったかしれなかった。

2019年度
解 答 と 解 説

《2019年度の配点は解答用紙集に掲載してあります。》

＜数学解答＞

1 (1) -6 (2) $2x$ (3) $\begin{cases} x=-3 \\ y=-7 \end{cases}$ (4) $5\sqrt{2}$ (5) $\frac{4}{9}\pi$ (6) 108

(7) $y=-\frac{20}{x}$ (8) $\frac{3}{8}$

2 (1) 56 (2) $\frac{5}{3}$ (3) 34

3 (1) ア 15 イ 14 ウ 1 (2) エ 4（求める過程は解説参照） オ 0.6

4 (1) 解説参照 (2) ア ② イ ④ 5 $BD=\frac{9}{4}$（求める過程は解説参照）

6 (1) 4 (2) $\frac{1}{4}$

＜数学解説＞

1 （数・式の計算，連立方程式，平方根，球の表面積，角度，比例関数，確率）

(1) 同符号の2数の和の符号は2数と同じ符号で，絶対値は2数の絶対値の和であり，異符号の2数の和の符号は絶対値の大きい方の符号で，絶対値は2数の絶対値の大きい方から小さい方をひいた差だから，$-7+9-8=(-7)+(+9)+(-8)=(-7)+(-8)+(+9)=-(7+8)+(+9)=(-15)+(+9)=-(15-9)=-6$

(2) $8x^2\div 4x=\frac{8x^2}{4x}=2x$

(3) 連立方程式$\begin{cases} 2x-y=1\cdots① \\ -3x+y=2\cdots② \end{cases}$ ①＋②より，$-x=3$　$x=-3$　これを②に代入して，$-3\times(-3)+y=2$　$y=-7$　よって，連立方程式の解は，$x=-3$，$y=-7$

(4) $\frac{4}{\sqrt{2}}=\frac{4\times\sqrt{2}}{\sqrt{2}\times\sqrt{2}}=\frac{4\sqrt{2}}{2}=2\sqrt{2}$，$\sqrt{18}=\sqrt{3^2\times 2}=3\sqrt{2}$　だから，$\frac{4}{\sqrt{2}}+\sqrt{18}=2\sqrt{2}+3\sqrt{2}=(2+3)\sqrt{2}=5\sqrt{2}$

(5) **半径rの球の表面積は　$4\pi r^2$**　だから，半径$\frac{1}{3}$cmの球の表面積は　$4\pi\times\left(\frac{1}{3}\right)^2=\frac{4}{9}\pi\,\mathrm{cm}^2$

(6) **多角形の外角の和は360°**だから，正五角形の1つの外角の大きさは　$\frac{360°}{5}=72°$　よって，1つの頂点で，**隣り合う内角と外角の大きさの和は180°**だから，正五角形の1つの内角の大きさは$180°-72°=108°$

(7) **yはxに反比例する**から，xとyの関係は　$y=\frac{a}{x}\cdots①$　と表せる。$x=-4$のとき$y=5$だから，これを①に代入して，$5=\frac{a}{-4}$　$a=-20$　xとyの関係は$y=-\frac{20}{x}$と表せる。

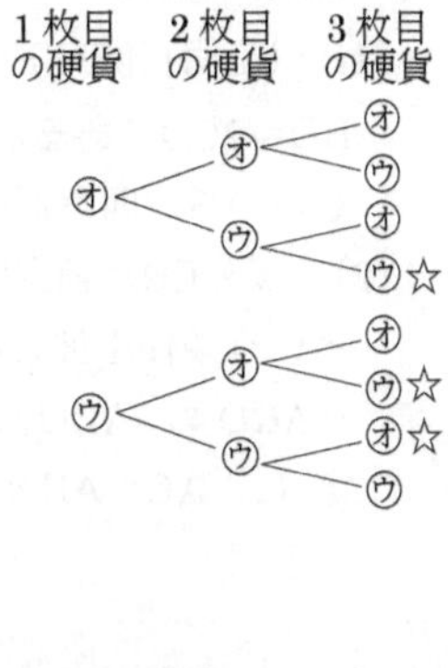

(8) 3枚の硬貨を同時に投げるとき，表と裏の出方は全部で，$2\times2\times2=8$通り。このうち，1枚が表で2枚が裏になるのは，右の樹形図で，☆印を付けた3通りだから，求める確率は　$\frac{3}{8}$

2　(角度，図形と関数・グラフ，資料の散らばり・代表値)

(1)　△BCEの内角の和は180°だから，∠CBE＝180°－∠ACB－∠BEC＝180°－∠ACB－∠AED＝180°－76°－80°＝24°　**1つの円で，長さの等しい弧に対する弦の長さは等しい。**弧BC＝弧CDより，弦BC＝弦CDだから，∠BDC＝∠CBE＝24°　**同じ弧に対する円周角の大きさは等しい**から，∠BAC＝∠BDC＝24°　△ABEの**内角と外角の関係**から，∠ABE＝∠AED－∠BAE＝∠AED－∠BAC＝80°－24°＝56°

(2)　点Bのx座標が1より，A$(-1,\ a)$，B$(1,\ a)$，C$(1,\ -a)$　AB＝(点Bのx座標)－(点Aのx座標)＝$1-(-1)=2$，BC＝(点Bのy座標)－(点Cのy座標)＝$a-(-a)=2a$　よって，AB＋BC＝$\frac{16}{3}$　より　$2+2a=\frac{16}{3}$　これを解いて　$a=\frac{5}{3}$

(3)　**中央値**は資料の値を大きさの順に並べたときの中央の値。9人の記録を小さい順に並べると，29，30，31，31，32，35，36，48，52だから，この9人の記録の中央値は32kg。よって，Cさんの記録を加えた10人の記録の中央値は33kg(＝32kg＋1kg)。Cさんの記録を31kg以下とすると，中央値＝$\frac{31\text{kg}+32\text{kg}}{2}$＝31.5kgとなり，問題の条件に合わないから，Cさんの記録が32kg以上である。記録の小さい方から6番目の記録を$x$kgとすると，中央値＝$\frac{32\text{kg}+x\text{kg}}{2}$＝33kgより，$x=34$となり，これがCさんの記録となる。

3　(二次方程式の応用，平方根の近似値)

(1)　右図のように，四角形EFGHを下端に，四角形IJKLを右端に寄せると，長方形AEMIの面積は，それぞれの花だんの面積の合計の40m²に等しい。場所①の道の幅をxmとしたら，右図で，AE＝$(6-x)$m，AI＝$(9-x)$mだから，長方形AEMIの面積は　AE×AI＝$(6-x)(9-x)$＝$(54-15x+x^2)$m²　これが40m²に等しいから　$54-15x+x^2=40$　整理して　$x^2-15x+14=0$…ア，イ　という方程式をつくることができる。この方程式の左辺を因数分解して　$(x-1)(x-14)=0$　この方程式を解くと，2つの解　$x=1,\ 14$　が出る。ただし，場所①の道の幅は6m未満でなければいけないから1m…ウ　になることがわかる。

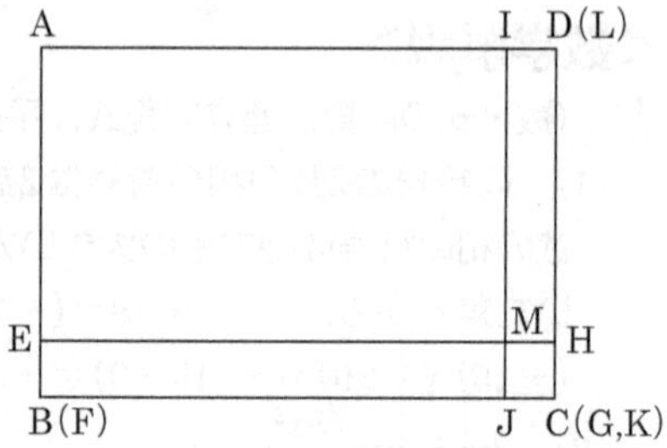

(2)　エ　(求める過程)(例)$6.4^2=40.96$，$6.5^2=42.25$　この計算結果から，$6.4<\sqrt{41}<6.5$　したがって，$\sqrt{41}$の小数第1位は4である。

オ　$6.40^2=40.9600$，$6.41^2=41.0881$　この計算結果から，$6.40<\sqrt{41}<6.41$　したがって，$\sqrt{41}$の小数第2位は0であり，$\sqrt{41}$はおよそ6.4と考えていい。この小数で表した値を使うと，場所②の道の幅は　$7-6.4=0.6$m　になる。

4　(図形の証明)

(1)　(証明)(例)EF//BD…①　EF＝$\frac{1}{2}$BD…②　辺BC上に点Dがあることと①より，EF//DC…③　BD＝2CDであることと②より，EF＝DC…④　③，④より，1組の対辺が平行で，その長さが等しいから，四角形EDCFは平行四辺形である。

(2)　線分ECと線分FDの交点をOとする。平行四辺形EDCFに，EC⊥FD(対角線が垂直に交わる)という条件を加えることで，〔結論〕は「四角形EDCFはひし形」になる。EC⊥FDとなるのは，△ACO≡△AEOとなるときである。△ACO≡△AEOとなるためには，【上田さんのノート】の〔仮定〕に，AC＝AEという条件を加えればいい。AC＝AEという条件を加えたときの，〔結論〕が「四

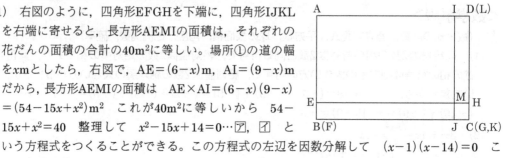

角形EDCFはひし形」となる証明は以下の通りである。（証明）△ACOと△AEOで，共通な辺だから　AO＝AO…①　**平行四辺形では対角線はそれぞれの中点で交わる**から　CO＝EO…②　仮定より　AC＝AE…③　①，②，③より，3辺がそれぞれ等しいので　△ACO≡△AEO　合同な図形では，対応する角の大きさは等しいから　∠AOC＝∠AOE＝90°　よって，四角形EDCFは平行四辺形で，その対角線が垂直に交わるから，ひし形になる。

5　(三平方の定理，線分の長さ)

(求める過程)(例)BD＝xとすると，AD＝DM＝$6-x$　点Mは辺BCの中点だから，BM＝3　△DBMは，∠DBM＝90°の直角三角形だから，$x^2+3^2=(6-x)^2$　これを解くと，$x=\frac{9}{4}$　$x=\frac{9}{4}$は問題に適している。

6　(関数とグラフ)

(1)　点Bのx座標は0で，点Bは$y=-\frac{2}{3}x+4$上にあるから，そのy座標は　$y=-\frac{2}{3}\times0+4=4$

(2)　関数$y=ax$のグラフに関して，線分OA上の点でx座標とy座標がともに整数である点が，原点以外に1個となるようなaの値のうち，最も小さくなるのは，右図に示す点(4，1)を通るときである。このときのaの値は，$y=ax$に点(4，1)の座標を代入して　$1=a\times4$　$a=\frac{1}{4}$

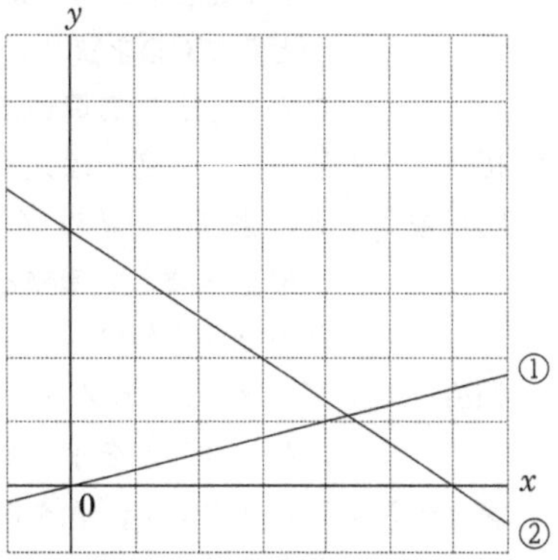

＜英語解答＞

1　問題A　No. 1　ア　　No. 2　イ　　No. 3　エ　　No. 4　エ

問題B　(例) I don't agree. New Year's Day is a special day, so I think we should send New Year's cards with special messages written by hand.

2　1　ウ　　2　エ　　3　(例)improve　　4　(1)　(例)examples　　a　ア　　b　ウ　　c　カ　　d　エ　　(2)　(例)lives　　5　(例)What kind of machines with AI do you want to use to help other people?

3　1　(例)(1)　He has lived there for fifteen years.　　(2)　They enjoyed talking with the people who visited their cafe.　　2　wanted many people to know　　3　ウ，エ　　4　い　　5　ウ　　6　(1)　(例)I think he should hold an interesting event which young people can join at his cafe.　　(2)　(例)It is important for young people to think their town is a good place to live in. He can tell them about good things in the town through the event.

4　(例) I think a Japanese restaurant is good for you. I am sure you like cooking, so you will enjoy learning about Japanese food there.

＜英語解説＞

1　(リスニング)

放送台本の和訳は，53ページに掲載。

2 (会話文問題：グラフを用いた問題，語句の解釈・指示語，語句補充・選択，自由・条件英作文)

(全訳)

拓海　：僕たちは，国際会議で私たちの生活の中の人工知能について話すということはもう決めたよね。人工知能は機械の中の頭脳のようなものだよね？

明日香　：そうね。私たちの生活の中に，人工知能を備えたたくさんの種類の機会を目にすることができるわ，スマートフォン，ロボット掃除機，そしてエアコンのようなものね。

ジェーン：先週末，私は新しいショッピングモールで人工知能を備えたロボットを見たの。そのロボットは，「このショッピングモールについての情報をお伝えします。」と言ったの。私がどこでCDを買うことができるのかたずねたら，ロボットは①その質問に素早く答えたのよ。とても驚いたわ。

拓海　：最初に，会議では人工知能を備えた機械の例を示すんだよね。

明日香　：その通りよ。私はグラフ1とグラフ2を持ってきたわ。これらのグラフでは，人々が人工知能を備えた機械と一緒に働かなければいけないときにどのように感じるかを示すことができるわね。

拓海　：グラフ1は，アメリカの約75%の人たちが人工知能を備えた機械と働くことは嬉しくないということを示しているよ。それはなぜかな，ジェーン？

ジェーン：アメリカでは，人々は仕事の成果で評価されることがよくあるの。だから，彼らは人工知能を備えた機械が彼らよりも良い仕事をすれば仕事を失ってしまうのではないかと不安なのよ。

明日香　：なるほどね。グラフ2は，日本の50%以上の人たちは人工知能を備えた機械と一緒に働くことは構わないと思っているということを示しているわ。

拓海　：多くの日本の人たちは漫画や映画にあるロボットが出てくる話が好きだよ。これは日本の文化の一部だそうなんだ。だから，多くの日本の人たちにとっては人工知能を備えた機械と一緒に働くことは問題ないんだよ。

ジェーン：それは興味深いわね。人工知能を備えた機械の例を示した後に，日本とアメリカの人たちのこの違いについて話しましょう。

明日香　：それはいいわね。拓海，あなたはグラフ3を持ってきたのよね。それについて私たちに話してくれる？

拓海　：ええと，20歳以上の人たちがグラフ3の質問に答えたよ。それは日本人たちの約$_A$40%が人工知能を活用するために取得したい技能はないと答えているということを示しているよ。僕は日本の人たちはその技能を身につける必要があると確信しているんだ。

ジェーン：私たちはこの状況を$_B$改善するためにできることを見つけた方がいいわね。私は日本の人たちは人工知能を備えた機械と共に生活する準備をした方がいいと思うわ。

明日香　：その通りね。でもグラフ3からは，日本の人たちの中にも人工知能を理解して，どのように活用するのかを考えたいと思っている人たちがいるということが分かるわ。たくさんの日本の高校生はきっと人工知能に興味をもっていると思うわ。

拓海　：僕もそう思うよ。人工知能を備えた機械は僕たちの生活の一部だ。人工知能を活用することによってどのように僕たちの生活が改善するかについて考えた方がいいと思う。

ジェーン：それでは，会議では生徒たちに人工知能と共に生活することについて質問してみる？

拓海　：いいよ。じゃあ②会議でどんな質問をするかについて話し合おう！

1　全訳参照。下線部①直前のジェーンの発言に注目。<疑問詞＋主語＋動詞>の語順に注意(間接疑問)

2　全訳及びグラフ3参照。

3　improve ＝改善する　空所B直前の拓海の発言の最後の文，および直後のジェーンの発言に注目。拓海の6番目の発言の中にこの語があることもヒントになる。

4　(問題文訳)

> 国際会議でやること
>
> 1.　人工知能を備えた機械の$_{(1)}$例をいくつか示す。
>
> 2.　アメリカと日本の人たちの違いについて話す。
>
> ＊違い：アメリカの人たちの$_{a}$約25％は人工知能を備えた機械と働くことを問題ないとしているが，日本の人たちは$_{b}$半分以上がそのように思っている。
>
> ＊理由：アメリカの人たち　$_{c}$仕事を失うことを不安に思っている
>
> 日本の人たち　$_{d}$漫画や映画のロボットが出てくる話が好きだ
>
> 3.　人工知能との私たちの$_{(2)}$生活について話し，いくつか質問をする。

全訳及びグラフ1，2，3参照。　(1)　拓海の2番目の発言に注目。　(2)　拓海の6番目の発言に注目。　a　グラフ1参照　b　グラフ2参照　c　ジェーンの2番目の発言に注目。　d　拓海の4番目の発言に注目。　lives は life の複数形で「生活，暮らし」の意味。　living は「生活，生計」を表す。解答は living でも間違いではないだろう。

5　(解答例訳)　あなたは，他の人たちを助けるために人工知能を備えたどのような種類の機械を活用したいと思いますか？　下線部②直前のジェーンの発言を参考にする。

3　**(長文読解問題・エッセイ：英問英答，語句の並べ換え，語句補充・選択，語句の解釈，文の挿入，内容真偽，条件・自由英作文)**

(全訳)

ジェームズ　ジョンソンは15年間日本に住んでいるカナダ人です。彼はユリという日本人の女性と結婚し，今は2人の若い息子たちがいます。ジェームズが日本でユリの両親の家を初めて訪れた時，彼はこの町が大好きになりました。ジェームズとユリはこの美しい町で子どもたちを育てた方が良いと思ったので，ここで暮らすことに決めました。

ジェームズとユリの夢は古い日本の伝統的な家でカフェを経営することです。彼らはこの町で良い家を見つけました。ジェームズはユリに言いました，「この家は私たちのカフェにいい場所になると思うよ。ここでみんなが素敵な時間を過ごすといいなあ」。それから彼らはその家を買い，カフェを開きました。【あ】

まもなく，この町のたくさんの人たちがカフェに来始めました。ジェームズとユリはいつもそのカフェで人々とのおしゃべりを楽しみました。ある日，ジェームズと彼の友だちが彼らの町について話しをしていました。彼の友だちが言いました，「たくさんの人たちが私たちの町を離れていっているんだ，彼らは都市に住む方がいいと思っているからね。これは町にとって大きな問題だよ」。ジェームズはそれを聞いて，悲しく思いました。「この町にはたたくさんの良い物があります，でも多くの人たちがそれを知らないのです」。ジェームズは友だちに言いました。ジェームズはユリに聞きました，「私たちの町でこの問題を解決するために私たちには何ができるだろう？」

ジェームズとユリは彼らの町のすてきなものを$_{①}$たくさんの人たちに知ってほしいと思いまし

た，そこで彼らは町についてのウェブサイトを作りました。ジェームズは町の人気のある場所について情報を集め，ウェブサイト用の地図を作りました。彼はまた，町のたくさんの伝統的な行事に参加して，たくさんの人たちに会いました。彼は行事についての歴史や伝統を学びました。ジェームズとユリはそれらについて英語と日本語で書き，その話をウェブサイトに載せました。【い】そして世界中の人たちがそれらを読むことができました。

数か月後，他の町や国々からの人々がその町にやってきました，ジェームズとユリのウェブサイトを見たからです。ジェームズの友だちはワクワクしました，他の場所から来た人たちがその町に興味をもってくれたからです。彼らはジェームズとユリにとても感謝しました。彼らはジェームズに言いました，「君たちを手伝うために，僕たちに何かできることはあるかな？」 ジェームズは彼らに言いました，「いくつか観光プログラムを作りたいと思っているんだ。そのプログラムのツアーガイドになってくれるかな？」

ジェームズと彼の友だちとその町の人たちの何人かがツアーガイドになり，②いくつかの面白い観光プログラムを作りました。日本の他の場所や世界中の他の国々から来た人たちはその町を訪れ，観光プログラムの間ずっと素敵な時間を過ごしました。例えば，彼らはジェームズの地図にある人気のある場所を訪れたり，町のお祭りに参加したり，その町の人たちと米の収穫をすることができました。ツアーの後で，観光客はジェームズとユリのカフェに行きました。彼らは町の素敵な魅力について話しました。町の人たちはそれを聞いてとても喜びました。【う】

ジェームズは言いました，「今はこの町の人たちは，ここにはたくさんの美しいものがあるということを知っています。彼らは自分たちの町に誇りをもち，それについて観光客に伝えたいと思っています」。ユリは言いました，「時々，息子たちが観光プログラムに関して私たちを手伝ってくれます。私たちはもっと多くの若い人たちが私たちの町の魅力を理解して，将来ここに住んでくれるといいと思います」。【え】

1 (1) ジェームズはどのくらい日本に住んでいますか？／彼はそこに15年間住んでいます。第1段落1文目参照。 (2) ジェームズとユリは彼らのカフェで何を楽しんでいますか？／彼らはカフェを訪れた観光客とおしゃべりを楽しんでいます。第6段落最後から2文目3文目参照。

2 (James and Yuri)wanted many people to know (the great things in their town,)
< **want** +人+ **to** +動詞の原形～>で「(人)に～してほしいと思う」

3 全訳参照。第6段落3文目参照。

4 全訳参照。問題文の them は，空所【い】直前の文の the stories を指す。

5 全訳参照。 ア その町の人たちはジェームズとユリのために日本の伝統的な家を建てた。
イ ジェームズの友だちはジェームズに観光プログラムのガイドになってほしいと頼んだ。
ウ 日本の人たちと他の国々から来た人たちはその観光プログラムを楽しんだ。(○) 第6段落2文目参照。 エ ジェームズとユリ息子たちはウェブサイトを作ることに関して彼らを手伝った。

6 (問題文訳)優太：ジェームズはいくつかのことをしてその町の問題を解決しようとしたね。彼は，問題を解決するために次に何をすればよいかな？君自身の考えを教えて。／菜月：(1)私は，彼は彼のカフェで若い人たちが参加できるイベントをやった方がいいと思うわ。／優太：分かった。なぜそう思うの？／菜月：(2)若い人たちが自分たちの町は暮らすのに良いところだと思うことが大切よ。彼は，イベントを通して町の良いことについて彼らに伝えることができるわ。

4 **(自由・条件英作文)**

(電子メール①訳)

件名：私が暇な時間にすることについて

こんにちは，香織。メールをありがとう。私の職場体験について場所を推薦してくれると分かり嬉しいです。私が自由な時間にすることについて書きます，この情報が役に立つといいと思います。

私には弟がいます，そして空いている時間には彼と遊びます。彼はとても楽しんでくれます。私は犬を2匹飼っています。毎朝散歩に行き，毎晩ブラシをかけてあげます。私は週末には家族のために夕食を作ります，家族はとても気に入ってくれます。私は毎月3冊以上本を読み，友だちとそれについて話をします。

あなたからのメールを待っています。

ケイティ

(電子メール②訳)

件名：職場体験

こんにちは，ケイティ

私はあなたの職場体験にこの場所を推薦します。

私はあなたには和食レストランがいいと思います。あなたはきっと料理が好きだと思うので，そこで和食について学ぶことを楽しむと思います。

あなたはそこで良い経験をすると思います。あなたはどう思いますか？　もし何か質問があれば私に聞いてください。

香織

2019年度英語　聞き取り検査

〔放送台本〕

英語の検査を開始します。1番の問題に入ります。はじめに，1番の問題についての説明を行いますから，よく聞きなさい。1番の問題には，問題Aと問題Bの2種類の問いがあります。まず問題Aについては，英語による対話を放送し，その内容について英語で質問をしますから，質問に対する答えとして最も適切なものを，問題用紙のア～エの中から選んで，その記号を書きなさい。次に問題Bについては，問題Aが終了したあとに，英文を放送しますから，それに基づいてあなたの答えを英文で書きなさい。対話，英文及び質問はすべて2回ずつ放送します。メモをとっても構いません。では，問題Aを始めます。

問題A

これから，No. 1～No. 4まで，対話を4つ放送します。それぞれの対話を聞き，そのあとに続く質問の答えとして最も適切なものを，ア～エの中から選んで，その記号を書きなさい。

No. 1　A: Good morning, Judy. It's Sunday today. Are you going to go out?

B: Yes. I'm going to go shopping with my friends this afternoon. I hope it'll be sunny.

A: Let's see. The Internet says it'll be cloudy in the morning but rainy in the afternoon.

B: Oh, no!

Question No. 1: How will the weather be on Sunday?

No. 2　A: What sport do you like the best, Mr. Jones?

B: I like soccer the best. What's your favorite sport, Ayaka?

A: I like basketball the best. But in my class, soccer is more popular

than basketball.
B: I see. Is soccer the most popular sport in your class?
A: No. Look at this graph, Mr. Jones. Baseball is more popular than soccer in my class.
Question No. 2: Which graph are Ayaka and Mr. Jones looking at?

No. 3 A: Emma, I'm sorry I'm late.
B: Ken! I said, "We'll meet at the station at 3:00 p.m."
A: Sorry, but I couldn't finish my homework.
B: It's already 3:20. The concert will start soon.
A: Yes. We have only ten minutes before the concert starts.
B: Let's go!
Question No. 3: What time will the concert start?

No. 4 A: Eric, you came back home so soon. Did you enjoy reading at the library?
B: No, I didn't. I just borrowed some books.
A: Oh. Were there too many people there?
B: No. I was too hungry to read any books there.
A: All right. Please have some cake. Here you are.
B: Thank you.
Question No. 4: Why did Eric come back from the library so soon?

〔英文の訳〕

No. 1 A：おはよう，ジュディ。今日は日曜日です。出かけるつもりですか？
B：はい。私は今日の午後友だちと買い物に行くつもりです。晴れるといいと思います。
A：ええと。インターネットによると午前中は曇りですが，午後は雨です。
B：おお，うそでしょう！
質問1：日曜日の天気はどうでしょうか？

No. 2 A：何のスポーツがいちばん好きですか，ジョーンズ先生？
B：私はサッカーがいちばん好きです。あなたの好きなスポーツは何ですか，アヤカ？
A：私はバスケットボールがいちばん好きです。でも私のクラスでは，サッカーがバスケットボールよりも人気があります。
B：なるほど。あなたのクラスではサッカーがいちばん人気があるスポーツですか？
A：いいえ。このグラフを見てください，ジョーンズ先生。私のクラスでは，野球がサッカーよりも人気があります。
質問2：アヤカとジョーンズ先生が見ているのはどのグラフですか？

No. 3 A：エマ，遅れてごめんなさい。
B：ケン！私は「午後3時に駅で待ち合わせしましょう」って言ったわ。
A：ごめん，宿題を終わらせることができなかったんだ。
B：もう3時20分よ。コンサートがもうすぐ始まるわ。
A：うん。コンサートの開始までにあと10分しかない。
B：行きましょう！
質問3：コンサートは何時に始まりますか？

No. 4 A：エリック，ずいぶん早く帰ってきたね。図書館で読書を楽しみましたか？
B：いいえ。何冊か本を借りただけです。
A：おお。図書館は人が多すぎましたか？
B：いいえ。お腹がすいてそこで本を読めなかったのです。
A：分かりました。ケーキを食べてください。さあどうぞ。
B：ありがとう。
質問4：エリックはなぜ図書館からすぐに戻ってきたのですか？

〔放送台本〕

次に問題Bに入ります。これから放送する英文は，英語の授業で，先生がクラスの生徒に対して話したときのものです。先生の質問に対して，あなたならどのように答えますか。あなたの答えを英文で書きなさい。なお，2文以上になっても構いません。

問題B

On New Year's Day, I get a lot of beautiful New Year's cards from my friends. I also send many New Year's cards to my friends. But some people say that we don't need to send New Year's cards. What do you think about this idea? And why do you think so?

〔英文の訳〕

元日に，私は友だちからたくさんのきれいな年賀状をもらいます。私も友だちにたくさん年賀状を送ります。でも年賀状を送る必要はないという人たちもいます。この考えについてあなたはどう思いますか？　そしてなぜそう思うのですか？

(解答例訳)私は賛成しません。元日は特別な日です，だから私は，手書きの特別なメッセージを添えた年賀状を送った方がいいと思います。

これで，1番の問題の放送を全て終わります。

＜理科解答＞

1　1 蒸留　2 (例)試験管にたまった液体の逆流。　3 ウ
4 (1) (例)エタノールの沸点は水の沸点よりも低いため。
(2) 77.0(77)　5 C，H

2　1 ア，イ，ウ　2 (例)子房がなく，胚珠がむき出しになっている。　3 (例)輪郭の線を重ねがきしているところ。
4 X 平行脈である(平行に通っている)。　a ア　b イ
5 右図　6 (例)容器の中の温度が下がっているので，飽和水蒸気量が小さくなり，湿度が上がった

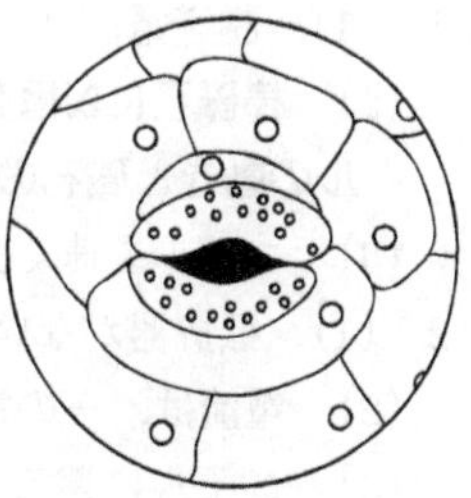

3　1 (1) (例)コイルの中の磁界が変化しないため。　(2) イ，エ　(3) (例)コイルを速く動かす　2 (1) (例)回路に大きい電流が流れなくなるため。　(2) X ⊖
Y 電子　(3) a 東　b N　c 西

4　1 恒星　2 (例)見ることができません　3 a 土星　b ウ　4 (1) エ
(2) ク　5 7

＜理科解説＞

1 (状態変化，蒸留，密度，有機物)

1　液体の混合物を，沸点のちがいによって成分ごとに分ける方法である。

2　試験管にたまった液体にガラス管が入っていると，火を消したときに，試験管の中の液体がフラスコに逆流してしまう。

3　液体から気体への状態変化であるため，物質の粒子自体は変化しないが，粒子どうしの間隔が広がるため，液体から気体に変化すると，体積が増える。

4 (1)　エタノールの沸点は水よりも低いため，混合物を加熱すると，エタノールが沸点に達して状態変化を始める。

(2)　液体の密度を求める。密度〔$\mathrm{g/cm^3}$〕$=\dfrac{\text{質量〔g〕}}{\text{体積〔}\mathrm{cm^3}\text{〕}}$より，$\dfrac{15.3\text{〔g〕}}{18.0\text{〔}\mathrm{cm^3}\text{〕}}=0.85$〔$\mathrm{g/cm^3}$〕　この密度をグラフにあてはめると，77%であることがわかる。

5　Ⅱの結果から水が，Ⅲの結果から二酸化炭素ができていることがわかる。水は水素の酸化物であることから，エタノール中の水素が空気中の酸素と結びついて水になったと考えられる。また，二酸化炭素は炭素の酸化物であることから，エタノール中の炭素が空気中の酸素と結びついて二酸化炭素になったと考えられる。

2 (植物の体のつくりとはたらき，植物の分類，湿度)

1　シダ植物は胞子でふえるため，花がさかない。よって，花粉はつくらない。

2　裸子植物は，胚珠がむき出しになっているが，被子植物は，胚珠が子房の中にある。

3　観察したものをスケッチするときは，先の細い鉛筆を使って，観察するものの輪郭をはっきりとかく。問題の図は，重ねがきをしているので正しくない。

4　ツユクサは単子葉類である。単子葉類の植物の根はひげ根で，茎の維管束は散在しており，葉脈は平行脈なのに対し，双子葉類の植物の根は主根と側根からなり，茎の維管束は輪状に並び，葉脈は網状脈になっている。

5　孔辺細胞に囲まれたすきまの部分が気孔である。

6　温度が下がると飽和水蒸気量は小さくなるので，空気中に実際にふくまれている水蒸気量が変化しなくても，温度が下がるだけで湿度は上がる。

3 (磁界)

1 (1)　誘導電流は，コイルの中の磁界が変化したときに生じる。

(2)　棒磁石にN極を近付けたら右に振れることから，同様に右に振れるようにするには，コイルの動きと磁石の極の両方を逆にする。よって，S極からコイルを遠ざける動きをすればよい。

(3)　コイルを速く動かすことで，磁界の変化が大きくなり，誘導電流が大きくなる。

2 (1)　抵抗器がないと，回路に過大な電流が流れ，電流計が破損するおそれがある。

(2)　電流は，－の電気を帯びた電子の流れである。

(3)　コイルに電流が流れる向きに右手の4本の指を合わせてコイルをにぎると，親指が東側を向くことから，このコイルは東側のはしがN極となっている。東の位置に棒磁石のN極を置くと，コイルの磁界と棒磁石の磁界が反発しあい，コイルは西側に動く。

4 (天体)

1　自ら光りかがやく天体を，恒星という。

2　金星は，地球よりも内側を公転している天体であるため，常に地球から見て太陽の方向に見える。

3　火星と金星は地球型惑星，土星と木星は木星型惑星である。

4　(1)　金星の右側が光っているので，地球から見て，太陽よりも左側に金星がある。また，半月形に見えることから，地球－金星－太陽を結んだ角度がほぼ90度になる。

(2)　午後8時の地球から南東の方角を観察したとき，図2ではクが観察できる。

5　同じ星は，**年周運動によって，1か月後の同じ時刻(午後9時頃)に30°西に移動している。日周運動では，1時間経つごとに15°，東から西へ移動**するため，30°東にもどすには，30°÷15°＝2〔時間〕より，午後9時の2時間前の午後7時となる。

＜社会解答＞

[1]　1　(1)　千島海流(親潮)　(2)　X　ウ　Y　オ　(3)　(例)海岸が入り組んでおり，湾内は比較的波が静かであるため。　2　(1)　イ，ウ　(2)　(例)東北地方の農業生産額に占める稲作の生産額の割合を示す資料　3　(アを選んだ場合)　(例)りんごの流通にかかる費用を減らすことができるため。　(イを選んだ場合)　(例)りんごを加工して価値を高めることができるため。

[2]　1　(1)　イ　(2)　A　(例)唐の政治制度や文化を日本に取り入れること　B　(例)他の小国よりも優位に立ち，支配を安定させる　2　ウ　3　(例)アジアで信者を増やすことで，ヨーロッパで勢力を伸ばしているプロテスタントに対抗するため。　4　ア，エ
5　(例)高度経済成長期の日本の主な産業は重化学工業であり，生産に必要な石油の価格が中東戦争をきっかけに大幅に上がったため。

[3]　1　(1)　ア，ウ　(2)　世界人権宣言　2　(例)世界の平和と安全を維持する
3　ユネスコ(UNESCO，国連教育科学文化機関)　4　〔ア〕　(例)食料を配布することで，人々を飢餓状態から救う。　〔イ〕　(例)食料の生産に必要な知識や技術を習得させることで，人々が自立して食料不足に対応できるようにする。

[4]　1　エ　2　(例)国内も海外も同じ表示になるので，海外で生産された繊維製品の取り扱いが分かりやすくなるため。　3　(1)　中継貿易　(2)(例)日本が東南アジア諸国と貿易を直接行うようになったため。　4　(1)　イ　(2)　(例)外国人留学生の出身国と日本との習慣や文化の違いを分かりやすい冊子にして外国人留学生と日本人留学生に配り，お互いの習慣や文化の違いを理解して行動できるようにする。

＜社会解説＞

[1]　**(地理的分野―日本地理―日本の国土・地形・気候，農林水産業)**

1　(1)　**三陸海岸**は岩手県南部から宮城県北部にかけてのリアス海岸の名称。三陸沖には寒流の**千島海流(親潮)**と暖流の**日本海流(黒潮)**がぶつかる潮目がある。　(2)　東北地方の最北に位置する青森県ではほたての養殖が盛ん。秋田県，山形県は日本海側に位置する。　(3)　**リアス海岸**は外洋の影響が少ないため，波が高くなることが少ない。

2　(1)　「コシヒカリ」「ひとめぼれ」「はえぬき」などの銘柄米は，寒さに耐えうる品種として開発された。アの**二期作**とは1年に2回同じ作物を栽培して収穫することで，米の二期作は亜熱帯や

熱帯の地域で行われることが多い。エの**抑制栽培**とは，夏でも涼しい気候を利用して出荷時期を遅らせる栽培方法のこと。　(2)　東北地方の農業の内訳を把握し，稲作が占める割合を確認する必要があると判断する。

3　アの取り組みについて，生産者であるりんご農家と消費者が直接取引を行っていることが読み取れる。卸売業者や小売業者を介さないことで流通経路を短縮しているため，りんご農家は通常の卸売価格よりも高い値段で消費者と取引することが可能になり，所得を増やすことができる。イの取り組みについて，規格外の果実がかつては廃棄されるなどして市場に出回ることは少なかったが，それらを加工することで販売を可能にしたり，新鮮なまま加工することで付加価値を高めることができ，売り上げを増やすことができる。

2　**(歴史的分野―日本史―時代別―古墳時代から平安時代，鎌倉・室町時代，明治時代から現代，日本史―テーマ別―政治・法律，経済・社会・技術，文化・宗教・教育，外交)**

1　(1)　奈良時代の**平城京**は，唐の都**長安**をモデルに造営された。唐の影響を受けた国際色豊かな奈良文化を**天平文化**という。アは長江の河口に位置する中国最大の貿易港が位置する都市。ウは中国東北区に位置する都市の旧称(現在の瀋陽)。エは現在の中国の首都。　(2)　弥生時代の**卑弥呼**が「魏の皇帝に倭国(日本)の支配権を認めてもらう」必要がある理由として，〔国内の様子〕に「…多くの小国のうち30ほどの小国を従えて政治を行った」とあることから，倭国内に敵対する小国が多数存在したと考えられることから判断する。これに対して奈良時代は，〔国内の様子〕から朝廷の支配が全国に及んでいることが読み取れる。人々の支配にあたって必要となる都の造営や律令制度について唐から学ぼうとし，遣唐使を派遣していたと判断する。

2　**勘合貿易**が行われたのは室町時代。アは江戸時代，イは明治時代，エは奈良時代のころの様子。

3　**プロテスタント**は**宗教改革**によって新たにおこったキリスト教の宗派の1つで，ヨーロッパで急速に勢力を拡大した。これを受けて，宗教改革で批判を受けたカトリック教会の中で**イエズス会**が結成され，アジアやアフリカなどへの布教に乗り出し，海外への勢力進出をはかった。

4　明治時代には富国強兵や殖産興業，憲法の制定や帝国議会の開設などの近代化政策が取られ，不平等条約の改正を目指した。官営模範工場の設立は**殖産興業**政策の一環として行われた。イ・ウは太平洋戦争後にGHQが行った民主化政策。

5　グラフから，当時の日本のエネルギーの中心が石油であることが読み取れる。また，下線部⑤が**石油危機(オイルショック)**についての記述であることから，高度経済成長期の日本の主な産業が石油化学工業などの**重化学工業**であり，原料となる石油の価格が大幅に上がったことで，日本経済が大打撃を受けたと判断する。

3　**(公民的分野―国際社会との関わり)**

1　(1)　イ…**安全保障理事会**の仕組み。エ…安全保障理事会の**常任理事国**がもつ**拒否権**の仕組み。(2)　1948年に国際連合で採択された**世界人権宣言**では，達成すべき共通の人権保障の水準が掲げられた。それらの実現のため，1966年に法的拘束力をもつ**国際人権規約**が採択された。

2　安全保障理事会は，**アメリカ・イギリス・フランス・ロシア・中国**の常任理事国と，2年ごとに総会で選出される10か国の非常任理事国によって構成される。安全保障理事会の決議によって，紛争地で**PKO(平和維持活動)**を行うことがある。

3　**ユネスコ(UNESCO)**は国連教育科学文化機関の略称で，世界遺産の選定などを行う。

4　ア…「飢餓状態」「食料を輸送し，人々に配布」から判断する。イ…アのように食料を配布するだけでは南スーダンの人々を一時的にしか救えず，支援の長期化にもつながる。「病気や乾燥に強く比較的少ない肥料で栽培が可能な稲の普及」「この稲の栽培に必要な知識や技術」から，現地の人々がみずから食料を生産できる方法を考え，それを普及させる手助けを行っていると判断する。

4 (地理的分野―日本地理―貿易，世界地理―人々のくらし，歴史的分野―日本史―時代別―鎌倉・室町時代，日本史―テーマ別―外交)

1　人件費などの安いアジア諸国に工場が移転することで**産業の空洞化**が進行しており，工業製品の生産の衰退だけでなく，失業者の増加や技術力の低下にもつながる。

2　会話文中の下線部②の1行上に「繊維製品の輸入や輸出が活発になっていることへの対応」とあることに着眼する。日本国内の繊維製品の多くは海外からの輸入品であることから，表示を合わせておくことで，日本の消費者の混乱を防ぐことにつながると判断する。

3 (1)　**琉球王国**は15世紀に中山王の**尚氏**によって統一され，明からの輸入品を転売する**中継貿易**をさかんに行うことで繁栄した。　(2)　地図から，17世紀初めころの東南アジア各地に多数の日本人在住地があることが読み取れ，**朱印船貿易**が活発に行われていたことを示している。朱印船貿易とは，朱印状をもった日本の船が東南アジアに直接出向いて取引する貿易のことで，中継貿易で東南アジアの物品も扱っていた琉球王国では取引が減少したと判断する。

4 (1)　拓也さんの予想文中の「国民の所得が増えた」かどうかを確かめる資料として，国内で生み出した財やサービスの総額である**国内総生産(GDP)**の推移を知る必要があると判断する。エだと，海外の企業(工場)が多く進出している地域なので，現地の人々の利潤にならないことがある。　(2)　外国人留学生に母国との習慣の違いを理解してもらうことを念頭に置く必要がある。違いを理解する場合において，「○○する場合，母国ではAという行動をとるが，日本ではBという行動をとる」のように，双方の文化について示す必要がある。また，外国人留学生に日本の習慣について周知することと同様に，日本人学生も彼らとの習慣の違いを理解する努力も必要である。

<国語解答>

一　1　①　ゆかい　②　おとろ　③　つか　2　イ　3　(例)平然としている
4　ⓒ　5　(例)いつの間にか老婆の存在を忘れて席にすわろうとしていた自分に気付き，自分もまた軽蔑に価するような存在になってしまったと思った　6　(例)自分の行動は，でき心から発したものだと解釈しても慰まないところや，だれかに見とがめられたわけでもないのに，しょげてしまうところから，少しでも自分の中に汚点があることを嫌う，繊細な人物であると読み取れる。

二　1　①　深　②　予測　③　好　2　ア　3　(例)太陽の光と水と土を奪い合う激しい競争。　4　(例)雑草は撹乱に強い傾向があるとされ，競争やストレスに強い植物が有利にならないような，撹乱の起こる場所に生え，その撹乱を乗り越えられるから。
5　Ⅰ　(例)読み手のもつ感覚　Ⅱ　(例)読み手の興味・関心をひく　Ⅲ　(例)想定される反論とそれに対する筆者の反論

三　1　声を飛ばす　2　(例)春風に乗って洛陽の町いっぱいに響き渡っている
3 (1)　絶句　(2)　(例)旅立つ人との別れの曲とされていたので，この曲を聞いた李白は，自分のことと重ね，故郷を思う気持ちを起こさずにはいられなくなったといえる。

四 （例） 私は，親父が凧あげに熱中し，大人げなくなっていく様子を伝えたらよいと考える。
理由は，この噺の面白さが，凧あげをきっかけに，親父がまるで別人のようになるところにあると思うからだ。凧あげ前の親父は，物を買わされ，息子を連れてくるのではなかったと言うなど，息子に手を焼いているが，凧があがると熱が入り，糸をもっと買えばよかったと言ったり，息子に糸を持たせなかったりして，最後には息子から連れてこなければよかったと言われるなど，凧あげ前と対照的な様子になる。このような親父の変化に面白さがあるといえる。

＜国語解説＞

一 （小説―情景・心情，文脈把握，指示語の問題，脱文・脱語補充，漢字の読み，熟語）

1 ① そのものの持つおおらかさや楽しさが，のびやかで満ち足りた気分にさせる様子。
② 「衰」は，訓読みが「おとろ・える」で送り仮名に注意する。音読みは「スイ」である。
③ 「疲」は，やまいだれ。訓読みが「つか・れる」で，音読みが「ヒ」。

2 「動揺」は，**同じ意味の字の組み合わせ**だ。選択肢のアは逆の意味の字の組み合わせ，イは同じ意味の字の組み合わせ，ウは上の字が下の字を修飾する組み合わせ，エは上の字が下の字を打ち消す組み合わせである。

3 （ ）には乗客たちがどんなであったかを補えばよい。傍線2の前に「老婆の存在にはほとんど気がつかぬように，平然としておさまり返っている乗客」とあるので，**平然とした様子でいること**を解答する。

4 波線c「かれ」は，老婆の存在がてんで眼中にないとされる人物である。前文の「この男」を指している。それ以外は，この物語の中心人物の「かれ」である。

5 この時，「かれ」は空いた席を見つけて座りたいと思った。**老婆の存在を忘れて座りたいと思った自分に気が付いた**のだ。そんな自分は老婆にとって席を奪い合う競争者となっていて，「かれ」自身が，**さっきまで軽蔑していた席を譲ろうとしない人たちと同じだと思った**のである。

6 まず，自分の行動が「発作的なでき心だと解釈しようとした」が，それでも慰められなかったところや，誰にも気づかれないような思考の中での失敗でも「すっかりしょげてしまって」いるところから，**自分の失敗や汚点を極度に嫌がる高尚な人物である**ことが読み取れる。また「自分の道徳的意識がその事実によって，傷つけられたことによっての憤慨」を持つほどに**潔癖である**こともわかる。こうした自分の些細な失敗を許せないことからも，**自分に厳しく正義感もある一方で傷つきやすいナイーブさも持っている**と言えよう。

二 （説明文―大意・要旨，内容吟味，文脈把握，指示語の問題，接続語の問題，脱文・脱語補充，漢字の書き取り）

1 ① 「深」は，さんずい。 ② 「測」は，さんずい。 ③ 「好」は，訓読みが「この・む」，音読みが「コウ」である。

2 □の後は，「植物にとっては乾燥や，日照不足、低温など……」と続き，これは「生育に対する不適な状況」である**ストレスの例**である。したがって，空欄に「たとえば」を補うのがよい。

3 傍線1「この競争」の前の「その光と水と土を奪い合って，激しい争いが繰り広げられている」という記述から競争の内容が明らかになっている。

4　雑草はRタイプの攪乱依存型である。「三つ目の……」で始まる段落の内容をおさえよう。まとめると，**「競争やストレスに強い植物が必ずしも有利ではない」環境が掻き乱される攪乱の場所で，「臨機応変に変化を乗り越える強さ」を持っているところが雑草の強さであり，成功者と称される理由**である。この内容を適切にまとめればよい。

5　aは「もしかすると，意外な感じに思えるかもしれない」内容である。したがって，(Ⅰ)には，**読み手が通常に感じていること・持っている感覚という内容**を補って，文脈に合わせる。(Ⅱ)には，その効果の内容を補うのだが，**意外なことを提示する効果としては，読み手の興味・関心を引くということ**が挙げられる。**自分の考えと“違い”を感じたときに，人は注意を引かれたり気にしたりする**ものだ。次に，bについてのまとめが(Ⅲ)に入る。ここでは，既述の「森の中にも雑草が生えている」という**筆者の考えに対する読者の反論を予想し，さらにそれに対しての筆者の反論**がなされている。ハイキングコースなどは森の中といっても「人間が管理をしている場所」という特殊な場所に属することを述べているのだ。

三 (漢文―文脈把握，脱文・脱語補充，表現技法・形式)

1 「飛」にレ点が付いているので，「声」→「飛」の順に読む。

2 「満」は漢和辞典の意味の中で，①いっぱいになる，の意味を用いるのが適切だ。「春風に入りて」は，“春風に乗って”と訳すのがよい。そして笛の音が“洛陽の町いっぱいになる”とは，充満するという意味だから，音が充満するのを“洛陽の町に響き渡っている”とするのがよい。

3 (1)　**四行で出来ているので，絶句**である。八行は律詩となる。　(2) 「折柳」は「旅立つ人との別れの曲」とされていた。だから，旅人である李白は自分と重ね合わせてこの曲を聴き，「何人不起故園情」のように故郷を思う気持ちを起こさずにはいられなかったといえる。

四 (作文)

条件が3つ出ているので，それをまずしっかりとおさえる。一つ目は親父の様子だ。縁日に行くことをしぶっていた父親が，**凧あげに大人げなく熱中している様子に変化したこと**を伝えるのはポイントだ。次にその理由だ。父親がこうした様子になった理由が重要なのは，この父親の変わり方が噺の面白さにつながっているからだ。さんざん「お前を連れてくるんじゃなかった」と物を買うことを嫌がっていた父親が，「糸ォ買っときゃよかったよな……」と言ったり，子どもに糸を持たせなかったりと，すっかり子どもに返ったような様子を見せ、最後には子どもに「お父っちゃん連れてこなきゃあよかった」と言われている。**凧あげ前と後での親と子どもの立場の逆転・父親の心情の逆転に，この噺の面白さ**がある。こうしたことを指定字数でまとめればよいだろう。

MEMO

大切なことはメモしておこうネ！

解答用紙集

○月×日　△曜日　天気（合格日和）

◆ご利用のみなさまへ

＊解答用紙の公表を行っていない学校につきましては、弊社の責任において、解答用紙を制作いたしました。

＊編集上の理由により一部縮小掲載した解答用紙がございます。

＊編集上の理由により一部実物と異なる形式の解答用紙がございます。

人間の最も偉大な力とは、その一番の弱点を克服したところから生まれてくるものである。　——カール・ヒルティ——

※データのダウンロードは 2024 年 3 月末日まで。

東京学参株式会社

※ 185％に拡大していただくと，解答欄は実物大になります。

受検番号	第　　　　番

数　学　解答用紙

得点	

1	(1)	
	(2)	
	(3)	
	(4)	
	(5)	
	(6)	個
	(7)	cm^3
	(8)	

2	(1)	
	(2)	分
	(3)	

3	(1)	度
	(2)	

4	(1)	
	(2)	

5	(1)	
	(2)	（求める過程） （答）　ア　に当てはまる配分時間は イ　に当てはまる配分時間は

6	(1)	△ＣＥＤと△ＣＧＢにおいて 合同な図形の対応する辺は等しいから ＤＥ ＝ ＢＧ
	(2)	

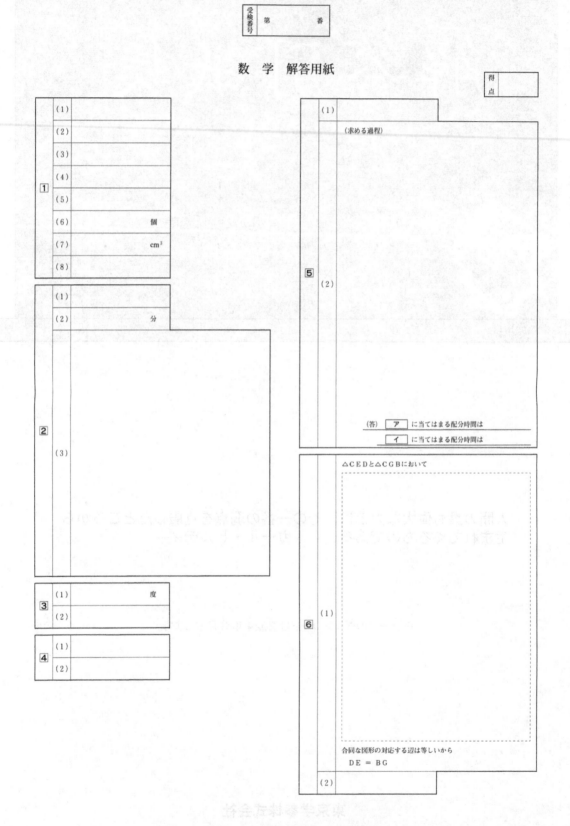

※ 185%に拡大していただくと，解答欄は実物大になります。

受検番号	第　　　番

英　語　解答用紙

得点	

1	問題A	No.1	
		No.2	
		No.3	
	問題B		
	問題C		

2	1		
	2		
	3		
	4		
	5	a	
		b	
		c	
		d	

3	1	(1)	
		(2)	
	2		
	3		
	4		It (　　　　) could understand what mushrooms are talking about.
	5		
	6		

4	問題A	ア	
		イ	
	問題B		

※ 185％に拡大していただくと，解答欄は実物大になります。

受検番号	第　　　番

理　科　解答用紙

得点	

1	1	(1)	
		(2)	
		(3)	a
			b
	2	(1)	
		(2)	
	3		

2	1	(1)		
		(2)	a	b
	2	(1)	はたらき	気体
		(2)		
	3	(1)		
		(2)		

3	1				
	2	(1)			
		(2)			
	3		a		
			記号		
	4	(1)			
		(2)	d	e	f

4	1		
	2	(1)	
		(2)	N
		(3)	
	3		c
			d
	4		

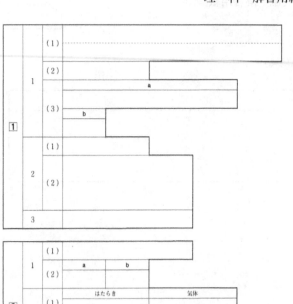

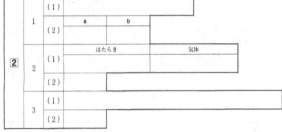

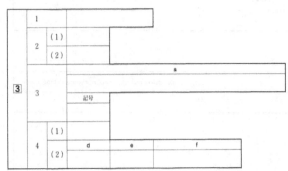

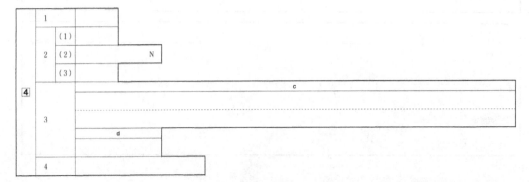

※ 185％に拡大していただくと，解答欄は実物大になります。

受検番号	第　　　番

社　会　解答用紙

得点	

1	1	(1)	
		(2)	
	2	(1)	
		(2)	
	3		
2	1		
	2		
	3		
	4		
	5		
	6		
3	1		
	2		
	3		
	4		
	5		
4	1		
	2		
	3		
	4	(1)	
		(2) 問題点	
		(2) 取り組み	

広島県公立高校　2023年度

※185%に拡大していただくと、解答欄は実物大になります。

受検番号　第　番

国語　解答用紙

得点

一
1 ㋐ ㋑ って ㋒ り
2
3 Ⅰ Ⅱ
4
5
6 (1) (2)

二
1 ㋐ ㋑ らして ㋒
2
3 Ⓐ Ⓑ Ⓒ Ⓓ
4
5

三
1
2
3
200

2023年度入試配点表(広島県)

数学	1	2	3	4	5	6	計
	各2点×8	(3)　4点 他　各3点×2	(1)　2点 (2)　3点	(1)　2点 (2)　3点	(1)　3点 (2)　4点	(1)　4点 (2)　3点(完答)	50点

英語	1	2	3	4	計
	問題A　各2点×3 問題B　3点 問題C　4点	5　各1点×4 他　各2点×4	6　4点 他　各2点×6 (5完答)	問題Aア　2点 イ　3点 問題B　4点	50点

理科	1	2	3	4	計
	1(2),2(1)　各1点×2 他　各2点×5 (3完答)	1(1)　1点 1(2),3(2)　各3点×2 他　各2点×3 (1(2),2(1)各完答)	1,3記号　各1点×2 4(2)　3点(完答) 他　各2点×4	2(1)　1点 3　3点 他　各2点×4 (3,4各完答)	50点

社会	1	2	3	4	計
	3　4点 他　各2点×4	5　3点 他　各2点×5	5　4点 他　各2点×4	4(1)　3点 4(2)　4点(完答) 他　各2点×3	50点

国語	一	二	三	計
	1　1点×3 4,6　各3点×3 他　各2点×4	2　2点　4　5点 5　4点 他　各1点×7	1　2点 2　1点 3　9点	50点

広島県公立高校　　2022年度

※ 169％に拡大していただくと，解答欄は実物大になります。

受検番号	第　　　番

数　学　解答用紙

得点	

1	(1)	
	(2)	
	(3)	
	(4)	
	(5)	
	(6)	
	(7)	度
	(8)	

2	(1)	紅茶　　mL	コーヒー　　mL
	(2)	cm	
	(3)		

3	(1)	
	(2)	

4	〔証　明〕

5	(1)	
	(2)	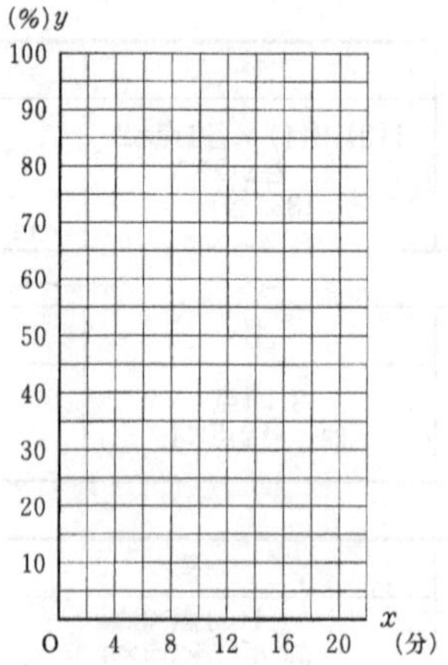 〔説　明〕

6	(1)	
	(2)	〔記　号〕 〔理　由〕

※ 169%に拡大していただくと，解答欄は実物大になります。

受検番号	第　　　番

英　語　解答用紙

得点	

1	問題A	No.1	
		No.2	
		No.3	
	問題B		
	問題C		

2	1		
	2		
	3		
	4	記号	
		日にち	日
	5		

3	1	(1)	
		(2)	
	2		I (　　　) for many years.
	3		
	4		
	5		
	6		

4	問題A	ア	
		イ	
	問題B	記号	
		理由	

広島県公立高校　　2022年度

※ 179％に拡大していただくと，解答欄は実物大になります。

受検番号	第　　　　番

理　科　解答用紙

得点	

1	1	(1)				
		(2)				
	2	(1)	A	B	C	D
		(2)	E	F		
	3		G	H		
			I			

2	1		A	B
	2		C	D
	3		E	
			ⅰ Zn →	ⅱ → Cu
	4	(1)		
		(2)		

3	1			
	2			
	3	(1)	A	B
		(2)	度	
	4	(1)		
		(2)		

4	1	(1)	a
			b
		(2)	
	3	(1)	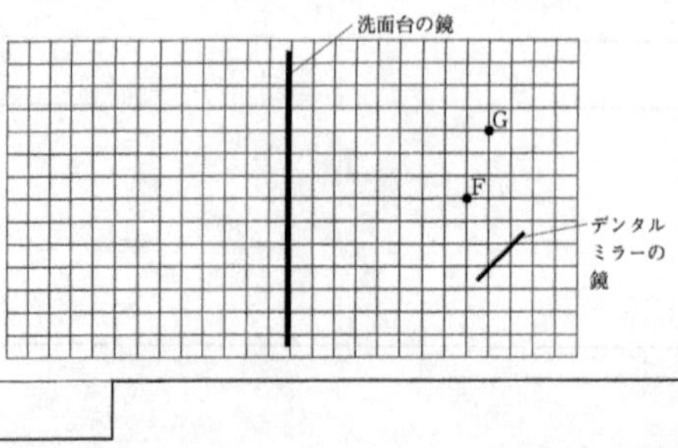
		(2)	

4の2

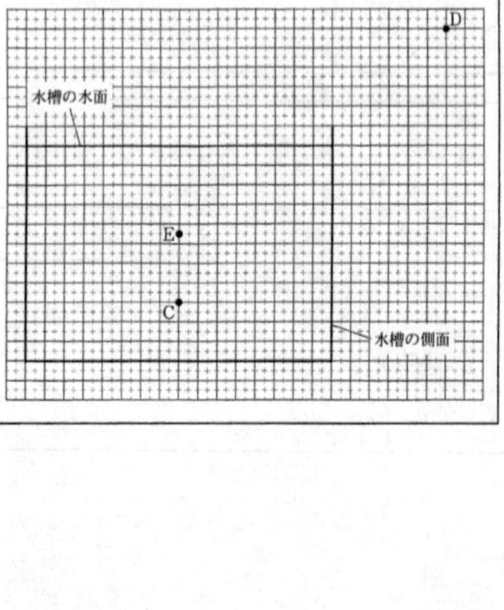

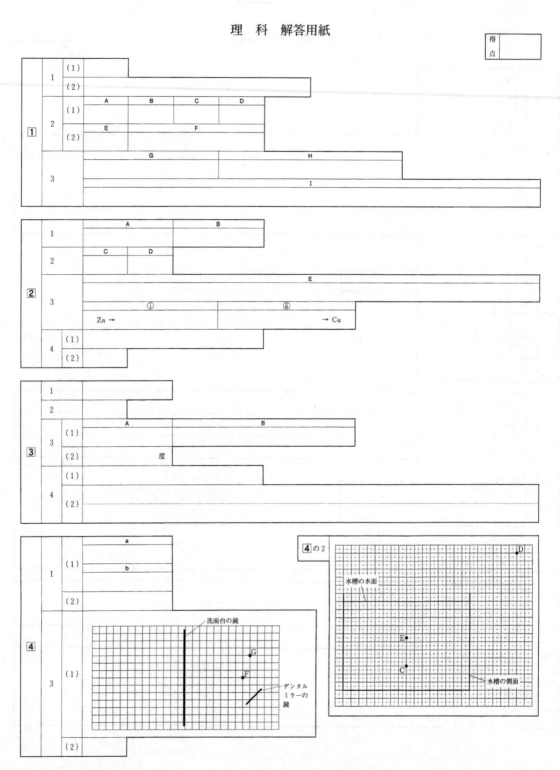

※ 185％に拡大していただくと，解答欄は実物大になります。

受検番号	第　　　番

社　会　解答用紙

得点	

1	1		
	2	a	
		b	
	3		
	4	記号	
		理由	
	5	利用者の立場からの利点	
		運行会社の立場からの利点	

2	1		
	2		
	3	A	
		B	
	4		

3	1		
	2	(1)	
		(2)	
	3		
	4		
	5		
	6	和食の特徴	
		取り組み	

4	1		
	2	A	
		B	
	3	記号	
		c	

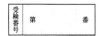

広島県公立高校　　2022年度

※192%に拡大していただくと、解答欄は実物大になります。

受検番号	
第	番

国　語　解答用紙

得　点

一

1　㋐　って　㋑　ねて　㋒　られる

2

3

4　(1)　(2)

5

二

1　㋐　㋑　㋒　ぶ

2

3

4　Ⅰ　Ⅱ

三

1

2

3　(1)　(2)

四

250

2022年度入試配点表(広島県)

数学	[1]	[2]	[3]	[4]	[5]	[6]	計
	各2点×8	(2)　4点 他　各3点×2 ((1)・(3)各完答)	(1)　2点 (2)　3点(完答)	5点	(1)　3点 (2)　4点(完答)	(1)　3点 (2)　4点(完答)	50点

英語	[1]	[2]	[3]	[4]	計
	問題A　各2点×3 問題B　3点 問題C　4点	4・5　各3点×2 (4完答) 他　各2点×3	5・6　各3点×2 (5完答) 他　各2点×5	問題Aア　2点 イ　3点 問題B　4点	50点

理科	[1]	[2]	[3]	[4]	計
	1　1点 3GH　3点 他　各2点×4 (2(1)・(2),3GH各完答)	1,2　各1点×2 3E,4(1)　各2点×2 他　各3点×2 (1,2,3(ⅰ)(ⅱ)各完答)	1　1点 2,3(2),4(1)　各2点×3 他　各3点×2 (3(1)完答)	1(1)a・b　各1点×2 3(2)　2点 他　各3点×3	50点

社会	[1]	[2]	[3]	[4]	計
	1,2a　各1点×2 4　3点(完答) 他　各2点×4	2,4　各3点×2 他　各2点×3	1,2(2)　各1点×2 6　3点(完答) 他　各2点×4	1,3c　各3点×2 他　各2点×3	50点

国語	一	二	三	四	計
	3　3点 4(1),5　各2点×2 4(2)　5点　他　各1点×4	1　各1点×3　3　3点 4(Ⅱ)　4点 他　各2点×2	1　1点　3(2)　3点 他　各2点×2	12点	50点

※ 175%に拡大していただくと，解答欄は実物大になります。

受検番号	第　　番

数　学　解答用紙

得点	

1	(1)	
	(2)	
	(3)	
	(4)	
	(5)	cm^3
	(6)	
	(7)	①　　②　　③
	(8)	

2	(1)	
	(2)	
	(3)	m

3	S ： T ＝　　：

4	(1)	
	(2)	

5	(1)	
	(2)	私は，(　　　) さんに依頼する。 〔理　由〕

6	(1)	〔証　明〕	
	(2)	ア	
		イ	
		ウ	
		エ	
	(3)	オ	
		カ	
		キ	

※ 185％に拡大していただくと，解答欄は実物大になります。

受検番号	第　　　　番

英　語　解答用紙

得点	

1	問題A	No.1	
		No.2	
		No.3	
		No.4	
	問題B		

2	1		
	2		
	3		
	4	(1)	
		a	b
		(2)	
	5		

3	1	(1)	
		(2)	
	2		
	3		
	4		Anyone (　　　　) can learn about it.
	5		
	6	(1)	
		(2)	

4	A	
	B	
	C	

※ 185％に拡大していただくと，解答欄は実物大になります。

受検番号	第　　　　番

理　科　解答用紙

得点	

1

1		
2		
3	(1)	cm³
3	(2)	
4	(1)	％
4	(2)	小片A / 小片B / 小片C
4	(2)	a
4	(2)	b

2

1	(1)	
1	(2)	
1	(3)	ア →　→　→　→　→
2	A	
2	B	
3	(1)	a / b
3	(2)	C / D

3

1		
3		
4	(1)	kWh
4	(2)	a / b / c / d
5		

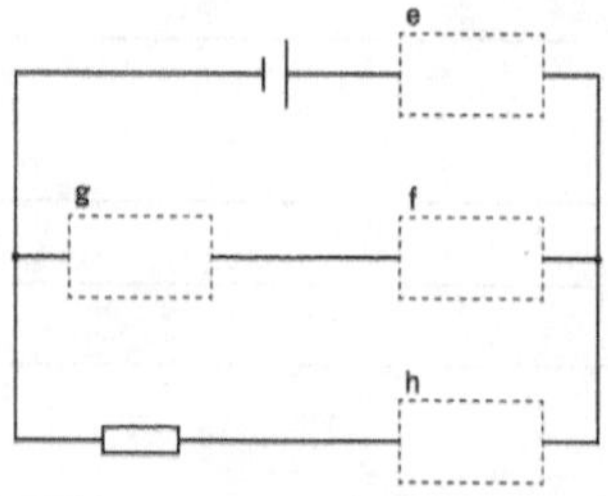

3の2

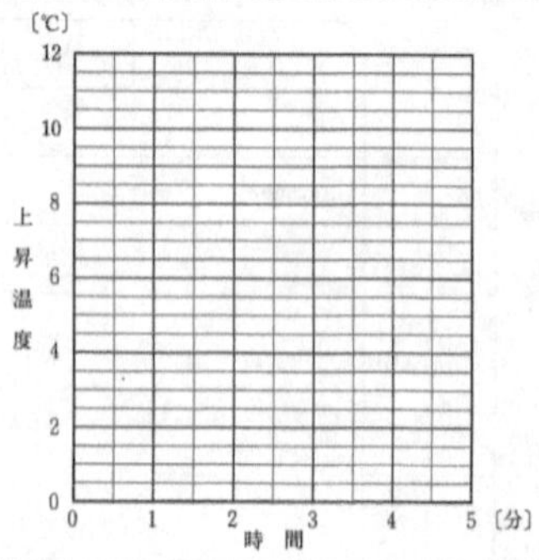

4

1		
2		
3		
4		
5	a	記号
6		

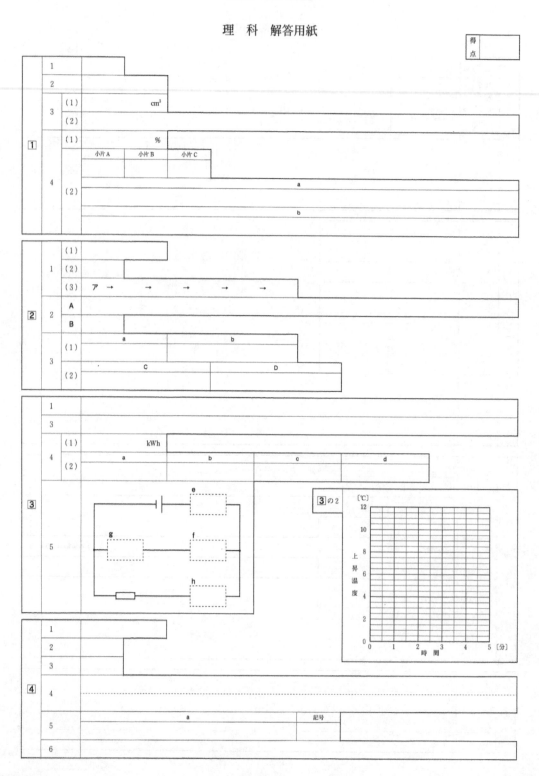

※ 185％に拡大していただくと，解答欄は実物大になります。

受検番号	第　　　番

社　会　解答用紙

得点	

1	1	(1)	
		(2)	
	2	(1)	
		(2)	
	3	X	
		訪れる場所〈1〉	
		暮らしの特色〔1〕	
		訪れる場所〈2〉	
		暮らしの特色〔2〕	

2	1	(1)	
		(2)	
	2		
	3		
	4	記号	
		c	

3	1		
	2	X	
		理由	
	3		
	4	(1)	
		(2)	
	5		

4	1		
	2		「通常時」 → 「氾濫時」 → 「氾濫後」
	3	(1)	
		(2)	〔例1〕
			〔例2〕

広島県公立高校　2021年度

※189%に拡大していただくと，解答欄は実物大になります。

国語　解答用紙

受検番号　第　　番

得点

一
1 ㋐　㋑　いだ　㋒
2
3
4
5 Ⅰ　Ⅱ

二
1 ㋐　り　㋑　なる
2
3
4 (1) Ⅱ　Ⅲ
(2)

三
1 覆
2
3 のに，　しまうこと。
4 Ⅰ 木の名前　Ⅱ　Ⅲ

四
私たち青空中学校の生徒は，今年度，地域で行われる避難訓練で受付・誘導係を体験することになりました。受付・誘導係を体験する際には，「やさしい日本語」を使って情報を伝えましょう。

250

2021年度入試配点表(広島県)

	1	2	3	4	5	6	計
数学	各2点×8 ((7)完答)	(2)　4点 他　各3点×2 ((1)完答)	4点	(1)　2点 (2)　3点	(1)　2点 (2)　4点	(1)　4点 (2)　2点(完答) (3)　3点(完答)	50点

	1	2	3	4	計
英語	問題A　各2点×4 問題B　4点	4a・b　各1点×2 5　4点 他　各2点×5	各2点×8 (5完答)	各2点×3	50点

	1	2	3	4	計
理科	1,3(1)　各1点×2 3(2)　3点 他　各2点×4 (4(2)小片A~C,(2)ab各完答)	1(3)　1点 2　3点 他　各2点×4 (2,3(1)・(2)各完答)	4(1)　1点 4(2),5　各3点×2 他　各2点×3 (4(2),5各完答)	1,2　各1点×2 3,6　各2点×2 他　各3点×2 (5完答)	50点

	1	2	3	4	計
社会	1(1)　1点　2(2)　3点 3　6点(完答) 他　各2点×2	1　各1点×2 2,4記号　各2点×2 他　各3点×2(3完答)	2X,4(2)　各1点×2 3,5　各3点×2 他　各2点×3	1　2点　2　3点(完答) 3(1)　1点　3(2)　4点	50点

	一	二	三	四	計
国語	1　各1点×3 3,5 I　各3点×2 他　各2点×3	1　各1点×2　3　3点 4(2)　4点 他　各2点×3	1　1点　3　3点 他　各2点×3	10点	50点

2020年度　広島県

受検番号	第　　　　番

数　学　解答用紙

得点	

1	(1)	
	(2)	
	(3)	
	(4)	
	(5)	
	(6)	
	(7)	
	(8)	

2	(1)	
	(2)	
	(3)	(求める過程) (答)　P地点からR地点までの道のり　　　m, R地点からQ地点までの道のり　　　m

3	(1)	分	
	(2)	ア	
		イ	
		ウ	

4	(1)	連続する4つの整数のうち，小さい方から1番目の数を n とすると，連続する4つの整数は，n，$n+1$，$n+2$，$n+3$ と表される。 したがって，連続する4つの整数について，大きい方から1番目の数と大きい方から2番目の数の積から，小さい方から1番目の数と小さい方から2番目の数の積を引いたときの差は，その連続する4つの整数の和に等しくなる。
	(2)	

5	〔仮　定〕　図において，$\angle AOB = 90^\circ$，$\overset{\frown}{AC} = \overset{\frown}{BD}$， $CE \perp OA$，$DF \perp OA$ 〔結　論〕　$\triangle COE \equiv \triangle ODF$ 〔証　明〕

6	(1)	
	(2)	

※この解答用紙は185%に拡大していただきますと，実物大になります。

2020年度　広島県

受検番号	第　　　　番

英　語　解答用紙

得点	

1	問題A	No.1	
		No.2	
		No.3	
		No.4	
	問題 B		

2	1				
	2				
	3	I think（　　　　　　）			
	4	(1)			
		(2)	(3)	(4)	(5)
	5				

3	1	(1)	
		(2)	
	2		
	3		
	4		
	5		
	6	(1)	
		(2)	

4	A	
	B	
	C	

※この解答用紙は182%に拡大していただきますと，実物大になります。

2020年度　広島県

受検番号	第　　　　番

理　科　解答用紙

得点	

1	1		小球の重さ	仕事の量
			N	J
	2			
	3		cm	
	4			
	5			

2	1				
	2				
	3				
	4				
	5	(1)	A	B	C
		(2)	D	E	F

3	1		体の特徴	生物名		
	2					
	3					
	4	(1)	A	B	C	D
		(2)	X	Y	Z	
		(3)				

4	1				
	2		A	B	
	3		名称	X	Y
	4	記号			
		理由			
	5	(1)			
		(2)			
		(3)	g		

※この解答用紙は175%に拡大していただきますと，実物大になります。

2020年度　広島県

受検番号	第　　　　番

社　会　解答用紙

得点	

大問	小問		解答欄
1	1		
	2	(1)	
		(2)	
	3	(1)	
		(2)	
	4		
2	1	(1)	
		(2)	
	2		
	3		A / B
	4		
	5		
3	1	(1)	a / b
		(2)	
	2		
	3	(1)	記　号（AとB） / 内　容（C）
		(2)	
4	1		
	2	(1)	
		(2)	
	3		

※この解答用紙は189％に拡大していただきますと，実物大になります。

2020年度　広島県

受検番号
第　　番

国語　解答用紙

得点

一
1 ①　②　み　③　めて
2
3
4 ところや、
ところから、
母親として描かれていると考えられる。
5 (1)
(2) ことで、
になっている

二
1 ①　る　②　③　めて
2
3
4
5

三
1
2
3 訴
4 Ⅰ
Ⅱ

四
200

※この解答用紙は185％に拡大していただきますと、実物大になります。

2020年度入試配点表(広島県)

数学	1	2	3	4	5	6	計
	各2点×8	(3)　4点 他　各3点×2	各3点×2 ((2)完答)	(1)　4点 (2)　3点	5点	各3点×2	50点

英語	1	2	3	4	計
	問題A　各2点×4 問題B　4点	4(2)～(5)　各1点×4 5　4点 他　各2点×4	各2点×8 (5 完答)	各2点×3	50点

理科	1	2	3	4	計
	1　各1点×2 2, 3　各2点×2 他　各3点×2(5完答)	2,5(1)　1点×4 5(2)　3点(完答) 他　各2点×3(4完答)	3,4(2)Z　各1点×2 他　各2点×5 (1,3,4(1)・(2)XY各完答)	1,2,3名称,5(1) 各1点×5 他　各2点×4(3XY,4各完答)	50点

社会	1	2	3	4	計
	1　1点　4　3点 他　各2点×4 (3(1)完答)	1(1), 2　各1点×2 4,5　各3点×2 他　各2点×3	1(2)　2点 3(1)内容,(2)　各3点×2 他　各1点×4(2完答)	1　2点　2(1)　1点 2(2)　3点　3　6点	50点

国語	一	二	三	四	計
	1　各1点×3 4　3点　5(2)　4点 他　各2点×3	2　4点　4　2点 5　5点 他　各1点×4	3　1点 他　各2点×4	10点	50点

2019年度　広島県

受検番号	第　　　番

数　学　解答用紙

得点	

1	(1)	
	(2)	
	(3)	
	(4)	
	(5)	cm^2
	(6)	度
	(7)	
	(8)	

2	(1)	度
	(2)	
	(3)	kg

3	(1)	ア	
		イ	
		ウ	
	(2)	エ	(求める過程) (答) エ に当てはまる数は
		オ	

4	(1)		〔仮　定〕　図において，BD ＝ 2CD，点Eは辺ABの中点，点Fは線分ADの中点 〔結　論〕　四角形EDCFは平行四辺形 〔証　明〕 点Eは辺ABの中点，点Fは線分ADの中点だから，
	(2)	ア	
		イ	

5	(求める過程) (答) BD ＝　　　　cm

6	(1)	
	(2)	

※この解答用紙は175％に拡大していただきますと，実物大になります。

2019年度　広島県

受検番号	第　　　　番

英　語　解答用紙

得点	

1	問題A	No.1	
		No.2	
		No.3	
		No.4	
	問題B		

2	1				
	2				
	3				
	4	(1)			
		a	b	c	d
		(2)			
	5				

3	1	(1)	
		(2)	
	2		James and Yuri (　　　　) the great things in their town
	3		
	4		
	5		
	6	(1)	
		(2)	

4	

※この解答用紙は181%に拡大していただきますと，実物大になります。

2019年度　広島県

受検番号	第　　　番

理　科　解答用紙

得点	

1	1		
	2		
	3		
	4	(1)	
		(2)	%.
	5		

2	1			
	2			
	3			
	4	X	a	b
	5	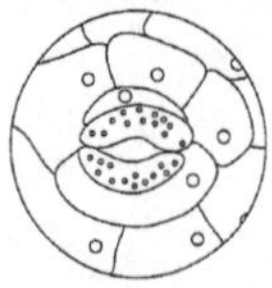		
	6			

3	1	(1)			
		(2)			
		(3)			
	2	(1)			
		(2)	X	Y	
		(3)	a	b	c

4	1			
	2			
	3	a	b	
	4	(1)		
		(2)		
	5	午後　　　　時		

※この解答用紙は175％に拡大していただきますと，実物大になります。

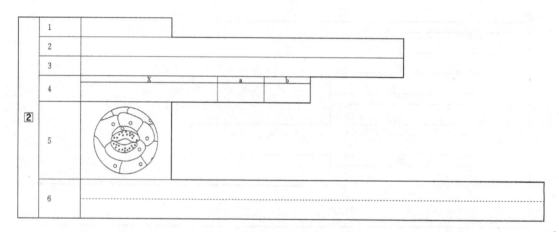

2019年度　広島県

受検番号	第　　　　番

社　会　解答用紙

得点	

大問	問	小問	解答欄	
1	1	(1)		
		(2)	X	Y
		(3)		
	2	(1)		
		(2)		
	3		記号	理由
2	1	(1)		
		(2)	A	
			B	
	2			
	3			
	4			
	5			
3	1	(1)		
		(2)		
	2			
	3			
	4		㋐	
			㋑	
4	1			
	2			
	3	(1)		
		(2)		
	4	(1)		
		(2)		

※この解答用紙は185％に拡大していただきますと，実物大になります。

2019年度　広島県

受検番号　第　番

国語　解答用紙

得点

一

1 ①　なる　②　えた　③　れた

2

3

4

5　に気付き、　と思った

6　ところや、　ところから、　人物であると読み取れる。

二

1 ①　い　②　③　ましい

2

3

4

5 Ⅰ　Ⅱ　Ⅲ

三

1

2

3 (1)　(2)　ので、　といえる

四

250

※この解答用紙は１８９％に拡大していただきますと、実物大になります。

2019年度入試配点表（広島県）

	1	2	3	4	5	6	計
数学	各2点×8	各3点×3	(1)　4点(完答) (2)エ　3点 オ　1点	(1)　5点 (2)　3点(完答)	4点	(1)　2点 (2)　3点	50点

	1	2	3	4	計
英語	問題A　各2点×4 問題B　4点	4　各1点×4 5　3点 他　各2点×5	6(2)　3点 他　各2点×7 (3 完答)	4点	50点

	1	2	3	4	計
理科	1, 3　各1点×2 2, 4(1)　各2点×2 他　各3点×2	1　1点(完答) 2, 3, 5　各2点×3 他　各3点×2(4完答)	2(3)　3点(完答) 他　各2点×5 (1(2),2(2)各完答)	1　1点　4(2)　3点 他　各2点×4 (3 完答)	50点

	1	2	3	4	計
社会	1(1)・(2)各1点×2((2)完答) 2(2), 3　各3点×2 他　各2点×2(2(1)完答)	1(1), 2　各1点×2 5　3点 他　各2点×4(2(4)完答)	各2点×6 (1(1)完答)	1　1点 3(2), 4(2)　各3点×2 他　各2点×3	50点

	一	二	三	四	計
国語	3, 4　各2点×2 5, 6　各4点×2 他　各1点×4	1　各1点×3 4　4点 他　各2点×4	3(1)　1点 3(2)　4点 他　各2点×2	10点	50点

MEMO

大切なことはメモしておこうネ！

MEMO

大切なことはメモしておこうネ！

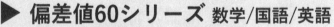

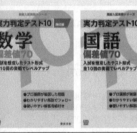

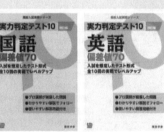

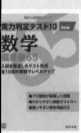

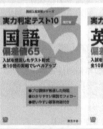

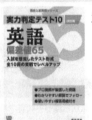

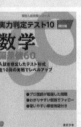

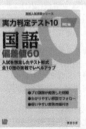

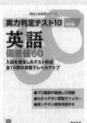

東京学参の
中学校別入試過去問題シリーズ

＊出版校は一部変更することがあります。一覧にない学校はお問い合わせください。

東京ラインナップ

あ　青山学院中等部(L04)
麻布中学(K01)
桜蔭中学(K02)
お茶の水女子大附属中学(K07)
か　海城中学(K09)
開成中学(M01)
学習院中等科(M03)
慶應義塾中等部(K04)
晃華学園中学(N13)
攻玉社中学(L11)
国学院大久我山中学
（一般・CC）(N22)
（ＳＴ）(N23)
駒場東邦中学(L01)
さ　芝中学(K16)
芝浦工業大附属中学(M06)
城北中学(M05)
女子学院中学(K03)
巣鴨中学(M02)
成蹊中学(N06)
成城中学(K28)
成城学園中学(L05)
青稜中学(K23)
創価中学(N14)★
た　玉川学園中学部(N17)
中央大附属中学(N08)
筑波大附属中学(K06)
筑波大附属駒場中学(L02)
帝京大中学(N16)
東海大菅生高中等部(N27)
東京学芸大附属竹早中学(K08)
東京都市大付属中学(L13)
桐朋中学(N03)
東洋英和女学院中学部(K15)
豊島岡女子学園中学(M12)
な　日本大第一中学(M14)
日本大第三中学(N19)
日本大第二中学(N10)
は　雙葉中学(K05)
法政大学中学(N11)
本郷中学(M08)
ま　武蔵中学(N01)
明治大付属中野中学(N05)
明治大付属中野八王子中学(N07)
明治大付属明治中学(K13)
ら　立教池袋中学(M04)
わ　和光中学(N21)
早稲田中学(K10)
早稲田実業学校中等部(K11)
早稲田大高等学院中等部(N12)

神奈川ラインナップ

あ　浅野中学(O04)
栄光学園中学(O06)
か　神奈川大附属中学(O08)
鎌倉女学院中学(O27)
関東学院六浦中学(O31)
慶應義塾湘南藤沢中等部(O07)
慶應義塾普通部(O01)
さ　相模女子大中学部(O32)
サレジオ学院中学(O17)
逗子開成中学(O22)
聖光学院中学(O11)
清泉女学院中学(O20)
洗足学園中学(O18)
捜真女学校中学部(O29)
た　桐蔭学園中等教育学校(O02)
東海大付属相模高中等部(O24)
桐光学園中学(O16)
な　日本大中学(O09)
は　フェリス女学院中学(O03)
法政大第二中学(O19)
や　山手学院中学(O15)
横浜隼人中学(O26)

千・埼・茨・他ラインナップ

あ　市川中学(P01)
浦和明の星女子中学(Q06)
か　海陽中等教育学校
（入試Ⅰ・Ⅱ）(T01)
（特別給費生選抜）(T02)
久留米大附設中学(Y04)
さ　栄東中学（東大・難関大）(Q09)
栄東中学（東大特待）(Q10)
狭山ヶ丘高校付属中学(Q01)
芝浦工業大柏中学(P14)
渋谷教育学園幕張中学(P09)
城北埼玉中学(Q07)
昭和学院秀英中学(P05)
清真学園中学(S01)
西南学院中学(Y02)
西武学園文理中学(Q03)
西武台新座中学(Q02)
専修大松戸中学(P13)
た　筑紫女学園中学(Y03)
千葉日本大第一中学(P07)
千葉明徳中学(P12)
東海大付属浦安高中等部(P06)
東邦大付属東邦中学(P08)
東洋大附属牛久中学(S02)
獨協埼玉中学(Q08)
な　長崎日本大中学(Y01)
成田高校付属中学(P15)
は　函館ラ・サール中学(X01)
日出学園中学(P03)
福岡大附属大濠中学(Y05)
北嶺中学(X03)
細田学園中学(Q04)
や　八千代松陰中学(P10)
ら　ラ・サール中学(Y07)
立命館慶祥中学(X02)
立教新座中学(Q05)
わ　早稲田佐賀中学(Y06)

公立中高一貫校ラインナップ

北海道　市立札幌開成中等教育学校(J22)
宮　城　宮城県仙台二華・古川黎明中学校(J17)
市立仙台青陵中等教育学校(J33)
山　形　県立東桜学館中学校(J27)
茨　城　茨城県立中学・中等教育学校(J09)
栃　木　県立宇都宮東・佐野・矢板東高校附属中学校(J11)
群　馬　県立中央・市立四ツ葉学園中等教育学校・
市立太田中学校(J10)
埼　玉　市立浦和中学校(J06)
県立伊奈学園中学校(J31)
さいたま市立大宮国際中等教育学校(J32)
川口市立高等学校附属中学校(J35)
千　葉　県立千葉・東葛飾中学校(J07)
市立稲毛国際中等教育学校(J25)
東　京　区立九段中等教育学校(J21)
都立大泉高等学校附属中学校(J28)
都立両国高等学校附属中学校(J01)
都立白鷗高等学校附属中学校(J02)
都立富士高等学校附属中学校(J03)
都立三鷹中等教育学校(J29)
都立南多摩中等教育学校(J30)
都立武蔵高等学校附属中学校(J04)
都立立川国際中等教育学校(J05)
都立小石川中等教育学校(J23)
都立桜修館中等教育学校(J24)
神奈川　川崎市立川崎高等学校附属中学校(J26)
県立平塚・相模原中等教育学校(J08)
横浜市立南高等学校附属中学校(J20)
横浜サイエンスフロンティア高校附属中学校(J34)
広　島　県立広島中学校(J16)
県立三次中学校(J37)
徳　島　県立城ノ内中等教育学校・富岡東・川島中学校(J18)
愛　媛　県立今治東・松山西・宇和島南中等教育学校(J19)
福　岡　福岡県立中学校・中等教育学校(J12)
佐　賀　県立香楠・致遠館・唐津東・武雄青陵中学校(J13)
宮　崎　県立五ヶ瀬中等教育学校(J15)
県立宮崎西・都城泉ヶ丘高校附属中学校(J36)
長　崎　県立長崎東・佐世保北・諫早高校附属中学校(J14)

公立中高一貫校
「適性検査対策」
問題集シリーズ

総合編　作文問題編　資料問題編　数と図形編　生活と科学編　実力確認テスト編

私立中・高スクールガイド
THE《ザ》 私立
私立中学＆高校の学校生活がわかる！

東京学参の

高校別入試過去問題シリーズ

＊出版校は一部変更することがあります。一覧にない学校はお問い合わせください。

東京ラインナップ

あ 愛国高校(A59)
青山学院高等部(A16)★
桜美林高校(A37)
お茶の水女子大附属高校(A04)
か 開成高校(A05)★
共立女子第二高校(A40)
慶應義塾女子高校(A13)
国学院高校(A30)
国学院大久我山高校(A31)
国際基督教大高校(A06)
小平錦城高校(A61)★
駒澤大高校(A32)
さ 芝浦工業大附属高校(A35)
修徳高校(A52)
城北高校(A21)
専修大附属高校(A28)
創価高校(A66)★
た 拓殖大第一高校(A53)
立川女子高校(A41)
玉川学園高等部(A56)
中央大高校(A19)
中央大杉並高校(A18)★
中央大附属高校(A17)
筑波大附属高校(A01)
筑波大附属駒場高校(A02)
帝京大高校(A60)
東海大菅生高校(A42)
東京学芸大附属高校(A03)
東京実業高校(A62)
東京農業大第一高校(A39)
桐朋高校(A15)
都立青山高校(A73)★
都立国立高校(A76)★
都立国際高校(A80)★
都立国分寺高校(A78)★
都立新宿高校(A77)★
都立墨田川高校(A81)★
都立立川高校(A75)★
都立戸山高校(A72)★
都立西高校(A71)★
都立八王子東高校(A74)★
都立日比谷高校(A70)★
な 日本大櫻丘高校(A25)
日本大第一高校(A50)
日本大第三高校(A48)
日本大第二高校(A27)
日本大鶴ヶ丘高校(A26)
日本大豊山高校(A23)
は 八王子学園八王子高校(A64)
法政大高校(A29)
ま 明治学院高校(A38)
明治学院東村山高校(A49)
明治大付属中野高校(A33)
明治大付属中野八王子高校(A67)
明治大付属明治高校(A34)★
明法高校(A63)
わ 早稲田実業学校高等部(A09)
早稲田大高等学院(A07)

神奈川ラインナップ

あ 麻布大附属高校(B04)
アレセイア湘南高校(B24)
か 慶應義塾高校(A11)
神奈川県公立高校特色検査(B00)
さ 相洋高校(B18)
た 立花学園高校(B23)
桐蔭学園高校(B01)
東海大付属相模高校(B03)★
桐光学園高校(B11)
な 日本大高校(B06)
日本大藤沢高校(B07)
は 平塚学園高校(B22)
藤沢翔陵高校(B08)
法政大国際高校(B17)
法政大第二高校(B02)★
や 山手学院高校(B09)
横須賀学院高校(B20)
横浜商科大高校(B05)
横浜翠陵高校(B14)
横浜清風高校(B10)
横浜創英高校(B21)
横浜隼人高校(B16)
横浜富士見丘学園高校(B25)

千葉ラインナップ

あ 愛国学園大附属四街道高校(C26)
我孫子二階堂高校(C17)
市川高校(C01)★
か 敬愛学園高校(C15)
さ 芝浦工業大柏高校(C09)
渋谷教育学園幕張高校(C16)★
翔凜高校(C34)
昭和学院秀英高校(C23)
専修大松戸高校(C02)
た 千葉英和高校(C18)
千葉敬愛高校(C05)
千葉経済大附属高校(C27)
千葉日本大第一高校(C06)★
千葉明徳高校(C20)
千葉黎明高校(C24)
東海大付属浦安高校(C03)
東京学館高校(C14)
東京学館浦安高校(C31)
な 日本体育大柏高校(C30)
日本大習志野高校(C07)
は 日出学園高校(C08)
や 八千代松陰高校(C12)
ら 流通経済大付属柏高校(C19)★

埼玉ラインナップ

あ 浦和学院高校(D21)
大妻嵐山高校(D04)★
か 開智高校(D08)
開智未来高校(D13)★
春日部共栄高校(D07)
川越東高校(D12)
慶應義塾志木高校(A12)
さ 埼玉栄高校(D09)
栄東高校(D14)
狭山ヶ丘高校(D24)
昌平高校(D23)
西武学園文理高校(D10)
西武台高校(D06)
た 東京農業大第三高校(D18)
は 武南高校(D05)
本庄東高校(D20)
や 山村国際高校(D19)
ら 立教新座高校(A14)
わ 早稲田大本庄高等学院(A10)

北関東・甲信越ラインナップ

あ 愛国学園大附属龍ヶ崎高校(E07)
宇都宮短大附属高校(E24)
か 鹿島学園高校(E08)
霞ヶ浦高校(E03)
共愛学園高校(E31)
甲陵高校(E43)
国立高等専門学校(A00)
さ 作新学院高校
(トップ英進・英進部)(E21)
(情報科学・総合進学部)(E22)
常総学院高校(E04)
た 中越高校(R03)＊
土浦日本大高校(E01)
東洋大附属牛久高校(E02)
な 新潟青陵高校(R02)＊
新潟明訓高校(R04)＊
日本文理高校(R01)＊
は 白鷗大足利高校(E25)
ま 前橋育英高校(E32)
や 山梨学院高校(E41)

中京圏ラインナップ

あ 愛知高校(F02)
愛知啓成高校(F09)
愛知工業大名電高校(F06)
愛知産業大工業高校(F21)
愛知みずほ大瑞穂高校(F25)
暁高校(3年制)(F50)
鶯谷高校(F60)
栄徳高校(F29)
桜花学園高校(F14)
岡崎城西高校(F34)
か 岐阜聖徳学園高校(F62)
岐阜東高校(F61)
享栄高校(F18)
さ 桜丘高校(F36)
至学館高校(F19)
椙山女学園高校(F10)
鈴鹿高校(F53)
星城高校(F27)★
誠信高校(F33)
清林館高校(F16)★
た 大成高校(F28)
大同大大同高校(F30)
高田高校(F51)
滝高校(F03)★
中京高校(F63)
中京大附属中京高校(F11)★
中部大春日丘高校(F26)★
中部大第一高校(F32)
津田学園高校(F54)
東海高校(F04)★
東海学園高校(F20)
東邦高校(F12)
同朋高校(F22)
豊田大谷高校(F35)
な 名古屋高校(F13)
名古屋大谷高校(F23)
名古屋経済大市邨高校(F08)
名古屋経済大高蔵高校(F05)
名古屋女子大高校(F24)
日本福祉大付属高校(F17)
人間環境大附属岡崎高校(F37)
は 光ヶ丘女子高校(F38)
誉高校(F31)
ま 三重高校(F52)
名城大附属高校(F15)

宮城ラインナップ

さ 尚絅学院高校(G02)
聖ウルスラ学院英智高校(G01)★
聖和学園高校(G05)
仙台育英学園高校(G04)
仙台城南高校(G06)
仙台白百合学園高校(G12)
た 東北学院高校(G03)★
東北学院榴ヶ岡高校(G08)
東北高校(G11)
東北生活文化大高校(G10)
常盤木学園高校(G07)
は 古川学園高校(G13)
ま 宮城学院高校(G09)★

北海道ラインナップ

さ 札幌光星高校(H06)
札幌静修高校(H09)
札幌第一高校(H01)
札幌北斗高校(H04)
札幌龍谷学園高校(H08)
は 北海高校(H03)
北海学園札幌高校(H07)
北海道科学大高校(H05)
ら 立命館慶祥高校(H02)

★はリスニング音声データのダウンロード付き。

都道府県別 公立高校入試過去問 シリーズ

- 全国47都道府県別に出版
- 最近数年間の検査問題収録
- リスニングテスト音声対応

公立高校入試対策 問題集シリーズ

- 目標得点別・公立入試の数学
- 実戦問題演習・公立入試の英語(実力錬成編・基礎編)
- 形式別演習・公立入試の国語
- 実戦問題演習・公立入試の理科
- 実戦問題演習・公立入試の社会

高校入試特訓問題集 シリーズ

- 英語長文難関攻略30選
- 英語長文テーマ別難関攻略30選
- 英文法難関攻略20選
- 英語難関徹底攻略33選
- 古文完全攻略63選
- 国語融合問題完全攻略30選
- 国語長文難関徹底攻略30選
- 国語知識問題完全攻略13選
- 数学の図形と関数・グラフの融合問題完全攻略272選
- 数学難関徹底攻略700選
- 数学の難問80選
- 数学 思考力―規則性とデータの分析と活用―

〈リスニング問題の音声について〉

本問題集掲載のリスニング問題の音声は、弊社ホームページでデータ配信しております。

現在お聞きいただけるのは「2024年度受験用」に対応した音声で、2024年3月末日までダウンロード可能です。弊社ホームページにアクセスの上、ご利用ください。

※本問題集を中古品として購入された場合など、配信期間の終了によりお聞きいただけない年度がございますのでご了承ください。

広島県公立高校　2024年度

ISBN978-4-8141-2876-1

発行所　東京学参株式会社

〒153-0043　東京都目黒区東山2-6-4

URL　https://www.gakusan.co.jp

編集部　E-mail　hensyu@gakusan.co.jp

※本書の編集責任はすべて弊社にあります。内容に関するお問い合わせ等は、編集部まで、メールにてお願い致します。なお、回答にはしばらくお時間をいただく場合がございます。何卒ご了承くださいませ。

営業部　TEL　03 (3794) 3154

FAX　03 (3794) 3164

E-mail　shoten@gakusan.co.jp

※ご注文・出版予定のお問い合わせ等は営業部までお願い致します。

2023年8月10日　初版